It's time to move on

Für meine Eltern und meine Schwester, die für mich gekämpft haben,
wann immer ich mich aufgegeben habe,
und für meine wundervolle Oma,
die für immer in meinem Herzen weiterleben wird.

Larissa Braun

It's time to move on

Bibliografische Information der Deutschen Nationalbibliothek
Die Deutsche Nationalbibliothek verzeichnet diese Publikation in der
Deutschen Nationalbibliografie; detaillierte bibliografische Daten sind im
Internet über http://dnb.de abrufbar.

© 2018 Larissa Braun
Satz, Umschlaggestaltung, Herstellung und Verlag: BoD – Books on Demand
ISBN 978-3-7528-3094-1

KAPITEL 1

L iebe Gina,

heute ist es so weit. Heute ist der große Tag der Veränderungen – zumindest glaubt das der aufgeregte Mensch ein Stockwerk tiefer, der sich Mutter nennt. Sie ist der festen Überzeugung, dass es mir bald besser gehen werde. Tatsächlich glaubt sie, dass irgendwelche Leute in weißen Kitteln, die denken, sie wären etwas Besseres, meine Dämonen verscheuchen könnten. Als könnten ausgerechnet Fremde irgendetwas an meiner Gefühlswelt ändern!

Sie lächelt heute entscheidend mehr als sonst, und ich spiel das Spielchen mit. Ich möchte nicht, dass sie sich weiterhin Sorgen um mich macht oder meine furchtbar schlechte Laune aushalten muss, die ich dauernd bei ihr auslasse, indem ich so etwas wie ihre Fotorahmen auf den Boden zersplittern lasse. Anschließend muss ich mich zwar immer vor schlechtem Gewissen übergeben, aber trotzdem komme ich immer und immer wieder in diese Situation, in der ich meine Gefühle nicht kontrollieren kann. Eigentlich sind negative Erfahrungen dazu da, dass man aus seinen Fehlern lernt, aber auch wenn ich mich noch so oft übergebe, würde ich es immer wieder tun, weil ich ein egoistischer und selbstzerstörerischer Mensch bin – und weil meine Gedanken, verknüpft mit meinen Taten, nicht mehr kontrollierbar sind.

Ich vermisse dich. Hoffentlich sehen wir uns bald wieder.

Faye

Seufzend strich ich mit der Kuppe des Zeigefingers über die letzten Worte, die aus den Tiefen meines Herzens entsprungen waren, und steckte den kleinen Brief in einen türkisfarbenen Umschlag. Anschließend verstaute ich ihn in meiner Schublade und fühlte mich augenblicklich freier als zuvor. Das ging mir immer so, wenn ich Gina schrieb. Es war, als könnte sich meine Seele entfalten und als gäbe es keine Regeln mehr, welche Dinge ich erzählen durfte und welche nicht. In meiner Welt war das zu einer wichtigen Frage geworden. Was durfte ich von mir preisgeben, und welche Informationen würden Menschen verwenden, um mich zu zerstören? Früher hatte ich dieses Problem überhaupt nicht gekannt. Da hatte es nichts gegeben, wovor ich Angst gehabt oder wofür ich mich geschämt hätte bis auf die ganz normalen Dinge, die einen vermutlich ab der Pubertät so schrecklich peinlich waren. Mit der Zeit hatte ich gelernt, dass die Welt, in der ich lebte, kein Ort gutherziger Menschen war. Es gab Krieg, es gab Mobbing, es gab Verrat, es gab Lügen und Hass. Das alles hatte ich nicht wie andere nach und nach durch Medien realisiert. Vielmehr hatte ich es größtenteils am eigenen Leibe erkennen müssen, und es prägte mich bis heute. Ich war in einer Welt groß geworden, in der es den Weihnachtsmann oder den Osterhasen gab, in der man frei sein konnte und sich ausleben durfte, ohne Angst haben zu müssen, jemand verurteilte einen dafür, wer man war. Doch dann irgendwann verpuffte meine Illusion, und die Menschheit offenbarte mir, dass ich nur in einer Luftblase aus Lügen gesteckt hatte. Das Letzte, was ich sein durfte, war ich selbst. Ich hatte eine wunderbare Kindheit gehabt, ich war glücklich und zufrieden gewesen, aber gerade aus diesem Grund war der Aufprall auf den Boden, als die Luftblase irgendwann geplatzt war, auch so schmerzhaft gewesen.

Langsam stand ich auf und richtete den Blick auf den schlichten, großen Spiegel an der Wand meines Zimmers. Meine mahagonibraunen Haare fielen mir wellig über die Schultern und kräuselten sich an der Spitze in alle Himmelsrichtungen. Doch meinen Haaren schenkte ich nur wenig Beachtung, vielmehr starrte ich in die grauen Augen des Mädchens, das genau in meine sah. Der leere Ausdruck in ihnen, als würde man nur eine bloße Hülle erkennen, die keinerlei Gefühle beinhaltete, erschütterte mich jedes Mal erneut. Kein Funkeln, kein Strahlen, sie waren das Nichts – genauso wie das Mädchen selbst. Ich schaute nicht oft in den Spiegel, aber wenn ich es tat, schossen mir immer wieder die gleichen Fragen durch den Kopf: Wer bist du? Warum bist du so? Warum kannst du nicht anders sein? Und auf keine dieser Fragen hatte ich jemals eine Antwort erhalten.

Die Gesellschaft hatte schon lange ein Idealbild des Aussehens aufgestellt, dem ich absolut nicht entsprach. Ich war nicht sonderlich groß, hatte nicht sonderlich auffallende Augen, besaß nicht gerade die vollsten Lippen, und von meinen Brüsten wollten wir gar nicht erst anfangen. Mein Inneres sagte mir immer wieder, dass das alles Blödsinn sei, was einem das Internet und die Magazine einredeten. Die Fotos der meisten Models waren in den Zeitschriften bearbeitet worden, und das Idealbild konnten vielleicht zwei Prozent der Menschheit erreichen, ohne sich mehreren Operationen zu unterziehen. Warum machte ich mich also eigentlich verrückt? Ich hatte immer die Einstellung vertreten, dass jeder Mensch etwas Besonderes an sich habe und dass dies meistens sogar die Dinge waren, die man selber als Makel bezeichnete. Mir war klar, dass jeder Mensch einen anderen Geschmack hatte, ähnlich wie beim Essen. Manche hassten Spinat, manche liebten ihn. Manche fanden Rosenkohl total widerlich, manche konnten davon nie genug bekommen. Und manche fanden eben blondes Haar besonders attraktiv, andere schwärmten für Brünette. Es war also vollkommen egal, wie du aussahst – es gab immer Menschen auf dieser Welt, die dich hübsch finden würden. Ich wusste, dass ich die richtige Einstellung zu diesem ganzen Schönheitsideal hatte, aber wann immer ich mich im Spiegel ansah, konnte ich mich einfach nicht selber davon überzeugen, dass mich irgendjemand hübsch finden oder mich gar lieben konnte. Konnte dich überhaupt jemand lieben, wenn du dich selbst verachtetest?

»Faye? Bist du so weit?«, rief meine Mutter von unten und riss mich damit aus den Tiefen meiner Gedanken. Sie klang regelrecht euphorisch, und ich musste seufzen. Natürlich war sie froh darüber, dass ich diesen Schritt nun wagte. Wie lange hatte ich sie mit meinen Gedanken und Launen gequält, bis ich endlich eingelenkt hatte! Doch egal, wie sehr ich mich vor dem Neuen und Ungewissen fürchtete, ich war es ihr schuldig. Ich atmete tief ein und aus, bevor ich meinen Koffer vom Bett hob und ihn neben mich auf den Holzboden sinken ließ. Mit flauem Magen marschierte ich mit dem Gepäck aus meinem Zimmer, und als ich am Treppenabsatz stehen blieb, blickte ich mich noch einmal um. Die Zeit, in der ich meine Gefühle jederzeit äußern konnte, war vorbei, und ich fragte mich schon jetzt, wie ich das aushalten sollte. Dies war mein Rückzugsort und das Einzige, was mir Sicherheit vermittelte. Nichts hätte mir ein ähnliches Gefühl schenken können, dessen war ich mir ganz sicher.

Als ich die Stufen zum Flur hinunterschlenderte und dabei den Koffer bei jedem Schritt gegen das Geländer knallen ließ, spürte ich bereits die Präsenz meiner Mutter und wusste sofort, ohne aufsehen zu müssen, dass sie an der Wand neben dem großen Porträt meines verstorbenen Opas stand und mich musterte, doch ich schaute sie nicht an. Ich wusste, dass sie sich sorgte, und ich wusste auch, dass mein Blick alles nur noch schlimmer machen würde. Als ich die letzte Stufe hinunterstieg, stellte sie sich direkt vor mich und zog mich in eine Umarmung. Sofort versteifte ich mich – wie jedes Mal, wenn sie meine Nähe suchte – und ließ automatisch meine Arme wie eine Puppe schlaff an meinem Körper herunterhängen, anstatt ihre Umarmung zu erwidern. Es war nicht so, als hätte ich sie nicht lieb gehabt, ganz im Gegenteil, aber mein schlechtes Gewissen zerfraß mich, unsere Auseinandersetzungen zehrten an mir, und ich hatte das Gefühl, ich würde meinen Stolz überwinden müssen, wenn ich sie umarmte. Meine Mutter war das Einzige, was mir noch geblieben war, und ich stand im Zwiespalt zwischen »Lass mich nicht allein« und »Fass mich bitte nicht an«. Nichts von meinen Gedanken ergab einen Sinn, und das war der Punkt. Meine nachdenkliche Art brachte mich täglich dazu, mehr an mir zu zweifeln, und auch das war ein Grund für meine Zurückhaltung. Ich glaubte, ich würde ihre Liebe nicht verdienen. Nicht nach allem, was ich ihr angetan hatte. All die Wutausbrüche, all die Dinge, die ich ihr an den Kopf geschmissen hatte, obwohl ich es nicht im Geringsten so gemeint hatte. Ich war ein grausamer Mensch, und sie tat so, als wäre das nicht der Fall; so, als wollte sie es nicht wahrhaben, dass ihre einzige Tochter verkorkst war. Langsam strich sie mir beruhigend über den Rücken und kommentierte meine Zurückweisung in keiner Weise. Das liebte ich an ihr: Sie schenkte mir Nähe – obwohl ich es nicht zuließ –, weil sie wusste, dass ich es insgeheim brauchte. Und genau deshalb wuchs mein schlechtes Gewissen auch ins Unermessliche. Ich hatte das alles einfach nicht verdient. »Ich bin mir sicher, dir wird es bald wieder besser gehen, mein Schatz«, murmelte sie und küsste mich auf die Schläfe. Als sie mich losließ, lächelte ich ihr bloß ins Gesicht, um ihr zu signalisieren, dass ich gleicher Ansicht und genauso zuversichtlich sei. Natürlich war dem nicht so, aber niemals hätte ich meiner Mutter noch mehr Sorgen bereiten wollen. Sie hatte selber so viel hinter sich, dass sie es nicht im Geringsten verdiente, noch unglücklicher zu werden, nur weil ich mich nicht ein Mal zusammenreißen konnte.

Als ich mich auf dem Beifahrersitz positioniert hatte, nachdem ich meinen Koffer im Kofferraum verstaut hatte, fühlte ich mich absolut leer. Und als meine Mutter den Motor startete, hatte ich das Gefühl, von tausend Gefühlen überrannt und erdrückt zu werden. Manchmal spürte ich gar nichts, wirklich rein gar nichts, und manchmal spürte ich alles bis in jede Pore meines Körpers. Das war so verwirrend und erschöpfend zugleich, dass ich am liebsten für immer geschlafen hätte, um davor zu fliehen. Zugegeben, es war meistens meine eigene Schuld, denn wann immer ich so viele Empfindungen hatte, dass ich durchdrehen konnte, verdrängte ich sie wieder und war demnach wie auf einer Wippe gefangen. Wann immer ich mich nicht konzentrierte, fiel ich in dieses Loch der Gefühle. Ich war mittlerweile sehr gut darin, meine Panik und Trauer auszublenden und zu verdrängen. Natürlich waren diese Empfindungen immer in mir und brachen, wenn ich sie nicht kontrollierte, in einem gewaltigen Ausmaß aus mir heraus, aber für ein paar Stunden konnte ich so tun, als wäre ich eine normale junge Frau – die eine leere Hülle darstellte.

Schweigend fuhren wir an Familienhäusern und Straßenschildern vorbei, die Musik lief leise im Hintergrund, doch keine von uns beiden machte auch nur Anstalten mitzuwippen geschweige denn mitzusingen. Vor ein paar Jahren war das noch anders gewesen – da hatten wir immer zusammen laut gesungen und uns anschließend ausgelacht, weil uns die Autofahrer an den roten Ampeln amüsiert beobachtet hatten. Wir waren frei, doch diese Zeit gehörte längst der Vergangenheit an. Mittlerweile waren Autofahrten für mich anstrengend, weil ich immer wieder Angst hatte, dass ich einen Gefühlsausbruch jeglicher Art bekommen könnte und keinerlei Möglichkeit hätte wegzulaufen. Deshalb versuchte ich auch immer, still zu sein, und hoffte inständig, dass meine Mutter kein Thema ansprächte, das mich zum Weinen oder Ausrasten brächte. Und weil das so gut wie bei jedem Thema zwischen uns passierte, war ich ihr zutiefst dankbar, dass sie einfach die gesamte Fahrt über schwieg, während ich mir meine Kopfhörer in die Ohren stopfte und laut Musik hörte.

Als wir nach einer knappen Stunde auf einem riesigen Parkplatz ankamen, polterte mein Herz wie verrückt in der Brust, und ich zog mir mit einem kräftigen Ruck beide Kopfhörer aus den Ohren. Ich starrte mit trockenem Hals aus dem Fenster und betrachtete mein Gefängnis, das ich für die nächsten Wochen oder Monate betreten musste – und das theoretisch freiwillig. Die Klinik war riesig. Hätte ich nicht besser gewusst, dass es ein steriles und einengendes Gebäude war, hätte ich fast annehmen können, es wäre eine Villa. Das Haus war schlicht in Weiß gehalten, und ich war der festen Überzeugung, dass das Innere genauso aussah. Die Fenster im Erdgeschoss waren mit kleinen Gitterstäben bestückt, damit keiner ausbrechen konnte, und ich fragte mich, wie dieses Gebäude einem Gefängnis noch ähnlicher werden könnte. Und oft geöffnet wurden die Fenster mit Sicherheit auch nicht. Ein weißes, steriles, einengendes und stickiges Gebäude mit einer Menge Leute, die mich rund um die Uhr bewachen würden – großartig. Wenigstens hatte die Klinik keine Nachbarn, was bedeutete, dass ich vielleicht nicht jeden Sonntag von Kettensägen oder Rasenmähern geweckt werden würde, die einen Lärm machten, der dem Krach einer Atombombe glich.

»Bist du aufgeregt?«, fragte mich meine Mutter vorsichtig, als sie den Motor abstellte und mich nach einer Stunde das erste Mal wieder ansah.

Meine Verzweiflung und Angst, gemischt mit solch einer Frage, waren der perfekte Auslöser eines Wutausbruches, doch ich biss mir auf die Wange, bis ich Blut schmeckte, damit ich mich zusammenriss.

»Nein«, erwiderte ich bloß und hoffte, sie nahm den Sarkasmus nicht wahr. Natürlich war ich aufgeregt und ängstlich. Am liebsten hätte ich hier und jetzt losheulen können, aber mein bescheuerter Stolz verlangte von mir, dass ich so zu tun hatte, als wäre ich die Ruhe selbst. In meiner Welt bedeutete Schwäche zeigen, sich den anderen auszuliefern, obwohl ich Gefühle wie Angst und Trauer eigentlich nicht als Schwäche bezeichnen wollte. Doch egal, wie sehr du auf deiner eigenen Einstellung beharrtest, irgendwann übernahm dein Hirn die Meinung der anderen, und dann standest du im Zwiespalt zwischen dem, was du wusstest, und dem, was dir andere aufzwangen.

»Das musst du auch nicht sein. Du wirst dich mit allen bestimmt gut verstehen«, sagte sie lächelnd und stieg aus dem Wagen.

Vermutlich sagte sie das, weil ich mich auch immer mit allen gut verstand, bis sie merkten, was für ein verkorkster Mensch ich eigentlich war. Meine Mutter hatte sich immer tierisch gefreut, als ich Mitschüler mitbrachte, doch jedes Mal, wenn die Wochen vergingen und sich keiner mehr bei uns blicken ließ, löcherte sie mich mit Fragen, warum ich keine Freunde mehr hätte. Also unterließ ich das Kennenlernen neuer Menschen, weil sie mich früher oder später für krank erklärten und gingen. Und diese besorgten Blicke meiner Mutter, wann immer sie in mein abgedunkeltes Zimmer kam, während ich tagelang im Bett lag, konnte ich mir ebenfalls nicht mehr antun. Die Zeiten, in denen ich mir eingeredet hatte, wirkliche Freunde zu haben, waren sowieso längst vorüber. Denn ich hatte eingesehen, dass ich mich bloß von einer Illusion ernährt hatte, um ein Gefühl zu erzwingen, das mich belebte, weil ich mich nicht mehr für einsam hielt. Aber ich schätzte, nachdem ich so vielen Menschen die

Tür geöffnet hatte, während sie mir die Bude ausgeräumt hatten und dann wieder gegangen waren, war ich irgendwann müde geworden von der Hoffnung, ich würde einem Menschen die Tür öffnen, der bliebe. Und deshalb ließ ich die Tür lieber geschlossen, als das Risiko einzugehen, noch mehr zu verlieren.

Ich verdrehte aufgrund des Kommentars meiner Mutter die Augen und öffnete die Autotür, um meinen Weg in die Hölle anzutreten. Um das riesige Haus herum standen vereinzelt ein paar Bäume, und jetzt, da ich genauer schauen konnte, entdeckte ich tatsächlich an der Seite des Gebäudes eine eingezäunte, relativ große Wiese. Wir hatten also auch mal Auslauf? Wie gnädig. Eingezäunt wie Kaninchen im Außengehege – ich würde mich hier sicherlich total normal fühlen. In der rechten Ecke der Wiese befand sich eine Koppel, und ich fragte mich direkt, was diese für eine Funktion haben mochte, doch meine Spekulationen wurden durch eine Berührung beendet: Meine Mutter legte ihren Arm um meine Schulter, wobei ich wieder einmal zusammenzuckte, und führte mich zusammen mit meinem Koffer, den sie hinter sich herzog, zum Eingang meiner persönlichen Folterkammer. Kurz verspürte ich den Drang, einfach wegzulaufen, noch war es nicht zu spät, doch der Gedanke verpuffte regelrecht wieder, als ich mich auf das Gewicht des Armes meiner Mutter konzentrierte. Ich musste ihr zuliebe einfach durchhalten und mich zusammenreißen. Schlimmer konnte es nicht mehr werden, und selbst wenn, hatte ich immer die Option, alles zu beenden. Mehr als zu versuchen, etwas zu ändern, blieb mir ohnehin nicht übrig, wenn ich wollte, dass es meiner Mutter wieder besser ging und sie mich nicht dauernd mit müden und traurigen Augen betrachtete.

Als meine Mutter an der Klingel drückte und jemand die Tür von innen aufschloss, hatte ich das Gefühl, alles geschähe in Zeitlupe. Hätte ich das hier alles verhindern können? Eine Frau mittleren Alters öffnete die schwere Tür und lächelte meine Mutter freundlich an. Ihre strubbeligen, schwarzen Haare reichten ihr bis zu den Ohrläppchen, und mir fiel sofort auf, dass das Lächeln, das ihre schmalen Lippen umspielte, nichts als heuchlerische Freundlichkeit war. Wenn ich etwas gelernt hatte, dann das, diese kleinen Unterschiede auf Anhieb erkennen zu können. Ein weiterer Hinweis neben ihrem halbherzigen Heben der Mundwinkel waren ihre braunen Augen, die während dieser Mimik nicht das reinste

Funkeln ausstrahlten. Ich würde mich hier absolut nicht wohlfühlen, dessen war ich mir direkt sicher.

»Frau Allington?«, fragte die Dame höflich meine Mutter, und noch bevor sie ihr antworten konnte, richtete sie den Blick auf mich. »Du musst Faye sein, richtig?«

Ich nickte bloß mechanisch und bekam nur am Rande mit, dass ich ihre kalte Hand schüttelte. Das war alles so unwirklich.

»Kommen Sie doch rein. Ich bin Frau Graves, Fayes Betreuerin«, sagte sie wieder an meine Mutter gewandt, und ich hatte das Gefühl, ein kleines Schulkind zu sein, dessen Mama alles regeln musste. Ich war verdammte siebzehn und keine sieben Jahre alt – oder zählte man hier als Kind, weil man psychisch krank war? Wurde man wie in manchen Altenheimen nicht mehr als reifer Mensch eingestuft, sondern behandelt wie ein kleines Kind, das keinerlei Entscheidungen mehr treffen konnte; das weder bestimmen durfte, wann es essen noch wann es schlafen wollte? Aber ganz ehrlich: Egal wie sehr ich mich in diesem Moment aufregte, ich wusste, dass das so kommen würde. Dazu hatte ich mich die letzten Tage viel zu viel mit Erfahrungsberichten aus dem Internet beschäftigt. Also trottete ich bloß hinter meiner Mutter her und stöhnte innerlich auf, als wir das Innere dieses Knastes betraten. Steriler, einengender Raum Nummer eins. Ich würde gern beschreiben, wie der gesamte Vorraum und der daran anknüpfende Flur aussahen, doch außer Weiß war hier nicht viel zu bestaunen. Meine Mutter schaute sich in kurzen Abständen immer wieder zu mir um und bedachte mich mit einem besorgten Blick, sodass ich darauf achtete, so zu tun, als würde ich mich interessiert umschauen – wobei ich kaum glaubte, dass sie mir das abkaufen konnte. Denn auch ihr musste bewusst sein, dass hier nicht im entferntesten Interesse aufkommen konnte. Als wir zu einem neuen Flur kamen – übrigens steriler, einengender Raum Nummer zwei –, standen wir vor drei Treppen, die jeweils in andere Richtungen führten.

»Unsere Klinik leitet drei Gruppen. Faye hat Glück, dass wir in einer Gruppe noch Plätze zu vergeben haben«, erklärte Frau Graves schnell und stieg die linke Treppe hinauf.

Als ich an der Treppe vorbeischaute, konnte ich einen großen Raum ausmachen, der augenscheinlich eine Cafeteria darstellen sollte, und mich schüttelte es bei dem Gedanken, dass das Essen hier genauso schmecken könnte wie das, was man in unserer Schulkantine als Speise betitelte.

»Bitte folgen Sie mir«, sagte Frau Graves, die auf der Hälfte der Treppe innehielt und mich und meine Mutter, die genauso wie ich in die Cafeteria schaute, beobachtete.

Ich hatte schon jetzt absolut keinen Nerv mehr, wenn diese Frau anfing zu sprechen. Stillschweigend folgten meine Mutter und ich ihr, und als wir vor einer weiteren Tür ankamen und sie von dieser heuchlerischen Frau aufgeschlossen werden musste, fühlte ich mich tatsächlich wie eine waschechte Kriminelle.

Mit einem aufgesetzten Lächeln und einer einladenden Handbewegung winkte sie uns herein, als wäre sie dem Märchen *Hänsel und Gretel* entsprungen. Das Grinsen einer Hexe konnte sie zumindest grandios imitieren. Zu meiner Überraschung hingen hier einige bunte Bilder an einigen Stellen, und die Wände waren in einem pastellrosa Ton sowie einem Cremeweiß gestrichen. Und trotzdem war es einengend, egal wie riesig dieses Gebäude auch sein mochte.

»Die anderen Patienten sind zurzeit noch in ihren Betten. An Sonntagen dürfen sie länger schlafen«, sagte sie lachend zu meiner Mutter, und ich fragte mich, ob sie sich dessen bewusst war, dass sie hier in einer Klinik für Jugendliche arbeitete und nicht in einem verdammten Kindergarten. Sie führte uns einen Gang entlang und zeigte immer mal wieder auf Türen von Waschräumen und Toiletten und eventuell auch von anderen Räumen, doch bei der Hälfte ihrer Führung hörte ich schon gar nicht mehr zu. Diese Frau ging mir auf die Nerven mit ihrem aufgesetzten Grinsen und ihrer hohen Stimmlage, als würde sie mit kleinen Kindern kommunizieren.

Als wir zu meinem Zimmer und somit zu dem Höllentor der nächsten Monate ankamen, strengte ich mich an, wieder zuzuhören.

»Faye muss sich momentan noch kein Zimmer teilen, sie ist das dritte Mädchen in dieser Gruppe«, verkündete Frau Graves, und schon keimte Hoffnung in mir auf. Vielleicht hatte ich doch meine Zeit, um ab und zu meinen Gefühlen freien Lauf zu lassen.

»Ich lasse Sie einen Moment allein, um sich zu verabschieden.« Frau Graves beäugte mich noch einmal, bevor sie das Zimmer verließ. Langsam schaute ich mich um: Weiß, steril und einengend, aber wenigstens hatte ich hier meine Ruhe. Vor dem schmalen Bett an der Wand hatte ich eine Nachttischlampe, und ich malte mir schon aus, wie oft ich wohl nachts wachliegen und einfach nur lesen würde, bis meine Augen von allein zufielen. An der anderen Seite des Raumes stand ein ziemlich großer Schrank, und ich fragte mich, wie lange sie wohl eingeplant hatten, dass ich bleiben würde. Bei diesem Gedanken wurde mir ganz anders.

Neben dem Schrank stand ein kleiner Holztisch mit einem Stuhl davor und auch davon war ich positiv überrascht. Vielleicht sollte ich nicht immer vorschnell urteilen.

»Ist doch ganz nett hier«, sagte meine Mutter, und augenblicklich schaute ich ihr ins Gesicht. Sie war wohl der einzige Grund, weshalb ich das hier auf mich nahm, und immer wieder, wenn ich in ihre müden Augen sah, wusste ich, dass es das so was von wert war.

»Ja, ich hatte es mir schlimmer vorgestellt«, erwiderte ich ehrlich und grinste kurz.

Sie kam auf mich zu und nahm mich fest in den Arm, ignorierend, dass ich mich mal wieder versteifte. »Ich wünsche mir so sehr, dass es dir bald wieder besser gehen wird! Pass auf dich auf, und nutze die Zeit hier, um über deine Gefühle und Gedanken zu reden.«

Ich nickte an ihrer Schulter und unterdrückte meine Tränen. Dies war der Moment, vor dem ich mich am meisten gefürchtet hatte: Die einzige Person, die ich hatte, verließ mich. Meine Mutter drückte mich noch ein letztes Mal fester und gab mir, als sie sich von mir löste, einen Kuss auf die Stirn. Dann drehte sie sich um und verließ mein Zimmer. Ohne darüber nachzudenken, lief ich ihr nach auf den Flur und schaute zu, wie sie mit schnellen Schritten zu der Tür ging, die Frau Graves bereits freundlich aufhielt. Kurz wechselten sie noch ein paar Worte, bevor sie sich die Hand reichten und meine Mutter die Station verließ. Dies war mit Abstand der Moment, an dem ich mich am einsamsten fühlte. Tränen flossen über mein Gesicht, ohne dass ich sie zurückgehalten hätte. Meine Mutter drehte sich nicht einmal um, und ich fragte mich, ob sie es nicht tat, weil es ihr genauso schwerfiel wie mir. Ich wusste, dass sie mich um jeden Preis am Leben erhalten wollte, und ich verstand das. Aber waren wir mal ehrlich: Dies hier war kein Leben mehr.

KAPITEL 2

Als Frau Graves die Tür verschlossen hatte, kam sie auf mich zustolziert und reichte mir ein Taschentuch. »Du wirst dich schnell einfinden«, sagte sie beiläufig und bedachte mich mit einem flüchtigen Blick. Am liebsten wäre ich ihr ins Gesicht gesprungen wie eine kleine Katze und hätte ihr das gekünstelte Lächeln zerkratzt, das sie aufgesetzt hatte. Doch stattdessen nickte ich ihr bloß zu und schaute auf den Boden, um mein verheultes Gesicht vor ihr zu verbergen. Ich hasste es abgrundtief, wenn mich jemand dabei erwischte, wenn ich weinte, und noch mehr hasste ich es, wenn das Menschen waren, die keinerlei Ahnung hatten, wie sie darauf zu reagieren hatten, und mich mit ihrer taktlosen Art noch mehr aus der Bahn warfen. Sollten Betreuer in einer Klinik nicht eigentlich richtig gut darin sein zu trösten, oder waren das bloß meine hirnrissigen Erwartungen, die ich hegte, um meine Unsicherheit zu lähmen?

Mit einem gefühllosen Tätscheln ging sie an mir vorbei in mein vorübergehendes Zimmer. Ich folgte ihr und fragte mich, wo diese Frau ihre pädagogische Lizenz gewonnen hatte, um hier angestellt werden zu können.

»Du hast doch sicherlich ein Handy dabei«, mutmaßte sie, als ich den Raum betrat, und streckte prompt ihre Hand aus. »Wir möchten, dass ihr so wenig Zeit im Internet verbringt wie möglich, damit ihr euch vollkommen auf eure Genesung konzentrieren könnt.«

Mit großen Augen starrte ich sie an. »Aber wie soll ich dann Kontakt zu meiner Mutter halten?«

»Es gibt so etwas, das nennt sich Briefe. Sehr altmodisch, aber effizient«, erwiderte sie und streckte ihre Hand noch weiter aus, höchstwahrscheinlich um mir zu signalisieren, dass sie keine Widerrede duldete. Ich biss die Zähne zusammen und holte mein Handy mitsamt meinem MP3-Player heraus. Effizient wäre sicherlich auch ein Anruf bei ihrem Chef gewesen, in dem ich ihm mal erläuterte, wie taktlos seine Angestellte war.

»Den musst du nicht abgeben«, sagte Frau Graves und zeigte auf meinen schwarzen Musikplayer, der bereits mehrere Kratzer auf dem Lack und dem Display aufwies. Ich hätte ihr am liebsten ins Ohr geschrien, dass ich das auch nicht vorhatte, doch ich nickte bloß und reichte ihr mein Handy.

Sie schob es sich in ihre Hosentasche und richtete ihre khakifarbene Strickjacke, die ihr definitiv drei Nummern zu klein war.

»Wir legen hier großen Wert auf Sicherheit«, teilte Frau Graves mir mit, als ich noch immer im Türrahmen stand, und zog meinen Koffer, ohne mich um mein Einverständnis zu bitten, zu sich. »Jetzt wollen wir erst mal sehen, was du mithast.« Ungläubig starrte ich sie an. Wollte sie jetzt tatsächlich meine Unterwäsche ohne Einwilligung durchkramen?

Anscheinend schon, denn sie öffnete meinen Koffer und wühlte mit gerunzelter Stirn durch meine Klamotten, bis sie meinen Kosmetikbeutel fand und den Reißverschluss hastig öffnete. Heraus zog sie meinen Rasierer und schaute mich geschäftig an. »Die Rasierklinge kommt zu uns. Wenn du dich rasieren möchtest, sag uns Bescheid, dann gehen wir mit dir zusammen ins Bad.« Privatsphäre? Leb wohl.

Beiläufig legte sie meinen Rasierer neben den Koffer und durchwühlte weiter meine Sachen. Als sie meine Hülle mit den türkisfarbenen Umschlägen herausholte und in die Luft hielt, stolperte mein Herz über sich selbst. »Was ist das?«, fragte sie neugierig und schaute mich abermals an.

»Briefe«, sagte ich bloß und hoffte inständig, dass sie mich nicht weiter danach ausfragte.

»Okay«, erwiderte Frau Graves desinteressiert und runzelte die Stirn. »Gut, ansonsten denke ich, dass hier nichts versteckt ist, was dich verletzen könnte. Du hast jetzt genügend Zeit, dich einzurichten. Frau Dr. Henderson, deine Psychiaterin, erwartet dich in einer Stunde im Therapieraum. Ich hole dich hier ab und bringe dich dann hin.« Mit diesen Worten richtete sie sich auf und ging mitsamt meinem Rasierer aus dem Zimmer.

Ich ballte die Hände zu Fäusten und kämpfte mit aller Macht gegen meine Gefühle an, um nicht loszuheulen. Ich würde das hier durchziehen und mein Bestes geben, so, wie ich es meiner Mutter vor wenigen Wochen versprochen hatte.

Also atmete ich ein paar Mal tief ein und aus und verstaute dann meine Kleidung in dem riesigen Schrank. Meine Hülle mitsamt den ausgewählten Briefen, die ich unbedingt mitnehmen wollte, sowie Papier und Stifte legte ich neben dem Bett in die Kommode, und meinen

Koffer schob ich unter das kleine Holzbett. Anschließend ließ ich mich auf ebendieses fallen und betrachtete die kahle, sterile, einengende, weiße Decke. Eigentlich war es nichts wirklich Fremdes für mich, hier zu liegen und ins Leere zu starren, es war schließlich genau das, was ich auch zu Hause immer tat, wenn mir meine Gedanken die Sinne vernebelten. Aber diesmal war es anders. Ich konnte mir immer einreden, dass das alles nur eine Phase wäre. Ich konnte mir einreden, dass es von heute auf morgen wieder besser werden könnte und meine Motivation zurückkehrte. Hier zu sein, war der Beweis dafür, dass ich mich und mein Leben nicht mehr unter Kontrolle hatte. Es war ein Indiz dafür, dass ich Hilfe dabei brauchte, um wieder glücklich zu werden – falls ich jemals wieder glücklich werden würde. Meine Mutter hatte mir mal gesagt, dass es okay sei, sich Hilfe zu suchen, und dass es okay sei, wenn man Schwäche zeigte. Wenn es so okay war, warum fühlte ich mich so wahnsinnig beschämt? Ich wusste, dass ich mir das Ganze hier nicht ausgesucht hatte und ich mir auch ganz sicher nicht ausgesucht hatte, dass es mir nicht gut ging. Aber in dieser Gesellschaft bekam man nur Zuspruch, wenn man körperlich krank war. Wenn du eine psychische Krankheit hattest, war Spott dein ständiger Begleiter. Mich machte diese Denkweise wütend, und ich verachtete sie allesamt dafür, dass sie nicht verstehen wollten, dass ich weder Mitleid noch Aufmerksamkeit wollte. Ich wollte in Ruhe gelassen werden und meinen Tag hinter mich bringen, ohne noch unglücklicher zu werden, indem man mich wegen meiner Traurigkeit auslachte oder beleidigte. Das Problem unserer Menschheit war, dass viele Menschen anfingen, einen zu verurteilen, wenn man anders war. Wenn sich ein depressiver Mensch umbrachte und es in den Medien gezeigt wurde, waren alle auf einmal total betroffen, um zwei Wochen später wieder eine Person aus der Schule zu mobben. Ich hatte das Gefühl, dass genau diesen Menschen die Menschlichkeit fehlte ... und ein Gehirn sowieso.

Ich wusste nicht, wie viele Minuten vergangen waren, als Frau Graves, ohne zu klopfen, in mein Zimmer trat und ich mich erschrocken aufrichtete.

»Frau Dr. Henderson empfängt dich jetzt«, sagte sie und bedeutete mir, ihr zu folgen.

Schnell fuhr ich mit den Händen über meine Haare, um die Wellen halbwegs zu bändigen, und folgte ihr durch den Flur. Ihren schnellen

Schritten nach zu urteilen, hatte sie es ziemlich eilig, mich loszuwerden, und das leise Gemurmel aus den anderen Zimmern ließ mich auch vermuten, weshalb. Der Gedanke daran, dass ich bald die anderen Patienten kennenlernen würde, machte mich nervös. Was wäre, wenn sie mich auch nicht mögen würden? Wenn sie mich verachteten oder mich nicht ernst nähmen?

Als wir neben einer Treppe stehen blieben, die ich vorher gar nicht wahrgenommen hatte, schaute mich Frau Graves auffordernd an. »Den Weg nach oben findest du, denke ich, allein.«

Ich glaubte, ich würde nie mit ihr sympathisieren. Diese Frau war zutiefst unfreundlich und falsch. Am liebsten wollte ich ihr sagen, dass ich mich freute, dass sie mir so viel zutraute, und ob sie auch glaubte, dass ich alleine atmen könne, doch ich ließ den Mund geschlossen. Mit einem rasend schnellen Herzschlag, der mich daran glauben ließ, dass ich gleich wie ein gestrandeter Pottwal auf diesem Boden landen würde, ging ich die schmale Treppe hinauf und hielt mich stärker am Geländer fest, als nötig gewesen wäre, doch ich hatte das Gefühl, würde ich loslassen, könnte ich meine Beine nicht mehr spüren. Ich wusste nicht, was auf mich zukommen würde, und ich hatte keinerlei Ahnung, welche Fragen mir diese Frau Dr. Henderson stellen würde. Ich wusste nicht, ob sie genauso unfreundlich war wie Frau Graves, und ich wusste nicht, ob ich ihr das sagen konnte, was sie von mir verlangte. Sie würde mich nicht verurteilen, zumindest würde sie mir das nicht zeigen, schließlich war es ihr Job, dass es mir irgendwann besser ging. Aber nur, weil sie es mir nicht zeigte, hieß das nicht, dass sie es nicht tat. Mein Gott, eigentlich hätte es mir egal sein können, was andere Leute von mir dachten. Aber egal, wie sehr ich mir einredete, dass es irrelevant wäre, ich konnte mich selber nicht davon überzeugen. Ich hatte fürchterliche Angst, was sie sagen könnte oder ob sie mir eine Frage stellen würde, die mich zum Heulen bringen könnte. Viel zu schlimm war die Vorstellung, vor jemandem in Tränen auszubrechen. Stufe für Stufe machte ich mich verrückter, und als ich auf der vorletzten angekommen war, hatte ich das Gefühl, vor Furcht zu explodieren. Vielleicht wäre das gar nicht so schlimm gewesen, schließlich hatte ich eine Sekunde lang bereits die Idee verfolgt, mich hier und jetzt tot zu stellen.

Als ich oben ankam und vor einer schlichten Tür stand, holte ich einmal tief Luft. Egal, was mich da nun erwartete, ich musste mich dem stellen. Es konnte unmöglich schlimmer sein, als die ganzen Jahre in der Schule zwischen Mobbern zu sitzen. Als ich letztendlich das Gesicht meiner Mutter vor Augen hatte, schloss ich traurig die Augen und klopfte.

Wenige Sekunden später stand eine große, schlanke Frau mit Brille auf der Nase vor mir und lächelte mich warmherzig an. »Hallo, Faye, ich bin Frau Dr. Henderson, deine Psychiaterin.«

Dass sie ihren Beruf nicht umschrieb, erweckte direkt den Eindruck, dass sie wahnsinnig authentisch sei, und das gefiel mir. Andere Psychiater würden wohl versuchen, unsere Session als »ungezwungene Unterhaltung« zu umschreiben, sie hingegen verzichtete auf diese hirnrissigen Ausschweifungen. Freudestrahlend reichte sie mir die Hand, und als ich ihre nahm, bröckelte ein Stück meiner Unsicherheit von mir ab.

»Komm doch herein«, sagte sie, bevor ich auch nur ein Wort erwidern konnte, und zeigte auf zwei Stühle, die gegenüber einem kleinen Tisch mit Blumen standen.

Nervös knetete ich die Hände und schaute sie fragend an. »Wo darf ich mich setzen?«, brachte ich heraus. Ich wollte nicht unhöflich sein und mich irgendwohin schmeißen, um dann einen Spruch wie »Entschuldige, aber das ist mein Stuhl« zu kassieren. Es war nicht an der Zeit, mir eine Bloßstellung zuzumuten. Außerdem lagen mir die von meiner Mutter eingetrichterten Höflichkeitsformen sehr am Herzen.

»Wo du gerne möchtest«, antwortete Frau Dr. Henderson noch immer mit einem Lächeln auf den Lippen, und als ich mich für die linke Seite entschieden hatte, nahm auch sie auf dem übrig gebliebenen Stuhl Platz. Als ich ihren Block und den schwarzen Kugelschreiber in ihren Händen sah, richtete ich meinen Blick auf meine ineinander verschlungenen Hände, die auf den Oberschenkeln ruhten. Sie würde sich jedes Wort, jeden meiner Gedanken aufschreiben und gegen mich verwenden können, wann immer ihr danach war. Dieser Gedanke ließ meinen gesamten Körper erschaudern, und die Gänsehaut breitete sich auf meinen Armen rasant aus, sodass ich inständig hoffte, sie würde nicht auf meine frei liegenden Handgelenke starren.

»Faye ist ein außergewöhnlicher Name, was bedeutet er?«, fragte sie plötzlich neugierig in die Stille, und erstaunt schaute ich ihr in die hellbraunen Augen. Das war ungefähr die letzte Frage, die ich erwartet hätte. Vielmehr dachte ich, sie würde mich direkt ausquetschen wie einen nassen Schwamm und alles aus mir herauskitzeln, was mich schwach machte.

»Soweit ich weiß, liegt der Ursprung in dem Wort ‚faie‘, das im Altenglischen ‚Fee‘ bedeutet«, antwortete ich und musste dabei vollkommen verwirrt ausgesehen haben, doch sie ließ sich von meinem Gesichtsausdruck nicht beirren und stellte weiterhin Fragen, die ich nie erwartet hätte zu hören.

»Bist du ein Fan von Geschichten über Fabelwesen, oder ist das so gar nicht deins?«

Stirnrunzelnd schaute ich in ihre Augen und versuchte zu ergründen, ob sie mich auf den Arm nahm. Sie sah interessiert aus und gleichzeitig wachsam wie ein Adler, der eine Maus im Visier hatte.

Ich sprach langsam und versuchte, ihre Gesichtszüge zu deuten, doch alles, was ich in ihren Augen sah, war die bloße Neugier. »Ich lese gerne Fantasieromane, allerdings nicht unbedingt gern über Feen. Mein Lieblingsthema sind Vampire.«

»Feen sind doch meistens die Lieben und Vampire die Bösen. Magst du lieber düstere Geschichten?«, fragte sie weiter und schaute mich weiterhin gespannt an.

»In den Büchern, die ich lese, sind die Vampire überwiegend gut oder stellen sich gegen ihre böse Seite, weil sie gut sein wollen«, erwiderte ich schulterzuckend.

»Glaubst du, böse Menschen können gut werden, Faye?« Und sofort machte es in meinem Kopf klick. Diese ganzen Fragen waren gewählt gestellt worden, um Dinge über meine Einstellung, über meine Persönlichkeit herauszufinden. Sofort versuchte ich, meine Mauer wiederaufzubauen, ohne sonderlich unhöflich zu wirken.

»Das kommt darauf an, ob diese Menschen das auch wollen.« Meine Stimme war nun deutlich distanzierter und obendrein noch tonlos, sodass Frau Dr. Henderson rasant ihren Stift zückte. Ich wusste sofort: Dieser Frau würde nichts entgehen, und diese Tatsache machte mich zunehmend nervöser.

»Kennst du böse Menschen? Haben sie sich geändert oder wenigstens bemüht?«, fragte sie und schrieb etwas auf ihr Papier.

Ich spürte den Drang, ihr den Block aus der Hand zu reißen und zu lesen, was sie daraufgekritzelt hatte. Am liebsten hätte ich ihn zerrissen und aus dem Fenster geschmissen, so bloßgestellt fühlte ich mich in diesem Moment. Ich wollte ihr nichts von mir erzählen, ich wollte nicht diese Art von Gespräch führen, doch durch meine Naivität war ich nun mittendrin.

»Das kommt darauf an, wie man böse definiert«, wich ich ihrer Frage aus und begann erneut, meine Hände zu kneten.

Kurz beobachtete sie meine Gestik und sah mir dann wieder in die Augen. »Wurdest du schon mal schlecht behandelt, Faye?«

Frau Dr. Henderson schaute mich abwartend an und lächelte ermutigend, doch meine Kehle war wie zugeschnürt. Ich wusste, dass sie professionell war, und ich wusste auch, dass sie Verständnis für mich heucheln würde, egal was ich ihr auftischte, aber ich wusste nicht, was sie denken würde. Ich wusste nicht, ob sie mich verurteilte oder nicht, und das machte mir Angst. Auch wenn sie bisher auf mich wahnsinnig lieb wirkte, konnte ich mich getäuscht haben. Wer wusste schon, wie gut sie schauspielern konnte! Ich kratzte mir den Hinterkopf und schaute dann auf meine ineinander verschlungenen Finger. »Ja.«

»Magst du davon erzählen?«, fragte sie nach wenigen Sekunden, und ich schüttelte wie mechanisch den Kopf. *Sie kann mich nicht zwingen, sie kann mich nicht zwingen.*

»In Ordnung, ich möchte dich auch an deinem Anreisetag nicht mit so fiesen Fragen quälen«, erwiderte sie empathisch, stand auf und legte ihren Block und den Stift auf ihren Schreibtisch auf der anderen Seite des Raumes. Dann hielt sie mir ihre Hand hin, und ich stand auf. »Ich hoffe, du hast hier eine gute Zeit. Wir sehen uns morgen wieder.«

Ich lächelte sie zerknirscht an, nahm ihre Hand entgegen und verließ ohne ein weiteres Wort den Raum. Mein Kopf glühte, und mir war zum Einrollen und Schlafen zumute; und doch musste ich mir eingestehen, dass ich mir die Prozedur wesentlich schlimmer vorgestellt hatte. Klar hatte sie mich in gewisser Weise ausgetrickst, indem sie von einem scheinbar belanglosen Thema zu meinen tiefsten Ängsten gewechselt hatte, doch sie hatte mir in keiner Sekunde das Gefühl gegeben, mich drängen zu wollen oder mich zu verurteilen. Und ich war der Überzeugung, dass das schon sehr viel wert sei.

Als ich in meinem Zimmer ankam, konnte ich nebenan weibliche Stimmen hören und setzte mich im Schneidersitz aufs Bett in der Hoffnung, sie würden nicht auf mich aufmerksam werden und mich besuchen kommen. Nach wenigen Minuten verstummten die Stimmen, und ich hielt die Luft an. Hatten sie mich gehört? Eigentlich war das unmöglich, es sei denn, mein Atem wäre so laut wie das Schnarchen meines Opas. Doch wenige Sekunden nach diesem Gedanken klopfte es an der Tür, und ich sprang wie von einer Tarantel gestochen auf. Schnell richtete ich mein Oberteil und versuchte, meine Nervosität hinunterzuschlucken. »Ja?«, fragte ich mit heiserer Stimme, und die Tür öffnete sich. Eine Frau, ebenso wie Frau Graves und Frau Dr. Henderson mittleren Alters, stolzierte in mein Zimmer, und noch bevor ich ihr zur Begrüßung meine Hand ausstrecken konnte, hatte sie mich schon in die Arme geschlossen. Sofort ließ sie mich wieder los und strahlte mich an.

»Herzlich willkommen, Faye! Ich bin Frau Benett, deine zweite Betreuerin. Fühl dich bitte frei, mir Fragen zu stellen, solltest du Probleme haben.«

Völlig perplex schaute ich sie an und konnte nicht fassen, wie viele unterschiedliche Charaktere hier tätig waren. »Danke«, brachte ich heraus und schenkte ihr ein kurzes Lächeln. Auch sie strahlte mich an, und ich sah sofort, dass es echt war, ganz anders als das von Frau Graves. Ihre langen dunklen Haare hatte sie zu einem Zopf geflochten, und ihre kleine Nase zuckte vor Vergnügen, als sie mich betrachtete. Diese Frau hatte wohl mehr Lebensfreude als die gesamte Klinik zusammen.

»Kommst du direkt mit mir mit? Wir haben jetzt wie jeden Tag ein Gruppentreffen. Den Tagesablaufplan der nächsten Monate werde ich dir während des Abendessens in dein Zimmer legen«, sagte sie fröhlich und legte einen Arm um meine Schulter, um mich aus dem Raum zu führen. Nun war es tatsächlich so weit: Ich musste die anderen Patienten kennenlernen. Unmut machte sich in mir breit, und ich hatte das Gefühl, dass ich kaum laufen konnte, so sehr zitterte ich. Frau Benett schien meine Aufregung gar nicht zu bemerken, sie ging mit mir schnurstracks in den großen Raum neben der Treppe zu Frau Dr. Hendersons Büro. Als sie die Tür öffnete, waren alle Augenpaare auf mich gerichtet, sodass ich mich kaum auf die restlichen Eindrücke dieses Zimmers konzentrieren konnte. Ich stellte mir in dieser Sekunde Tausende Fragen. Hatte ich meinen Pulli vernünftig angezogen? War mein Hosenstall zu? Hatte ich einen Fussel in den Haaren? Stand ich dort wie ein Volldepp, der vor wenigen Minuten Drogen genommen hatte? Hielten sie mich für eingebildet, wenn ich mich aufrechter hinstellte? Hielten sie mich für das klassische Opfer, wenn ich so eingesunken stehen blieb? Hatte ich etwas zwischen den Zähnen? Was war, wenn ich etwas zwischen den Zähnen hatte und lächeln würde? Was geschähe, wenn ich jetzt nicht lächeln würde? Würden sie denken, ich hätte keine Lust, sie alle kennenzulernen?

»Wir haben eine neue Freundin«, sagte Frau Benett, als hätte sie den anderen eine Millionen Euro mitgebracht, und katapultierte mich somit aus meinen Gedanken. Dann wandte sie sich mir zu und schaute mich mit ihrem grotesk breiten Lächeln an. »Magst du dich vorstellen?«

Im ersten Moment starrte ich sie völlig verdattert an. Freundin? Bitte was? Augenblicklich musste ich mich ein weiteres Mal fragen, ob wir hier in einer Klinik oder einem Kindergarten waren.

Dann wurde ich von den erwartungsvollen Blicken der anderen daran erinnert, dass ich nun an der Reihe war, mich vorzustellen. Schon vor mehreren Tagen hatte ich mir die perfekten, humorvollen Sätze zurechtgelegt, hatte sie auswendig gelernt, weil ich wusste, dass ich, sobald ich angestarrt wurde, sogar vergaß, ob ich männlich oder weiblich war. Dann wurde schnell aus »Schönen guten Tag, ich bin die Faye« ein »Tschüss, hallo, mein Name sein, ich meine, heißt Faye«. Nicht zu vergessen mein unfassbar extremer Stottermarathon, der bis zum Punkt meines Satzes quasi jeden Buchstaben undeutlich machte. Also schob ich meine auswendig gelernten Sätze beiseite und sprach die Dinge aus, die ich beinah unmöglich falsch sagen konnte. »Ich bin Faye Allington und 17 Jahre alt.«

»Und du bist gestört«, ergänzte eine dunkle und zugleich weiche Stimme; und als ich in die Richtung blickte, schaute ich in honigbraune Augen, die mich musterten. »So wie wir alle.« Schockiert starrte ich den jungen Mann an und fragte mich, ob er das wirklich ernst meinte oder ob ich mich verhört hatte.

»Cailan!«, schimpfte Frau Benett empört.

Dieser zuckte nur mit den Schultern und sah mich noch immer unverwandt mit einem intensiven Gesichtsausdruck an. Schwarze Strähnen hingen ihm ein wenig in die Augen, und er strich sie sich mit einer schnellen Bewegung aus dem Gesicht. Er war wunderschön, keine Frage, auf eine besondere Art und Weise, und trotzdem war er mir direkt unsympathisch. Menschen mit so einem Gesicht glaubten wohl immer, sie wären etwas Besseres.

Nach Sekunden des peinlichen Schweigens klatschte unsere Betreuerin munter in die Hände. »Nun gut, Faye, setz dich doch bitte neben Cailan auf den freien Platz. Ich würde vorschlagen, wir machen eine stille Runde. Wer mag denn Faye verraten, was damit gemeint ist?«, fragte sie und ließ sich ihre Verärgerung über Cailans Aussage nicht anmerken.

Widerstrebend ließ ich mich auf den Platz neben diesem unfreundlichen Typen nieder und redete mir ein, dass mich sein Geruch nicht zum Schwärmen brächte. Ein blondes Mädchen mit strahlend blauen Augen meldete sich eifrig, und als Frau Benett ihr ermunternd zunickte, blickte sie lächelnd zu mir. »In der stillen Runde darf sich jeder einen Partner suchen, mit dem er über seine momentanen Gedanken und Gefühle sprechen kann.« Ihre Stimme war so herzerwärmend sanft und ruhig, dass ich sie am liebsten sofort umarmt hätte. Die Worte, die aus ihrem Mund kamen, ließen mich jedoch erschaudern. Ich hatte weder das Bedürfnis, mit meiner Psychiaterin darüber zu sprechen, noch mit einen der Patienten hier.

»Äh, Frau Benett, wo ist denn Harry?«, fragte Cailan sofort an die Betreuerin gewandt, bevor ich mich überhaupt für die Erklärung des blonden Mädchens bedanken konnte.

»Harry ist noch in einem Gespräch mit Frau Dr. Henderson, aber das passt hervorragend, denn jeder hat somit einen Partner.« Die Meinung, dass das hervorragend passe, schien Cailan nicht zu teilen, denn er verzog das Gesicht und sah aus, als hätte man ihm gerade verkündet, dass man seinen Lieblingspudding aufgegessen hatte. Als die anderen sich einander zuwandten und leise redeten, fühlte ich mich vollkommen unwohl und rückte auf meinem Stuhl hin und her. War ja klar, dass ausgerechnet ich das Glück hatte, mit dem unsympathischen Kerl reden zu müssen. Zugegebenermaßen interessierte es mich schon, was er dachte und fühlte, einfach weil ich mir nicht vorstellen konnte, dass das auch nur ansatzweise mit meinen Empfindungen übereinstimmte. Aber der Gedanke daran, dass ich das Gleiche tun musste, brachte mich vor Aufregung beinah zum Übergeben. Ich musterte ihn verstohlen von der Seite und staunte nicht schlecht über die Figur, die sich unter seinem Pullover leicht abzeichnete. Der Kerl war wohl schon öfter einmal im Fitnessstudio unterwegs, wenn er nicht gerade in einem sterilen Gebäude gefangen war. Obwohl ich ihn noch nicht stehen gesehen hatte, war mir klar, dass er viel größer war als ich, und seine gesamte Präsenz machte deutlich, dass er das Selbstbewusstsein in Person sein musste. Gleichzeitig fragte ich mich jedoch, wieso er dann an diesem Ort sein mochte. Irgendetwas stimmte an der gesamten Fassade nicht.

Cailan schaute mich aus den Augenwinkeln an und verschränkte die Arme. »Na, dann fang mal an.« Ich zuckte bei seinen Worten zusammen und fühlte mich ertappt, denn ich war mir sicher, dass ihm meine Blicke nicht entgangen waren. Er sollte bloß nicht denken, ich würde ihn interessant finden.

Ich atmete einmal tief durch und sprach den einzigen Satz aus, der für mich in diesem Moment tragbar war: »Ich habe nichts zu erzählen.«

Prompt gab er seine abweisende Haltung auf, schaute mich direkt an und zog erstaunt seine Augenbrauen in die Höhe. »Okay.« Dann löste er seine Arme voneinander, drehte sich zu mir und stützte den linken Arm auf der Lehne seines Stuhls ab. »Dann erzähl mir, wie du Frau Benett findest.« Überrascht über seinen neugierigen Tonfall, starrte ich in seine honigbraunen Augen, bevor ich den Blick ruckartig nach unten richtete. Er guckte mich an, unbarmherzig und ohne Scheu, und vermutlich hatte er in diesen wenigen Sekunden bereits mein Gesicht studiert und jeden einzelnen Makel auf seine gedankliche Liste gesetzt.

»Ich war etwas verwirrt, als sie mich Freundin genannt hat«, gab ich schließlich zu und zuckte mit den Schultern. Was hätte ich sonst sagen sollen? Ich kannte sie ja überhaupt nicht. Verstohlen linste ich zu ihr hinüber und beobachtete kurz, wie sie kleine gebastelte Schmetterlinge an die Fenster hängte und dabei peinlichst genau vorging. Ich ging davon aus, dass sie das nur tat, um uns das Gefühl zu geben, ungestört zu sein, und das hielt ich für äußerst taktvoll.

»Das ist ihre Art, Patienten zu umschreiben, damit wir uns nicht so krank fühlen. Sie merkt dabei gar nicht, dass wir uns noch bescheuerter vorkommen, wenn sie so tut, als wären wir so krank, dass man uns mit so was beruhigen könnte. Ich glaube, sie ist selber gestört«, sagte er tonlos, ohne mich auch nur einmal dabei anzusehen. Sein Blick war auf Frau Benett gerichtet, und ich hatte das Gefühl, er mochte ihre Art ganz und gar nicht. Ich hätte darauf wetten können, dass Frau Graves und er die besten Freunde waren.

»Und du findest es okay, wenn du das Gegenteil tust und uns alle als gestört titulierst?«, fragte ich stirnrunzelnd und sah ihm ins Gesicht. Das war wirklich nicht böse gemeint. Ich war tatsächlich neugierig, warum er so abwertend über uns und sich selber sprach. Kurz starrte er mich genervt an, dann drehte er sich von mir weg und verschränkte wieder die Arme, als hätte es diesen kleinen Moment des Interesses nie gegeben. Ich beschloss, ihn als merkwürdig abzustempeln, und ließ das Gefühl der Zurückweisung nicht zu. Zumindest redete ich mir das felsenfest ein. Menschen wie ihm war ich schon oft begegnet, und genau diese Art von Mensch wollte ich strikt meiden, denn sie würden dafür sorgen, dass ich mich nur noch wertloser fühlte.

Während die anderen sich noch leise unterhielten, nutzte ich die Gelegenheit und schaute mich um. Viele der Patienten sahen recht zufrieden aus, während sie sich einander anvertrauten, als hätten sie bei dem Gedanken an ihre Gefühle immer ein Lächeln parat. Diese Tatsache verwirrte mich, und ich redete mir sofort ein, dass sie alle bestimmt über etwas ganz Anderes sprächen – zum Beispiel über mich –, und die Tatsache, dass sie dabei grinsen konnten, ließ mich wieder hoffen, sie würden über ihre Gefühle lächeln.

KAPITEL 3

Nach dem Gruppentreffen hatte ich Zeit für mich, und so nahm ich meine Kopfhörer und meinen MP3-Player, den mir meine Mutter geliehen hatte, weil sie wohl schon geahnt oder gewusst hatte, dass ich kein Handy mehr als Musikgerät würde benutzen können, legte mich aufs Bett und lauschte leise den Stimmen der Band *Walking on Cars*. Immer wieder dachte ich darüber nach, ob dieser Kerl mit den honigbraunen Augen nur hier sei, um den anderen das Leben noch schwerer zu machen, oder ob er hinter seiner Fassade ein ganz anderer Mensch sei. Vielleicht hatte er heute nur schlechte Laune oder empfand, dass ich es verdient hätte, so behandelt zu werden. Es konnte gut sein, dass er mich als etwas abstempelte, was ich nicht war. Mein Blick hatte auf ihn vielleicht arrogant gewirkt, meine Stimme zu genervt, oder irgendetwas anderes passte ihm an mir nicht. Diese Tatsache machte mich wütend; und als ich noch zorniger wurde, weil es mich überhaupt interessierte, was dieser herablassende Typ von mir dachte, versuchte ich, mich wieder auf den Songtext meines Lieblingsliedes zu konzentrieren.

Als es plötzlich klopfte, saß ich sofort senkrecht im Bett und realisierte erst dann, dass ich eingedöst war. Sekunden später öffnete sich zaghaft die Tür, und das blonde Mädchen, das mir die stille Runde erklärt hatte, streckte unsicher den Kopf ins Zimmer. Aufmunternd lächelte ich meine Besucherin an und stand vom Bett auf. Ich hatte das Gefühl, meine Hände wären schwitzig und zitterten, doch als ich ihren schüchternen Blick sah, wurde ich mutiger. »Du kannst reinkommen.«

Sie sah so unentschlossen aus, dass ich sie am liebsten in den Arm genommen hätte. Sie schenkte mir ein Grinsen und trat tatsächlich in den Raum.

»Hallo, ich bin Lucy. Ich wollte dir sagen, dass es gleich Abendbrot in der Cafeteria gibt.« Ihre Hände hatte sie ineinandergeschlungen, und ihre kleinen Augen waren aufmerksam auf mich gerichtet, als würde sie jede Regung meines Gesichts genau deuten wollen.

»Oh, danke, dass du Bescheid sagst«, erwiderte ich vorsichtig und hoffte inständig, dass sie mich mitnähme. Ich hatte zwar schon bei dem anfänglichen Marathonlauf, den Frau Graves als Führung betitelt hatte, die Cafeteria ausmachen können, aber der Gedanke daran, allein in diesen Saal zu schreiten und keine Ahnung zu haben, wohin ich mich hätte setzen sollen, ließ mich schwitzen. Natürlich hatte ich die letzten Jahre gelernt, dass man auch als Einzelgänger im Leben weiterkam und durchaus mehr Verantwortungsbewusstsein entwickeln konnte; und doch wusste ich ganz genau, dass niemand gern jederzeit alleine war. Jeder brauchte mal jemanden, an den er sich hängen konnte, damit er nicht vor Aufregung durchdrehte. Es war durchaus gut, wenn man auch allein durch das Leben kam, aber besser war es, wenn man das nicht musste.

»Möchtest du mitkommen? Wir könnten zusammengehen«, schlug sie vor, und abermals hätte ich sie am liebsten in die Arme geschlossen. Ich wusste in diesem Moment nicht, ob ich sie gefragt hätte, wenn sie nicht selbst die Initiative ergriffen hätte. Vermutlich hätte ich sie einfach ziehen lassen und wäre mit einem halben Kreislaufkollaps alleine in die Cafeteria marschiert. Das hätte mir ähnlichgesehen; schließlich würde ich nicht mal um Hilfe bitten, wenn mir zehn Hyänen in den Hintern beißen würden.

Hastig nickte ich, und so trotteten wir ohne ein weiteres Wort nebeneinanderher. War es unhöflich, sie nicht irgendetwas zu fragen, zumal sie mich doch schon netterweise aus meinem Zimmer geholt hatte? Aber was sollte ich sie schon fragen? Die Frage zu stellen, warum sie hier sei, erschien mir als hirnlos und taktlos zugleich. Sie würde wohl kaum »Weil ich überglücklich bin« antworten und mir als einer ihr völlig fremden Person sicherlich auch nicht ihre gesamte Lebensgeschichte auf die Nase binden wollen. Aber außer diese ätzenden Small-Talk-Fragen, die ich nicht mal stellen würde, wenn ich darum gebeten werden würde, fielen mir keine angebrachten Fragen ein, also schwieg ich einfach.

Zu meinem Erstaunen stand die große Tür, die uns von den anderen Abteilungen trennte, offen, und so gingen wir gemeinsam die große Treppe hinunter. Als wir unten ankamen und in die große Cafeteria gingen, wurde mir erst bewusst, dass alle Gruppen gemeinsam aßen. Schon oft hatte ich Szenen in Filmen gesehen, in denen sich alle in einer Schulkantine zu einer Person umgedreht hatten und diese in Zeitlupe und mit Wind in den Haaren durch den Raum marschierte. Erstens war das hier ein verdammtes Gefängnis. Wenn hier jemals Wind durch meine Haare fegte, dann nur, weil einer extreme Blähungen hatte und vor mir stand. Zweitens war ich kein supertolles und hübsches Mädchen, das jeder bewundert hätte. Ich hatte das Gefühl, alle starrten mich an und versuchten zu ergründen, weshalb ich hier sei, welches Problem ich mit mir herumtrüge und was ich erlebt hätte. Es war, als würden sie meine Seele abscannen wollen. Mein Herz pochte wie immer zu schnell. Nur Lucys beruhigende Aura neben mir ließ mich nicht den Raum verlassen. Und ganz ehrlich: Für wie bescheuert würden mich alle halten, hätte ich diesen Raum fluchtartig verlassen? Sie führte mich zu einem kleinen Tisch, an dem ein Mädchen saß, das ich im Gruppenraum neben Lucy hatte sitzen sehen. Lächelnd begrüßte diese mich und streckte mir die Hand entgegen.

»Hallo, ich bin Melanie.« Sofort schüttelte ich ihre Hand sanft und nahm neben Lucy Platz.

»Faye.«

»Das ist ein echt cooler Name«, kommentierte Melanie hochachtungsvoll und nahm sich ein Stück Vollkornbrot aus einer der Brotkörbe. Ihre Haare waren kurz geschnitten und auf der einen Seite komplett abrasiert. Ihre Lippen schmückten zwei Piercings, und irgendwie stand ihr das ausgesprochen gut. Ihre Kleidung war ausgefallen, an manchen Stellen am Bein blitzte ihre helle Haut durch die Löcher ihrer Strumpfhose, und ihr Nietengürtel saß so tief auf ihren Hüften, dass er auf dem Stuhl ratschte, wann immer sie sich bewegte. Sie wirkte authentisch und sympathisch, und ich glaubte, sie genauso mögen zu können, wie ich bereits Lucy mochte.

»Danke«, erwiderte ich schüchtern und schaute auf meinen Teller. Ich dachte an meine Zeit in der Schule zurück. Immer war ich diejenige gewesen, die alleine in einer der hintersten Ecke der Mensa gesessen und sich ihren Toast hineingestopft hatte, ohne dabei auch nur einmal aufzuschauen – und das, weil ich ganz genau wusste, welche Blicke mich erwartet hätten, hätte ich meinen Blick gehoben. Es hatte ihnen allen einen Heidenspaß gemacht, mich von den anderen Tischen aus zu belächeln. Manchmal hatte ich das Gefühl gehabt, ich hätte ihnen damit einen Zeitvertreib in den Pausen gegeben. Weil ich nie meinen Mund aufgemacht hatte, war ihnen vielleicht gar nicht bewusst gewesen, wie sehr das einen Menschen verletzen konnte, wenn sich die halbe Schule über ihn lustig machte, obwohl er ohnehin allein war. Diesen Gedanken hatte ich allerdings nach wenigen Monaten beiseitegeschoben, denn ich hatte mir beim besten Willen nicht vorstellen können, dass ein Lebewesen so beschränkt sein und nicht wissen konnte, dass dieses Verhalten verletzend war. Dafür brauchte man nun wirklich kein Einfühlungsvermögen. Ein Gehirn wäre allerdings von Vorteil, und da ich mir nicht vorstellen konnte, dass jemand mit Verstand jemanden fertigmachte, der sich nicht einmal wehrte, glaubte ich zu wissen, dass ihnen genau das fehlte. Sie lachten zwar alle über mich, aber im Endeffekt waren sie diejenigen, die zu bedauern waren.

»Das Essen ist dazu da, es zu essen, und nicht, um es anzustarren, bis es sich bewegt«, sagte Melanie plötzlich, und als ich aufblickte, grinste sie mich an – doch nicht auf die spöttische Art und Weise, eher so, als wollte sie bewirken, dass ich lockerer wurde. Der Kontrast meiner letzten Gedanken zu dieser Situation war so extrem, dass ich nicht anders konnte, als für einen kurzen Augenblick innerlich aufzublühen.

»Ich glaube, das dauert nicht mehr lange, bis sich hier das Essen bewegt. Das Brot ist steinhart«, kommentierte Lucy lachend; und als wäre es das Einfachste der Welt, stimmte ich sofort mit ein. In dem Moment schaute ich an Melanie vorbei und begegnete einem Paar honigbrauner Augen, die mich neugierig musterten. Sofort hörte ich auf zu lachen und nahm mir wie beiläufig ein Brot aus dem Brotkorb. Warum starrte der Kerl mich so an? Suchte er nach Fehlern, worüber er sich direkt beim nächsten Gruppentreffen lustig machen konnte? War er der Typ Mensch, der ähnlich wie meine Mitschüler in der Mensa waren, die mich immer verachtend beobachtet hatten? Zugegebenermaßen sah sein Blick nicht abwertend oder spöttisch aus, sondern einfach nur interessiert und abschätzend, so, als könnte er mich und mein Verhalten nicht einschätzen.

Verwirrt über meine plötzlichen Stimmungsschwankungen, wandte sich Melanie um, um meinen Blick zu folgen, und als sie mich wieder ansah, zog sie die Augenbrauen zusammen. »Lass dich von Cailan nicht einschüchtern! Der mag sich im Grunde am wenigsten. Um das zu vertuschen, tut er so, als würde er jeden von uns verachten.«

Ich konnte mir beim besten Willen nicht vorstellen, dass er unzufrieden mit sich sein sollte. »Ich weiß nicht, ob er mir leidtun soll oder ob ich wütend darüber sein soll, dass er andere Leute darunter leiden lässt, dass er so unzufrieden mit sich ist«, murmelte ich aus Angst, er könnte mich vielleicht hören. Völlig unberechtigt, denn wenn er mich wirklich verstehen könnte, hätte ich mir Gedanken machen müssen, ob er aus einem meiner Vampirromane entsprungen sei.

Melanie schaute mich mit ihren schwarz umrandeten, braunen Augen an und legte dann ihr Brot beiseite. »Hör zu, Faye: Wenn du hier schnell wieder rauswillst, dann solltest du dich von allem fernhalten, was dich runterziehen könnte; und Cailan ist definitiv jemand, der dir das Gefühl geben kann, ein Haufen Scheiße zu sein.«

Sie glaubte doch nicht ernsthaft, dass ich vorhätte, mit ihm abzuhängen, nachdem ich bemerkt hatte, was er für ein Vollidiot war? Keiner konnte hier so dumm sein und sich mit jemandem freiwillig abgeben, der den Menschen ähnelte, derentwegen wir hier überhaupt festsaßen.

Ich nickte bloß und richtete den Blick abermals auf Cailan. Er saß neben vier anderen Jungen, die mit dem Essen herumblödelten. Er selbst saß nur mit verschränkten Armen auf seinem Stuhl und beobachtete mich mit einer Intensität, die Melanies Aussage direkt untermauerte. Warum starrte er mich so an? Was hatte ich ihm getan? Es war wirklich so, als wäre er nur hier, um mein Leben noch mehr zur Hölle zu machen. Dieser Blick schüchterte mich ein, und ich war mir dessen bewusst, dass er genau das auch damit bezwecken wollte; doch aus welchem Grund, blieb mir schleierhaft. Nun gut, ganz ehrlich: Welchen Grund hatten schon Mobber an Schulen, andere Menschen zu beleidigen, außer den, ihre eigenen Schwächen zu kompensieren und sich mal so richtig stark zu fühlen?

Nach dem Abendessen hatten wir laut dem Plan, den mir Frau Benett tatsächlich ins Zimmer gelegt hatte, bis einundzwanzig Uhr dreißig Freizeit, bevor wir zu Bett mussten. Ich war dankbar dafür, denn ich konnte mir vorstellen, dass ich die nächsten Tage vielleicht gern bei Melanie und Lucy im Zimmer verbringen würde. Heute wollte ich jedoch allein sein und die gesamten Eindrücke des Tages verarbeiten. Die beiden hatten das verständnisvoll aufgenommen, ohne nachzuhaken, und dafür war ich mehr als dankbar. Eigentlich musste ich seit Jahren jedem mein Verhalten erklären, weil scheinbar niemand wirklich nachvollziehen konnte, warum man auch mal gerne zu Hause blieb und las, anstatt jeden Abend um die Häuser zuziehen. Um ehrlich zu sein, hatte ich oft auch keine andere Wahl gehabt, wenn ich nicht gerade jeden Tag alleine unterwegs sein wollte. Doch mittlerweile war das zu einem Bedürfnis geworden, Zeit für mich zu haben. Ich hatte mich daran gewöhnt, dass ich diese Momente erlebte, und ich würde sie nicht missen wollen, auch wenn Nachdenken nicht immer die beste Idee war – zumindest nicht, wenn dein Hirn von negativen Gedanken zerfressen war.

Als ich eine halbe Stunde regungslos wie ein Stein auf meiner Matratze gelegen hatte, stieg ich aus dem Bett, um ein Fenster zu öffnen, weil es langsam stickig in dem sterilen Raum wurde. Immer wieder drehte und zog ich an dem Griff, doch das Fenster bewegte sich nicht einen Millimeter – bis mir klar wurde, dass es einen Sinn hatte, warum das nicht ging. Es hätte schließlich sein können, dass wir fliehen wollten oder dass wir uns das Leben nehmen wollten, indem wir hinaussprangen. Aber dass man das Fenster nicht einmal ankippen konnte, weil der Griff mit einem Schlüsselloch – ohne Schlüssel – bestückt war, ließ mich aufstöhnen. Ich war keine verdammte Raupe, die durch einen zwei Zentimeter schmalen Spalt kriechen konnte! Um wenigstens ein bisschen bessere Luft in den Raum zu lassen, öffnete ich die Tür. Warum hatten sie Fenster eingebaut, wenn man die doch sowieso nicht öffnen konnte? Mich machte das wütend, und ich wollte mich nicht mit dem Gedanken anfreunden, dass das alles nur zu unserer Sicherheit sei. Klar hatten sie vermutlich Angst, wir könnten ausbüxen oder einen Selbstmordversuch starten, und ich verstand diese Sorge natürlich auch, aber es brodelte Wut in mir, weil ich mich dadurch noch irrer fühlte. Ich wollte doch bloß normal sein!

Nachdem ich mich schließlich beruhigt und aufgehört hatte, mich über so unnötiges Zeug aufzuregen, beschloss ich, mich mit Lesen zu beschäftigen. Ich holte einen Brief an Gina aus der Hülle, die ich in der Kommode verstaut hatte, und umfasste ihn. Dies war der emotionalste von allen, und ich wusste, dass ich ihn an dem Tag geschrieben hatte, an dem ich mir das Leben hatte nehmen wollen. Ich konnte mich noch genau daran erinnern, dass es draußen heftig gestürmt hatte, während ich am Nachmittag auf dem kalten Parkettboden gesessen hatte, nachdem ich gerade von der Schule gekommen war. An diesem Tag waren die Beleidigungen und Demütigungen besonders schlimm gewesen. Ich hatte das Gefühl gehabt, ich hätte es nicht eine einzige verdammte Stunde in dieser Schule oder sonst irgendwo auf dieser Erde ausgehalten. Das Einzige, das mich damals davon abgehalten hatte, tatsächlich das Messer durch meine Pulsschlagader zu jagen, war der Gedanke an Gina und meine Mutter gewesen. Nur diese beiden Komponenten hatten mich am Leben gehalten und taten dies noch immer.

Alle Umschläge waren türkis – Ginas Lieblingsfarbe –, nur dieser trug an ein paar Stellen Spuren von Tränen. Ich holte den Brief heraus und las mir mit einem Knoten im Hals die Zeilen durch, die mein innerer Dämon aufs Blatt gebracht hatte.

Niemand kann meine Geschichte beurteilen. Niemand hat sie durchlebt. Niemand ist meinen Weg gegangen. Niemand hat das gespürt, was ich gespürt habe. Niemand hat das gesehen, was ich gesehen habe. Also kann mich auch niemanden verurteilen, wenn ich gehe.

Ich habe das Gefühl, dass mich keiner sieht und keiner hört, und ich sehne mich danach, genauso glücklich zu sein, wie ich einmal war. Aber meine Gedanken sind mein Feind. Ich will einfach nur allein sein. Niemanden sehen, niemanden hören, niemandem vorspielen, dass es mir gut ginge, weil ich ganz genau weiß, dass sie mich dafür fertigmachen würden. – So, wie sie es immer getan haben. Und irgendwann hält man diese Gedanken eben nicht mehr aus, und dann will man fliehen, um nichts mehr fühlen zu müssen. Und dann greift man zur Klinge aus Hoffnung, es könnte der Ausweg sein. Ich habe mich damit bestraft, dass ich nicht gut genug bin, um die schrecklichen Gedanken zu verscheuchen. Es ist etwas in mir gestorben, Gina, und ich glaube, das ist schlimmer als der Tod an sich. Ich suche jeden Tag nach dem, was mir fehlt, was ich verloren habe, und am Ende des Tages merke ich immer wieder, dass ich es bin. Ich habe mich verloren.

Ich habe schon viele Versprechen gehört. Sie waren alle gleich: Es wird besser.

Es war nie besser. Ich lebe jeden Tag mit dem Drang, alles loszulassen, die Trauer hinter mir zu lassen, einfach nicht mehr da zu sein. Wie viel Schmerz kann ein Mensch verdrängen, bis er sein Leben beendet?

Ich sehe mich an, und alles, was ich sehe, ist ein Mensch, den ich nicht kenne. Meine Mutter sagt mir, dass ich endlich wieder aus meinem Albtraum erwachen solle, ohne zu erahnen, wie sehr ich das bereits versucht habe. Es tut mir leid, was aus mir geworden ist.

Ich glaube, allen sind meine Gefühle egal. Ich bin allen egal, und langsam bin ich mir das auch.

Als ich tief durchatmete, um meine Tränen zurückzuhalten, schaute ich von dem Brief auf, und mein Herz setzte eine Sekunde lang aus. Diese Momente, in denen einem etwas Beschämendes passiert war und man realisierte, dass andere Personen diese Situation mitverfolgt hatten, waren schon sehr grausam. Aber die Tatsache, dass mich jemand in genau diesem Zustand sah, war in diesem Augenblick das Schlimmste, was ich mir ausmalen konnte. Das i-Tüpfelchen daran war dann auch noch, dass nicht etwa Lucy das Szenario verfolgt hatte, sondern ein Typ mit honigbraunen Augen, die mich mit genau diesem Blick bereits in der Cafeteria angesehen hatten. Cailan stand am Türrahmen angelehnt und musterte mich eindringlich, ohne die Miene zu verziehen. Schnell versteifte ich und drehte mich halb von ihm weg, damit er meine Tränen in den Augen nicht sehen konnte. Ich konnte mir nichts vorstellen, was entwürdigender gewesen wäre als genau dieses Erlebnis. Diesem Kerl wollte ich aus dem Weg gehen, ihm zeigen, dass er mich mit seinen starren Blicken nicht verunsichern konnte, und dann tauchte er genau dann hier auf, während ich eines meiner intimsten Gefühle durchlebte.

»Das nächste Mal solltest du deine Tür schließen, wenn du nicht willst, dass man dich so sieht«, sagte er tonlos, und ich starrte ihm wie ein aufgeschrecktes Reh mitten ins Gesicht. Dann seufzte er, schüttelte den Kopf, holte eine Taschentuchpackung aus seiner Hosentasche und warf sie mir vor die Füße, als wäre ich ein Hund, dem ein Leckerli zugeschmissen wurde. Demütigender konnte es nun wirklich nicht mehr werden. Mit offenem Mund saß ich dort und beobachtete seinen starren Blick. Dann drehte er sich um und verließ, bevor ich etwas erwidern konnte, mein Zimmer und schloss in derselben Bewegung die Tür hinter sich. Schockiert richtete ich den Blick auf die Taschentücher, die vor meinem Stuhl lagen. Wollte er Mitleid zeigen, oder hatte er mir die vor die Füße geschleudert, um mir zu signalisieren, dass er mich für einen Schwächling hielt? Ich entschied mich dafür, dass Letzteres definitiv zutreffen müsste. Er verspottete mich, denn wenn er tatsächlich Mitleid gehabt hätte, hätte er mir ein Taschentuch in die Hand gegeben. Wütend und peinlich berührt zugleich trat ich nach der kleinen Packung und beförderte sie unter das Bett. Der Kerl sollte bloß nicht glauben, dass man mich leicht einschüchtern könnte – und er schon mal gar nicht.

Als Lucy, Melanie und ich uns zusammen im Bad Bett fertig machten, versuchte ich, mir meine Zerstreutheit nicht anmerken zu lassen. Doch den Blicken nach zu urteilen, die sie mir zuwarfen, ahnten sie, dass etwas nicht stimmte. Ob Cailan ihnen erzählt hatte, dass ich beim Lesen fast geheult hatte? Ich wollte den Gedanken nicht weiter an mich heranlassen, zu peinlich war mir die gesamte Situation. Mein Gesicht, das ich großzügig mit eiskaltem Wasser bespritzte, sah im Spiegel gar nicht mehr verheult aus. Ich wirkte, als wäre ich müde und gelangweilt, doch im Inneren schrie ich wie am Spieß: vor Scham, vor Trauer, vor Wut, vor Verwirrung, vor allem aber vor Verzweiflung. Ich hätte diesen Brief nie mehr lesen sollen, er hatte mich tiefer in mein Loch gestanzt, und noch dazu hatte mich dieser Schwachkopf mit den honigbraunen Augen in diesem intimen Gefühlschaos gesehen.

Lucy und Melanie taten zwar so, als würden sie nichts von meiner seelischen Veränderung merken, doch ihre Blicke spürte ich, als würden sie sich in meine Haut brennen. Es war nicht schlimm, dass sie mir in diesem Moment etwas vortäuschten, denn ich wäre noch mehr im Erdboden versunken, hätten sie irgendetwas dergleichen angesprochen. Was auch immer sie in diesem Augenblick von mir halten mochten – ich war froh, dass sie schwiegen.

Als ich um zweiundzwanzig Uhr im Bett lag, wusste ich bereits, dass dies eine lange Nacht werden würde. Und es dauerte nicht lange, bis mich der Tsunami an Gedanken überschwemmte.

Die nächsten Tage versuchte ich, Cailan strikt aus dem Weg zu gehen. Solange er mir nicht in die Quere kam, hatte ich vielleicht eine Chance, mich wohler in meiner Haut zu fühlen. Er brachte das Gefühl zurück, dass ich mich schämen müsste für das, was ich sagte. Cailan hatte diesen Blick an sich, diesen durchlöchernden Blick, als würde er durch mich hindurch und trotzdem in mich hineinschauen können auf eine ganz merkwürdige und beunruhigende Art und Weise. Seine Körperhaltung war mir gegenüber grundsätzlich distanziert, doch sein Blick ruhte nur noch auf mir, sobald ich den Raum betrat. Er beobachtete jeden Schritt, den ich tat, und meistens merkte ich erst, wenn ich auf meinem Platz saß oder den Raum verlassen hatte, dass ich kaum geatmet hatte. Er sollte gefälligst nicht glauben, dass er mich aus dem Konzept bringen und es bewirken könnte, dass ich mich schlecht oder hässlich fühlte, wenn er mich so anstarrte! Gut, wenn ich ehrlich zu mir war, tat er genau das. Aber der erste Schritt, ihm das Gegenteil zu beweisen, war nun mal, mir selber einzureden, dass er mich nicht einschüchtern konnte.

Melanie, Lucy und ich waren dauernd zusammen, und jeden Tag hatte ich das Gefühl, sie mehr zu mögen. Sie fragten nicht nach, wenn ich mal schwieg, wir spielten Gesellschaftsspiele, ohne dass uns langweilig wurde, und hörten gemeinsam Musik im Radio, während wir lauthals mitsangen und uns dabei vor Lachen nicht mehr einkriegten. Sie waren meine Freunde, auch wenn sie niemals die Art von Menschen sein würden, denen ich sagte, was in meinem Kopf wirklich abging. Ich war dankbar dafür, dass sie mich wenigstens für wenige Minuten davon ablenkten.

Die Gespräche mit Frau Dr. Henderson waren nicht gerade förderlich. Sie fragte mich bloß irgendwelche Dinge aus meinem Leben, ohne mich zu drängen, etwas über mich preiszugeben, was mich in Verlegenheit brächte, doch sie fragte mich jedes Mal aufs Neue, ob ich ihr von meinen Mobbingerfahrungen berichten wollte. Ich verneinte immer wieder, und es schien, als hätte sie noch immer Geduld mit mir. Am zweiten Tag waren ihre Fragen immerhin durchschaubarer als am ersten, und ich fühlte mich sicherer mit dem, was ich für mich behielt, und dem kleinen Teil, den ich letztlich aussprach. Es waren nicht wirklich Dinge von Belang. Sie fragte nach meinen Interessen und nach meinen Zukunftsplänen, und da ich selber nicht wirklich Antworten darauf wusste, erzählte ich ihr bloß von meiner Leidenschaft für Bücher und dass ich irgendwann einmal etwas in der Welt bewirken wollte. Wie das genau auszusehen habe und was genau ich mir vorstellte, fragte sie mich auch, aber meine Antwort darauf war immer nur ein bloßes Schulterzucken. Sie wirkte nicht mal deprimiert oder genervt, obwohl ich ihr keine präzisen Aussagen lieferte. Vielmehr gab sie mir gern den Freiraum, und ich glaubte, das sei Teil ihrer Strategie, um früher oder später doch mehr aus mir herauszukitzeln. Sie wollte Vertrauen aufbauen. Das tat mir leid, weil ich genau wusste, dass niemand mit meinem Vertrauen rechnen konnte und sie als fremde Person schon mal gar nicht.

Die anderen Therapiestunden waren nicht weniger sinnlos. Mein Tagesablauf bestand darin, bei einer Frau, deren Namen ich mir beim besten Willen nicht merken konnte, kleine Lavendelkissen zu nähen, die beruhigend wirken sollten, und darin, mit einem älteren Typen, der sich uns nur mit »Paul« vorgestellt hatte in den Wald zu gehen, um die Bäume mit geschlossenen Augen zu befühlen. Mal ehrlich: Ich konnte mir gut vorstellen, dass diese Methoden wissenschaftlich und psychologisch ausgetüftelt waren, aber ich fühlte mich am Ende des Tages einfach nur wie ein kleines Kind, das zum ersten Mal seine Sinne wahrnehmen sollte.

Am Freitag versuchte ich wieder, Cailans Blicke zu ignorieren, und setzte mich auf den freien Platz, zwei Stühle von ihm entfernt, neben

Lucy. Ich spürte, dass er mich anstarrte, doch ich nahm mir fest vor, mich von ihm nicht einschüchtern zu lassen. Keine Ahnung, warum er es dermaßen auf mich abgesehen hatte. Ich wollte darüber allerdings auch nicht nachdenken. Als Frau Benett den Raum betrat und ich aus den Augenwinkeln sah, dass Cailan den Blick abgewandt hatte, war ich allerdings erleichtert und atmete wieder normal ein und aus. Trotzdem ließ ich es mir nicht nehmen, ihn kurz zu mustern, jetzt, da er mich nicht mehr beobachtete. Seine dunklen Augenbrauen waren leicht zusammengezogen, sodass sich ein kleines v auf seiner Stirn gebildet hatte. Als ich den Blick etwas tiefer sinken ließ, konnte ich nicht mehr wegschauen. Seine Augen, die auf Frau Benett gerichtet waren, sahen aus wie flüssiger Honig, und ich hatte augenblicklich das Gefühl, in ihnen zu ertrinken. Wie konnte es sein, dass die Augenfarbe eines Menschen ausschauen konnte wie ein Meer aus Goldpartikeln?

Als zwei dunkle Pupillen plötzlich in meine schauten, erschreckte ich beinah zu Tode und wandte mich schnell ab. Meine Wangen erhitzten sich, und ich glaubte zu wissen, dass ich in diesem Moment aussah wie eine Tomate. So unangenehm war es mir, beim Starren von ihm erwischt worden zu sein.

Umso glücklicher war ich darüber, dass Frau Benett ihre Begrüßung beendet hatte und anfing, alle meine Mitpatienten, eingeschlossen Cailan, abzulenken. »Heute sprechen wir über das Thema Selbstmord in einer offenen Runde. Wer mag dazu etwas sagen? Lasst euren Gedanken einfach freien Lauf, und wir schauen, wohin uns das Gespräch führt«, verkündete meine Betreuerin und nahm auf ihrem Stuhl gegenüber Cailan Platz, dessen Arm sofort in die Höhe wanderte.

Ich wagte es nicht, ihn anzuschauen, doch augenblicklich fragte ich mich, was ich wohl in seinem Gesicht gelesen hätte, hätte ich ihn angesehen. Ob er jemals versucht hatte, sich das Leben zu nehmen? Hatte er jemanden verloren, der sich umgebracht hatte? Hatte er jemals darüber nachgedacht, sich zu töten? Warum interessierte mich das überhaupt? Aufmunternd zeigte Frau Benett auf ihn, und ich hoffte, dass er diesmal nichts sagen würde, was mich zur Weißglut bringen könnte. Doch schon das erste Wort ließ mich mit den Augen rollen.

»Rumzuheulen bringt auch nichts und sich seinem Schicksal hinzugeben, genauso wenig. In meinen Augen ist Selbstmord ziemlich schwach. Ich meine, man kann sich da nicht einfach hinstellen und sagen: Jetzt nehme ich mir das Leben, weil ich nicht weiß, wie ich weitermachen soll. Es geht immer weiter, und wer nicht dafür kämpft, dass es besser wird, ist schwach.« Seine Stimme klang tonlos und desinteressiert zugleich und unterstrich die Härte seiner Worte.

In mir wuchsen Hass und Wut zugleich und drohten überzuschäumen. Ich spürte, wie ich Tränen in den Augen hatte, und versuchte mit aller Macht, den Kloß im Hals hinunterzuschlucken, damit ich nicht hier und jetzt anfing zu weinen. Wie konnte jemand, der hier in der Klinik war, der eigene Probleme hatte, so derart respektlos und verständnislos über Suizid reden? Ich empfand es als äußerst mutig, sich dafür zu entscheiden, sein Leben zu beenden. Ein Schritt, den sich nicht jeder trauen würde aus Angst, was nach dem Tod wohl kommen mochte. Jemand, der sich das Leben nehmen wollte, dachte nicht darüber nach, ob er schwach oder stark war. Das Einzige, was zählte, war, das Leid, das diese Person plagte, zu beenden. Natürlich war das der falsche Weg, und genau deshalb waren wir auch alle hier, aber durch unsere Krankheit, die uns immer wieder sagte, dass wir keinen anderen Ausweg hätten, außer uns zu beenden, glaubten wir manchmal, keine andere Wahl zu haben. Das als schwach zu titulieren, machte ihn nicht besser als all die anderen, die Depressionen verurteilten. Es machte ihn zu einem Menschen, den ich verachtete.

Die weiteren Beiträge und Wortwechsel bekam ich nicht mehr mit, so sehr war ich damit beschäftigt, dieses beklemmende Gefühl in Brust und Hals loszuwerden. Ich hatte schon oft in einer Menschenmenge mit einem dicken, fetten Stein im Hals gestanden, den ich einfach nicht hatte hinunterschlucken können, weil die Tränen mit aller Macht an die Öffentlichkeit gewollt hatten. Es bedurfte reinster Willenskraft und war extrem anstrengend, in diesen Momenten nicht aufzugeben und einfach anzufangen, zwischen Hunderten von Menschen zu weinen. Dieser war so ein Moment.

Als Frau Benett nach ihrer Verabschiedung den Raum verlassen hatte, die anderen sich auf den Weg Richtung Tür machten und Cailan noch immer selbstgefällig auf seinem Stuhl saß, konnte ich mich auf meinem eigenen nicht mehr halten. Würde ich jetzt nichts sagen, würde ich den gesamten Tag und die gesamte Nacht darüber nachdenken, was ich ihm hätte alles an den Kopf knallen sollen. Ehe ich mich dessen versah, richtete ich mich vor ihm auf. Bevor ich auch nur darüber nachdenken konnte, was ich da im Begriff war zu äußern, fluteten die Worte nur so aus mir heraus, als würde mein Mund nicht mir gehören. »Du bist wirklich ätzend. Wie kann man nur so abfällig über unsere Krankheit reden, obwohl du doch selber betroffen bist!« Mein Ton war schärfer, als jedes Messer es sein konnte, und auch mein Blick musste teuflisch ausgesehen haben, denn die anderen, die noch im Raum waren, konnte ich in meinen Augenwinkeln ausmachen. Sie wirkten wie erstarrt und beobachteten das Szenario. Hätte ich ihnen Popcorn gegeben, hätten sie sich sicherlich noch bedankt. Aber waren wir mal ehrlich: Ich hätte bestimmt ähnlich neugierig reagiert wie sie, gerade weil Cailan wohl so eine Ansage nie zuhören bekommen hatte.

Mit großen Augen starrte er mich überrascht an, und als er sich wieder gefasst hatte, wurden seine Gesichtszüge härter. »Wenn man selber abwertend darüber redet, stört es einen weniger, wenn es andere tun, Püppchen«, stieß er leise zwischen den Zähnen hervor, sodass nur ich es hören konnte, und funkelte mich wütend an.

Plötzlich begriff ich und ließ die verschränkten Arme langsam sinken. Dieser Mann versuchte, seine Unsicherheit durch Härte und Spott zu kompensieren. Er hatte Angst, man könnte ihn als schwach betiteln, würde er anders agieren. Auf einmal wurde mir alles klar: Er trug eine Maske, die seine wahren Gefühle verbergen sollte. Sofort wurde ich an meine Zeit in der Schule erinnert, in der ich immer so getan hatte, als wäre ich glücklich, aus Angst, meine Mitschüler könnten mir wieder vorwerfen, ich würde Aufmerksamkeit suchen, indem ich nie lächelte. Sie hatten mir immer vorgeworfen, ich würde meine Traurigkeit spielen, weil ich Mitleid erzeugen wollte, und irgendwann hatte ich beschlossen, niemandem mehr meine wahren Gefühle zu zeigen. Und ich glaubte, ich war nicht die Einzige, die das tat. Denn mit den Masken, die wir dauernd trugen, wenn wir in Gesellschaft waren, fiel uns das Lügen leicht. Da beantwortete man Fragen wie »Wie geht es dir?« wie automatisch mit »Gut«.

Sein wutentbranntes Gesicht brachte mich trotz dieser Erkenntnis dazu, noch immer sauer auf ihn zu sein. Vielleicht täuschte ich mich auch, und sein Spruch war nicht so gemeint, wie ich ihn interpretiert hatte. Ich konnte mir beim besten Willen nicht vorstellen, dass ihn die gleichen Gedanken umtrieben wie mich und dass er tatsächlich Angst hätte, sein wahres Gesicht zu zeigen. »Hier ist keiner, der dich dafür verurteilt, was du fühlst oder denkst. Du kannst deine Maske also ablegen und aufhören, das zu tun, was du an anderen verabscheust, das nennt man nämlich Doppelmoral«, sagte ich lauter als er zuvor, und alle starrten mich an, als hätte ich gerade einen peinlichen Fauxpas begangen. Meine Augen füllten sich mit Tränen, und ich hoffte inständig, dass er glaubte, sie wären der Wut geschuldet und nicht der Tatsache, dass er mich mit seinen Worten in der offenen Runde zutiefst verletzt hatte.

Erstaunt blickte Cailan mir sekundenlang stumm in die Augen, bevor seine Züge tatsächlich weicher wurden. Ich ließ ihm keine Möglichkeit mehr zu antworten und ging schnurstracks und mit schnellen Schritten aus dem Gruppenraum. Ich hatte keine Ahnung, was ich da gerade angezettelt und woher ich um alles in der Welt diesen Mut genommen hatte. Die anderen hielten mich nun sicherlich für eine Furie, aber in diesem Moment war mir das egal.

Als ich in meinem Zimmer war, schmiss ich mich aufs Bett und schrie und heulte in mein Kissen, bis ich nicht mehr wusste, weshalb ich mich überhaupt so emotional hatte mitreißen lassen, nur weil ein Typ solche undurchdachten Dinge äußerte. Er war nicht im Geringsten ernst zu nehmen und so, wie Melanie es mir an meinem ersten Tag geschildert hatte, auch nur extrem verbittert, sodass er Dinge aussprach, die er im Endeffekt eigentlich gar nicht zu hundert Prozent so meinte. Und trotzdem trieb mich dieser Kerl zur Weißglut.

Als ich mich beruhigt hatte, ging ich schnellen Schrittes auf die Toilette, um mir kaltes Wasser ins Gesicht zu spritzen, damit die verräterische Rötung vom Weinen mein Gesicht verließ. Ich hatte das große *Glück*, dass meine Augen sofort anschwollen, sobald ich eine Träne vergoss, und demnach sah ich aus, als hätte ich sieben Tage durchgeheult. Ich seufzte und drehte den Wasserhahn ab. In zehn Minuten würde ich zu einem Gespräch mit Frau Dr. Henderson müssen und sah aus, als hätte ich gerade den Zusammenbruch meines Lebens gehabt, da half auch kein kaltes Wasser mehr. Ich konnte nur hoffen, dass sie auch heute davon absah, mich zu drängen, ihr Details meiner Gedanken zu eröffnen. Niemand würde und könnte verstehen, warum mich Cailans Worte so sehr getroffen hatten, und ich hatte auch sicherlich nicht das Bedürfnis, es irgendjemandem zu erklären. Ich wollte einfach nur meine Ruhe haben und diesem Kerl nie wieder begegnen. Da dies wohl leider nicht möglich war, es sei denn, ich ertränkte mich in diesem Waschbecken oder in der Kloschüssel, stieß ich mich vom Rand des Beckens ab, schlenderte den Flur entlang und beschloss, schon jetzt den Weg zu meiner Therapie anzutreten. Als ich bei der Treppe ankam, die mich zum Büro meiner Psychiaterin führte, blieb ich wie angewurzelt stehen. Cailan schritt gerade die Treppe hinunter, und als er mich erblickte, blieb er einige Sekunden auf einer Stufe stehen, um mich zu mustern. Schnell senkte ich den Blick und hoffte, er würde, ohne einen Kommentar abzugeben, einfach an mir vorbeigehen. War ja klar, dass ausgerechnet er mich so verheult sehen musste. Als er schließlich nur noch wenige Zentimeter von mir entfernt war, blieb er kurz stehen, um dann ohne ein weiteres Wort an mir vorbei und in den Jungstrakt zu gehen. Langsam atmete ich aus und schwor mir, nicht rot anzulaufen. Er konnte ruhig sehen, wie sehr er mich verärgert hatte, und ich redete mir immer wieder ein, dass es mir egal wäre, dass er mich so gesehen hatte.

KAPITEL 4

Erhobenen Hauptes schritt ich die Stufen hinauf, die Cailan vor wenigen Sekunden heruntergekommen war, und fragte mich sofort, was er wohl mit Frau Dr. Henderson besprochen haben mochte. Ob er wohl erzählt hatte, wie er sich heute beim Gruppengespräch verhalten hatte? Was unsere Psychiaterin wohl dazu gesagt hatte? Hatte sie ihm gesagt, dass er ein totaler Volltrottel war? Wohl kaum. Aber verdient hätte er es.

Als ich vor der Tür ihres Büros stehen blieb, atmete ich einmal tief durch und wappnete mich vor der Reaktion auf mein verheultes Gesicht. Als ich klopfte, stand nur wenige Sekunden später Frau Dr. Henderson vor mir und begutachtete meine Augen. Kurz flackerte etwas in ihrem Gesicht auf, doch das verschwand so schnell wieder hinter ihrem neutralen Lächeln, dass ich nicht erahnen konnte, was sie zuvor gedacht haben mochte. Freundlich hielt sie mir wie immer die Hand entgegen, und als ich sie ergriff, wurde ihr Lächeln etwas breiter.

»Hallo, Faye«, begrüßte sie mich und trat zur Seite, damit ich den Raum betreten und mich auf meinen gewohnten Platz setzen konnte. Als sie sich letztlich mir gegenüber mit einem Block und einem Kugelschreiber niederließ, knetete ich meine Hände und schaute nach unten, damit sie mir nicht in die Augen blicken konnte.

»Wie geht es dir heute?«, fragte sie mich schließlich, und ich überlegte, ob ich sie anlügen sollte, obwohl sie meine geschwollenen Augen bereits gesehen hatte. Wenn ich nicht das Offensichtliche ausspräche, würde ich mich schlecht fühlen, denn jemanden anzulügen, während dieser Jemand die Wahrheit genau kannte, hielt ich für respektlos. Nicht, dass Lügen allgemein respektvoll gewesen wäre, aber ich würde ihr mit dieser Lüge zeigen, dass ich sie für dumm hielt, und das tat ich beim besten Willen nicht.

»Heute ist kein guter Tag«, flüsterte ich und knetete meine Hände so sehr, dass es beinah wehtat. Irgendwie traurig, dass einem ein so kurzer Satz so schwerfallen konnte. Als ich aufschaute, sah ich, wie Frau Dr. Henderson wissend nickte und sogleich etwas auf ihren Block schrieb. Dann blickte sie mir wieder in die Augen, und ich hielt ihrem Blick stand.

»Ist etwas vorgefallen?«, harkte sie vorsichtig nach. Hatte Cailan ihr alles erzählt, oder hatte er es für sich behalten? Sollte ich ihr sagen, was er gesagt hatte und dass mich das extrem verletzt hatte, oder würde ich ihr nur Anlass dazu geben, mich auszufragen, warum genau mich seine Worte so zerstört hatten? Letztlich war es egal, was ich nun antworte; sie würde immer weiter nachhaken. Also biss ich mir kurz auf die Unterlippe und strich mir mit den Händen durch die Mähne.

»Ich möchte keine Namen nennen, aber es gibt jemanden auf dieser Station, der mir vorkommt wie ein Mobber. Ich habe den Eindruck, diese Person hat Spaß daran, anderen hier ein ungutes Gefühl zu machen.«

Mit hochgezogenen Augenbrauen schaute sie mich überrascht an. »Was ist denn passiert, dass du dich so unwohl fühlst?«

Ich schüttelte den Kopf. »Vielleicht übertreibe ich auch einfach. Es gibt jemanden, der in vielerlei Hinsicht scheinbar eine komplett andere Meinung hat als ich. Und heute hat die Person Dinge gesagt, bei denen ich mich persönlich angegriffen gefühlt habe.« Plötzlich fühlte ich mich peinlich berührt. Hatte ich zu melodramatisch auf seine Worte reagiert? Er konnte ja nicht wissen, dass mich dieses Thema so sensibel stimmte.

»Das Wort Mobber war wirklich falsch gewählt«, entschied ich mich zu sagen und bereute zutiefst, die Situation angesprochen zu haben.

»Hast du der Person denn gesagt, dass dich die Worte getroffen haben?«, fragte sie sanft und zeigte mir damit, dass sie meine Gefühle durchaus ernst nahm.

Ich zuckte mit den Schultern. »Ich schätze, er hat es durchaus mitbekommen, wie ich dazu stehe.« Nachdem ich ihm so eine Szene dargeboten hatte und er mein verheultes Gesicht gesehen hatte, war es vollkommen unmöglich, dass er glaubte, mich ließen seine Worte kalt. Als ich bemerkte, dass ich ihr versehentlich verraten hatte, dass die Person, von der ich sprach, männlich war, wurde mein Hals trocken. Cailan war nicht der einzige Kerl auf unserer Station, aber es verunsicherte mich, dass ich mich so schnell hatte verplappern können. Cailan war ein Arsch, aber ich wollte auf keinen Fall das Gleiche sein, indem ich hinter seinem Rücken namentlich schlecht über ihn sprach.

»Wenn du möchtest, können wir ein Gespräch zu dritt führen, um mal über die Differenzen zu sprechen«, bot sie mir an und schrieb wieder etwas auf ihren Block.

»Nein«, erwiderte ich sofort und etwas zu laut, denn Frau Dr. Henderson blickte sofort von ihrem Papier auf. Niemals hätte ich gepetzt und ihr verraten, dass Cailan verabscheuende Sätze äußerte, und noch weniger hätte ich zugelassen, dass wir uns hier zu dritt hinsetzten und uns darüber unterhielten, wie sehr mich seine Art verunsicherte. Da hätte ich lieber nackt auf dem Eifelturm Breakdance getanzt.

»Wenn du dich hier unwohl fühlst, weil dich jemand verbal angreift, ist es wichtig, dass du darüber sprichst, damit wir daran etwas ändern können«, sagte sie eindringlich und sah mich dabei an, als würde sie mir bis in die Seele gucken wollen, um an Informationen zu kommen.

Schnell schüttelte ich den Kopf. »Nein, es ist nur heute ein schlechter Tag, an dem mich vieles schnell emotional belastet. Und ich habe der Person bereits meine Meinung dazu gesagt, ich denke also, dass er das zur Kenntnis genommen hat und sich in meiner Gegenwart etwas zurückhalten wird.« Innerlich musste ich über mich selber lachen, denn dieser Ansicht war ich absolut nicht. Ich glaubte felsenfest daran, dass er mich von diesem Tage an extra auf die Palme bringen würde, weil er Spaß daran hatte, andere zu verletzen. Ich hatte mich genauso wie in der Schule immer zum Opfer gemacht, indem ich ihm gezeigt hatte, wie er mich am besten treffen konnte.

Sie nickte, doch man sah ihr an, dass sie meinen Worten sehr kritisch gegenüberstand. »Nun gut, aber wenn das nicht aufhört, sagst du mir sofort Bescheid. Versprichst du mir das?« Sie streckte mir ihre Hand hin, und ich starrte auf ihren Ehering. Er war schlicht und nicht sehr breit. Er passte ihr wie angegossen, und genauso wie ihr Ring verriet auch ihre Körperhaltung nichts über ihre Persönlichkeit. Lediglich ihre Blicke, die sie ab und zu nicht unter Kontrolle hatte, ließen mich erahnen, was sie über mich dachte. Vielleicht war sie im Grunde einfach zu durchschauen, aber mir machte sie es verdammt schwer. Anders als bei Frau Graves war ich mir nicht sicher, ob sie mich für anstrengend oder nervig hielt oder ob sie mich sympathisch fand. Und letztlich fragte ich mich, warum es mir immer so wichtig war, was andere von mir dachten.

Als ich wie automatisch ihre Hand ergriff und »Versprochen« sagte, merkte ich erst, dass ich ihr damit verpflichtet war, sie auf dem Laufenden zu halten, was Cailans Aktionen anging. Ich hätte das nie ansprechen sollen.

Sie lächelte und schrieb sich abermals etwas auf ihr Papier. »Gibt es auch bei dir zu Hause Menschen, die dich mit ihren Worten verletzen?«, fragte sie schließlich, als sie wieder aufschaute, und hatte mal wieder den perfekten Anknüpfungspunkt für ihre Frage, die sie mir seit Tagen stellte, gefunden. Sie würde trotz ihrer Geduld nie damit aufhören, eine Antwort darauf aus mir herauszukitzeln, dessen war ich mir ganz sicher.

»Ich schätze, es gibt immer mindestens ein Opfer in der Schule«, antwortete ich gleichgültig und unterdrückte gleichzeitig den Kloß, der augenblicklich in meiner Kehle wuchs.

Sie legte den Kopf schief. »Und du hältst dich für ein Opfer? Findest du das legitim, dass sich Menschen eine Person suchen, die sie fertigmachen?«

»Natürlich finde ich das nicht in Ordnung, aber ich kann ja auch nicht viel daran ändern«, erwiderte ich schulterzuckend und fragte mich, warum ich plötzlich so offen mit ihr darüber redete, obwohl ich mich die anderen Tage stets davor gesträubt hatte.

»Du wirkst so, als würdest du es verständlich finden, wenn man dir wehtut«, mutmaßte sie schließlich und schaute mich nachdenklich an.

Erstaunt über ihre Worte, starrte ich sie an und überlegte eine Sekunde lang, ob sie recht hatte. Dann zuckte ich mit den Schultern, und meine Mauer war wieder höher als der Mount Everest. Ich sollte aufhören, meine Gedanken zu äußern, ohne darüber nachzudenken, was ich anderen damit von mir zeigte. Ich wollte so schnell wie möglich hier raus; und wenn ich weiterhin so sensibel wäre, würde ich hier länger bleiben als ein Mörder im Knast.

Das Gespräch war demnach die restliche Stunde sehr einseitig, denn die Antworten fielen bei mir sehr einsilbig aus, was Frau Dr. Henderson sehr zu verwundern schien. Ich konnte es ihr nicht verdenken, schließlich war ich anfangs sehr offen gewesen, aber meinen Umschwung zu erklären, kam auch nicht infrage. Als sie sich von mir verabschiedete, wirkte sie, als würde sie mir noch etwas sagen wollen, doch sie beließ es bei einem »Hoffentlich wird dein Tag heute noch schöner«, bevor sie ihre Bürotür sanft schloss.

Nachmittags hatte ich zum ersten Mal eine Reittherapie. Ich war aufgeregt und gespannt, weil ich noch nie auf einem Pferd gesessen hatte. Mich würde das Tier sicherlich direkt wieder abwerfen, wenn es sah, welcher Mensch auf ihm saß. Ich hätte gerne Lucy und Melanie an meiner Seite gehabt, doch diese Therapie musste ich mit zwei Kerlen antreten, die ich gar nicht wirklich kannte. Umso peinlicher würde es sicherlich werden, wenn ich tatsächlich vom Pferd fiele.

Als ich mit Jeffrey und Harry die Koppel betrat, auf die das Pferd bereits an Zügeln von einer Frau mittleren Alters zu uns geführt wurde, machte mein Herz ein Satz, denn das Tier war größer, als ich gedacht hatte. Mit einem Blick zu meinen Mitpatienten bemerkte ich, dass die beiden im Gegensatz zu mir total entspannt waren. Harry, den ich schon oft mit Cailan zusammen gesehen hatte und der, wie sich schon herausgestellt hatte, sein Zimmergenosse war, wirkte mit seinen breiten Schultern und dem dunklen Zopf, den er im Nacken gebunden trug, geradezu wie ein Cowboy, wohingegen der schmächtige, stille Jeffrey eher so dastand, als wüsste er nicht wirklich, dass das Pferd durchaus auch austreten konnte.

»Hallo, ihr Lieben«, begrüßte uns schließlich die Frau, als sie mit dem Friesen, einem schönen Rappen, nur wenige Meter vor uns stehen blieb. Sie trug ihr blondes Haar zu einem Dutt hochgesteckt, und auf ihrem schmalen Mund breitete sich nun ein kleines Lächeln aus, das ich definitiv als echt einstufen konnte. Sie hatte eine sehr sportliche Figur. Beinah sah sie aus wie jemand, der jeden Tag das Fitnessstudio besuchte, und irgendwie faszinierte mich das. Meistens empfand ich muskulöse Frauen als steif, doch sie bewegte sich graziös wie eine Ballerina. Sicherlich hatte sie ihre Muskeln hauptsächlich dem Reiten zu verdanken, und diese Tatsache fand ich ebenso beeindruckend. Ich selber konnte mir nur vorstellen, wie schwierig es sein musste, sich auf so einem großen Tier zu halten, geschweige denn im Einklang mit dem Pferd zu traben. Dazu benötigte man sicherlich Rhythmus und Taktgefühl sowie Balance.

»Mein Name ist Anna. Ich bin eure Reittherapeutin. Das ist Understand, euer Therapiepartner für eure Zeit hier.« Sie zeigte mit ihrer wohlklingenden Stimme auf den Wallach, und wie auf Kommando schüttelte dieser kurz seine Mähne durch, als hätte er ihre Ansage verstanden. Beinah musste ich grinsen.

»Wozu soll das gut sein?«, fragte Harry, und mein Kopf fuhr herum. Harry sah nicht provozierend aus, eher neugierig und vorsichtig. Ich war froh, dass Cailans Art nicht oberflächlich auf seinen Zimmergenossen abgefärbt hatte, doch irgendetwas sagte mir trotz seiner höflichen Fassade, dass er die Therapie verspottete. Aber ganz ehrlich: Wer sich mit so einem Tyrannen ein Zimmer teilen musste, würde sich wohl eines Tages von den negativen Einstellungen beeinflussen und leiten lassen.

Anna lächelte freundlich. Anscheinend war sie sogar froh, dass jemand das Thema ansprach. »Beim therapeutischen Reiten geht es nicht darum, euch das Reiten perfekt beizubringen. Understands Bewegungsrhythmus ist entscheidend, um eure Wahrnehmung zu stärken und euch zu lockern. Lasst euch einfach auf die verschiedenen Übungen ein.« Sie streichelte ihrem Wallach liebevoll über die schwarze Mähne, und ich konnte sofort erkennen, welch innige Beziehung die beiden zueinander hatten. »Die meisten Therapeuten verschweigen den Sinn ihrer Therapie, aber ich bin der festen Überzeugung, dass man sich erst auf etwas einlassen kann, wenn man seine Angst davor etwas lösen konnte. Und das geht oft nur, wenn man weiß, was auf einen zukommt.«

»Was haben denn bitte Bäume-Begrabschen und Basteln oder Nähen für einen psychologischen Sinn?«, fragte Harry diesmal schnippisch, und ich hätte ihm am liebsten für den Ton in die Rippen geboxt. Cailan hatte also doch abgefärbt.

Anna schmunzelte jedoch. »Ich möchte meinen Kollegen nichts vorwegnehmen, deshalb nur so viel: Jede einzelne Therapie hat ein Ziel, und überwiegend geht es darum, Fremd- und Eigenwahrnehmung zu stärken oder die Ruhe in sich zu finden, um Ängste und Probleme gedanklich besser verarbeiten zu können. Ihr seid, denke ich, in dem Alter, dass ihr damit etwas anfangen könnt.« Ohne auf eine Antwort Harrys zu warten, kam sie einen Schritt auf mich zu und winkte mich zu ihr. »,Ladies first', würde ich sagen. Wie heißt du?« Ihr Blick ruhte auf meinem Gesicht, als würde sie nur aus meiner Mimik die Antwort auf ihre Frage herausfinden können.

»Faye«, brachte ich heraus und schritt einige Schritte in ihre Richtung, ohne Understand aus den Augen zu lassen. Er war wunderschön und wirkte harmlos, doch genauso wie Menschen konnten Tiere auch unberechenbar sein. Zumindest war ich dieser Meinung; und Vorsicht walten zu lassen, war ja bekanntlich nicht die schlechteste Idee auf dieser Welt.

»Hast du schon mal auf einem Pferd gesessen?«, fragte mich Anna freundlich und strich abermals über die dunkle Mähne ihres Wallachs.

Ich schüttelte den Kopf. »Nein, und ich habe da auch, ehrlich gesagt, ziemlichen Respekt vor.«

»Respekt ist immer gut. Es sollte nur keine Angst sein, denn die lähmt dich«, erwiderte Anna. Sofort hinterfragte ich meine Wortwahl und überlegte, ob ich mit Respekt nicht eigentlich Angst meinte. Doch als ich in die Augen des schönen Pferdes sah, fühlte sich Angst beinah lächerlich an.

Kurz nickte ich, dann sah sie mich aufmunternd an. »Understand ist ganz lieb. Brauchst du einen Hocker, um aufzusteigen, oder möchtest du probieren, mit meiner Hilfe auf den Rücken zu kommen?«

Mit großen Augen schaute ich auf die rote Decke, die anscheinend als Sattelersatz auf dem Wallach lag. Da ich mal wieder keine großen Umstände bereiten wollte, beschloss ich, die zweite Wahl als machbar einzustufen. Ich folgte Annas Anweisungen, stützte mich mit beiden Händen auf dem Rücken des Pferdes ab, trat vorsichtig in die ineinandergefalteten Hände meiner Reittherapeutin und stemmte mich gemeinsam mit ihrer Unterstützung in die Höhe. Als ich mein Bein auf die andere Seite schwang und mich in der Mähne festhielt, hatte ich das Gefühl, ich würde vor Angst in Ohnmacht fallen. Es war wackeliger auf dem Pferderücken als gedacht, und über die Höhe wollte ich gar nicht erst nachdenken. Hilfe suchend schaute ich zu Anna hinab, die die Zügel in der Hand hielt und mich anlächelte.

»Beug dich langsam nach vorn, sodass du Understands Hals umarmen kannst. Wenn du dich traust, schließ die Augen. Sag mir Bescheid, wenn du die Balance gefunden hast, denn dann gehen wir ein paar Schritte.«

Mit zitternden Händen und Beinen tat ich, was sie von mir verlangte, und legte die Arme sanft auf die Mähne des Pferdes. Understand blieb ganz ruhig, als wäre er eine Statur aus Marmor, sodass ich die Balance schnell fand. Meine Augen zu schließen, traute ich mich allerdings beim besten Willen nicht, und Anna verdeutlichte mir mit ihren Blicken, dass das vollkommen in Ordnung sei.

»Wollen wir ein paar Schritte gehen?«, fragte sie schließlich, und ich nickte vorsichtig. Als sich das Pferd langsam in Bewegung setzte, stockte mir zunächst das Herz, weil die verschiedenen Muskeln des Wallachs mein Gleichgewichtssinn forderten. Doch nach wenigen Schritten, die er ging, bewegte sich mein Körper im Einklang mit Understand. Ich hatte das Gefühl, dass er ganz vorsichtig liefe, als wüsste er, dass ich meine Zeit brauchte, um sicher zu sein. Er machte seinem Namen alle Ehre.

»Harry, möchtest du Understand führen?«, fragte Anna plötzlich in die Stille hinein, und ich schreckte hoch, sodass das Pferd augenblicklich stehen blieb. Meine Reittherapeutin sah mich verdutzt an.

Ich wollte wirklich nicht, dass Harry dachte, meine Reaktion sei auf ihn bezogen. Vielmehr spielte sich in meinem Inneren ein Szenario ab, das ich nicht kontrollieren konnte. Bilder, wie Harry Understand antrieb und ich vom Rücken stürzte, blitzten in meinen Gedanken auf.

»Das ist eine super Vertrauensübung«, erklärte Anna mir, während sie mir prüfend in die Augen sah; und als ich Harry anschaute, sah ich nur das bloße Unverständnis. Vertrauensübung. Vertrauen. Wenn ich einem Tier vertraute, war das die eine Sache; einem Menschen und dazu einem, den ich nicht kannte, eine ganz andere. Mal ehrlich – auch da gab es einen Unterschied: Eine erfahrende Therapeutin wie Anna war das eine, ein Harry etwas ganz Anderes. Ich musste vollkommen verstört ausgesehen haben, denn Anna fragte mich mehrfach, ob alles in Ordnung sei.

»Ich möchte runter«, brachte ich schließlich heraus, als ich merkte, dass ich mich nicht mehr auf das Pferd konzentrieren konnte, sondern lediglich in den Tiefen meiner Gedanken versunken war, in denen es nur darum ging, dass ich niemals jemandem vertrauen konnte und wie sehr ich mir damit im Weg stand, es aber trotz dieses Wissens nicht ändern konnte. Anna kam mir sofort zur Hilfe, als ich den Rücken seitlich hinunterrutschte; und als ich wieder festen Boden unter den Füßen spürte, fühlte es sich so an, als würde sich ein dicker Knoten in meinem Hals lösen.

Als ich von Understand wegtrat und Jeffrey an der Reihe war, auf das Pferd zu steigen, spürte ich die Blicke aller auf mir ruhen. Ich hatte nicht vorgehabt, mich so offensichtlich schwach zu zeigen, doch ich hatte genau das heute getan, und diese Tatsache würde sicher nicht unter uns bleiben.

Am nächsten Tag ahmte ich Cailans Haltung beim Gruppentreffen nach und setzte mich mit verschränkten Armen und eisernem Blick auf ihn gerichtet auf meinem Stuhl, zwei Plätze von ihm entfernt. Ich wusste nicht genau, warum ich so kindisch reagierte, aber etwas sagte mir, dass dies meine Schutzmauer war, um ihm nicht noch öfter zu zeigen, dass ich schwach war. Er sollte nicht glauben, dass es für ihn ein Leichtes wäre, mich zum Weinen zu bringen. Von nun an würde ich ihm mit derselben Abneigung begegnen. Ihn schien das zu amüsieren, denn er musterte mich bloß grinsend, und ich hasste mich dafür, dass mir bei diesem

Blick warm wurde. Warum hatte er so ein intensives Schimmern in den Augen? Er war wirklich sehr schön, und seine Ausstrahlung haute mich jedes Mal aus den Socken. Seine Präsenz füllte den gesamten Raum, und bei jedem Blick seinerseits verteilte sich eine Gänsehaut auf meinem gesamten Körper. Es war kein unangenehmes Zittern, das man verspürte, wenn einem kalt war, eher empfand ich ein sanftes, warmes Kribbeln, das sich ganz langsam ausbreitete und in mein Innerstes eindrang. Erschrocken, dass ich etwas Anderes als Hass empfinden konnte, während ich ihn ansah, gab ich den Blickkontakt auf und schenkte meine Aufmerksamkeit Frau Graves, die den Raum betrat. Sie bedachte uns alle mit einem prüfenden Blick und nahm dann, ohne uns zu begrüßen, auf dem letzten freien Stuhl Platz. Da hatte wohl jemand entweder seine Tage oder war mal wieder mit dem falschen Fuß aufgestanden. Nicht, dass sie ansonsten kein mürrischer Drachen gewesen wäre, aber heute schien Frau Graves besonders demotiviert zu sein.

»Gut, heute machen wir mal eine offene Problemrunde. Hat jemand Gedanken oder Ängste, die er mit den anderen teilen möchte?«, sagte sie geschäftig und schwang ihr rechtes Bein über das andere.

Sofort sackte ich zusammen aus Angst, sie könnte mich gegen meinen Willen auffordern zu reden; machte mich klein, als würde sie mich so nicht mehr sehen können, wenn ich die Schultern nach vorne zog und den Kopf möglichst gesenkt hielt. Auf meiner Schule war das ein Grund mehr für die Lehrer gewesen, mich dranzunehmen, denn besonders mein Mathelehrer hatte sichtlich Spaß daran gehabt, mich stottern zu hören, ohne dass ich jemals zu einer vernünftigen Antwort gekommen wäre. Und wenn ich eine gegeben hatte, war die grundsätzlich so weit von der richtigen Lösung entfernt gewesen wie Frau Graves von der Charaktereigenschaft »freundlich«.

Niemals wollte ich vor den anderen meine Gedanken offenbaren und schon gar nicht vor Cailan, der sicherlich ohnehin von mir dachte, ich wäre der sensibelste Mensch dieses gesamten Planeten. Die Tatsache war ätzend und beschämend zugleich, denn ich glaubte, genau diese Seite an mir wollte er zum Vorschein bringen, indem er so ein fieser Mistkerl war.

Langsam ließ ich den Blick durch den Raum zu den anderen schweifen. Harry saß mit verschränkten Armen neben Cailan und machte keine Anstalten, in irgendeiner Weise etwas zu sagen. Seine abwehrende Haltung ließ eher darauf schließen, dass er bloß nicht angesprochen werden wollte, und ich fragte mich, ob er wohl auch so ein Problem damit hatte, sich hier und jetzt zu öffnen. Nick, der seine braunen Haare heute gegelt hatte, sah aus, als würde er jeden Augenblick anfangen zu gähnen. Ich hatte schon die letzten Tage das Gefühl gehabt, als würde er diese Gruppentreffen nicht ernst nehmen, und dadurch fiel es mir schwer, *ihn* wirklich ernst zu nehmen, denn alles, was er bisher zeigte, war pures Desinteresse. Dadurch stellte ich mir die Frage, ob er wirklich vorhatte, etwas an sich und seinem Leben zu ändern, oder ob er überhaupt wirklich Hilfe brauchte. Ich wollte ihn wirklich nicht verurteilen, doch er wirkte nicht so, als wäre er besonders labil; aber das Gleiche dachte ich schließlich auch von Cailan. Als mein Blick zu Jeffrey glitt, runzelte ich die Stirn. Er war einer der Menschen, die so undurchdringlich waren, dass man vergessen konnte, dass er mit in diesem Raum saß. Es sah ja noch nicht einmal danach aus, als würde er atmen. Jeffrey war einer dieser Menschen, die wahnsinnig ruhig und zurückhaltend waren und sich verschlossen. Er sah nicht wirklich aus, als würde er ein Problem damit haben, würde er jetzt über seine Probleme sprechen, aber seine Ausstrahlung verriet auch, dass er am liebsten an einem anderen Ort wäre. Ich glaubte, ich hätte ihn bisher nicht ein Wort sprechen hören, und er wirkte, als fürchtete er sich vor jedem Wort eines anderen Menschen; als könnte man ihn mit einem einzigen Laut in alle Einzelteile zerreißen.

Als Lucy sich meldete, staunte ich nicht schlecht über ihren Mut. Sie war immer relativ zurückhaltend und abwartend. Wenn sie sich nun freiwillig dazu bereit erklärte, sich uns gegenüber zu öffnen, musste sie diese Gedanken wohl schon lange mit sich herumgeschleppt haben. Melanie sah sie überrascht an, und ich fragte mich, ob die beiden überhaupt jemals über ihre Probleme sprachen, schließlich teilten sie sich ein gemeinsames Zimmer. Frau Graves nickte ihr zu, und schon waren alle Blicke auf Lucy gerichtet.

»Es gibt einige Leute aus meiner Schule, die mich nie für voll nehmen, wenn ich ihnen zu erklären versuche, dass ich mich bemühe, nicht mehr so traurig zu sein. Sie sagen immer nur, ich wäre aufmerksamkeitssuchend. Ich weiß nicht, wie ich ihnen klar machen soll, dass ich meine Gefühle nicht einfach steuern kann und dass ich nicht vorhabe, irgendjemandem etwas vorzuspielen, was nicht so ist«, sagte Lucy hastig, und ich spürte sofort, wie aufgeregt und unglücklich sie war. Ich war mir sicher, diese Gedanken und Fragen hatten sie schon lange gequält, und ich war traurig, dass sie diese Dinge offenbar mit niemandem zuvor geteilt hatte. Sie sah aus, als hätte sie endlich das Ventil öffnen können, das ihre Gedanken in einen Raum in ihrem Gehirn gesperrt hatte, und ich wünschte, sie hätte diesen Raum erst gar nicht errichten müssen.

Frau Graves nickte einmal kurz und schaute dann in die Runde. »Wer möchte dazu etwas sagen?«

Ich wollte nichts dazu sagen, wollte nicht, dass mich die anderen anstarrten und ich wieder anfing zu zittern und zu stottern, sobald ich den Mund aufmachte; und doch spürte ich einen unbezwingbaren Drang, meine Meinung darüber zu äußern. Trotzdem schaute ich durch die Runde und hoffte inständig, jemand anderes würde meine Worte aussprechen. Doch niemand meldete sich. Also holte ich einmal tief Luft und rutschte aufgeregt auf dem Stuhl hin und her. Lucy hatte sich getraut, ihre Gedanken zu teilen, und sie hatte es verdient, dass man ihr eine Rückmeldung gab. Zögerlich meldete ich mich.

»Faye!«, sagte Frau Graves mit desinteressierter Stimme und gab mir mit ihrer Hand ein Zeichen, dass ich sprechen durfte. Sie hatte sich definitiv den falschen Beruf ausgesucht, und am liebsten hätte ich bei ihrer Stimmlage die Augen gerollt.

Stattdessen setzte ich mich aufrecht hin und schaute Lucy in die Augen, die mich hoffnungsvoll musterten. »Nun ja, Depression ist eine Krankheit, nur dass sie sich eben nicht primär mit Diagnosen wie Kopfschmerzen, Übelkeit oder anderen körperlichen Symptomen äußert. Sie äußert sich am stärksten im Kopf, seelisch; und es ist ja bekannt, dass viele, viele Menschen nicht an das glauben, was man nicht sehen kann. Wenn jemand Krebs hat, sieht man das dieser Person an, man hat Fakten vor sich liegen. Depressionen kann man auch diagnostizieren, aber diese Krankheit wird längst noch nicht für voll genommen. Dabei kann man daran genauso sterben wie an Krebs – mit dem Unterschied, dass man selbst entscheidet.« Ich zuckte mit den Schultern. »... wobei da natürlich auch wieder die Frage aufkommt, ob man wirklich selber entscheidet oder ob das die Krankheit übernimmt. Diese Tatsachen solltest du dir erst mal vor Augen führen, damit du diesen Menschen die Augen öffnen kannst und dich selber genug achtest, um dich verbal wehren zu können.«

Auf Lucys Gesicht breitete sich ein flüchtiges Lächeln aus, und auch die Gruppe fing an, leise zu tuscheln. Ob sie lästerten oder nicht, war mir in diesem Moment egal, ich war fixiert auf Lucys Gesichtsausdruck und wusste, ich hatte das Richtige getan.

»Du glaubst doch nicht etwa, dass die das juckt, wenn Lucy ihnen so einen Vortrag hält, oder? Die würden sie weiterhin fertigmachen«, sagte Cailan plötzlich und durchbrach damit das Murmeln der anderen, die nun stillschweigend dasaßen und meine Reaktion beobachteten.

Langsam richtete ich die Aufmerksamkeit auf ihn, und als ich seine verschränkten Arme vor der Brust sah und wie arrogant er mir gegenübersaß, hätte ich ihm eine Kopfnuss geben können. Warum musste er immer seinen Senf dazugeben, wenn ich etwas sagte? Warum musste er immer so negativ argumentieren? Und warum regte mich das so wahnsinnig auf?

Mit zusammengezogenen Augenbrauen und schnippischer Stimme antwortete ich: »Das definiert dann aber nicht Lucy, sondern diese Menschen. Und wenn diese Menschen es in Ordnung finden, dass man sich so an sie erinnert, dann ist das nicht ihr Problem. Man kann Menschen nicht zwingen, sich zu ändern. Nur weil dich Menschen schlecht behandeln und dich beleidigen, bedeutet das nicht, dass das richtig wäre oder dass sie recht hätten. Und wenn man das verstanden hat, wird man mit solchen Dingen bestimmt besser umgehen können.« Wieder hörte ich die anderen um mich herum tuscheln, doch ich fixierte nur Cailan in meinem Blickfeld.

Kurz schaute er mich mit erhobenen Augenbrauen an, als hätte er mit so einer Antwort im Leben nicht gerechnet, dann wurde sein Blick feindselig. »Ach, und du bist so stark, dass du über diesen Beleidigungen stehst?« In seiner Stimme lag der pure Spott, und ich fragte mich wirklich, was ich verbrochen hatte, dass er mich so verachtete. Nun gut, meine Klassenkameraden hatten auch nie einen Grund gehabt, mich zu verspotten, und hatten es trotzdem getan. Aber nie hätte ich für möglich gehalten, dass jemand in diesem Gebäude auch nur einen Gedanken daran verschwendete, andere Leute zu verletzen.

Ich blieb strikt in meiner Haltung und versuchte, seinen abwertenden Blick, so gut es ging, zu imitieren. »Das habe ich nicht behauptet. Aber nur, weil ich es noch nicht umsetzen kann, bedeutet das nicht, dass ich nicht wüsste, was richtig und was falsch wäre.« So langsam gingen mir diese Diskussionen mit ihm auf die Nerven. Er sollte endlich Ruhe geben und nicht andere Leute daran hindern, positiver zu denken.

Zu meiner Verwunderung lächelte er kurz und schaute dann aus dem Fenster, als hätte ich nichts gesagt. Was war bloß los mit diesem Jungen?

KAPITEL 5

Als ich abends nach dem Essen wie immer Lucys und Melanies Zimmer betrat, nachdem ich mir eine gemütliche Jogginghose angezogen hatte, kam mir Melanie entgegen, zog mich an meinem Arm Richtung Tür und flüsterte mir beim Rausgehen zu: »Ich glaube, Lucy braucht Zeit für sich.« Dann sah sie mich auffordernd an, ihr zu folgen.

Verwirrt und überrumpelt von ihrem unerwarteten Überfall, blickte ich ins Zimmer und entdeckte Lucy weinend auf ihrem Bett. Ihr Gesicht war im Kissen versunken, doch ihr Schluchzen war herzzerreißend laut. Unschlüssig, ob ich sie tatsächlich mit ihrer Trauer allein lassen sollte, stand ich da und blickte zu Melanie. Die Antwort war noch, bevor ich darüber nachgedacht hatte, bereits klar. »Ich versuche, mit ihr zu reden.« Sie brauchte einen Freund, und selbst wenn sie mich wegschickte, war ich immerhin auf sie zugegangen. Sie hatte dadurch wenigstens den Eindruck, dass es nicht jedem egal war, ob sie hier weinte. Ich kannte das durchaus, wenn man allein sein wollte, und deshalb hätte ich sie sicherlich auch nicht verurteilt, hätte sie mir gesagt, dass ich verschwinden sollte. Trotzdem sollte sie wissen, dass ich für sie da war, wenn sie mich brauchte.

Melanie sah mich zunächst kritisch an, dann nickte sie und begab sich zu den Zimmern der Jungs. Ob Lucy sie weggeschickt hatte oder Mel gar nicht erst versucht hatte, mit ihr zu sprechen? Letzteres konnte ich mir eigentlich überhaupt nicht vorstellen, schließlich wussten wir alle, wie es war, einsam zu sein, und wie wichtig es war, gerade in diesen Momenten, in denen man sich am schlechtesten fühlte, jemanden an seiner Seite zu wissen – selbst wenn man diese Person in der nächsten Sekunde wegschickte.

Ich betrat still den Raum und setzte mich langsam auf das Bett neben Lucy. Kurz blickte sie auf, um ihr Gesicht dann wieder in ihr Kopfkissen zu pressen. Sie sah so wahnsinnig zerbrechlich aus, noch viel mehr als sonst, und es zerbrach mir das Herz, sie so zu sehen.

»Möchtest du darüber reden?«, flüsterte ich und strich ihr behutsam über den Rücken. Vom Weinen war ihr Shirt bereits durchnässt, doch ich ließ mich von diesem unangenehmen Gefühl nicht beirren und fuhr weiterhin sanft mit den Fingerspitzen über ihre Wirbelsäule, um ihr auf diese Weise Trost zu spenden und sie ein Stück weit zu beruhigen.

Nach ein paar Sekunden Stille richtete sie sich zu meiner Überraschung tatsächlich auf und blickte mich mit ihren verheulten Augen an. »Du hast heute beim Gruppengespräch so viele Dinge gesagt, die mich zum Nachdenken gebracht haben«, schluchzte sie. »Aber ich weiß einfach nicht, wie ich mit diesen Leuten umgehen soll, die sagen, dass ich keinen Grund hätte, traurig zu sein, weil andere Menschen viel mehr Leid ertragen müssten. Ich fühle mich überhaupt nicht ernst genommen. Habe ich wirklich kein Recht darauf, traurig zu sein?«

Ihre aufgequollenen Augen und ihre rote Nase machten mich noch trauriger als zuvor, und ich hatte Mühe, nicht selber loszuheulen. Warum mussten immer die lieben Menschen so unglücklich sein? Warum traf es immer sie? Weil sie zu gutmütig waren? Oder zu naiv? Genau wusste ich es nicht, aber ich wusste, dass Lucy einer der letzten Menschen war, die es verdient hatten, mit verheultem Gesicht in einem Klinikzimmer vor mir zu sitzen. »Es spielt keine Rolle, ob andere deine Probleme als gering ansehen oder ob andere deren Meinung nach größere haben. Es geht darum, wie es dir geht! Es geht darum, wie sehr dich diese Probleme zu Boden reißen, und nicht darum, ob es vielleicht anderen schlechter geht. Du bist genauso wichtig wie all die anderen Menschen. Lass dir so einen Mist bloß nicht einreden!«

Ich nahm sie behutsam in den Arm, und sie klammerte sich augenblicklich mit aller Macht an meinem Shirt fest, als hätte sie Angst, dass ich sie losließe. Wieder begann ich ihren Rücken zu streicheln in der Hoffnung, es würde sie beruhigen.

Als ich nach oben blickte, setzte mein Herz eine Sekunde lang aus. Cailan stand im Türrahmen und beobachtete uns mit ausdrucksloser Miene. Seine Augen waren auf mich gerichtet, doch er sah diesmal nicht so aus, als würde er mit mir diskutieren oder mich verspotten wollen, vielmehr machte es auf mich den Eindruck, als würde er ergründen wollen, wie er mich einzuschätzen hätte. Dann drehte er sich, ohne ein Wort zu sagen, um und trottete auf den Flur. Dieser Kerl war wie ein Fluch, der einen verfolgte, und ich glaubte, dass er mich als potenzielles Opfer auserkoren hatte.

Nachdem Lucy eingeschlafen war, während ich ihr sanft über das Haar gestrichen hatte, schloss ich leise die Tür ihres Zimmers und begab mich zu meinem Raum. Ich war froh, dass sie für den Moment ruhig schlief, ohne dass sie ihre Gedanken quälten, und hoffte inständig, dass diese sie nicht im Traum verfolgten. Sie hatte noch lange geweint, bis sie schließlich erschöpft ins Kissen gesunken und ihr Schluchzen in Seufzen übergegangen war. Ich hatte sie noch minutenlang beobachtet und mich gefragt, warum dieses Mädchen zum Opfer geworden sein mochte. In diesem Moment hatte ich mir vorgestellt, wie ich all die Menschen, die sie so hatten zusammenbrechen lassen, anschrie. Wenn es um mich selber ging, war ich recht ruhig und ließ mir ziemlich viel gefallen, aber wenn es um andere ging, konnte ich zur Furie werden; ganz besonders bei Menschen wie Lucy, die ich mochte.

Als ich mein Zimmer betrat, erschrak ich fast zu Tode: Cailan saß auf meinem Bett im Schneidersitz und beobachtete meine Reaktion amüsiert. Als ich meine Gesichtszüge wieder unter Kontrolle gebracht hatte, wurde ich zornig. »Was machst du hier?«, giftete ich ihn an und hielt mir eine Hand aufs Herz. Ich würde dank ihm bald ein Herzinfarkt erleiden, wenn er so weitermachte.

»Ich habe auf dich gewartet«, erwiderte er, als wären wir dicke Freunde. Hatte ich etwas verpasst?

Verwirrt sah ich ihn an. »Warum?«

Er zuckte nur mit den Schultern und legte sich, als wäre es das Normalste auf der Welt, auf meinem Bett nieder. Dieser Kerl war mir wirklich ein Rätsel, und von Minute zu Minute brachte er mich mehr auf die Palme. Warum, zum Teufel, konnte er mich nicht einfach in Ruhe lassen?

»Folgst du mir etwa?«, fragte ich und blieb unschlüssig im Türrahmen stehen. Dies hier war mein vorübergehendes Zimmer. Wie also konnte es ihm gelingen, dass ich mich in den eigenen vier Wänden als ungebetener Gast fühlte?

»Nein, Melanie kam bloß eben in unser Zimmer gestürmt und hat erzählt, dass du versuchen würdest, Lucy zu trösten. Ich war neugierig«, erklärte er und verschränkte die Arme hinter dem Kopf.

Ich glaubte kaum, dass sich das Szenario genau so abgespielt hatte, wie er es schilderte. Aber ich hielt den Mund. Sicherlich hatte Melanie ihm erzählt, dass ich sie tröstete, aber hineingestürmt, um die Botschaft zu überbringen, war sie sicher nicht.

Vollkommen ahnungslos, was ich ihm darauf hätte antworten sollen, setzte ich mich an den Schreibtisch und kritzelte auf meinem Block herum in der Hoffnung, er würde von selbst gehen, wenn er merkte, dass ich kein Interesse daran hatte, mit ihm zu sprechen. Letztlich war er nur hier, um mich wieder zur Weißglut zu bringen; und wenn ich ihm zeigte, dass er das nicht schaffen würde, würde er sicherlich irgendwann die Lust daran verlieren.

»Das war sehr nett von dir.« Seine warme Stimme durchhallte die Stille nach wenigen Minuten und bescherte mir sofort eine Gänsehaut. Wie konnte so ein fieser Mensch solch eine sanfte Stimme besitzen? Ich verstand es einfach nicht.

Ich tat emotionslos, wie ich es schon tausendmal getan hatte, wenn ich merkte, dass man mir versuchte, ein Kompliment zu machen; wobei ich mir bei Cailan absolut nicht sicher war, ob das nur ein Vorbote für eine fiese Provokation war. »Das war selbstverständlich.« Ich konnte mir sicher sein, dass er so etwas für seine Freunde nicht täte.

»Für dich vielleicht, für die meisten anderen nicht«, widersprach er sanft, und ich unterdrückte den Drang, mich umzudrehen, um zu sehen, ob seine Gesichtszüge in diesem Moment genauso weich seien wie seine Stimme.

»In dem Moment zählte aber, dass es für mich selbstverständlich war.« Ich klang patziger als beabsichtigt und hatte das Gefühl, dass das damit zusammenhing, dass mein Herz schneller zu schlagen anfing, als er gesprochen hatte; höchstwahrscheinlich deshalb, weil er mich wütend machte.

»Jetzt mache ich dir schon ein Kompliment, und du wehrst es vehement ab. Aus dir soll mal einer schlau werden«, erwiderte er lachend.

Empört drehte ich mich nun doch um, und sofort war ich mir sicher, dass das ein Fehler war. Sein Lachen sah so herzlich und erwärmend aus, dass ich mich am liebsten verkloppt hätte, um meine Schwärmerei zu stoppen.

Angriffslustig sagte ich genau das, was ich die ganze Zeit dachte. »Ich habe nicht das Gefühl, dass du nett sein möchtest. Deine gesamte Mimik und Gestik weist darauf hin, dass du dich über mich lustig machen willst.«

Verblüfft schaute er mich an, und sein Lachen erstarb augenblicklich. Seine Stimme klang nun ruhig und friedlich. »Nein, ich finde bloß, dass du dich hier lieber um dich und deine Probleme kümmern solltest. Lucy und die anderen haben alle professionelle Hilfe. Es ist nicht deine Aufgabe, die Therapeutin zu spielen.« Nichts an ihm machte den Anschein, als würde er mir in diesem Moment etwas Böses wollen. Vielmehr machte es den Eindruck, als wollte er mich vor Problemen bewahren, und trotzdem empfand ich seine Denkweise als beleidigend.

»Das hat nichts mit Therapeutin zu tun. Ich bin ihre Freundin«, verteidigte ich mich mit gerunzelter Stirn.

Er zuckte mit den Schultern und überkreuzte die Arme unter seinem Kopf. »Nenn es, wie du willst. Ich würde dir auf jeden Fall davon abraten, dich noch weiterhin mit Problemen anderer zu beschäftigen.« Da war wieder das Arschloch aus den Gruppentreffen, das keinerlei Verständnis für andere aufbringen konnte.

»Und ich würde dir raten, dich aus meinen Angelegenheiten rauszuhalten.« Meine Stimme war nun fuchsteufelswild, und trotzdem schaute er mich weiterhin unbewegt an.

»Du magst mich nicht sonderlich«, stellte er amüsiert fest und legte den Kopf schief. *Richtig geraten, Mister Riesenhirn.*

»Wie kann ich jemanden mögen, der mich andauernd provoziert und mich anstarrt, als wäre ich der schrecklichste Mensch der Welt?«, stellte ich die Gegenfrage und hasste mich sofort dafür, dass ich ihm offenbart hatte, dass ich mir meine Gedanken über seine Blicke machte. Damit hatte ich ihm durch meine Dummheit eine weitere Angriffsfläche geboten.

Mit großen Augen schaute er mich an, als hätte er diese Worte niemals erwartet. »Du denkst, deshalb schaue ich dich an?« Er wirkte tatsächlich verletzt, was mich umso verwirrter machte. Dann flüsterte er: »Du irrst dich.«

Mir war es so wahnsinnig unangenehm, dass ich ihn überhaupt darauf angesprochen hatte; und die Tatsache, dass ich absolut keine Ahnung hatte, ob seine Antworten vor Sarkasmus trieften oder nicht, machte die gesamte Situation irgendwie auch nicht besser. Also tat ich das, was ich am besten konnte: das Thema abblocken. »Hör bitte einfach auf, mir aufzulauern und irgendwelche Kommentare abzulassen, okay? Dann ist die Wahrscheinlichkeit nämlich größer, dass du mich wieder loswirst.« Nun klang meine Stimme brüchig, und ich drehte mich abermals zum Schreibtisch aus Angst, ich könnte vielleicht anfangen zu heulen. Warum war ich ihm gegenüber so sensibel? Was interessierte es mich überhaupt, ob dieser Mensch mir die Pest an den Hals wünschte oder nicht? Sein gesamtes Auftreten verwirrte mich so zunehmend, dass ich ihn am liebsten hätte aus meinem Zimmer schleudern wollen.

»Du musst echt wahnsinnige Minderwertigkeitskomplexe haben«, murmelte er, und ich hörte, wie er sich erhob und zur Tür ging. »Aber nur weil du Menschen Dinge in den Mund legst, bedeutet das nicht, dass sie wirklich so über dich denken. Verurteile nicht, wenn du nicht selbst verurteilt werden möchtest, Faye. Das nennt man nämlich Doppelmoral.«

Als ich mich umdrehte, war er gegangen. Zum ersten Mal fragte ich mich, ob ich ihm tatsächlich die ganze Zeit voreingenommen gegenübergestanden hatte, obwohl ich genau die Eigenschaft bei anderen verachtete. Aber mal ehrlich: Er hatte mir bisher keine andere Seite von sich gezeigt. Oder?

In der Nacht wurde ich von einem dumpfen Geräusch geweckt und richtete mich wie von der Tarantel gestochen sofort auf. Das verursachte mir kurze Kreislaufprobleme, doch als ich mich wieder gefasst hatte, horchte ich auf die Geräusche nebenan. Kurz überlegte ich und stellte fest, dass sich neben meinem Zimmer der Waschraum befand, der immer vor und nach dem Waschen zugeschlossen wurde, weil das der einzige Raum war, wo die Fenster geöffnet werden konnten, damit man nach dem Duschen lüften konnte und kein Schimmel an den Wänden entstand. Verwundert, weshalb eine oder womöglich beide Betreuerinnen im Waschraum waren, stand ich auf und tapste leise zur Zimmertür. Als ich den Kopf auf den Flur hinausstreckte, runzelte ich verwundert die Stirn. Das waren definitiv männliche Stimmen, die leise durch den Flur drangen, und sofort breitete sich eine Gänsehaut in meinem Nacken aus. Neugierig ging ich auf den Flur und linste still in den Waschraum hinein. Als ich Nick am Fenster erkannte, stieg Panik in mir auf. War jemand aus dem Fenster gesprungen? War jemand verletzt?

»Was ist passiert?«, fragte ich mit großen Augen und ging einen großen Schritt auf das Fenster zu.

Erschrocken zuckte Nick zusammen und drehte sich zu mir um. Er schaute mich an, als wäre ich vollkommen übergeschnappt. »Sei leise!«, flüsterte er mir aufgebracht zu.

Ohne darauf einzugehen, huschte ich zum Fenster, schaute hinaus und sah in dem schwachen Licht des Mondes Jeffrey zu uns nach oben schauen. »Ist alles in Ordnung?«, fragte ich, diesmal etwas leiser, und versuchte zu erahnen, ob er sich irgendwo verletzt hatte, doch soweit ich das von der Höhe aus erkennen konnte, fehlte ihm nichts, weshalb ich erleichtert ausatmete.

»Ja, meine Güte«, antwortete Nick für ihn neben mir, offenbar, damit Jeffrey nicht so schreien musste. Ich kam mir bei seiner Tonlage vor, als wäre ich ein dummes kleines Häschen, das nicht checkte, dass die lebensnotwenige Karotte direkt vor ihm lag. Aber wie konnte ich auch verstehen, was hier vorging, wenn mich niemand aufklärte?

»Wie seid ihr hier reingekommen ohne Schlüssel?«, fragte ich entsetzt. Ich fragte mich tatsächlich, ob sie ihn eiskalt gestohlen hätten.

Nick verdrehte ungeduldig die Augen. »Man kann eine Tür nicht nur mit einem Schlüssel öffnen.« Verwirrt starrte ich ihn an, doch bevor ich nachhaken konnte, sprach er auch schon hastig weiter. »Kannst du uns decken? Wir müssen zu einem Freund, und Harry hat keinen Bock mehr, Schmiere zu stehen.«

Noch verwirrter als zuvor schaute ich ihn an. »Ihr müsst zu einem Freund?« Um diese Uhrzeit ein Kaffeekränzchen zu veranstalten, erschien mir fragwürdig.

»Wenn du es genau wissen willst – wir brauchen Kippen. Und da wir hier drin keine bekommen, holen wir uns eben welche von einem Freund, der hier in der Nähe wohnt«, erklärte er genervt. »Du musst dich jetzt entscheiden, ob du es machst. Einfach nur hier stehen bleiben, und wenn Frau Graves oder Frau Benett kommt, lenkst du sie ab. Wenn nicht, dann geh einfach wieder brav ins Bettchen, und mach nicht so einen Lärm.«

»Warum macht ihr das nicht im Herrenwaschraum und lasst Cailan euch decken?«, fragte ich und benutzte diese Frage, um meine Entscheidung hinauszuzögern.

»Weil das Fenster vom Herrenwaschraum zu der abgesperrten Außenwiese geht und Cailan uns nicht decken will. Bist du dabei oder nicht?«, fragte Nick abermals ungeduldig und sah mich gleichzeitig bittend an.

Ich war mein gesamtes Leben lang brav gewesen. Nie hatte ich etwas getan, was mich in Schwierigkeiten hätte bringen können. Einige in meinem Alter waren schon mindestens zweimal von der Polizei nach Hause gefahren worden, weil sie so viel gesoffen hatten, dass sie kaum noch aufrecht hatten stehen können. In diesen Zeiten lag ich oft auf meinem Sofa mit einem Buch in der Hand und träumte von einem anderen Leben. Vielleicht hatten meine Mitschüler mehr Schwierigkeiten, vielleicht aber auch mehr Spaß. Zumindest fragte ich mich das andauernd. Meine Freunde, die ich zeitweise gehabt hatte, hatten mir immer mal wieder Zigaretten angeboten, doch ich hatte nie eine angenommen, weil ich den Geruch von Nikotin ohnehin verabscheute. Ich hatte nichts gegen Raucher, es sei denn, sie kämen auf die Idee, mir absichtlich ihren Rauch ins Gesicht zu pusten. Ich war einfach von hinten bis vorne ein braves Mädchen, das nie etwas riskiert hatte aus Angst, Konsequenzen tragen zu müssen. Diese Eigenschaft hatte mich eigentlich nicht sonderlich gestört, denn ich empfand es nicht als reizvoll, Dinge zu tun, die mich Kopf und Kragen kosten könnten, doch in diesem Moment wollte ich jemand anderes sein. Und mich hier und jetzt zurückzuziehen und ihnen nicht zu helfen, erschien mir plötzlich als spießig. Und das wollte ich hier und jetzt nicht sein. »Ich bin dabei«, hörte ich mich sagen.

Nick klopfte mir dankbar auf die Schulter und ließ sich dann, ohne viel Zeit zu verlieren, an einem Seil aus zusammengebundenen Oberteilen aus dem Fenster hinuntergleiten. Als er unten war, zeigten beide mir einen Daumen nach oben und rannten in die Nacht hinein. Worauf hatte ich mich denn jetzt schon wieder eingelassen?

Immer wieder schaute ich abwechselnd aus dem Fenster und auf den düsteren Flur. Irgendwann bekam ich Paranoia und hörte Geräusche, die gar nicht da waren. Das Herz klopfte mir zunehmend bis zum Hals, und die Lippen wurden so trocken wie die Sahara. Nie hatte ich mich so kindisch aufgeführt und gewollt, dass mich jemand mochte, indem ich etwas Verbotenes tat. Doch trotz meiner Einsicht, dass das hier gerade ziemlich bescheuert war, brachte mich das Adrenalin dazu, nicht weiter darüber nachzudenken.

Es kam mir wie Stunden vor, als ich Nick und Jeffrey angerannt kommen sah, und ich war lange nicht mehr so erleichtert gewesen, als sie sich schnell an den Stoffteilen hochzogen. Als beide oben waren, bedankten sie sich kurz mit einem Nicken bei mir und verließen, ohne ein einziges Wort zu sagen, mitsamt dem selbst gedrehten Seil den Waschraum. Vorsichtig schloss ich das Fenster und fragte mich bei jedem kleinen Quietschen, das entstand, je weiter ich es zuzog, warum nicht gleich dreißig Elefanten mit Trompeten und Trommeln auf dem Flur entlangstampften und lauthals sangen, dass ich hier drin sei. Bei meinem Glück würde ich erwischt werden und mir eine plausible Geschichte ausdenken müssen, weshalb ich mitten in der Nacht im Waschraum sei, obwohl dieser abgeschlossen worden sei. Dass ich mir in die Hose gemacht hätte und mich waschen wollte, kam mir als erste Idee in den Kopf, und mich schüttelte es allein bei dem Gedanken, diese Worte aussprechen zu müssen, um die beiden Jungs zu decken, zumal ich gar keinen Schimmer hatte, wie sie um alles in der Welt diese verdammte Tür ohne Schlüssel aufbekommen haben mochten.

»Wow, das war knapp, würde ich sagen.«

Erschrocken fuhr ich herum und sah Cailan, der mit verschränkten Armen an den Türrahmen angelehnt stand und mich missbilligend und mit eisernem Blick musterte.

»Bevor du die beiden Höhlenmenschen noch mal deckst, lass dir gesagt sein, dass sie dich ausnutzen und nicht den klitzekleinsten Gedanken daran verschwenden werden, wie lieb du doch bist. Deine Hilfsbereitschaft ist also völlig belanglos.«

Der Herzinfarkt kam immer näher, je länger ich in einem Gebäude verbrachte, in dem ein Kerl herumstolzierte und sich immer wieder an mich heranschlich wie eine Schlange an eine Maus. Leise trottete ich zu ihm an die Tür, um möglichst leise sprechen zu können. »Seit wann braucht man eine Gegenleistung, wenn man helfen möchte?« Ich drängte ihn auf den Flur, um die Tür leise zu schließen. Dabei hatte ich das Gefühl, dass zwanzig Züge mit Dauerhupe genauso viel Lärm erzeugt hätten.

»Ach, komm! Du kannst mir nicht erzählen, dass du keine Dankbarkeit erwartest«, erwiderte er flüsternd, und ich funkelte ihn böse an. Was dachte er von mir? Dass ich für jede gute Tat einen Orden verlangte, der mir mit einer Krone und einem Zepter überbracht werden müsste? Hielt er mich wirklich für so einen Menschen, der nichts Gutes tat, ohne Hintergedanken dabei zu haben, oder war er so ein Mensch und dachte, es gäbe niemanden, der anders darüber denken könnte?

Im nächsten Moment hörte ich Schritte auf dem Gang und erstarrte. Auch Cailan wurde nun hellhörig und schaute mich mit großen Augen an. Die Geschichte, dass ich mir in die Hose gepinkelt hätte und deshalb im Bad wäre, war nicht gerade glaubwürdig, wenn Cailan mit mir hier drin wäre. Ohne darüber nachzudenken, packte ich Cailan am Arm und zog ihn zu mir ins Zimmer. Ich bedeutete ihm mit dem Finger, dass er sich unter mein Bett legen sollte, was er auch sofort tat. Schnell schlüpfte ich unter die Decke und legte mich flach auf den Rücken. Meine Tür ging auf, und ich versuchte, so gleichmäßig wie möglich zu atmen. Ich war eine wahnsinnig miserable Schauspielerin und musste mir eingestehen, dass es nicht gerade verwunderlich gewesen wäre, hätte mich meine Betreuerin bei meinem lächerlichen Versuch, glaubwürdig zu schlafen, ausgelacht. Doch ich hörte keinen Laut, und so beruhigte sich mein Herz langsam, und ich atmete gleichmäßiger ein und aus. Als ich hörte, wie sich die Tür wieder schloss, blinzelte ich kurz und erkannte Frau Graves' Schopf. Wenn die Furie uns erwischt hätte, wären wir sicherlich die gesamte Nacht lang angeschissen worden. Erleichtert, dass wir nicht ertappt worden waren, atmete ich auf; und als sich Cailan wieder unter meinem Bett hervorschob und sich aufrichtete, sah auch er so aus, als hätte er das Schlimmste erwartet. »*Das* war knapp, würde ich sagen«, murmelte ich.

Er zuckte die Schultern, als würde ihn das nicht weiter interessieren, und warf die Packung Taschentücher, die ich unter das Bett befördert hatte, in die Höhe, um es mit der anderen Hand wieder aufzufangen. »Gute Nacht, Allington.«

Stirnrunzelnd sah ich ihm nach und fragte mich, warum er plötzlich offensichtlich Distanz wahrte, indem er mich mit meinem Nachnamen ansprach. Ich wurde einfach nicht schlau aus ihm.

Als er zur Tür ging und sie leise öffnete, flüsterte ich ihm noch entsetzt zu, dass die Tür vom Waschraum nicht abgeschlossen sei. Ich hatte Angst, dass Frau Graves vielleicht Lucy und Mel in die Mangel nehmen könnte und Harry vielleicht auch, obwohl sie damit nichts zu tun hatten. Schon jetzt wusste ich, dass ich die drei um jeden Preis in Schutz nehmen würde, selbst wenn ich sagen musste, dass ich ins Bett gemacht hätte und es mir zu peinlich gewesen wäre, Frau Graves nach dem Badezimmerschlüssel zu fragen.

»Das ist egal. Frau Graves wird einfach davon ausgehen, dass Frau Benett vergessen hat abzuschließen«, antwortete er locker und verschwand im nächsten Moment im Flur. Warum Cailan, obwohl die beiden gesagt hatten, dass er sie nicht decken würde, trotzdem auftauchte, blieb wohl ein ungelöstes Rätsel. Aber eines stand fest: Er machte mich auf negative und gleichzeitig erschreckend positive Art und Weise wahnsinnig, und ich wusste nicht, wie es ihm gelang, dass sich diese Gegensätze zur selben Zeit in meinem Inneren äußerten.

KAPITEL 6

Schon bald merkte ich, dass meine Gedanken wieder einmal abschweiften und mich quälten; und so tapste ich leise über den kalten Fußboden, schnappte mir einen Briefumschlag, setzte mich mitsamt Block und Kugelschreiber an den Schreibtisch und schrieb im schummrigen Licht der Nachttischlampe an die einzige Person, der ich meine Gedanken offenbarte.

Liebe Gina,

im Grunde ist es doch so: Man macht sich unbeliebt, wenn man sich nicht anpasst und aufhört, seine eigene Persönlichkeit zu unterdrücken. Aber wie viel ist dieses Beliebtsein wert, wenn man anfängt, sich zu fragen, wie falsch man sein müsse, wenn man sich jeden Tag hinter einer Maske verstecken muss? Warum ist es mir so wichtig, von Leuten gemocht zu werden, die gar nicht interessiert daran sind, mich wirklich kennenzulernen? Warum brauche ich diese Bestätigung, zu einer Gruppe dazuzugehören, deren Ansichten ich völlig daneben finde?

Ich glaube, bei Menschen unbeliebt zu sein, die mich verbiegen wollen, nur weil sie Leute, die anders sind, nicht akzeptieren, erscheint mir als gar nicht so schlimm. Denn ich habe hier in der Klinik zwei Mädchen kennengelernt, die ich durchaus bereits zu meinen Freunden zähle, denn ich muss mich bei ihnen nicht verstellen. Nicht so wie früher bei all meinen Mitschülern, die mich gehasst haben, sobald ich die Faye war, die ich wirklich war. Ich weiß nicht, warum ich schon wieder über so etwas nachdenke. Vermutlich, weil ich heute Schmiere gestanden habe, obwohl ich die Aktion eigentlich total daneben fand. Und du weißt ja, ich bin eigentlich kein Mensch, der sich beeinflussen lässt, nur um gemocht zu werden. Aber in diesem Moment sagte etwas in mir: ›Riskier es!‹ Und ich habe momentan keine Ahnung, ob ich deshalb so denke, weil ich will, dass die Leute mich hier mögen, oder weil mir alles egal ist – weil ich mir egal bin.

Als ich letzten Worte auf das Papier brachte, fühlte ich mich ein wenig befreiter. Schnell faltete ich das Blatt und schob es vorsichtig in den türkisfarbenen Umschlag, um ihn anschließend in meiner Kommode zu verstauen. Danach legte ich mich ins Bett, knipste die Lampe aus und zog mir die Bettdecke bis zum Hals. Die Frage, ob mir mein Leben wieder egal werde, blieb mir wie ein dunkler Schatten im Gedächtnis.

Die Nacht über schwirrten mir Cailans Worte im Kopf herum. Zwar erwartete ich nie Dankbarkeit oder eine Gegenleistung, wenn ich mich um jemanden kümmerte oder jemandem half, egal wie risikoreich diese Situation für mich war. Ich erachte Dankbarkeit aber auch nicht unbedingt nur als ausgesprochene Worte. Vielmehr konnte man diese durch einfachen Blickkontakt, Mimik und Gestik wahrnehmen. Und trotzdem könnte ich die Sache der Nacht zu meinem Vorteil machen. Vielleicht sollte ich zur Abwechslung etwas verlangen, was ich langsam gut gebrauchen konnte, damit es mir besser ging.

Am nächsten Morgen lief ich schnurstracks zu Nicks und Jeffreys Zimmer und ging nach einem kurzen Klopfen und keiner Antwort hinein. Nick zog sich gerade einen Pullover über die Arme und sah mich verwundert an. Jeffrey lag noch schlafend im Bett; und wäre ich wegen meiner Forderung nicht so nervös gewesen, hätte ich über sein Gesicht gelacht. Seine Lippen waren geöffnet, und bei jedem Schnarchen zogen sich seine Nasenflügel zusammen. Jeffrey war derjenige, von dem ich hier am wenigsten wusste, aber dieser Anblick machte ihn um Längen sympathischer als zuvor.

»Was gibt's?«, fragte Nick und widmete sich den Socken, die er über seine großen Füße zog. Irgendwie war es mir unangenehm, ihn beim Anziehen gestört zu haben, doch ich ließ es mir nicht anmerken und straffte die Schultern. Hätte ich eine Sekunde länger gezögert, hätte ich den Rückzug angetreten.

Erhobenen Hauptes stellte ich mich ihm gegenüber. »Ihr seid mir was schuldig.«

Schmunzelnd sah er mich an, als hätte er mit dieser Aussage bereits gerechnet. Hielt mich hier jeder für jemanden, der eine Gegenleistung forderte für alles, was ich tat, obwohl das anfangs überhaupt nicht meine Intention war, ihnen zu helfen?

»Was willst du?«

Das verlief einfacher als gedacht. Trotzdem verachtete ich mich dafür, dass ich Cailans Vermutung, ich würde Dankbarkeit verlangen, unterstrich. Ich atmete einmal tief durch, durchdachte eine einzige Sekunde, ob ich vielleicht etwas weniger Unangenehmes fordern sollte, doch diesen Gedanken verscheuchte ich sofort wieder, als ich mich an die letzten schrecklichen Nächte erinnerte, in denen ich gemerkt hatte, dass ich mich langsam, aber sicher wieder abgrundtief zu hassen begann.

»Eine Klinge.« Die letzten Nächte hatte ich mit Kratzen auf meinem Oberschenkel versucht, die schlechten Gefühle zu kompensieren, aber die Abhängigkeit nach meinem eigenen Blut war zu groß, als dass ich damit weiterhin zurechtgekommen wäre. Für viele Menschen, die das nie durchlebt hatten, war diese Tatsache wohl mehr als befremdlich, und auch Nick sah so aus, als würde er mich für geisteskrank halten, doch ich hielt seinem Blick eisern stand. Ich konnte mich nur für alles, was ich war, bestrafen, wenn ich eine Klinge hatte; und würde ich das nicht tun können, würde ich hier früher oder später durchdrehen, dessen war ich mir bewusst.

Mit hochgezogenen Augenbrauen starrte er mich an, und ich konnte beinah in seinen Augen lesen, dass er überlegte, ob meine Forderung bloße Ironie sei. »Ist das dein Ernst?«

Ich nickte. »Ja.«

»Vergiss es«, erwiderte er kopfschüttelnd und wandte sich wieder seinen Socken zu.

Ich wusste, dass seine Antwort entweder so ausfiel, weil er keine Lust hatte, mir eine Klinge zu besorgen, oder weil er nicht verantworten wollte, dass ich mir damit etwas antat. Letzteres würde ihn sicherlich ehren, aber wer konnte schon dankbar dafür sein, dass man ihm etwas verwehrte, was man wollte! Eltern gaben ihren Kindern auch nicht übermäßig viel Süßigkeiten, weil sie nicht wollten, dass ihr Kind Karies bekam oder übergewichtig wurde. Das brachte die Kinder jedoch nicht davon ab zu weinen, wenn sie keinen Schokoriegel bekamen, obwohl er in greifbarer Nähe war. Ich wollte mich beim besten Willen nicht mit einem Kind vergleichen, das noch nicht verstehen konnte, warum die Eltern ihm Zucker untersagten. Natürlich wusste ich, dass ich mir damit schadete, und genau das war auch der Grund meiner Sucht: Ich brauchte den Schmerz, um mich geheilt zu fühlen, egal wie widersprüchlich das auch klingen mochte.

Ich musste mir also eine andere Strategie überlegen, um zu bekommen, was ich wollte; und auch wenn ich mich für die Art von Trick verachtete, fiel mir nichts anderes als eine Erpressung ein. »Soll ich Frau

Graves sagen, wo ihr euch nachts herumtreibt? Das würde sie sicherlich sehr interessieren.« Ich wollte mich übergeben, als meine überhebliche Stimme mir in den Ohren schrillte. Nie hätte ich gedacht, dass ich nur wegen eines Stücks Metall meine moralischen Werte über Bord werfen würde. Aber hier war ich: verzweifelt und erbärmlich wie eh und je.

Sofort ruhte sein Blick auf mir. Als ich bemerkte, dass er versuchte zu erahnen, ob ich das wirklich durchziehen würde, wagte ich es nicht, meinen ernsten Blick von ihm abzuwenden. Natürlich wäre ich nie zu Frau Graves gelaufen; zu genau wusste ich, wie es war, wenn man abhängig von etwas war und alles tun würde, um die Sucht zu stillen, die in Nicks Fall Nikotin hieß. Außerdem war ich nie eine Petze gewesen.

»Wir sagen dir, wo du eine Klinge finden kannst, und wir sind quitt«, gab sich Nick nach wenigen Sekunden geschlagen und stand auf, um Jeffrey zu wecken. Grob schüttelte er ihn bloß, bis dieser entnervt die Augen öffnete. »Komm schon, Mann.«

Noch immer verwirrt über seine Aussage, schaute ich Nick an, und auch als Jeffrey mich entdeckte und mich fragte, was ich hier wolle, ließ ich mich nicht ablenken.

»Wo ich die Klinge finden kann? Soll das ein Scherz sein?« Hielt er mich jetzt schon für so dumm, dass ich nicht wusste, wo man eine Rasierklinge kaufen konnte? Oder glaubte er, dass ich so dumm wäre und mich tagsüber aus der Klinik schliche, um mal eben seelenruhig einkaufen zu gehen?

Jeffrey starrte abwechselnd seinen Zimmergenossen und mich an, kommentiere jedoch nichts. Nick schien unbeeindruckt von meinem wütenden Tonfall und schleuderte beiläufig seine Klamotten in den Schrank, ohne sie zu falten.

»Es gibt ein Versteck, wo eine ehemalige Patientin ihre Klinge aufbewahrt hat, weil Frau Graves manchmal die Zimmer durchstöbert. Ich glaube, sie hat sie nicht wieder mitgenommen. Sie hat sie neben einem kleinen, abgelegenen Gebäude deponiert.«

»Und wie soll ich da bitte hinkommen?«, fragte ich und verschränkte meine Arme. Ich war zu siegessicher gewesen, als dass ich jetzt aufgegeben hätte. Wer wusste, wie oft Jeffrey und er bereits durch die dunklen Straßen gezogen waren! Warum mussten sie mich das jetzt alleine machen lassen?

Nick zuckte mit den Schultern. »So wie wir gestern.«

»Und wo soll dieses abgelegene Gebäude sein?«, fragte ich misstrauisch, weil ich mir immer noch unsicher war, ob er mir die Wahrheit sagte.

Als Nick sich schließlich dazu erbarmte, mir den Weg zu beschreiben, war ich heilfroh, dass er eigentlich nur daraus bestand, geradeaus zu gehen. Ansonsten hätte ich mich bei meinen Koordinationsfähigkeiten sicherlich bis nach Timbuktu verlaufen. Ich hatte keine Ahnung, ob ich es schaffen könnte, unbemerkt das Gelände zu verlassen, doch die Tatsache, dass ich unbedingt diese Klinge brauchte, veranlasste mich dazu, dass es mir letztendlich egal war, ob ich erwischt wurde.

Als Nick, Jeffrey und ich das Zimmer verließen und zusammen in den Gruppenraum schlenderten, bedachte uns Cailan, der bereits auf einem der Stühle saß, mit einem misstrauischen Blick. Ich tat so, als hätte ich das nicht bemerkt, und setzte mich neben Nick. Wir waren sicherlich keine Freunde, aber solange Lucy und Melanie nicht hier waren, war es mir lieber, in seiner Nähe zu sein, während Cailan hier war. Vielleicht würde es ihn davon abhalten, eine dumme Bemerkung gegen mich auszusprechen, wenn Nick neben mir saß. Mein zweiter Gedanke war »Wohl kaum!«, doch zu meiner Erleichterung hielt Cailan den Mund geschlossen; und nachdem Jeffrey aufgehört hatte, übermäßig laut zu atmen, folgte Totenstille. Immer wieder verharrte mein Blick auf Cailans Gesicht, und als er den Kopf in meine Richtung drehte, schaute ich wie ertappt auf meine Fingerknöchel. Ich konnte einfach nicht leugnen, dass er etwas Schönes und Interessantes an sich hatte. Deshalb war ich immer wieder drauf und dran, ihn anzustarren. Aus den Augenwinkeln bemerkte ich, dass auch er mich musterte, und mein Herz schlug augenblicklich so schnell, als würde es einen Marathon gewinnen wollen. Schnell verbarg ich mein Gesicht hinter den Haaren, damit er keine Chance hatte, irgendwelche Makel zu entdecken. Ich hasste es, wenn man mich mehr als zwei Sekunden lang anschaute. Denn ich hatte immer das Gefühl, man würde, wenn man mich genau ansah, bemerken, wie viele Fehler ich doch an mir hatte. Ebenso hasste ich es, Blickkontakt zu halten. Meine Mutter meinte immer, das sei ein Zeichen von Schüchternheit und Unsicherheit, doch ich betitelte es als »Wenn ich dich nicht anschaue, schaust du mich auch nicht an«. Das schloss die beiden Gründe meiner Mutter sicherlich nicht aus, musste ich wohl oder übel feststellen.

Als schließlich Harry, Lucy und Melanie zu uns stießen und Frau Benett kurz darauf folgte, war ich erleichtert, denn die Stille hatte von nun an ein Ende.

Nach einer überfreundlichen Begrüßung à la Frau Benett setzte sie sich auf den freien Stuhl und schlug mit einem Grinsen die Beine übereinander. »Wir machen eine offene Runde zu einem ganz besonders schönen Thema, und zwar sprechen wir heute über Träume. Jeder darf etwas sagen. Der Interpretation sind keine Grenzen gesetzt.«

Die Frage war wohl, ob die Träume in Vordergrund standen, die wir in die Realität umsetzen konnten, oder diejenigen, die uns in den Nächten, während wir schliefen, verfolgten. Ich war gespannt, was die anderen ansprächen, und so saß ich bloß da und schaute in die nachdenklichen Gesichter der Mitpatienten.

Schließlich meldete sich Cailan zu Wort. »Träume sind dazu da, um Fantasie zu bleiben und uns voranzutreiben. Ein unerreichbares Ziel sozusagen. Die allerwenigsten leben wirklich ihren Traum. Träume führen zu Enttäuschung, und Enttäuschung führt zu Hoffnungslosigkeit, die man nicht so schnell wieder loswird. Deshalb ist es gesünder, in einem tristen Grau zu leben, als von der Schwärze verschluckt zu werden und nie wieder richtig auftauchen zu können.«

Beeindruckt von seiner Ausdrucksweise und seinen Gedanken, starrte ich Cailan an. Auch wenn seine Meinung ziemlich pessimistisch ausfiel, konnte ich seinen Gedankengang durchaus nachvollziehen. Die Angst, enttäuscht zu werden, war auch bei mir größer als der Wille, etwas zu riskieren. Zum ersten Mal fragte ich mich, ob Cailan wirklich so ein Idiot war, wie ich angenommen hatte.

»Mein Traum ist es, Profifußballer zu werden. Man darf sich halt keine zu hohen Ziele stecken«, sagte Nick und verschränkte die Arme vor der Brust.

Cailan sah ihn an, als hätte Nick gerade die Geräusche eines Schimpansen nachgeahmt. »... sagte der, der Profifußballer werden möchte.«

»Was ist daran abwegig?«, erwiderte Nick frostig und taxierte Cailan mit seinen Blicken.

Dieser zuckte bloß mit den Achseln und verschränkte nun ebenso die Arme. »Man muss schon mehr als gut sein, wenn man auch nur angeguckt werden will.«

»Vielleicht bin ich das ja, hast mich ja noch nicht spielen sehen«, argumentierte Nick neben mir, und ich fühlte mich, als wäre ich mitten in die Schusslinie gelaufen. Der Platz war wohl doch nicht so gut gewählt, wie ich dachte. Harry neben mir sah bloß genervt aus, und ich konnte fast spüren, wie kurz er davor war, die beiden zum Schweigen zu bringen.

»Ich glaube, wir können alle unsere Träume erfüllen, wenn wir wirklich darum kämpfen«, kommentierte Lucy hoffnungsvoll.

Ich lächelte über ihren Satz, war froh, dass sie nicht mehr so traurig und pessimistisch wie gestern war, und hoffte inständig, dass das so bleiben würde.

»Man kann sich ja so was wie Jahresvorsätze überlegen, um klein anzufangen«, brachte sich auch nun Melanie ein und spielte an ihrem Lippenpiercing herum.

Cailan verdrehte die Augen. »Warum sollte man sich Jahresvorsätze machen? Das ist doch nur eine Zahl, die sich ändert.« Punkt für Mister Pessimist.

»Ja – und? Da hat man aber das Gefühl eines Neustarts«, konterte Melanie, und ich fühlte mich augenblicklich wie ein Punktrichter in einem Zweikampf.

Nun meldete sich auch Harry zu Wort: »Wer hält sich denn bitte an Jahresvorsätze?«

Das Gespräch führte zu nichts außer schlechter Laune, und plötzlich schwirrten Gedanken in meinem Kopf herum, die mich daran erinnerten, dass irgendwann alles zu spät wäre.

»Wir leben in dem Glauben, wir hätten noch Ewigkeiten Zeit«, sagte ich plötzlich und fragte mich sofort, warum ich nicht einmal meinen Mund halten konnte. Alle starrten mich an, und so atmete ich tief durch und beendete das, was ich angefangen hatte. »Ewigkeiten Zeit zum Leben, Ewigkeiten Zeit, um unsere Träume zu erfüllen, Ewigkeiten Zeit, um glücklich zu sein. Wir setzen uns jedes Jahr Vorsätze, die wir im nächsten Jahr wiederholen, weil wir sie nicht eingehalten haben. Wir sagen: ›Morgen ist noch ein Tag, morgen werde ich alles ändern und meinen Traum leben‹, und wiederholen den Satz jeden Tag aufs Neue. Irgendwann fragen wir uns sicherlich, warum wir nie gekämpft haben, warum wir nie für uns gekämpft haben. Und vielleicht ist es dann schon zu spät, weil es kein Morgen mehr gibt.« Ich zuckte mit den Schultern. »Wenn wir etwas verändern wollen, brauchen wir keine Zahl oder einen Anlass. Wir brauchen unseren Willen.«

Es war nur einen einzigen Atemzug lang still, bis die anderen zu tuscheln begannen. Nur Cailan schaute mich nachdenklich an, und für einen Moment blitzte etwas in seinen Augen auf. Ich glaubte zu erkennen, dass es Verblüffung war.

»Hast du einen Traum?«, fragte er schließlich an mich gewandt, und ich verschluckte mich an meiner eigenen Spucke. Zu Nicks und Harrys Belustigung hüstelte ich, während mich die anderen mit gerunzelter Stirn beobachteten. Warum stellte er mir vor all diesen Leuten so eine intime Frage? Das hatte niemanden etwas anzugehen. Ich rutschte unbehaglich auf meinem Stuhl herum.

»Hat nicht jeder Träume?«, stellte ich die Gegenfrage, um seine zu umgehen, doch er ließ sich nicht davon abbringen, mich weiter auszuquetschen.

»Was ist deiner? Psychologin zu werden? Einen Tanzverein zu gründen? Teil eines Theaters zu sein?«, fragte er weiter, und ich musste beinah lachen. Wie kam er auf diese Ideen? Gut, das mit der Psychologin assoziierte er sicherlich mit gestern Abend, als ich Lucy getröstet hatte, aber ein Tanzverein? Theatermitglied?

Ich zuckte mit den Schultern und sah ihn schließlich ausdruckslos an. Es gab momentan nur einen einzigen Traum, den ich mir unbedingt erfüllen wollte. »Glücklich zu sein.«

Nur einen Wimpernschlag lang sah er mir bloß ernst in die Augen, ehe sich ein Lächeln auf seinem Gesicht ausbreitete.

Frau Benett beendete das Gruppengespräch schließlich, und als ich mich erhob, um meine nächste Therapie anzutreten, schaute mich Cailan noch immer an.

KAPITEL 7

Als ich in der Nacht aus dem Bett aufstand und mir einen Pullover und eine Jeans sowie meine Chucks anzog, hatte ich ein mulmiges Gefühl im Bauch. Was geschähe, wenn ich erwischt werden würde? Welche Konsequenzen würde ich tragen müssen? Und würde ich das Grundstück überhaupt finden? Hatte das Mädchen die Klinge sicher dort deponiert oder sie womöglich bei ihrer Abreise wieder mitgenommen? So viele Fragen kreisten in meinem Kopf umher, doch nur ein Gedanke überdeckte die anderen wie ein schwarzer Schleier aus Rauch: *Ich muss diese Klinge haben.*

Leise ging ich neben dem Bett in die Knie und zog mein selbst geknüpftes Seil darunter hervor. Ich hatte wie die Jungs zuvor mehrere Oberteile zusammengeknotet und hoffte inständig, dass die Knoten fest genug wären, damit ich kein blaues Wunder erlebte, wenn ich mich an ihnen hinunterhangeln würde. Wäre sicherlich ein super Spaß für die anderen, wenn sie erfahren würden, dass mein kurzer Fluchtversuch darin geendet hätte, dass ich mir sämtliche Knochen gebrochen hätte, weil ich zu blöd gewesen wäre, die Knoten fest genug zu binden.

Nick hatte mir versprochen, den Waschraum für mich aufzuknacken und anschließend zweimal an meine Tür zu klopfen. Das hatte er bereits vor einer halben Stunde getan, aber ich konnte mich einfach nicht aufrappeln, um mich auf den Weg zu machen – bis ich wieder den Drang verspürte, mir wehzutun. Er war mächtiger als die Tage zuvor, und ich hoffte inständig, meine Qual werde heute ein Ende nehmen.

So leise wie möglich tapste ich den dunklen Flur entlang und öffnete in beinah derselben Bewegung den Waschraum. Ich glaubte, man könne meinen Herzschlag durch das gesamte Gebäude poltern hören, und auch das Rauschen in meinen Ohren nahm von Schritt zu Schritt zu. Schnell schloss ich die Tür hinter mir und atmete einmal tief durch. Die erste Hürde hatte ich genommen.

Anschließend ließ ich das Seil am offenen Fenster hinunterfallen und band das Ende am Heizkörper fest. Ich kontrollierte gefühlt eine Million Mal, ob der Knoten fest genug saß, bis ich mich schließlich aufrichtete. Mit pochendem Herzen kletterte ich vorsichtig auf die Fensterbank, griff nach den zusammengeknoteten Klamotten und versuchte, mich so langsam wie möglich an ihnen hinunterzuhangeln. Meine Beine zitterten so stark, dass ich befürchtete, jeden Augenblick abzurutschen, doch zu meiner Überraschung klebte ich an meiner Kleidung, als wäre ich *Spiderman* höchstpersönlich. Als ich unten ankam, fiel mir ein Stein vom Herzen; und ohne noch weiter darüber nachzudenken, was richtig und was falsch wäre, rannte ich schon durch die Nacht. Der immer dunkler werdende Himmel ließ alles in einem melancholischem Licht erstrahlen; und hätte ich nicht wie eine Antilope, die vor einem Löwen wegsprintete, durch die Nacht eilen müssen, hätte ich sicher angehalten, um mich von dem Anblick verzaubern zu lassen.

Zu allem Überfluss fing es wenige Sekunden später an zu regnen. Die dicken Tropfen benetzten meinen Pullover, meine Haare hingen schon bald klitschnass an den Wangen, und ich hätte wetten wollen, dass ich morgen mit einer Erkältung im Bett liegen würde. Nach wenigen Minuten klebte die Kleidung an mir wie alte Haut, schlaff und faltig, und ich fragte mich schon jetzt, wie ich zurück in die Klinik käme, ohne den Boden in einen See zu verwandeln und mich damit zu verraten.

Als ich schließlich ein Grundstück erblickte, das definitiv kurz vor dem Zusammenbruch stand, hätte ich beinah ein Luftsprung machen können. Mit forschem Laufschritt näherte ich mich dem Gebäude, das aussah, als würde es in alle Einzelteile zerfallen, wenn man es auch nur mit der Zehenspitze berührte. Nick hatte mir gesagt, dass die Klinge vor dem Grundstück unter einem zusammengefallenen Steinhaufen liege. Als er mir das erzählt hatte, wusste ich nicht wirklich etwas mit der Beschreibung anzufangen, doch als ich den kleinen Stapel Backsteine sah, fühlte es sich so an, als würde es mich zu sich heranziehen, als wäre ich ein Magnet und diese Stelle mein Gegenpol. Ich war so kurz davor, dass ich mich nicht davon abbringen konnte, vor Erleichterung aufzulachen. Schnell kniete ich mich vor den Haufen, und schon als ich den ersten Stein anhob, spürte ich, wie sich der Matsch, der daran haftete, auf meinen Händen ausbreitete, doch das machte mir nichts aus. Einen Stein nach dem anderen hob ich hoch und schleuderte ihn links von mir in einen kleinen Busch. Als schließlich kein Stein mehr übrig war, sondern nur noch eine kleine Mulde, die von nassem Matsch getränkt war, ließ ich die Hand in das Loch sinken und wühlte verzweifelt darin herum. *Die muss doch irgendwo hier sein.* Einen kurzen Augenblick lang kam ich mir erniedrigt vor, wie ich hier mit triefnassen Klamotten in der

Dunkelheit im Matsch buddelte; weil ich einer Sucht verfallen war, die mich dazu zwang, mir wehzutun. Doch diesen Gedanken schüttelte ich schnell wieder ab und griff nach einer weiteren Handvoll Matsch, den ich zur Seite pfefferte.

Als ich schließlich etwas Kühles und Hartes an meinen Fingerspitzen erhaschen konnte, griff ich vorsichtig zu, und als ich den Gegenstand vor die Augen hielt, konnte ich dank des schwachen Laternenlichts aufatmen, denn ich hatte tatsächlich die Klinge gefunden.

»Hallo, Süße.«

Ich erstarrte in meiner Position und steckte die Klinge rasch in die Hosentasche. Mal abgesehen davon, dass Polizisten bestimmt nicht solche Kosenamen benutzten, konnte es nur einer sein. Vermutlich war bereits aufgefallen, dass ich abgehauen war. Ich hatte keine Ausrede, hatte keine Erklärungen parat, aber ich würde nicht im Traum daran denken zuzugeben, weswegen ich tatsächlich hier draußen war.

Widerstrebend richtete ich mich auf und drehte mich zu der tiefen Stimme um. Ich blickte in zwei Augenpaare, die mich interessiert musterten. Das waren definitiv keine Polizisten, ganz im Gegenteil; eher welche, die von der Polizei gesucht wurden. Die beiden waren schätzungsweise Ende dreißig und absolut betrunken. Ihre Fahne roch ich, obwohl sie zu dem Zeitpunkt nicht mal ihre Münder öffneten. In dem trüben Licht konnte ich nur erahnen, dass die Kleidung der beiden genauso nass war wie meine, doch im Gegensatz zu mir schien sie das nicht sonderlich zu stören. Scheinbar waren sie so betrunken, dass sie nicht einmal mitbekamen, dass es wie aus Eimern goss.

Der Größere der beiden taxierte mich mit seinen Blicken und ging einen Schritt auf mich zu. »Du bist aber eine Schönheit«, nuschelte er und streckte eine Hand nach mir aus.

Reflexartig wich ich zur Seite und stieß gegen den Laternenmast. In diesem Moment wünschte ich mir wirklich, dass mich die Polizei gefasst hätte, damit ich dem hier hätte entfliehen können.

»Fass mich nicht an! Komm mir nicht zu nah.« Meine Stimme war bloß ein brüchiges Flüstern, das nur so von Furcht triefte.

Der Kleinere lachte auf und hielt sich sarkastisch die Hand vor den Mund, als hätte ich ihm mit meinem Satz Angst eingejagt. Dann ließ er die Hand entnervt fallen und kam entschieden auf mich zu. »Sei nicht so eine Jungfrau Maria und trink was mit uns!« Er umfasste meinen

Arm und zog mich zu sich, sodass er meine Taille umgreifen konnte. Seine Finger spürte ich durch den nassen Pullover hindurch, als würde er meine nackte Haut berühren, und sofort zuckte ich vor Schreck zusammen.

»Nein«, sagte ich bloß und versuchte, ihn von mir wegzuschieben. Ich hätte ihm eine reinhauen und so schnell wie möglich weglaufen sollen, doch meine dumme, moralische Seite, die sich schon immer geweigert hatte, körperliche Gewalt anzuwenden, versteckte sich hinter der Angst, die mich erstarren ließ. Es fühlte sich so an, als würden meine Hände und Füße nicht mehr mir gehören, als wären die Körperteile eingeschlafen. Es kribbelte in meinen Fingerspitzen, doch als sich der stinkende Kerl nicht wegbewegen ließ, streikte meine gesamte Muskulatur.

»Da kommt jemand«, flüsterte der Größere aufgeregt, und mein Blick folgte der Richtung, in die der Typ zeigte. Mit schnellen Schritten kam jemand auf uns zu, und seinem Gang nach zu urteilen, war er nicht hier, um mit den beiden einen Kaffeeklatsch zu veranstalten. Als er fast bei uns war, setzte mein Herz aus, denn honigbraune Augen schauten mich eindringlich an, suchten mich nach Verletzungen ab. Seine dunklen Haare hingen ihm in der Stirn, und mehrere Wassertropfen flossen über seine Nase, ehe sie von der Spitze tropften.

»Nehmt eure Finger von ihr, oder ich reiße sie euch einzeln ab!«, schrie Cailan plötzlich fuchsteufelswild, und selbst ich fürchtete mich paradoxerweise vor ihm. Cailan schubste den Typen von mir weg, der noch immer meine Taille umschlungen hielt. Dieser stolperte und landete mit einem Fluch auf dem Hintern.

»Alter, was ist falsch mit dir?«

Zur Antwort stieg Cailan über ihn, riss ihn an seiner Jacke etwas in die Höhe, und bevor ich auch nur einen Schritt machen konnte, schlug er ihm mit voller Wucht ins Gesicht. Das Knacken, das dabei zu hören war, hallte in der Stille der Dunkelheit, und mir wurde schlecht. Ein dünner Blutschleier quoll aus seinem Mund hervor, und ich konnte bloß mit großen Augen zuschauen, wie Cailan ihn losließ und das Blut an seiner Hand an den Klamotten des Typen abwischte.

Der Größere schien vernünftiger zu sein, denn er erhob bloß kommentarlos beide Hände und machte sich dann torkelnd vom Acker.

»Du solltest dich auch verziehen, bevor ich dir noch eine reinhaue!«, zischte Cailan zwischen zusammengepressten Zähnen und ging angriffslustig auf den am Boden liegenden Typen zu. Dieser schaute ihn kurz herausfordernd an, dann blickte er zur Seite, stand wie von der Tarantel gestochen auf und rannte davon. Vollkommen verwirrt von dem Stimmungswechsel wagte ich einen Blick in die Richtung, in die er geschaut hatte, und erhaschte die schnellen Schritte von Frau Graves, die mit einem ziemlich großen Schirm auf uns zukam. Klasse. Viel mehr Aufregung konnte ich nun wirklich nicht mehr ertragen. Sie wirkte so gehetzt und erblindet von der Dunkelheit, dass ich mir fast sicher war, dass sie die gesamte Situation mit den beiden Kerlen gar nicht mitbekommen hatte. Cailan wischte sich die nassen Haarsträhnen aus dem Gesicht. Er sah total entspannt aus, und ich fragte mich, ob er nur so tat oder ihm die Tatsache, dass wir hier draußen erwischt wurden, tatsächlich ziemlich egal war. Ich für meinen Teil hätte mich am liebsten wie so oft totgestellt.

Kurz bevor sie bei uns war, keuchte sie vollkommen aus dem Atem in ihr Handy: »Ich habe die beiden gefunden.« Dann schaute sie erst Cailan, dann mich fuchsteufelswild an. »Was habt ihr beiden euch dabei gedacht? Das wird Riesenärger geben, darauf könnt ihr Gift nehmen! Los jetzt!« Ihre Stimme schrillte in meinen Ohren, sodass ich sie mir am liebsten zugehalten hätte. Ich ließ es jedoch bleiben in dem Wissen, dass sie dadurch sicherlich nicht ruhiger werden würde. Sie machte eine Handbewegung, um uns zu signalisieren, dass wir vorzugehen hätten, und marschierte dann fluchend hinter uns her. Ausgerechnet Frau Graves hatte uns gefunden, und ich glaubte, mehr Pech an einem Tag konnte kein Mensch haben. Meine dreckigen Hände versteckte ich in der Bauchtasche meines klitschnassen Pullovers, mein Gesicht hielt ich gesenkt.

»Ist alles in Ordnung?«, flüsterte mir Cailan zu; und als ich zu ihm aufsah, war seine Miene besorgt. Am liebsten hätte ich ihm sein Stirnrunzeln vom Gesicht gewischt, und ich hatte ein schlechtes Gewissen, dass er überhaupt in diesem Moment über meine Unversehrtheit nachdachte, anstatt sich Sorgen darüber zu machen, was das hier für Ärger geben würde.

»Ja«, antwortete ich bloß, wohlwissend, dass ich ihm Dank schuldig war. Doch ich hielt den Mund, zu sehr schämte ich mich für die gesamte Situation. Augenscheinlich steckte er meinetwegen nun so tief im Schlammassel wie ich. Aus welchem Grund wäre er sonst hier draußen herumgelaufen? Aber warum um alles in der Welt war er mir gefolgt und hatte riskiert, erwischt zu werden?

Als wir über den Eingang eintraten, konnte ich Frau Graves' Wut im Nacken spüren und hoffte inständig, dass sie nicht meine Mutter verständigte. Sie würde sich sofort wieder sorgen und gleichzeitig unendlich enttäuscht von mir sein. Cailan neben mir wirkte entspannt, aber ich glaubte mittlerweile felsenfest daran, dass das bloß Fassade sei. In dieser Situation mit einer Furie im Rücken konnte niemand ernsthaft so entspannt sein. Frau Graves schob uns sofort, als wir oben in unserem Gruppentrakt ankamen, in den Gruppenraum, in dem Frau Benett mit besorgtem und bleichem Gesicht mit einem Kaffee in der Hand stand und augenblicklich auf uns zukam.

»Geht es euch gut?«

Wir nickten bloß und setzten uns auf zwei der Stühle, um den Vortrag unserer Betreuer über uns ergehen zu lassen. Cailan neben mir lehnte sich auf seinem Sitz zurück, nur ich tippte unbehaglich mit meinen Fußspitzen auf dem Boden. Meine dreckigen Hände griffen in den Stoff der Innentasche meines Pullovers, um mir Halt zu geben, doch meine Verzweiflung schwang in Panik um, je mehr ich darüber nachdachte, was ich den beiden für eine Geschichte auftischen sollte.

»Was habt ihr da draußen zu suchen gehabt?«, schnauzte Frau Graves; und als Frau Benett ihr eine Hand auf die Schulter legte, um ihr zu signalisieren, dass sie sich beruhigen sollte, schüttelte sie diese bloß grob ab. Sie war stinksauer, und ich konnte es nur zu gut verstehen. Schließlich trug sie Verantwortung für uns, und ich war sicher, dass auch sie Angst um uns hatte, wenn auch nicht unseretwegen persönlich, sondern wegen ihres Jobs. Mein Kopf suchte nach einer passenden Antwort, die mir nicht noch mehr Ärger einhandeln würde, doch mein Hirn hatte offenbar gerade Sendepause. Niemals hätte ich ihnen den wahren Grund meines Ausrisses erzählen können, also blickte ich bloß auf meine Hände und hoffte, dass sie nicht so lange herumschreien würde.

»Wir wollten uns den Sternenhimmel auf einer Wiese anschauen.« Cailans Stimme klang wahnsinnig ruhig; und hätte ich die Wahrheit nicht gekannt, hätte auch ich ihm das abgekauft. Verunsichert, dass er mir diesen Schutz gab, schielte ich zu ihm hinüber und stellte fest, dass auch sein Gesichtsausdruck keine Zweifel zuließ, dass an seiner Geschichte irgendetwas faul sein konnte. Warum sagte er nicht einfach, dass er mir bloß gefolgt war? Warum log er unsere Betreuerinnen an?

Oder war er aus einem anderen Grund außerhalb des Gebäudes unterwegs gewesen?

»Ihr wisst ganz genau, dass ihr die Klinik nicht zu verlassen habt!«, gab Frau Graves zurück, diesmal aber durchaus ruhiger als zuvor. Frau Benett sah uns traurig an, und ich fühlte mich augenblicklich unfassbar schlecht. Sie hatten Vertrauen in uns gesetzt, wenn auch nur minimal, und ich hatte es schamlos ausgenutzt. Dabei war doch ich gerade diejenige, die die größten Vertrauensprobleme hatte und wissen sollte, wie enttäuschend so etwas sein konnte.

»Es tut mir leid«, sagte ich leise und schaute schuldbewusst in Frau Graves' Augen. »Wir wollten bestimmt nicht, dass Sie sich so sorgen. Wir dachten, es würde niemand bemerken, wenn wir kurz fort sind. Wir wären natürlich wieder zurückgekommen.«

»Natürlich«, wiederholte Frau Graves spöttisch und verschränkte die Arme vor der Brust. »Ihr habt bis auf weiteres Cafeteriadienst: Wischen, Fegen, Abwaschen, Müll rausbringen. Die Reinigungskräfte werden sich freuen.«

Ich nickte und hatte vor schlechtem Gewissen einen dicken Kloß im Hals. Alles nur meinetwegen. Ein anderer Gedanke kam immer wieder an die Oberfläche und ließ mich vor Angst das Atmen vergessen: Wenn sie meine Mutter kontaktierten, würde sie wahnsinnig enttäuscht von mir sein und noch viel schlimmer: Sie würde sich um mich sorgen. Vielleicht würde sie nicht schlafen können, weil ihre Gedanken sich immer wieder um mich drehten wie ein Karussell, das nie stoppte. Ich hatte nicht nur höchstwahrscheinlich Cailan in Schwierigkeiten gebracht, ich hatte auch meiner Mutter Grund dazu gegeben, sich zu sorgen. Es hatte eine Zeit gegeben, in der ihr Gesicht von tiefen Augenringen geprägt war, die sie viel älter hatten aussehen lassen, als sie gewesen war. Sie hatte fast gar nicht geschlafen und hatte deswegen einmal einen Autounfall erlitten. Ihr war zwar nichts passiert, niemand war verletzt worden, aber die Tatsache, dass sie so unkonzentriert gewesen war, dass sie hätte sterben können, ließ mich jedes Mal erschaudern. Ich hätte mir das nie verzeihen können, wenn ihr meinetwegen etwas passieren würde.

Als hätte sie es geahnt, sprach Frau Graves die erlösenden Worte nur wenige Sekunden später aus. »Wenn ihr noch einmal so etwas auch nur in Erwägung zieht, kontaktieren wir eure Eltern«, fügte sie schließlich hinzu und gab uns dann ein Handzeichen, dass wir den Raum verlassen sollten. »Jetzt ab ins Bett.« Das Gespräch verlief im Vergleich zu meinen Erwartungen okay, wobei »okay« in meiner Welt die kleine Schwester von »scheiße« war. Doch die Tatsache, dass meine Mutter von meiner Aktion nicht Wind bekommen würde, ließ mich den Ärger für wenige Sekunden vergessen.

Als wir unter Frau Benetts und Frau Graves' Aufsicht zu unseren Räumen gingen, schaute ich noch einmal verstohlen zu Cailan hinüber. Zu meiner Überraschung musterte er mich ebenso mit unergründlichem Blick, und so sah ich schnell wieder weg. Das war eine wahnsinnig dumme Aktion und doch so aufregend gewesen, dass ich es gar nicht bereuen konnte. Cailan hatte mich beschützt, und er hatte seine Strafe, die er meinetwegen antreten musste, einfach hingenommen und mir dabei noch geholfen, eine Ausrede zu finden. Ich glaubte mittlerweile nicht mehr, dass er aus einem anderen Grund die Klinik verlassen hatte. Er war mir gefolgt und hatte mir geholfen – und all das, obwohl er immer so hässlich zu mir gewesen war. Wie hing das miteinander zusammen?

KAPITEL 8

Am nächsten Morgen schienen bereits alle zu wissen, was in der vergangenen Nacht geschehen war. Nun gut, ich war mir nicht sicher, ob sie die wahre, Cailans ausgedachte oder irgendeine andere Geschichte, die sich einer von ihnen zusammengedichtet hatte, kannten, aber sie wussten, dass Cailan und ich erwischt worden waren und wahnsinnigen Ärger bekommen hatten. Jedenfalls bombardierten mich Melanie und Lucy beim Frühstück schon mit Tausenden Fragen; und ein Blick zu Cailan und seinen Freunden genügte mir, um zu erkennen, dass ihm das gleiche Schicksal blühte. Ich fragte mich, ob er ihnen erzählen mochte, dass er keine Ahnung hätte, warum ich abgehauen sei, oder ob er tatsächlich auch ihnen weismachen wollte, dass er und ich zusammen die Sterne hätten bewundern wollen. Letzteres würde ihm wohl niemand abkaufen, denn so, wie er mich ansah und mich provozierte, machte er auf jeden den Eindruck, dass ihm allein meine Anwesenheit ein Dorn im Auge sei. Und bis gestern hatte ich wirklich geglaubt, er verabscheue mich zutiefst. Doch wie er mich beschützt und wie besorgt er mich angesehen hatte, als wir zurück zur Klinik marschiert waren, bestärkte meine Vermutung ganz und gar nicht. Entweder hatte er tief in sich drin wirklich ein Helfersyndrom, oder er mochte mich doch. Egal welches der beiden Dinge letztlich die richtige Erklärung war, ich glaubte, ich wollte die Antwort darauf gar nicht kennen. Mir war es plötzlich lieber, das Bild eines Idioten aufrechtzuerhalten.

»Hörst du uns überhaupt zu?«, fragte Melanie und wedelte mit der Hand vor meiner Nase herum.

»Entschuldigung, was hast du gesagt?«, erwiderte ich und schaute sie aufmerksam an.

Melanie rollte mit den Augen. »Stimmt das nun, dass Cailan und du eine romantische Wanderung angetreten seid und dann erwischt wurdet?«

Es fühlte sich falsch an, meine Freundinnen zu belügen. Doch die Wahrheit zu sagen, fühlte sich noch weniger richtig an, wobei ich Lucy immer optimistisch gegenübergetreten war. Zuzugeben, dass ich dem Drang nach der Klinge nachgegeben hatte, wäre ein Grund gewesen, mich als heuchlerisch abzustempeln.

»Schätze schon, nur nicht so, wie ihr denkt. Wir wollten unsere Diskrepanzen lösen.« Ich zuckte mit den Schultern und schob mir eine Gurkenscheibe in den Mund, um Zeit zu schinden, falls Melanie weitere Fragen stellen sollte. Doch alles, was sie tat, war bloß zu nicken. Ihr misstrauischer Blick entging mir jedoch dabei nicht. Auch Lucy schwieg und widmete sich wieder ihrem Essen. Ob sie mir das nun abgekauft hatten, war wohl die große Jackpot-Frage.

Nach dem Frühstück traten Cailan und ich tapfer unsere Strafe an: Er wischte die Tische ab, und ich fegte den Boden. Ich fragte mich wirklich, ob hier Menschen oder Schimpansen aßen, denn teilweise lagen hier tatsächlich ganze Gurkenscheiben auf dem Boden.

»Da macht der Aufenthalt in diesem Psychoschuppen doch direkt viel mehr Spaß«, rief Cailan sarkastisch zu mir herüber und wischte mit gespielter Leidenschaft die Brotkrümel vom Tisch, die ich anschließend wieder auffegen durfte. Genervt schaute ich ihn an, wandte aber schnell wieder den Blick ab, weil ich es einerseits leid war, mich von ihm provozieren zu lassen, und es andererseits sein gutes Recht war, sauer auf mich zu sein. Ich hatte uns diesen Schlamassel nämlich eingebrockt.

»Du hättest mir ja nicht nachlaufen müssen«, murmelte ich trotzdem und holte das Kehrblech aus dem Abstellschrank.

»Sondern? Hätte ich zusehen sollen wie die Kerle dich begrabschen und vielleicht sogar vergewaltigen?«, fragte Cailan mich wütend und schleuderte den Lappen zurück in den Wassereimer. Also hatte er tatsächlich nur meinetwegen die Klinik verlassen.

Seine Argumente ergaben für mich absolut keinen Sinn. »Du wusstest doch gar nicht, dass da irgendwelche Typen waren. Wie hättest du das ahnen können? Deswegen bist du mir nicht gefolgt.«

»Nein, weil ich mir Sorgen gemacht habe«, sagte er wenige Sekunden später; und der Widerwille, das zuzugeben, spiegelte sich in seinen Augen wider. »Weil ich wusste, dass du diese scheiß Klinge holen wolltest.«

Das erklärte natürlich auch, warum er sich im Gruppenraum eine Lüge ausgedacht hatte. Er konnte sich denken, dass ich diesen Grund nicht im Traum unseren Betreuerinnen aufgetischt hätte. Meine Lungen zogen sich schmerzhaft zusammen. Wie viel Angriffsfläche konnte ich ihm noch bieten?

»Warum? Woher?«, fragte ich mit geweiteten Augen. Hatte Nick oder Jeffrey ihm davon erzählt?

Er nahm den Eimer und stellte ihn so heftig auf dem Tisch vor mir ab, dass ein paar Tropfen Spülwasser auf meinem Oberteil landeten. »Ich habe Nick und dich in seinem Zimmer sprechen hören. Am liebsten hätte ich ihm eine reingeschlagen dafür, dass er dir erzählt hat, wo die Klinge versteckt ist. Wir hatten Julia vor wenigen Wochen geschworen, niemandem davon zu erzählen. Als sie hier entlassen wurde, wusste sie, dass die Klinge der falsche Weg war, und sie wollte nicht, dass sich irgendjemand ihretwegen verletzen würde, nur weil sie die Klinge nicht vernichten konnte. Ich konnte nicht anders, ich musste hinterher, frag mich nicht, warum. Ich bin anscheinend einfach zu nett.« Seine letzten Worte spuckte er mir fast entgegen, und das Gefühl, entblößt geworden zu sein, vermischte sich mit dem schlechten Gewissen, dass ich ihm gegenüber hatte. Komischerweise führte mich das nicht zu Verständnis, sondern zu Wut.

Kühl schaute ich ihn an und kehrte die Krümel auf, die er zuvor auf den Boden gepfeffert hatte. »Ich habe dich nicht darum gebeten.«

»Die Dankbarkeit steht dir ins Gesicht geschrieben«, sagte er sarkastisch.

Ich seufzte ergeben. Warum regte ich mich so auf? Ich benahm mich wie eine Frau, die das ganze Jahr über ihre Monatsblutungen hatte inklusive der Unterleibsschmerzen, die einem Haibiss ähnelten. Ich wurde langsam zum Abbild meiner *geliebten* Frau Graves. »Ich bin dir dankbar. Sogar sehr, ich bin dir wirklich dankbar, aber du hättest es nicht tun sollen. Jetzt bist du hier und musst dich rumquälen. Das ist eigentlich nicht fair.«

»Na ja, Ablenkung schadet wohl nie«, erwiderte er dann in einem friedfertigen Ton, nahm mir das Kehrblech ab und schüttete die Krümel darauf in den Mülleimer. Anscheinend hatte er nur auf meinen Dank gewartet. Irgendwie war ich ganz froh, dass ich erst am Abend dazu gezwungen war, mit ihm zu sprechen, denn nach dem Mittagessen mussten wir, Gott sei Dank, nicht zum Cafeteriadienst antreten. Das lag allerdings nicht daran, dass meine Betreuerinnen gnädig gewesen wären. Sie wollten bloß verhindern, dass wir unsere Therapien verpassten, die meist direkt nach dem Mittagessen starteten.

Nachdem ich die Cafeteria verlassen hatte, musste ich auf direktem Weg zu Frau Dr. Henderson. Ich war mir nicht sicher, ob sie über den

Ausbruch Bescheid wusste, konnte mir allerdings nicht vorstellen, dass Frau Graves das für sich behalten hatte, und womöglich wäre es auch falsch gewesen, hätte sie es nicht meiner Psychiaterin unter die Nase gerieben. Ich wusste, dass Frau Graves sicher richtig gehandelt hatte, und doch war ich in einer miesen Situation, die mich dazu veranlasste zu überlegen, ob ich mich nicht lieber das Abflussrohr hinunterspülen sollte, anstatt mich dem Gespräch mit Frau Dr. Henderson zu stellen.

Letztlich fand ich mich wenige Minuten später vor ihrem Büro wieder und verharrte vor der Tür, ohne zu klopfen. Meine Nervosität hatte spätestens jetzt den Höchststand erreicht, und noch immer malte ich mir alle möglichen Fragen aus, die sie mir stellen konnte und worauf ich keinerlei Antwort kannte, ohne dass sie merken würde, dass ich sie anlog. Es war ein Leichtes, Frau Graves anzulügen. Aber einer Psychiaterin etwas vorzugaukeln, die meine Körpersprache bis ins kleinste Detail in nur einer Sekunde analysieren konnte, war ein Ding der Unmöglichkeit. Schließlich riss ich mich dann doch am Riemen, weil ich ganz genau wusste, dass ich mich dem früher oder später sowieso würde stellen müssen. Bereits wenige Sekunden nach meinem zaghaften Klopfer öffnete sich die Tür, und ich trat mit gesenktem Blick und einer geflüsterten Begrüßung ein. Frau Dr. Henderson wirkte ruhiger als sonst, und als ich mich setzte und in ihr Gesicht sah, biss ich mir schmerzhaft auf die Unterlippe, denn der Ausdruck, der darauf lag, machte jegliche Hoffnung, sie wisse nichts von der letzten Nacht, zunichte. Ich kannte den Blick nur zu gut, als dass ich es mir hätte ausreden können, dass es Enttäuschung wäre, die sich in ihren Augen spiegelte. Eine große Furche war zwischen ihren Brauen entstanden, und am liebsten hätte ich sie von ihrem Gesicht gewischt, um mein schlechtes Gewissen wieder hinunterschlucken zu können.

»Du weißt, welche Frage jetzt kommt, oder?«, fing Frau Dr. Henderson an. Ihre Stimme klang verblüffend sanft und mitfühlend und passte absolut nicht zu ihrer Mimik – als wäre sie mitten in einem Zwiespalt gefangen. Bevor ich antworten konnte, sprach sie weiter: »Weshalb bist du aus der Klinik ausgebrochen, Faye?«

Ich schluckte hörbar und begann, meine Hände zu kneten, bis sie ganz weiß wurden. Dann richtete ich den Blick aus dem Fenster auf die Koppel, wo Anna gerade Cailan auf ihren schwarzen Wallach hinaufhalf. Als er schließlich auf dem Rücken des Pferdes saß, sah er aus wie ein Krieger, der sofort bereit war loszureiten. Ob er schon mal Reitstunden gehabt hatte? Er sah aus, als hätte er alles unter Kontrolle, aber das versuchte er ja in jeder Situation zu zeigen.

Ich traute mich nicht, in Frau Dr. Hendersons Augen zu schauen, während ich log, und so starrte ich weiterhin in Cailans Richtung. »Ich weiß auch nicht, was mich da geritten hat. Ich wollte mir einfach die Sterne anschauen, weil ich nicht schlafen konnte.« Von Cailans Anwesenheit erwähnte ich gar nichts, denn ich hielt es für falsch, ihn in meine Geschichte zu involvieren, obwohl er nur meinetwegen die Klinik verlassen hatte.

»Und die Sterne konntest du dir nicht von deinem Zimmerfenster aus anschauen?«, fragte meine Psychiaterin, und ihr Misstrauen schrillte in meinen Ohren wie eine Feuerwehrsirene.

Ich schüttelte den Kopf. »Das ist ein ganz anderes Gefühl, draußen zu sein und die frische Luft einzuatmen, als die Sterne von einem stickigen Fenster anzuschauen, das verriegelt ist, als wäre man ein Krimineller.« Meine Ansicht dazu war nicht gelogen, doch ich hätte mir am liebsten trotzdem die Faust ins Gesicht gehauen. Schließlich waren die Fenster nur zu unserer eigenen Sicherheit verriegelt, und das wusste ich ganz genau. Ich war hier nicht in einem Fünf-Sterne-Hotel, um mir eine schöne Zeit zu machen, sondern in einer Klinik, die mir wieder zurück ins Leben verhelfen sollte.

Als ich den Blick von Cailan löste und wieder in Frau Dr. Hendersons Gesicht sah, war ihr Blick dorthin gerichtet, wohin ich vor einer Sekunde gestarrt hatte. Dann sah sie mich nachdenklich an. »Fühlst du dich hier nicht wohl?«

Ich wusste nicht, welche Antwort sie von mir erwartete; schließlich war das für niemanden hier ein Wellnessurlaub. Wir waren hier nicht unbedingt freiwillig, sondern weil wir keine andere Hilfe mehr finden konnten, damit wir wieder glücklich sein konnten. Und trotzdem hätte ich nicht sagen wollen, dass dies hier die Hölle wäre, denn das war schon meine Schule gewesen.

»Darf ich ehrlich sein?«, stellte ich die Gegenfrage und schloss für wenige Sekunden die Augen, weil ich nicht fassen konnte, dass ich nicht einfach mit »doch« geantwortet hatte.

Aufmunternd nickte sie mir zu. »Ich bitte darum.«

Ich schaute auf den Boden und versuchte, mit den Haaren, so gut es ging, meinen Gesichtsausdruck zu verbergen, denn das, was nun folgen würde, war etwas, was ich eigentlich nie hätte mit jemandem teilen wollen. »Ich fühle mich nirgends auf dieser Welt wohl. Ich habe das Gefühl, nie irgendwohin zu gehören.« Ich hörte, wie der Kugelschreiber über den Block kratzte, und fragte mich augenblicklich, was ich wohl lesen würde, wenn ich ihr das Papier aus der Hand gerissen hätte. Die beiden Sätze, die ich gesagt hatte? Dass ich total gestört war? Warum kümmerte es mich überhaupt? Das war ihr verdammter Job! Ich war nicht die Einzige, die solche Dinge von sich gab.

»Liegt das an den Menschen?«, fragte sie schließlich sanft, doch ich hatte immer noch nicht den Mumm aufzuschauen.

Ich schüttelte den Kopf. »Es liegt an mir.« Ich passte nirgends rein mit meiner komplizierten und verdammt distanzierten Art. Menschen fühlten sich unwohl in Gegenwart anderer Leute, die sie absolut nicht einschätzen konnten. Und ich war definitiv ein Mensch, den man nicht einschätzen konnte oder den man direkt, ohne zu überlegen, als krank abstempelte.

»Du hattest mir davon erzählt, dass man dich hier verbal verletzt hat. Hast du damit noch zu kämpfen? Du weißt, dass es wichtig ist, dass du ehrlich zu mir bist, damit wir daran etwas ändern können«, sagte sie bestimmt und schrieb abermals etwas auf ihren Block.

Schnell wehrte ich ihre Worte ab. »Nein, das hat sich alles geklärt.« Nicht, dass ich mich in Cailans Nähe nicht mehr unwohl gefühlt hätte, aber ich hatte nach der Aktion gestern Nacht definitiv kein Recht dazu, ihn als Mobber zu betiteln. Ihr misstrauischer Ausdruck huschte nur für eine Sekunde über ihr Gesicht, doch er entging mir nicht. »Selbst wenn es nicht so wäre, wäre ich alt genug, um mich zu wehren.«

Sie schlug die Beine übereinander und führte den Stift abermals über das Papier. »Kam es schon öfter vor, dass du dich gegen Attacken gewehrt hast?«

»Na ja, ich war teilweise etwas zu jung, um die richtigen Worte zu finden, mit denen ich mich hätte wehren können«, erklärte ich.

Sie legte den Kopf schief und musterte mich eindringlich. »Wehren kann auch bedeuten, sich Hilfe gesucht zu haben.«

Ich lachte verbittert auf. »Es hat sich beim besten Willen niemand darum geschert, mir zu helfen, glauben Sie mir.«

»Hast du es versucht?«

»Die Leute, die mitbekommen haben, dass man mich fertiggemacht hat, haben weggeguckt. Ich habe nie die Möglichkeit darin gesehen, mir von denen Hilfe zu holen«, antwortete ich und zuckte mit den Schultern.

Wieder schrieb sie etwas auf ihren Block. »Gab es noch einen anderen Grund, weshalb du dir keine Hilfe gesucht hast?« Ich wusste genau, worauf sie hinauswollte, und sie wusste genau, dass ich wusste, was sie hören wollte.

»Ich habe mich dafür geschämt, dass man mich beleidigt und bespuckt hat. Ich habe mich dafür geschämt, dass ich allein war und mich niemand mochte. Wer würde sich nicht dafür schämen?«, fragte ich und fuhr mir durch das wellige Haar, um von meinem Unbehagen abzulenken.

Frau Dr. Henderson nickte wissend. »Glaubst du, dass du wirklich einen Grund dazu hattest, dich zu schämen?« Sie sah traurig aus, doch sie behielt die professionelle Haltung bei.

Ich seufzte. »Nein. Die Menschen, die jemanden fertigmachen, sind diejenigen, die sich schämen sollten.« Wie oft hatte ich mir diesen Satz einprägen wollen? »Und ich weiß auch, dass ich mich widersprüchlich verhalte. Das ist bei mir total oft so. Ich gebe immer jedem Ratschläge, die ich selber nicht einhalte, weil ich es nicht kann. Ich habe eine Einstellung, aber mein Kopf lässt mich trotzdem anders handeln. Ich kann trotz meiner Haltung meine widersprüchlichen, negativen Gedanken nicht abschütteln, und das macht mich nicht authentisch, und das weiß ich.« Ich redete mich um Kopf und Kragen, und kurz vergaß ich, dass Frau Dr. Henderson mit mir im Raum saß, so sehr ließ ich mich in diesem Moment gehen.

»Aber das Wissen, dass du die richtige Einstellung für dich gefunden hast und dass du noch Probleme hast, sie umzusetzen, ist doch der erste Schritt. Damit hast du mehr erreicht als viele andere, die sich von der negativen inneren Haltung leiten lassen, ohne ihre Gedanken zu hinterfragen.« Frau Dr. Henderson sah mich ermutigend an, während ein kurzes Lächeln über ihr Gesicht huschte.

Ich nickte langsam. »Es wäre einfacher, wenn es nicht Menschen gäbe, die mir immer einreden wollen, dass meine Einstellung nicht richtig wäre.« Wie oft hatten mich meine sogenannten Teilzeitfreunde ausgelacht, als ich ihnen gesagt hatte, dass die Mobber die Schwachen seien und nicht diejenigen, die sie als Opfer betitelten!

»Man kann über fast alles endlos diskutieren. Aber letztlich geht es um deine Einstellung und wie du dazu stehst. Mag ja sein, dass es viele verschiedene Ansichten gibt; die wird es zu jedem Thema dieser Welt geben, und vielleicht wirst du dir gerade deswegen auch oft widersprechen. Aber das ist menschlich.« Sie lächelte. »Das Wichtige ist, dass du dir selbst treu bleibst, und das schaffst du, indem du zu dem stehst, was du bist, selbst wenn andere eine andere Meinung zu bestimmten Themen vertreten. Es bedeutet nicht, dass deine deswegen falsch wäre. Wenn sie für dich richtig ist und du damit nicht andere wissentlich verletzt, dann kannst du deinen Frieden damit schließen.«

KAPITEL 9

Als Lucy, Melanie und ich am Abend zur Cafeteria schlenderten und Harry und Cailan an unserem Stammtisch saßen, schauten wir uns gegenseitig verwirrt in die Augen. Doch als Cailan uns entdeckte und uns energisch zu ihnen winkte, verflog mein erster Gedanke, dass das wieder Teil einer Provokation sein könne. Lucy und Melanie blickten immer wieder zu mir herüber, als würde ich ihnen eine Erklärung schulden, doch ich hatte selber keine Ahnung, warum Cailan plötzlich aufhörte, in der Öffentlichkeit meine Nähe zu meiden. Als wir uns neben sie setzten, schaute Harry bloß auf seinen Teller und verspeiste wie ein Neandertaler seinen Joghurt. Ich fragte mich, ob er auch für die ganzen Gurkenscheiben verantwortlich sein mochte, die ich hatte auffegen müssen.

»Ich hoffe, ihr habt nichts dagegen, dass wir heute mal bei euch sitzen«, sagte Cailan freundlich und schaute erst Lucy, dann Melanie und zuletzt mich an.

An mir blieb sein Blick hängen, und so nickte ich etwas verlegen. »... wenn Harry uns nach seinem Joghurt nicht gleich mit auffisst.« Dann blickte ich zu Cailans Zimmergenossen und musste fast lachen. »Gott, schmeckt er überhaupt was, oder kann die Zunge den Geschmack bei der Geschwindigkeit nicht einmal auffangen?«, fügte ich dann hinzu, um mir nicht anmerken zu lassen, dass mich Cailans Präsenz ganz und gar nicht kalt ließ. Es war eine wirklich komische Situation. Schließlich hatte ich noch vor 24 Stunden gedacht, er würde mich abgrundtief hassen; und um ehrlich zu sein, konnte ich ihn auch nicht wirklich leiden. Deshalb war es auch schwierig für mich einzuschätzen, wie ich mich ihm gegenüber verhalten sollte.

Harry schaute gespielt beleidigt auf und erwiderte mit vollem Mund: »Hey, es gibt nur einmal in der Woche Schokoladenpudding. Lass mich das gefälligst genießen!«

»Wenn du doch nur genießen würdest!«, antwortete ich lachend, und er zeigte mir mit einem Grinsen den Mittelfinger. Harry war die Art von Mensch, mit dem man sicherlich gut lachen konnte, und deshalb fühlte ich mich trotz dieser primitiven Geste ziemlich gut, wohlwissend, dass das Teil seines Humors war.

»Du müsstest mal sehen, wie er seinen Kakao am Sonntagmorgen hinunterkippt! Das ist ein Erlebnis«, kommentierte Cailan lachend und kassierte prompt von Harry einen Schlag auf die Schulter.

Mitfühlend sah ich Harry an. »Ich muss aber auch zugeben, dass man bei Schokolade kaum widerstehen kann.« Wenn ich daran zurückdachte, wie ich die Schokoladenkekse meiner Oma hinuntergeschlungen hatte, bis ich Bauchschmerzen bekommen hatte, war seine Gier nach Schokolade noch harmlos. Aber gewiss war dabei zu bedenken, dass ich damals noch ein Kind gewesen war, er hingegen weniger, wenn man mal von seinem Essverhalten absah.

»Ganz meine Rede«, gab Harry zurück und hielt mir die Hand zu einem High five hin. Lächelnd schlug ich ein und sah in demselben Moment den herzerwärmenden Blick, den mir Cailan zuwarf. Vielleicht war er ja doch nicht so ätzend, wie ich bisher gedacht hatte. Meine zwei Freundinnen und ich setzten uns zu den beiden und fingen an, uns Wasser in die Gläser zu füllen. Als ich mir eine Scheibe Brot aus dem Korb genommen hatte, schob mir Cailan die Butter herüber. Mit einem schüchternen Lächeln schüttelte ich den Kopf. »Nein, danke, ich mag keine Butter.«

Harrys Augen weiteten sich, und sein Mund stand offen. »Wie bekommst du dieses Brot ohne Butter hinunter?« Er sagte das, als hätte ich gerade einen Zaubertrick gezeigt, den nicht einmal der größte Magier bringen konnte.

Ich zuckte mit den Schultern und musste beinah über seinen schockierten Gesichtsausdruck lachen. »Keine Ahnung – mit Marmelade oder Käse?«

»Du bist komisch«, schlussfolgerte Harry schließlich und widmete sich wieder seiner Paprika, die er ähnlich wie den Joghurt zuvor hinunterschlang.

Lächelnd bestrich ich mein Brot mit Erdbeermarmelade. »Ich weiß.«

»Aber nicht lustig komisch, sondern mehr so komisch wie der Lehrer, der den Schülern erzählt, dass er letzte Nacht mit seiner Frau nackt Limbo getanzt hat«, mischte sich nun auch Cailan ein, und alle am Tisch, mich eingeschlossen, brachen in schallendes Gelächter aus.

»Sag mir nicht, dass dir das ernsthaft mal ein Lehrer erzählt hat!«, sagte ich während meines Lachanfalls und verschluckte mich dabei fast an meiner eigenen Spucke.

Cailan grinste darüber, dass er einen erfolgreichen Witz gerissen hatte. »Nein, so schlimm war mein Geschichtslehrer auch nicht. Der Rekord der Peinlichkeit liegt bei der Stunde, in der er uns erzählt hatte, dass er sich mal nur mit Unterhose bekleidet im Hausflur ausgesperrt habe. Glaub mir, die Gesichter derjenigen, die ein Kopfkino hatten, waren unbezahlbar.«

Wieder lachten wir; und als wir uns beruhigt hatten, konnte ich nicht fassen, dass mich gerade Cailan zum Lachen gebracht hatte. Ich blickte zu ihm auf, und unsere Blicke trafen sich. Ein Blick aus seinen honigbraunen Augen huschte über mein Gesicht, und ich meinerseits konnte mich an ihm nicht sattsehen. Er konnte gar nicht so übel sein. Gut, wir würden nicht anfangen, uns Freundschaftsarmbänder zu flechten, aber immerhin gifteten wir uns nicht mehr rund um die Uhr an.

Melanie stöhnte plötzlich auf, und sofort wurde unser sekundenlanger Blickkontakt unterbrochen.

»Mein Bruder ist manchmal echt nervtötend. Sogar wenn ich mehrere Kilometer von ihm entfernt bin, treibt er mich mit seinen dummen Briefen, in denen steht, dass er noch sauer auf mich ist, weil ich seine Kopfhörer mitgenommen habe, in den Wahnsinn«, sagte Melanie genervt und schleuderte den Brief, den sie heute Morgen bekommen hatte, auf den Tisch. »Wird er jemals darüber hinwegkommen?«

Ich nahm einen Schluck Wasser, um mein Grinsen über ihre Frage zu vertuschen.

Harry zog eine Augenbraue empor. »Das ist aber auch ziemlich dreist, ich wäre auch sauer.«

»Ja, stell dir mal vor, er würde jetzt Musik hören wollen, weil ihn in der Bahn ein alter Mann ansprächte, der ihm dauernd erzählen wollte, wie verkorkst die Jugend von heute wäre. Ich wäre da auch ziemlich verzweifelt«, kommentierte ich sarkastisch und hielt mir melodramatisch die Hand ans Herz. Cailan schmunzelte.

»Du kannst froh sein, einen Bruder zu haben. Einzelkind zu sein, hat nicht nur Vorteile«, sagte Lucy und ließ sich mit Melanie auf eine Diskussion ein, in der es darum ging, ob es besser sei, Einzelkind zu sein oder eben nicht. Ich lächelte über ihre Argumente und aß dabei mein Brot. Würden sie einen Wahlkampf führen, wäre das sicherlich sehr unterhaltsam.

»Hast du Geschwister, Faye?«, wollte Lucy schließlich wissen und lächelte mich an. Sofort verschluckte ich mich an meiner Paprika, die ich mir in den Mund gesteckt hatte, und hüstelte kurz vor mich hin. Das verschaffte mir kurze Zeit, um meine Gedanken im Zaum zu halten.

Ich zwang mich zu einem Lächeln. »Nein, ich bin Einzelkind.« Als die anderen ihre Diskussion weiterführten, blickte ich nach unten und merkte, wie sich meine Mundwinkel schlagartig nach unten zogen, sobald die anderen ihre Blicke abwandten. Ich hasste es, diese Antwort zu geben. Zu gerne hätte ich eine Schwester gehabt, aber manche Dinge konnte man eben nicht ändern, und das musste ich endlich einsehen. Als ich wieder aufsah, schaute ich in ein Paar honigbrauner Augen. Cailan sah mich nachdenklich an.

Das Thema Geschwister hatte mich vollkommen aus der Bahn geworfen; und ich war sicher, als Cailan und ich die Cafeteria säuberten, merkte auch er, dass mich etwas wurmte. Er sprach es zwar mit keinem Wort an, doch die besorgten Blicke, die er mir immer wieder zuwarf, sprachen Bände.

Als ich endlich in mein Zimmer kam, war der Verletzungsdrang kaum mehr auszuhalten. Immer dieses Alles-oder-nichts fühlen, das machte mich irre. Schnell wühlte ich zwischen den Socken in meinem Kleiderschrank herum, und als ich das kalte Metall zwischen den Fingern spürte, atmete ich auf. Es war, als fiele die erste Schicht der Anspannung einfach so von mir ab, nur wegen der Sicherheit, dass ich mich jederzeit bestrafen konnte. Fest drückte ich mir die Klinge an die Brust, als wäre es ein Teddybär, der dem kleinen Ich Trost spenden würde. So ähnlich war das tatsächlich für mich. Der Schmerz brachte immer einen Frieden in mir mit sich; und wenn ich das Blut sah, wusste ich, dass ich nun für die nächsten Stunden von Schuld- und Hassgefühlen befreit sein würde.

Ich kniete mich aufs Bett und setzte die Klinge an.

Als plötzlich die Tür aufging und Cailan vor mir stand, konnte ich nur hoffen, dass das einer meiner Albträume sei. Ich war so perplex und voller Schamgefühl, dass ich ihn im ersten Moment nur anstarren konnte; und auch als er mir die Klinge grob entriss, war ich nicht fähig zu reagieren. Nie zuvor hatte mich jemand dabei erwischt. Nie zuvor hatte ich mich jemandem, wenn auch ungewollt, so sehr geöffnet. Die Tatsache, dass dieser Jemand nun Cailan war, machte die Situation nur noch schlimmer.

»Ich wusste, du hast sie tatsächlich gefunden!«, sagte er schließlich wütend und hob das Metall nach oben. »Bist du übergeschnappt?« Zornig funkelte er mich an.

Ich hatte mich noch nie so entblößt gefühlt. Wut keimte in mir auf, und ich stand vom Bett auf, um mich vor ihn zu stellen. »Du bist so ein Arschloch.«

Bestürzt schaute er mir in die Augen. »Ich will dir bloß helfen.«

Wollte er das wirklich, oder ging es ihm einzig und allein darum, mich bloßzustellen? Bei ihm war ich mir beim besten Willen nicht sicher.

»Wenn du mir helfen willst, gib mir meine Klinge wieder!«, gab ich zurück und streckte die Hand aus, um ihm zu signalisieren, dass das ein Befehl war. Ich war nicht ausgebrochen und hatte mir Ärger eingehandelt, um nun zuzusehen, wie er meine Klinge einsackte. Das konnte er vergessen.

Die Wut in seinem Gesicht verflog langsam, nur eine Furche zwischen seinen Brauen blieb. »Und du meinst, das würde deine Probleme wegwischen?«

Was war das für eine Frage? Warum ließ ich mich überhaupt auf so ein Gespräch ein? Er hatte kein Recht dazu, sich aufzuführen wie mein Erziehungsberechtigter. Ich konnte entscheiden, was ich mit meinem Körper tat, ohne dafür Rechenschaft abzugeben, und schon gar nicht musste ich mich ihm gegenüber öffnen. Feindselig schaute ich ihm in die Augen, doch sein Blick blieb ruhig und ausdruckslos. Er erwartete wirklich eine verdammte Antwort.

»Ich diskutiere mit dir nicht darüber. Such dir jemand anderes, bei dem du deinen Diskussionsfetisch ausleben kannst.« Wie konnte ich auch nur eine Sekunde denken, dass dieser Kerl in Ordnung wäre? Er legte es doch immer wieder darauf an, mich zu verletzen oder auf die Palme zu bringen.

Er schmunzelte. »Mein Diskussionsfetisch?« Seine amüsante Tonlage brachte mich zum Kochen. Jetzt machte er sich auch noch über mich lustig.

Böse funkelte ich ihn an. »Verschwinde!« Es war mir in diesem Moment egal, ob er die Klinge mitnahm, ich würde auch einen anderen Weg finden, mir wehzutun. Ich wollte einfach nur, dass er ging und seine bescheuerten Bemerkungen unterließ.

»Ich lasse dich in dem Zustand nicht allein«, gab er zurück, und sein

Gesichtsausdruck ließ keinen Zweifel zu, dass er sich nicht umstimmen lassen würde.

»Ich will, dass du gehst«, sagte ich abermals mit Nachdruck und wies mit dem Zeigefinger zur Tür.

Seine Züge wurden weicher, und er trat einige Schritte auf mich zu. »Rede mit mir, sag mir, was los ist.«

Wie sollte man aus diesem Mann schlau werden? Seine Stimmungsschwankungen waren schlimmer als die eines jeden pubertierenden Mädchens. Mit gerunzelter Stirn schaute ich ihm in seine wunderschönen Augen, die nun wie flüssiges Karamell aussahen. Warum konnten sie nicht irgendeine Farbe haben, die man mit abstoßenden Dingen wie einem Popel vergleichen konnte?

»Und du meinst, das würde meine Probleme wegwischen?«, wiederholte ich seine Worte beißend sarkastisch und stemmte die Hände in die Hüften.

»Nein, aber wenn du rauslässt, was dich quält, wird es dir bestimmt besser gehen«, antwortete er mit dieser unfassbar weichen Stimme, ließ sich nicht auf meine Provokation ein und sah mich, als wäre das noch nicht genug, auch noch besorgt an.

»Nein, danke.« Meine Tonlage klang versöhnlicher als beabsichtigt, und darüber ärgerte ich mich fast mehr als über die Tatsache, dass er mich in dieser intimen Situation erwischt hatte.

»Was kann so schlimm daran sein, mit mir zu reden, dass du lieber zur Klinge greifst?« Seine Stimme war kaum mehr als ein Flüstern, und zu allem Überfluss legte er sanft seine Hand auf meinen Arm.

Überrumpelt von dem Gefühl, das mir seine warme Berührung verursachte, entzog ich mich ihm sofort wieder und ging einige Schritte auf Abstand. »Ganz einfach: Meiner Klinge muss ich nicht vertrauen, die stellt keine scheiß Fragen.« Das hatte hoffentlich gesessen.

»Ah, ein Vertrauensproblem also. Da muss dich ja jemand ganz schön verletzt haben.« Er verschränkte die Arme nun vor der Brust und zog die Augenbrauen empor. Nach meiner Zurückweisung war er wieder der alte arrogante Typ, wie er im Buche stand, aber das war mir egal. Er sollte sich einfach aus meinen Angelegenheiten raushalten, egal, ob er nun gute oder schlechte Absichten mir gegenüber hatte. Er ging mir einfach nur extrem auf die Nerven.

»Glaub nicht, dass du dich als Psychologe aufspielen kannst!«, gab ich zurück und verschränkte demonstrativ ebenso die Arme. Er sollte nicht denken, dass er der Einzige auf diesem Planeten war, der gemein sein konnte.

»..., sagte Hobbypsychologin Nummer eins«, konterte er und funkelte mich herausfordernd an.

Spätestens jetzt hätte ich ihn schon mit einem Tritt in seinen Allerwertesten aus dem Zimmer katapultieren sollen. Was glaubte er eigentlich, wer er war? So, wie er sich aufspielte, Gott persönlich. Der Kerl brachte mich noch um den Verstand.

»Geh einfach!«, sagte ich nun lauter und hoffte inständig, dass er nun endlich mein Zimmer verlassen würde. Ich wollte einfach nur noch meine Ruhe haben, ich wollte mein Gesicht ins Kissen drücken und heulen – vor Wut, vor Trauer, vor Verzweiflung. Und er hatte definitiv nicht das Recht, mich so zu sehen.

»Es tut mir leid, ich möchte mich nicht mit dir streiten«, sagte er dann versöhnlich und fuhr sich mit einer Hand durchs Haar. Dann wurde sein Blick wieder besorgter, seine Stimme sanft. »Tut mir leid, ich muss dich das fragen. Hast du vor, dich umzubringen?«

Jegliche Emotionen, die ich zuvor verspürt hatte, verließen mein Gesicht, bis ich ihn nur noch wortlos anstarrte. Er tat so, als wäre diese Frage das Normalste auf der Welt, und sah mich gleichzeitig so intensiv an, als würde er überlegen, ob er mich in Handschellen halten sollte, um mich vor mich selbst zu schützen.

Ich konnte dieselbe Besorgnis in seinen Augen sehen wie die, die meine Mutter immer ausstrahlte, wenn ich aus meinem Zimmer kam, nachdem ich mich dort stundenlang eingesperrt hatte.

Ich seufzte. »Nein, das würde ich niemals tun. Ich weiß, was ich hinterlassen würde, würde ich für immer gehen.«

»Was bringt dir dann das Ritzen?« Er schien wirklich ahnungslos zu sein. Zugegeben, es war nicht das erste Mal, dass man mir mit Unverständnis gegenübertrat, doch seine Reaktion zwang mich innerlich in die Knie. Wenn man hier so angesehen wurde, obwohl alle hier psychisch krank waren, fühlte man sich noch schlimmer als unter Menschen, die nie so gefühlt hatten wie ich und mich deswegen verurteilten.

»Ich schneide mich, DAMIT ich mich nicht umbringe. Ich bestrafe mich damit, okay? Danach habe ich ein Stück weit meinen Frieden gefunden.« Warum erzählte ich ihm das alles? Warum war es mir so wichtig, dass er begriff? Er hatte doch absolut keine Ahnung.

»Und das findest du richtig? Das magst du?«, fragte er bestürzt und schaute mich fassungslos an.

»Nur weil man von etwas abhängig ist, bedeutet das nicht, dass man denkt, das wäre richtig so«, erwiderte ich und sah ihm dabei fest in die Augen. »Ich bin anders, ich weiß. Niemand verlangt von dir, dass du hier bist.«

»Wenn du so anders bist, Faye, warum verstehe ich dich dann?«, fragte Cailan mich dann und kam einen Schritt näher. »Aber das bedeutet nicht, dass ich deine Ansichten gut finden muss.«

Ich hatte keine Lust mehr, mit ihm zu diskutieren, denn genau so, wie Frau Dr. Henderson heute Morgen sagte, hatte jeder seine eigene Meinung, die niemand ihm streitig machen konnte. Also schüttelte ich bloß den Kopf und streckte ihm die Hand entgegen. »Ich würde dich jetzt bitten, mir meine Klinge wiederzugeben.«

Er schmunzelte verbittert und ließ sie in seine Hosentasche sinken. »Ich wüsste nicht, dass das dein Eigentum wäre.«

»Und ich wüsste nicht, dass es deins wäre. Ich habe sie gefunden, also gehört sie nun offiziell mir«, gab ich zurück und streckte die Hand noch weiter aus. Wenn er mir die Klinge nicht wiedergeben sollte, wären meine gesamte Flucht und Suche danach sowie die damit verbundene Strafe umsonst gewesen und somit auch seine eigene. Warum konnte er nicht einfach nachgeben und mich meine eigenen Entscheidungen treffen lassen?

Sein Grinsen wurde breiter. »Darüber lässt sich streiten.«

So langsam verlor ich die Geduld. Dann sollte er die Diskussion doch gewinnen und die Klinge mitnehmen. Es würde zwar nicht leicht werden, aber ich würde einen Weg finden, mich selber zu bestrafen, auch wenn das hieß, dass ich mein gesamtes Holzbett auseinandernehmen musste, um einen spitzen Holzsplitter in den Händen halten zu können. »Na dann fein, behalt sie. Du glaubst doch nicht, dass mich das davon abhalten wird, mich zu verletzen.«

Augenblicklich verschwand sein Grinsen, und seine Augen begannen vor Wut zu funkeln.

»Du willst gar nichts ändern! Warum bist du hier, wenn du dich weiterhin ritzt?« Seine Frustration überschattet beinah den Zorn in seiner

Stimme, und prompt steckte er mich damit an. Wie konnte er es wagen, so über mich zu urteilen, obwohl er überhaupt keine Ahnung von mir und meinem Leben hatte? Von wegen er verstand mich, einen Scheiß tat er.

Wütend starrte ich ihn an. »Ich bin wegen meiner Mutter hier! Ich wollte ihr einfach nur den Gefallen tun, mich mal los zu sein. Ich will, dass sie für einen Moment mal aufhören kann, sich Sorgen um ihr Kind zu machen.« Entsetzt über meine eigenen Worte schlug ich mir die Hand vor den Mund und sah ihn mit großen Augen an. Nie zuvor hatte ich mich so von meiner Wut leiten lassen, dass ich mich derart geöffnet hatte. Warum, zum Teufel, hatte ich das gerade ausgesprochen?

Seine Miene veränderte sich zum gefühlt tausendsten Mal in dieser Konversation, und plötzlich fand ich mich in seinen Armen wieder. Seine Wärme, die mich sofort vollkommen umgab, tröstete mich, und so legte ich meine Arme um seine Hüfte und gab mich für den Moment dem beruhigenden Gefühl hin. Ich bat meine Vernunft still, mich diesen kleinen Augenblick genießen zu lassen, bevor es wieder auf mich einrauschen würde wie eine Welle. Doch mein Verstand kehrte anscheinend so schnell nicht zurück, denn ich stand auch noch nach wenigen Minuten in seiner Umarmung und sog seinen wunderbaren Duft ein. Er hatte eine beruhigende und gleichzeitig betäubende Wirkung auf mich; und obwohl ich mir dessen bewusst war, dass das nicht gesund für mich war, ließ ich es geschehen und kostete jede Sekunde aus. Verdammt noch mal, ich mochte diesen Typen doch noch nicht mal, und trotzdem musste ich mir die Frage stellen: Wann hatte ich mich das letzte Mal so umarmen lassen? Mit dreizehn vielleicht. Warum ich es gerade bei Cailan zuließ, blieb mir ein Rätsel, aber in diesem Moment war mir die Antwort darauf egal. Ich wollte einfach nur gehalten werden.

Als er sich von mir löste, hätte ich am liebsten wie ein kleines Kind geschmollt, doch ich riss mich zusammen und versuchte, eine ausdruckslose Miene zu machen, als er mir ins Gesicht schaute.

»Komm, lass uns reden«, flüsterte er, nahm wie selbstverständlich meine Hand und setzte sich mit mir im Schneidersitz aufs Bett. Ich hatte keine Ahnung, warum ich mich von ihm mitziehen ließ und warum ich nicht protestierte, sondern im Begriff war, zu kapitulieren und mich ihm ein Stück weit zu öffnen, aber ich tat es; und in diesem Moment fühlte es sich erschreckend richtig an. Eigentlich hätte ich ein Schleudertrauma von den vielen Stimmungsschwankungen haben müssen, die wir die letzten Minuten erlebt hatten. Und genau damit begründete ich auch meine völlig undurchdachte Reaktion auf seine Umarmung, die ich doch eigentlich gar nicht von ihm gewollt hatte, weil er ein verdammter Trottel war.

Nur einen Atemzug lang war es still, dann durchbrach seine Stimme das Schweigen. »Denkst du manchmal über den Tod nach?«, fragte er mich mit sanfter Stimme und steckte mir wie beiläufig eine Haarsträhne hinter mein Ohr. Diese kurze Berührung verursachte mir eine Gänsehaut, und ich spürte, wie sich das Blut in den Wangen sammelte. Warum reagierte ich so kindisch auf ihn? Ich hoffte inständig, dass er das nicht bemerkte.

»Manchmal frage ich mich, ob es wehtun wird und ob das in dem Moment überhaupt von Belang ist«, sprach ich die Worte aus, die mir seit Tagen den Schlaf raubten, traute mich jedoch nicht, ihm dabei in die Augen zu schauen. Zu sehr ängstigte mich der Gedanke, er könnte mich verurteilend mit einem Spott in den Augen, den ich niemals aus meinen Erinnerungen fischen könnte, ansehen. Ich hatte keine Ahnung, warum ich ihm das anvertraute: um ihm keinen Korb zu geben, weil er doch gerade so lieb zu mir war, oder vielleicht doch, weil ich glaubte, ich könne ihm wenigstens ein kleines bisschen vertrauen?

»Daran darfst du überhaupt nicht denken. Du bist noch viel zu jung, um dir darüber Gedanken machen zu müssen.«

Als ich seine weiche Stimme diese Worte aussprechen hörte, schaute ich ihn ungläubig an. »Wer bist du, und was hast du mit Cailan aka Baron Eiskalt gemacht?«

Kurz lachte er leise auf, doch es war kein herzhaftes Lachen. Es klang beinah traurig und verzweifelt. »Ich kann manchmal ein ziemlicher Arsch sein, das stimmt wohl.«

Als ich seine zerknirschte Miene sah, bekam ich fast ein schlechtes Gewissen, dass ich ihn beleidigt hatte, und seufzte. »Ich glaube, ich nehme es dir gar nicht übel. Das ist mir wohl auch so oder so gar nicht mehr gestattet, nachdem du mich vor Schmierig und Schmieriger gerettet hast.« Es schüttelte mich, wenn ich an die beiden betrunkenen Kerle dachte, vor denen mich Cailan beschützt hatte. Ich wollte mir nicht ausmalen was passiert wäre, hätte er nicht eingegriffen.

Kurz verfinsterte sich sein Blick, und auch Cailan zuckte kurz zusammen. »Die beiden hätten mehr als bloße Drohungen und eine Faust von mir verdient gehabt.«

Ich konnte die Augen nicht von ihm abwenden; zu sehr faszinierte mich seine Reaktion. Eine Freundin von Gewalt war ich wirklich nie gewesen, und sie zu verherrlichen, wäre bloße Dummheit gewesen, aber in diesem Moment war ich der kleine klischeehafte Teenager, der das Gefühl liebte, beschützt zu werden.

»Auch die werden irgendwann ihre gerechte Strafe für ihr Handeln bekommen. Das Leben schlägt immer zurück«, sagte ich schließlich schulterzuckend.

Er legte den Kopf schief. »Und was hast du so Schlimmes getan, dass du hier sein musst? Das Leben muss es ja nicht gerade gut mit dir meinen.«

Ich zuckte nur mit den Schultern. Weil ich ein schwacher Mensch war? Weil ich meine Mutter unglücklich machte? Weil ich schlecht war und es verdient hatte, dass es mir nicht gut ging? »Und du?«

»Das versuche ich noch herauszufinden«, antwortete er grinsend und lehnte sich an die Wand an.

Ich starrte auf seine Hand, die durch seine dunklen Haare strich, und fragte mich augenblicklich, welche Menschen ihn so sehr verletzt haben konnten, dass er an sich zweifelte. Er sah aus wie ein typischer Frauenheld, der von jedem in der Schule geliebt wurde. Bis auf seine pampige und provokante Art fiel mir nichts auf, was ihn hätte unbeliebt machen können. Aber vielleicht war ja auch Mobbing nicht der Grund für seinen Aufenthalt hier, sondern ein Todesfall in der Familie oder eine andere posttraumatische Erfahrung.

»Wieso bist du in dieses Loch gefallen? Was war der Auslöser?«, fragte ich vorsichtig, als ich aufgab, mich meinen Spekulationen hinzugeben, und als er mich ansah, ergänzte ich schnell: »Falls du es mir erzählen magst. Wenn nicht, bin ich dir natürlich auch nicht böse.« Er sollte nicht den Eindruck haben, dass ich glaubte, es wäre mein Recht, das zu erfahren, und er hätte dementsprechend die Pflicht, alles auszuplaudern, was ihn quälte.

Kurz lächelte er über meinen hastigen zweiten Satz, dann lehnte er den Kopf an die kahle, weiße Wand und schloss seufzend die Augen. »Mein Vater ist ein durchgeknallter Alkoholiker, der Klassiker also. Er hat meine Mutter und mich immer geschlagen, bis er in den Knast wanderte, weil er unsere Nachbarin vergewaltigt hatte. Er müsste mittlerweile wieder auf freiem Fuß sein, aber gehört haben wir von ihm seither nichts mehr.«

Er ratterte die Worte so schnell herunter, als wären sie auswendig gelernt. Ich glaubte, er würde dadurch weniger Anteilnahme verspüren, wenn er die Dinge so erzählte, wie ein Nachrichtensprecher es tun würde. Vielleicht war er tatsächlich um einiges verletzlicher, als ich je vermutet hätte, bloß ging er damit anders um. Seine Geschichte war schrecklich traurig, und am liebsten hätte ich ihn umarmt und ihm seine Sorgen genommen, doch ich wusste am besten, dass eine Umarmung und Sätze wie »Das tut mir leid« oder »Das wird wieder« absolut nichts brachten, im Gegenteil. Ähnlich wie bei der Frage »Was ist los?« von jemanden, der sah, dass du kurz vorm Weinen warst, würden diese Worte auch nichts als Tränen verursachen. Also tat ich das Einzige, von dem ich hoffte, er würde ein Stück Schmerz ablegen können, indem er sich verstanden fühlte: Ich versuchte, mich in die Situation einzufühlen.

»Vielleicht hat er eingesehen, dass er sich falsch verhalten hat, und hat jetzt euch gegenüber ein wahnsinniges schlechtes Gewissen«, mutmaßte ich. »Deshalb bleibt er auf Abstand.« Zumindest würde ich mich in Grund und Boden schämen, hätte ich das einer Frau und meiner Familie angetan. Ich würde mich nie wieder bei ihnen blicken lassen, so felsenfest würde ich glauben, sie würden ohne mich weitaus glücklicher sein.

Er zuckte mit den Schultern. »Er ist mir egal.«

Dass er ihm egal war, bezweifelte ich gar nicht, aber dass es ihm nicht egal war, war ihm ins Gesicht geschrieben. Würde es einem egal sein, würde man nicht so einen gewaltigen Hass verspüren. Doch ich kommentierte seinen Satz nicht. Zu genau wusste ich, dass das bloß seine Schutzmauer war, die er aufgebaut hatte, um seine Trauer darüber zu verdrängen.

»Und deine Mutter? Wie geht's ihr damit, dass er jetzt fort ist?«, fragte ich vorsichtig und sah, wie seine Augenbrauen kurz zusammenzuckten. Über sein Gesicht huschte eine Emotion, doch sie war so schnell wieder verflogen, dass ich sie nicht einordnen konnte.

»Sie hat momentan andere Probleme. Sie hat Krebs.«

Wieder sagte er es so beiläufig, als würde ihn all das nicht berühren, doch auch hier verrieten ihn seine Augen. Sie waren glasig, und ich hätte schwören können, dass ich sah, wie er seine Zähne zusammenbiss. Ich konnte nur erahnen, wie schwer es sein musste, in dem Wissen leben zu müssen, dass seine geliebte Mutter eine schwere Krankheit in sich trug.

Ich beschloss, ihn nicht weiterzuquälen, und blieb schweigend neben ihm sitzen. Viel zu sehr hatte ich Angst, ich könnte ihn zum Weinen bringen. Nach wenigen Minuten schloss er abermals kurz die Augen, atmete tief durch und blickte mich dann wieder sanft an.

»Was hat dich so traurig gemacht, dass du hierherkommen musstest?«

Panik durchflutete mich bei dieser Frage, auch wenn ich ihm dieselbe zuvor wie selbstverständlich gestellt hatte. Eigentlich hätte ich ahnen sollen, dass er mich auch nach meinen Gründen fragen würde, doch darüber hatte ich nicht nachgedacht, als ich ihm die Frage gestellt hatte. Niemals konnte ich ihm das alles erzählen. Niemals konnte ich das *irgendjemandem* erzählen.

»Darüber möchte ich nicht reden.«

»Das ist aber unfair, ich habe mich dir schließlich auch offenbart.« Er lächelte und schmollte anschließend gespielt, doch in seiner Stimme schwang wahre Enttäuschung mit.

»Damit habe ich aber keinen Vertrag unterzeichnet, dass ich dasselbe tun müsste«, konterte ich und streckte ihm die Zunge heraus, um die Situation aufzulockern.

Kurz lachte er auf, dann stand er vom Bett auf. »Ich behalte deine Klinge. Wenn du das Bedürfnis hast, dir wehzutun, dann komm zu mir und rede mit mir. Nichts darf so wichtig sein, dass du dich dafür verletzt.« Er sah mich mit seinen honigbraunen Augen an, als bräuchte er ein Versprechen, dass ich mir nichts antat.

Ich seufzte ergeben und nickte einmal kurz zur Bestätigung, obwohl ich bereits wusste, dass ich mit ihm niemals über das reden konnte, was mich wirklich bewegte. Ich hatte mich ihm zwar heute Abend mehr geöffnet als irgendeinem anderen Mitpatienten hier, aber das hieß nicht, dass ich von nun an ein offenes Buch sein würde.

Er schenkte mir ein schiefes Lächeln, strich mir abermals eine Strähne hinter mein Ohr, und als er aus der Tür ging, flüsterte er noch: »Träum süß, Faye.«

Als ich die Haut berührte, die er zuvor gestreift hatte, bekam ich eine Gänsehaut; und das Einzige, was ich in diesem Augenblick dachte, war: *Ich muss mich von ihm fernhalten.*

KAPITEL 10

Als ich am nächsten Tag mit Melanie und Lucy in den Gruppenraum kam, lächelte mir Cailan von seinem Platz aus zu und klopfte auffordernd auf den Stuhl neben sich. Dachte er jetzt, nur wegen unseres Gesprächs gestern wären wir Freunde? Ich konnte ihn in den ersten Sekunden bloß stirnrunzelnd anstarren. In den Augenwinkeln sah ich, wie mich meine beiden Freundinnen verwirrt musterten. Mit einem schmalen Lächeln begegnete ich ihren Blicken und setzte mich unsicher neben Cailan. Zu meiner Verwunderung schaute er mich danach nicht mehr an und sprach auch kein einziges Wort mehr mit mir. Einzig und allein sein angenehmer Geruch machte mir seine Präsenz bewusst. Wie konnte man aus diesem Mann schlau werden? Dazu bräuchte man wohl eine ganze Armee an Wissenschaftlern. Warum wollte er neben mir sitzen, wenn er mich doch ohnehin ignorierte? Ich betete zu Gott darum, mir eine leuchtende Glühbirne vom Himmel zu senden, damit ich Cailan verstehen könnte.

Als Frau Graves in den Raum trat, war ich beinah erleichtert, denn das stille Herumsitzen und der Gedanke daran, dass jeder meinen Atem hören könnte, machte mich kirre – als wäre Atmen etwas Verwerfliches. Vielleicht brauchte man auch für mich eine Armee an Wissenschaftlern, um mich zu verstehen. Ich machte mir über Dinge Gedanken, die niemanden interessierten außer mir. Als würde mich jemand schief angucken und denken: »oh mein Gott, die atmet. Wie kann sie nur?«.

Frau Graves schien wie immer überhaupt keine Lust auf dieses Gruppengespräch zu haben, denn sie seufzte beinah bei jedem Schritt. Sie war das perfekte Beispiel dafür, dass man sich gut überlegen sollte, welchen Job man ausführen wollte. Und gerade im Umgang mit seelisch belasteten Menschen sollte man sich sicher sein, dass es einem auch wirklich Freude bereitete. Sie übermittelte uns das Gefühl, wir wären lästige kleine Parasiten, die man unmöglich loswerden konnte. Wie war sie bloß auf diese Berufswahl gekommen? Hatte sie die Ausbildung im Lotto gewonnen?

»Wir machen heute eine offene Runde«, verkündete sie, als sie sich – wieder seufzend – auf ihren Stuhl niederließ. »Das Thema ist Glück. Ihr erzählt bitte einzeln der Reihe nach, was für euch Glück bedeutet.«

Ihre Stimme klang wie ein langes, gedehntes Seufzen, und fast musste ich darüber lachen.

»Melanie, fängst du bitte an? Und dann geht es reihum«, sagte Frau Graves und schlug ihr Bein über das andere. Ihre feine Strumpfhose hatte eine lange Laufmasche an der Innenseite ihrer Wade, die nun sichtbar wurde, und ich fragte mich, ob ihr bewusst war, dass sie bei jedem Wippen noch größer wurde.

»Glück ist, wenn man sein Ziel erreicht hat«, sagte Melanie wie aus der Pistole geschossen.

Ich sah sie an und versuchte mir vorzustellen, was wohl ihr Ziel sein mochte. Hier herauszukommen? Glücklich zu sein? Sie schien eine tapfere und selbstbewusste junge Frau zu sein, sodass ich mir sicher war, dass sie diese Ziele erreichen würde.

Dann war Lucy dran, und auch sie hatte die Antwort darauf sofort parat: »Glück ist, wenn man rundum zufrieden mit seinem Leben ist.«

Was Leute wohl darauf antworten würden, die ihr glückliches Leben gar nicht mehr wirklich schätzten, weil sie nie in Verzweiflung leben mussten? Würden sie sagen, dass Geld für sie Glück bedeutete? Wenn man etwas hatte und sich nicht mehr danach sehnen würde, was würde man dann noch als Glück bezeichnen? Ich für mein Teil würde Zufriedenheit niemals als selbstverständlich ansehen, weil ich wusste, wie schlimm es war, wenn man unzufrieden mit sich und seinem gesamten Leben war.

Als Cailan an der Reihe war, war ich kurz vorm Verzweifeln, weil ich keinen Schimmer hatte, was ich antworten sollte. Ich verband mit Glück immer das pure Gefühl von Freiheit und Vollkommenheit, aber würde ich das sagen, würden mich wohl alle bloß schräg anschauen. Gleichzeitig wollte ich auch nicht lügen. Alle waren hier ehrlich und trauten sich, ihre Gedanken zu äußern, da war es nur fair, das Gleiche zu tun, auch wenn sie nicht verstanden, wie für mich eine Farbe oder ein Geruch Glück symbolisieren konnten. Gut, das musste ich ja jetzt auch nicht unbedingt jedem unter die Nase reiben.

»Glück ist, wenn ich in Chemie mal eine 4 statt einer 5 schreibe«, sagte Cailan und riss mich damit aus meiner kleinen Panik.

Die anderen kicherten – außer mir, denn ich war mir seit dem letzten Abend sicher, dass er mit dieser Art nur seine wahren Gefühle und Ängste zu überspielen versuchte, um nichts Verletzliches über sich preiszugeben. Ich hatte ihn von Anfang an falsch eingeschätzt, dessen war ich mir nun ganz sicher.

»Sehr interessanter Beitrag, Cailan, wie nicht anders zu erwarten«, kommentierte Frau Graves gelangweilt und schaute mich dann auffordernd an.

Ich räusperte mich und fing an, meine Hände zu kneten, als ich die Blicke der anderen auf meinem Gesicht spürte. »Für mich bedeutet Glück, den Frieden mit sich selber zu finden und gleichzeitig gebraucht und geliebt zu werden.« Ich wusste nicht, aus welchem Teil meines Gehirns ich diese Worte gerade gezaubert hatte und wie in alles in der Welt ich es geschafft hatte, mal nicht vor mehreren Menschen zu stottern oder einen vollkommen unlogischen Satz rauszuhauen. Mein Vater hatte mal gesagt, dass Freude ein Privileg sei, das nicht jeder auf dieser Welt verspüren könne, aber er irrte sich. Er musste sich irren. Es war kein Privileg, sondern unser Recht. Wir hatten ein Recht darauf, glücklich zu sein, wir mussten nur dafür kämpfen.

Als ich aus den Augenwinkeln sah, wie mich Cailan musterte, bemerkte ich, dass nicht nur ich erstaunt über meine Worte war. Eigentlich hasste ich es auszusprechen, dass es mir wichtig war, geliebt zu werden. Denn ich schämte mich dafür, dass ich zu kompliziert und schwierig war, als dass man mich lieben könnte, aber das bedeutete nicht, dass ich mich nicht danach gesehnt hätte. Und genau weil diese Sehnsucht existierte, betitelte ich es als mein persönliches Glück, wenn Liebe ein Teil meines Lebens wäre.

Nachdem das Gruppentreffen beendet war und Frau Graves noch einmal seufzend gesagt hatte, dass wir uns Gedanken über unsere Vorstellung von Glück machen und diese auf unser Leben projizieren sollten, ging ich zusammen mit Melanie zur Kreativtherapie, zumindest nannte ich diesen Teil meines Aufenthalts so. Ich hatte noch immer keine Ahnung, wie meine Therapeutin hieß, und sie wiederholte ihren Namen auch nicht noch einmal. Deshalb fragte ich sie nur etwas, wenn sie in meiner Nähe stand und ich sie nicht herbeirufen musste. Diesmal sollten wir einen Traumfänger herstellen, was mir nur wenige Probleme bereitete, da wir diesmal nicht nähen mussten. Wenn ich eines nicht konnte, dann nämlich das. Melanie saß neben mir und schaute immer wieder verstohlen zu mir herüber während sie die Wolle auf den Metallkranz wickelte. Meine Therapeutin, deren Name wohl für immer in meinem

Gedächtnis verschollen blieb, legte Wert darauf, dass wir in ihrer Stunde keinen Mucks von uns gaben, es sei denn, wir hatten Fragen. Sie wollte, dass wir uns auf unsere Arbeit konzentrierten und unsere innere Ruhe fanden. An diesem Tag hatte ich kein Problem damit, denn ich wusste, dass Melanie und Lucy verwundert waren, dass Cailan und ich uns plötzlich ziemlich gut verstanden. Nur leider kannte ich die Erklärung dieses Phänomens auch nicht so wirklich.

Nach dem Abendessen erledigten Cailan und ich in der Cafeteria unsere Aufgaben, und hin und wieder erwischte ich mich dabei, wie ich ihn beobachtete. Ich ermahnte mich selber, mich zusammenzureißen, doch immer wieder, wenn der Drang zu groß wurde, ihn anzusehen, erinnerte ich mich daran, dass es doch überhaupt nicht schlimm war, ihn anzugucken. Er war wirklich ein sehr schöner Mensch auf eine besondere Art und Weise. Auch wenn seine Lippen dem Idealbild der Gesellschaft nach zu schmal, seine Wimpern zu kurz und seine Ohren ein Stückchen zu groß wären, so war er unter meiner Vorstellung von Schönheit absolut perfekt – natürlich nur äußerlich gesehen. Er war ein Idiot, und das würde er auch nicht wettmachen können, wenn er einmal in der Woche eine nette Phase hatte.

»Warum lebt man weiter, wenn es so viele schlechte Tage gibt? Aus Hoffnung, es könnten wieder mehr schöne folgen?«, fragte Cailan plötzlich, ohne dabei vom Boden aufzusehen, den er gerade fegte.

Ich zuckte zusammen, starrte direkt wieder auf den Tisch, den ich gerade wischte, und fühlte mich ertappt. Wenn er jetzt aufschaute und mein rot angelaufenes Gesicht sah, würde er mich in die Schublade mit der Aufschrift »komisch« hineinschleudern, wobei er das ja bereits getan hatte, wenn sein Kommentar gestern beim Abendessen nicht nur Spaß gewesen sein sollte. Darüber machte ich mir im Übrigen noch immer meine Gedanken. Was hatte ich großartig in seiner Gegenwart getan, um diese Eigenschaft zugeschrieben zu bekommen?

Ich räusperte mich und versuchte, mich auf die Frage zu konzentrieren. »Nicht jeder Tag ist besonders schön, aber ich glaube, man muss für die Menschen, die dich lieben, versuchen, das Beste daraus zu machen.« So wie ich für meine Mutter.

»Nicht jeder ist ehrlich zu dir, aber man sollte das deswegen nicht auf jeden Menschen dieser Erde projizieren«, erwiderte er schmunzelnd.

Spielte er gerade darauf an, dass ich aufhören sollte, ihm zu misstrauen, nur weil die Menschen meiner Vergangenheit mein Vertrauen missbraucht hatten? Was wusste er schon darüber! Stirnrunzelnd schaute ich auf und begegnete seinem Blick. »Was hat das eine mit dem anderen zu tun?«

Er zuckte nur mit den Schultern und holte das Kehrblech, um die Essensreste, die unsere Gorillamitpatienten auf die Erde katapultiert hatten, aufzukehren. Darauf würde ich wohl keine Antwort bekommen. Seine Themenwechsel waren mindestens so verwirrend wie seine Stimmungsschwankungen.

»Du bist merkwürdig«, murmelte ich mit einem Grinsen. Offenbar hatte er es gehört, denn als er an mir vorbeiging, um das Kehrblech zurück in den Abstellraum zu bringen, zwickte er mich kurz neckend in die Seite. Gespielt empört schnaufte ich und warf mit dem nassen Lappen nach ihm. Nie hätte ich mit meinem Talent, jeden Ball drei Meter am Ziel vorbeizuwerfen, geglaubt, dass ich ihn direkt am Kopf träfe. Ich schlug mir lachend die Hände vor den Mund, als er sich schockiert mit dem Lappen auf dem Kopf zu mir umdrehte und Wasser an seiner Wange entlangtropfte. Mit zusammengekniffenen Augen und gespielt wütender Miene nahm er den Lappen in die Hand und kam auf mich zu. Kurz vor mir blieb er stehen.

»Wenn du dich entschuldigst, bekommst du den schmutzigen Lappen nicht ins Gesicht gedrückt.« Ich konnte mir sehr gut bei ihm vorstellen, dass dies keine leere Drohung war.

Ich erhob beide Hände. »Entschuldige, entschuldige«, lachte ich. »Ich hätte nie gedacht, dass ich treffe. Aber wenn man so einen Dickkopf wie du hat, muss man wohl damit rechnen, dass man den nicht verfehlen kann.«

Ohne Vorwarnung drückte er mir kurz den nassen Lappen ins Gesicht, der fürchterlich nach Essen stank. Als er von mir abließ, schaute ich angeekelt aus der Wäsche. Prompt fing Cailan an zu lachen und schmiss den Lappen zurück in den Eimer. Angewidert wischte ich mir mit dem Ärmel meines Pullovers über das Gesicht und schwor mir im selben Moment, Rache an ihm zu nehmen.

»Dickkopf also. Du musst bei deiner Größe auch ein wahnsinnig kleines Gehirn besitzen, sonst wären die Proportionen ja vollkommen falsch«, sagte er als er sich von seinem Lachanfall erholt hatte.

»Dass du glaubst, dass die Körpergröße etwas mit der Größe des Hirns zu tun hat, sagt nur etwas über die Funktion deines Hirns aus«, konterte ich und streckte ihm spielerisch die Zunge raus.

»Ich bin eben nicht so schlagfertig wie du. Da muss ich mir irgendeinen Schwachsinn ausdenken, um irgendeinen Spruch raushauen zu können«, verteidigte er sich.

Sein schmollender Gesichtsausdruck ließ mich meine Zunge wieder einfahren. Ich lachte und wischte den Tisch mit einem Handtuch trocken. »Ich bin vielleicht relativ klein – wobei ich 1,67 m gar nicht mehr als klein definieren würde, du bist einfach nur groß –, aber glaub mir, nachts habe ich das komplette Universum voll mit Gedanken und Fragen im Kopf. Und dann um drei Uhr nachts, ist mein Hirn schon bei Fragen wie ›Wenn ich meine Haare abrasiere, würde ich dann aussehen wie ein Nacktmull?‹ angelangt.«

Er lachte laut auf. »Als die Chemo von meiner Mutter begann, hat sie gesagt, sie sähe aus wie das männliche Geschlechtsteil.«

Sofort verstummte mein Lachen, und ich hielt wie versteinert in meiner Bewegung inne. »Tut mir leid, ich bin echt taktlos.«

»Hör auf, dich zu entschuldigen. Ich nehme dir so etwas nicht übel«, entgegnete er und schaute mir ernst in die Augen.

Warum konnte ich nicht ein einziges Mal nachdenken, bevor ich etwas sagte? Ich war einfach nur dumm, dumm und nochmals dumm.

»Ich wollte aber keinen Witz auf anderer Leute Kosten machen«, beteuerte ich.

Er verdrehte die Augen. »Hast du nicht. Ich weiß doch, dass du dich damit nicht über meine Mutter oder andere Menschen lustig machen wolltest.«

Ich schüttelte den Kopf und biss mir auf die Unterlippe. »Ich hätte trotzdem mehr darüber nachdenken sollen.«

»Dir bereitet es Freude, dich schlecht zu machen oder?«, mutmaßte er und sah mich stirnrunzelnd an. Die Freude, die noch vor ein paar Sekunden sein Gesicht erhellt hatte, war endgültig verflogen.

»Nein, nur wenn man allein ist, realisiert man eine Menge Dinge, die an einem falsch sind. Mit dem Spruch habe ich die Liste definitiv erweitert«, antwortete ich und hasste mich instinktiv für meine Worte, weil ich genau wusste, was er davon hielt.

»Du hast nur viel zu viel Zeit, dir so was einzureden, mehr nicht«, erwiderte er und klang beinah wütend.

Überrascht von seiner Stimmung schaute ich von meinem Handtuch auf, doch da machte er schon kehrt. Ohne ein weiteres Wort verließ er die Cafeteria und ließ mich allein zurück.

KAPITEL 11

Am nächsten Morgen hatte ich schon relativ früh einen Termin bei Frau Dr. Henderson. So langsam freute ich mich sogar darauf, ihr Gesicht zu sehen, weil sie so authentisch wirkte. Gut, zugegeben: Frau Graves war auch kongruent, wenn nicht gerade meine Mutter dabei war, doch ihre weniger empathische Art brachte mich jetzt nicht wirklich dazu, mit ihr zu sympathisieren. Dazu kam noch, dass ich felsenfest glaubte, dass das auf Gegenseitigkeit beruhte. Bei Frau Dr. Henderson war das anders. Man merkte, dass sie diesen Berufsweg bewusst und mit voller Überzeugung ausgewählt hatte. Sie zappelte nicht wie Frau Graves ungeduldig auf dem Stuhl herum, wenn eine Person erzählte. Sie ließ auch den Finger von dem Druckknopf des Kugelschreibers, wenn ich sprach, anders als die unzähligen Lehrer in meiner Schule. Wenn sie mich ansah, sah sie mich wirklich an und nicht durch mich hindurch und schenkte mir damit das Gefühl, dass meine Worte relevant waren. Es fühlte sich nicht an, als würde ich mit einer geschulten Frau reden, die mich genau analysierte. Beinah war es so, als würde ich mit einer vertrauten Person sprechen, die ich schon lange kannte. Es war mir fast unheimlich, als ich darüber nachdachte, doch mir war gleichzeitig klar, dass ich es nicht besser hätte treffen können, wobei ich doch schon von Melanie gehört hatte, dass sie, bevor sie in diese Klinik gekommen sei, eine Therapeutin gehabt habe, die sich ihrer Probleme überhaupt nicht angenommen hatte – im Gegenteil. Es hatte so geklungen, als hätte sie sich nicht im Geringsten für ihre Gedanken interessiert. Ich persönlich hätte meine Zeit nicht mit so einer Person verschwendet, sondern hätte versucht, mir einen neuen Warteplatz für eine andere Therapeutin zu organisieren. Aber sich immer wieder einer neuen Person anzuvertrauen, war sicherlich nicht einfach, auch nicht für eine offene Person wie Mel. Frau Dr. Henderson war anders als Melanies Hilfe. Sie wusste ganz genau, welche Schalter sie drücken musste, um etwas aus mir herauszukitzeln, und das war für mich in Ordnung, denn sie ließ mich dadurch lockerer werden. Ich sprang über meinen Schatten, ohne es im ersten Moment zu bemerken. Und wenn ich es schließlich realisierte, merkte ich, dass es gar nicht schlimm war, ihr diese Dinge zu erzählen.

»Guten Morgen, Faye«, begrüßte sie mich mit einem freundlichen Händeschütteln.

Ich wünschte ihr auch einen guten Morgen und setzte mich wie gewohnt auf meinen Stuhl auf der linken Seite des Raumes. Als ich aus dem Fenster blickte, kitzelten mich die ersten Sonnenstrahlen, und ich spürte förmlich, wie mein Serotoninspiegel anstieg.

Als Frau Dr. Henderson sich mit ihrem Block und Stift setzte, schaute sie mich interessiert an. »Wie geht es dir heute?«

Im Grunde hasste ich diese Frage. In meiner Welt bedeutete sie nichts weiter als ein miserabler Versuch, einen bedeutungslosen Smalltalk zu halten. Demgegenüber interessierte nicht wirklich, wie es einem ging, und deshalb antwortete man auch grundsätzlich mit »gut«, ohne groß darüber nachzudenken, in welcher Gefühlslage man sich momentan tatsächlich befand. Es war, als würde man etwas auswendig Gelerntes einfach wie ein Roboter aussprechen. Mein alter Mathelehrer hatte immer gesagt, dass wir die Formeln, die wir im Unterricht hatten, so gut auswendig lernen sollten, dass wir sie im Schlaf aufsagen könnten. Immer wieder sagte er uns, dass er irgendwann vor unserem Bett stehen würde und uns abfragen würde. Das war ziemlich merkwürdig und beängstigend, hatte mich jedoch nie dazu gebracht, auch nur eine Formel zu können. Wozu brauchte ich auch eine Formel, wenn ich keinen blassen Schimmer hatte, wie ich sie anwenden musste?

Frau Dr. Henderson stellte diese Frage nicht aus denselben Gründen wie beinah jeder hier auf dieser Welt, sie war ernsthaft interessiert. Man könnte jetzt behaupten, dass das ihr Job sei, und grundsätzlich war das auch korrekt, aber bei ihr hatte ich das Gefühl, dass sie nicht gutherzig wegen des Jobs war, sondern dass sie den Job ausübte, weil sie gutherzig war.

»Eigentlich kann ich mich nicht beklagen. Ich bin bloß ein bisschen nachdenklich«, sagte ich und glaubte, das entsprach heute der Wahrheit. Wenn ich ehrlich gewesen wäre, hätte meine Antwort wohl gestern Abend, bevor Cailan hereingekommen war, »zum Sterben bereit« gelautet, aber das würde ich ihr sicherlich nicht unter die Nase reiben, wobei sie die Frage ja ohnehin im Präsens gestellt hatte.

»Worüber denkst du denn nach?«, fragte Frau Dr. Henderson sanft, und ich hörte direkt heraus, dass ich frei in der Entscheidung war, ob ich mit ihr darüber sprechen wollte oder eben nicht. Das mochte ich ebenfalls an ihr: Sie gab mir eigentlich nie das Gefühl, dass ich in der Pflicht sei, mich zu öffnen. Sie drängte mich nicht.

Zu gern hätte ich ihr von dem Gespräch mit Cailan berichtet und ihr gesagt, welche Zerrissenheit in mir wütete, seitdem ich ihn kannte. Aber wenn ich mich dafür entschied, Dinge über mich preiszugeben, so bedeutete es noch lange nicht, dass ich auch für Cailan entscheiden durfte, was ich über ihn ausplauderte.

»Sie haben doch eine Schweigepflicht oder?«, fragte ich dennoch vorsichtig; und weil ich die Antwort eigentlich schon kannte, wog ich bereits in Gedanken ab, ob es mein Recht sei, ihr trotz der Sicherheit, sie würde niemandem davon erzählen, zu sagen, welche Gespräche Cailan und ich führten. Irgendwie fühlten sich diese plötzlich als etwas ganz Intimes an, und ich überlegte im selben Augenblick, ob ich diese Momente überhaupt teilen wollte – als hätte man mir die Minuten mit ihm dadurch wegnehmen können.

»Ja. Alles, was wir hier besprechen, bleibt genau in diesem Raum und in unseren beiden Köpfen«, antwortete Frau Dr. Henderson und tippte sich einmal lächelnd an ihr krauses Haar.

»Und auf ihrem Block«, ergänzte ich mit einem Blick auf ihre Schreibmaterialien. Seitdem sie das erste Mal etwas auf dieses Papier geschrieben hatte, fragte ich mich, was sie wohl über mich schrieb. Ich überlegte oft, ob sie sich Notizen zu meinen Gedanken machte, die ich aussprach, oder ob sie tatsächlich Diagnosen festhielt, die sie während des Gesprächs feststellte. Manchmal hielt sie den Block so gesenkt, dass ich ab und zu darauf schielte, doch die Schrift glich der meines Hausarztes und derjenigen so gut wie jedes Arztes, dem ich je über den Weg gelaufen war, und so konnte ich nichts als eine Spur, die aussah wie ein Elektrokardiogramm, ausmachen.

Sie schmunzelte und ergänzte dann: »... den nur ich zu Gesicht bekomme.«

Es fühlte sich falsch an, dass ich ihr nicht misstraute, weil solche Situationen wirklich sehr, sehr, sehr selten vorkamen, doch der Ausdruck in ihren Augen verriet mir, dass sie mich niemals hintergehen würde. Vielleicht hatte das Vertrauen auch bloß mit der reinen Formalität zutun, die ihr untersagte, aus dem Nähkästchen zu plaudern. Welcher Grund auch immer ausschlaggebend war, ich glaubte ihr.

Mein Seufzen durchbrach die kurze Stille. Jetzt hatte ich einmal damit begonnen, jetzt würde ich es auch durchziehen. »Ich habe mich gestern mit Cailan unterhalten.« Wie sollte ich dieses Gespräch bloß weiterführen, ohne dabei zu viel zu verraten und dennoch gleichzeitig einen Rat von ihr zu bekommen? Sie war wohl die Einzige in dieser Klinik, die mir wirklich sagen konnte, warum Cailan so reagiert hatte, damit ich adäquat damit umgehen konnte. Ich musste mir eingestehen, dass es mir wichtig war, die Situation zwischen uns zu klären.

Überrascht schaute sie mich an. »Habt ihr euch angefreundet, nachdem du zu Anfang so schlechte Erfahrungen mit ihm gemacht hattest?«

Völlig vor den Kopf gestoßen sah ich sie an. Das konnte doch einfach nicht wahr sein. »Sie wussten die ganze Zeit, dass ich über ihn gesprochen habe?« Ich wollte gar nicht wissen, was sie noch alles über mich wusste, ohne dass sie es sich anmerken ließ. Anscheinend war ich zu auffällig gewesen, denn nur Cailan war derart schnippisch in unserer Gruppe; und ihr als seiner Psychiaterin war das sicher nicht entgangen. Umso schlechter fühlte ich mich jetzt, dass ich ihn in die Pfanne gehauen hatte, ohne es zu ahnen und ohne darüber nachzudenken, was für Konsequenzen daraus hätten resultieren können.

Sie zuckte die Schultern. »Ich habe es vermutet.« Sie lächelte entschuldigend, zückte doch im gleichen Atemzug den Stift und schrieb etwas auf ihr Blatt.

Der Gedanke daran, wie leicht meine Worte zu durchschauen waren; wie leicht *ich* zu durchschauen war, brachte mich dazu nervös zu werden. Unsicher kratzte ich mich am Hinterkopf. »Ich weiß gar nicht so genau, ob wir befreundet sind. Aber wir müssen ja gemeinsam die Cafeteria sauber halten, und da hat man eben Zeit zu reden. Und gestern habe ich so einen bescheuerten Witz über eine Glatze gerissen.«

Ich hielt inne und spürte, wie sich die Wärme in meinen Wangen sammelte. Sie musste mich für komplett kindisch oder bescheuert – oder beides – halten, doch sie schaute nur interessiert in meine Augen und wartete, dass ich fortfuhr.

»Und seine Mutter hat ja Krebs; und als mir klar wurde, dass das total taktlos von mir war, wollte ich mich entschuldigen. Cailan war - aufgrund meiner Entschuldigungsversuche - am Ende total sauer und hat mich stehen lassen.« Ich ließ die Szene noch einmal in meinem Kopf abspielen und konnte noch immer nicht verstehen, warum er so emotional geladen reagiert hatte und das noch nicht mal auf den Witz, bei dem er jeden Grund hatte, sauer zu sein.

Nachdenklich führte sie die halbgeschlossene Hand zum Mund und schlug die Beine übereinander. »Vielleicht kann Cailan über solchen Witzen stehen, weil er diese nicht mit seiner Mutter in Verbindung bringen möchte.« Sie legte den Kopf schräg und musterte mich. »Oder er weiß genau, dass du das nicht böse gemeint hast.«

Verwirrt schaute ich sie an und biss mir auf die Unterlippe, die beim ersten kurzen Biss bereits anfing zu bluten. Der metallartige Geschmack breitete sich auf meiner Zunge aus und bereitete mir eine Gänsehaut. »Aber warum war er sauer auf mich?«

»Warum fragst du ihn nicht genau das?«, stellte sie mir die Gegenfrage, hielt dann kurz inne und fügte einen weiteren Punkt ihrer Vielleicht-Liste hinzu. »Vielleicht mag er es ja einfach nicht, wenn du dich schlechtmachst.«

Zweifelnd sah ich sie an, schwieg jedoch. Warum sollte er das nicht mögen? Er war doch derjenige, der von Anfang an dafür gesorgt hatte, dass ich mich gedemütigt gefühlt hatte. Er war derjenige, der mich immer wieder herausgefordert hatte, und das nur, um mich kleiner zu machen. Vielleicht tat ich ihm gerade unrecht, schließlich gab es auch Situationen, in denen er mir geholfen hatte und kein Arsch gewesen war. Wie ich das einzuschätzen hatte, wusste ich zwar noch immer nicht, aber die Tatsache, dass er Konsequenzen für mich riskiert hatte, brachte mich zu dem Entschluss, dass er mich tatsächlich nicht so verachten konnte, wie ich anfangs immer gedacht hatte.

Nach einer kurzen Zeit der Stille schaute ich wieder auf und sah, wie sie mich interessiert musterte. »Was ich mich frage, ist, warum du nicht akzeptieren kannst, dass du in anderer Leute Augen nichts falsch gemacht hast.«

»Ich sehe doch selber, dass ich was falsch gemacht habe. Da muss man mir ja nicht sagen, dass es nicht so wäre«, erklärte ich. Man musste einem Mörder ja wohl auch nicht sagen, dass er einen Menschen mit seiner Aktion getötet hatte, und wenn man jemanden schlug, sollte es auch jedem klar sein, dass man damit jemanden verletzt hatte. Genauso war das mit Worten, nur dass diese meist schmerzhafter sein konnten als Taten.

Sie ließ nicht locker. »Aber wenn der Witz für Cailan in dem Moment überhaupt nicht taktlos war, warum kannst du das dann nicht annehmen?«

Ich zuckte mit den Schultern. »Ich habe in der Vergangenheit so vieles falsch gemacht. Ich habe das Gefühl, nichts richtig machen zu können.«

»Aber die Vergangenheit spiegelt doch nicht die Gegenwart wider, Faye«, sagte sie sanft und beugte sich ein wenig vor.

»Aber trotzdem bin das noch ich. Wenn Sie jemand fragt, wer das war oder wer das gesagt hat, wird trotzdem noch mein Name fallen, auch wenn das vergangen ist«, widersprach ich und hatte sofort Ginas verheulte Augen im Kopf, die mir augenblicklich einen Stich ins Herz versetzten.

»Stell dir vor, du liest ein Buch, in dem jedes einzelne Gespräch deines Lebens steht. Glaubst du, du würdest jedes dieser Worte, die du gesagt hast, wieder genau so sagen wie damals?«, fragte Frau Dr. Henderson und schaute mich mitfühlend an.

»Natürlich nicht«, antwortete ich wie aus der Pistole geschossen und schaute sie abschätzig an. Ihre Fragen sollte ich nächstes Mal wohl länger überdenken, bevor ich wie selbstverständlich zu einer Antwort ansetzte.

»Weil du dich weiterentwickelt hast und weil du neue Erfahrungen gesammelt hast. Deine Einstellung hat sich dadurch verändert – wie auch du dich im Ganzen«, bestätigte sie meine Worte mit ihrer Erklärung und schrieb abermals etwas auf ihr Papier.

Ich konnte nicht anders und widersprach ihr abermals. »Und trotzdem habe ich das alles gesagt und getan, und das kann man nicht ungeschehen machen.«

Traurig blickte sie in meine Augen. Ihre gesamte Körperhaltung sprach Bände, und ich konnte in diesem Moment beinah spüren, wie sie innerlich mit sich rang, die richtigen Worte zu finden. »Das stimmt, Faye. Aber man kann verzeihen, und wenn man nicht verzeihen kann, dann kann man akzeptieren. Und wenn man nichts dergleichen tut und daran verbittert festhält, wird man irgendwann bemerken, dass alle anderen verziehen haben, außer du dir selbst. Lass die Vergangenheit Vergangenheit sein. Keiner verlangt von dir loszulassen. Aber ich glaube, es ist an der Zeit zu akzeptieren.«

Ich schaute zu Boden und antwortete nicht. Irgendwo tief in meinem Inneren fing ich an zu zerbröseln wie einer der Kekse, die mir meine Oma immer in meine grobmotorischen Kinderhände gelegt hatte. Frau Dr. Hendersons Worte richteten so viel an und doch so wenig, denn letztlich wusste ich zwar, dass sie recht haben konnte, und doch wusste ich nicht, wie ich meine Gedanken so lenken konnte, dass sie genau das aussagten, was meine Psychiaterin mir zu verstehen geben wollte. All die Jahre hatte ich mich dafür gehasst, was andere mir angetan hatten. Ich hatte allen Menschen, die fertiggemacht wurden, verklickern wollen, dass nicht sie diejenigen waren, die sich schämen sollten, sondern diejenigen, die sie sich so wertlos fühlen ließen. Doch nichts dergleichen projizierte ich auf mich. Ich war in meinen Augen die Schuldige für meine Probleme, denn ich war falsch und nicht die anderen. Genau aus diesem Grund verspotteten sie mich doch alle. Oder hatten die Depressionen es tatsächlich geschafft, dass ich etwas sah, was nicht der Fall war, ähnlich wie Menschen mit Magersucht, die in ihrem Spiegelbild keine schlanken Beine sahen, die sie hatten, sondern das genaue Gegenteil? Hasste ich mich mittlerweile mehr als die Menschen, die mich verletzt hatten? Kein Zweifel, niemand verachtete mich mehr als ich mich selbst.

Frau Dr. Henderson schrieb wieder etwas auf ihren Block, während ich aus dem Fenster spähte; und als ich sie wieder ansah, war ihr Blick undurchdringlich. »Ich sage dir jetzt etwas, worüber du bis zu unserer nächsten Stunde nachdenken kannst, Faye. Es ist okay, wenn man traurig ist, und es ist auch okay, wieder glücklich zu sein. Verzeih dir selber, denn du bist momentan deine größte Hürde. Es ist völlig in Ordnung, wenn man mal fällt und für eine gewisse Zeit liegen bleibt, weil einem die Kraft fehlt, sich aufzurichten. Aber irgendwann muss der Zeitpunkt kommen, an dem du wieder aufstehst, bevor du dich an das Gefühl gewöhnst, liegen zu bleiben. Wir werden daran arbeiten, Faye, aber wenn du wirklich aus diesem Loch willst, dann musst du über deinen Schatten springen. Niemand kann dich daraus holen, wenn du es nicht willst.«

»Ich versuche es ja, ich versuche es wirklich!«, beteuerte ich, und Verzweiflung keimte in mir auf. Sie glaubte hoffentlich nicht, dass ich nicht aus dieser Schwärze herausklettern wollte. Ich war in erster Linie wegen meiner Mutter hier, keine Frage, aber auch ich hatte den Willen zu kämpfen. Ich hatte keine Wahl, ich musste kämpfen. Nun gut, jeder hatte eine Wahl. Entweder ich kämpfte, oder ich starb, aber Letzteres hätte ich meiner Mutter niemals antun können, weshalb das nie zur

Option gestanden hatte und auch zukünftig nicht stehen würde. Das redete ich mir zumindest immer wieder ein.

Mitfühlend sah Frau Dr. Henderson mich an. »Weißt du, manchmal ist die beste Medizin, einmal anzuhalten und tief Luft zu holen, Kraft zu tanken, bevor man den nächsten Schritt geht. Setz dich selber nicht so unter Druck. Versuch einfach, Dinge zuzulassen, bei denen du das Gefühl hast, an dieser Stelle könntest du es riskieren. Alles andere kommt von allein, du musst es nur wollen.«

Ich nickte als Zeichen meiner Zustimmung und biss mir auf die Unterlippe. Risiken einzugehen, war nie meine Stärke gewesen.

Als ich nach dem Gespräch in meinem Zimmer ankam, war mein erster Griff zu meinen Umschlägen, einem Blatt und einem Stift. So ging es mir immer. Wenn ich etwas hatte, was mich stark beschäftigte, spürte ich den Drang, es aufzuschreiben, um Gina davon zu berichten. Ohne zu zögern, drückte ich den Druckknopf meines Kugelschreibers und strich noch einmal über das glatte Papier vor mir, bevor ich anfing zu schreiben.

Liebe Gina,

was ist, wenn ich vergessen habe, wer ich bin? Was tue ich dann? Du fragst dich jetzt wahrscheinlich, warum ich dir solche Fragen stelle. Die Wahrheit ist: Ich glaube, dass ich schon lange nicht mehr weiß, wer ich wirklich bin. Das unbeschwerte Mädchen, das im Garten den Duft der ersten Blumen im Frühling einatmete, um dann einem wunderschön besprenkelten Schmetterling hinterherzutänzeln, bin ich längst nicht mehr. Das glückliche Mädchen, das sich mochte, wie es war, weil es nichts auf dieser Welt gab, was es daran hätte zweifeln lassen, ist schon vor Jahren verschwunden. Geblieben ist bloß eine leere Hülle von einem Mädchen, das so viele Gedanken hat und trotzdem nie zu einem Ziel kommt. Ein Mädchen, das vor jedem Wort Angst hat und sich von seiner Panik und Trauer leiten lässt. Ein Mädchen, das in den Spiegel schaut und nicht erkennt, dass es das Spiegelbild ist.

Ich habe mir immer wieder eingeredet, schuld an allem zu sein, weil ich mich nie den anderen angepasst habe. Und zum Teil hatte ich recht. Nein, ich bin nicht schuld daran, dass man mich verletzt hat, aber ich bin schuld daran, dass sie glaubten, sie hätten das Recht dazu.

Klar haben mich viele niedergemacht und als etwas Minderes dargestellt, aber die Person, die mich genau wegen dieser Menschen immer am kleinsten gemacht hat, war ich selber. Ich habe sie dabei unterstützt, mir meine Stimme zu nehmen.

KAPITEL 12

Während des gesamten Tages und sogar während des Gruppentreffens würdigte mich Cailan keines Blickes. Ich hatte trotz des Gespräches mit Frau Dr. Henderson keine weitere plausible Erklärung dafür, warum er tatsächlich sauer auf mich war. Aber anders als sie hegte ich den Verdacht, dass er eben doch durch meinen Witz verletzt worden war. Und so, wie ich ihn bereits einschätzte, versuchte er durch seine lässige Art, seine Verletzung zu überspielen. Ich hätte mich gern bei ihm abermals entschuldigt, doch ich war mir nicht sicher, ob das nach dem gestrigen Verlauf der Unterhaltung so sinnvoll gewesen wäre. Also beschloss ich, ihn einfach zu ignorieren und zu hoffen, dass er sich bald imstande fühlen würde, mit mir das Gespräch zu suchen, ohne an die Decke zu gehen oder mich abermals stehen zu lassen. Letztlich konnte ich ihm absolut nicht böse sein, schließlich war ich erst der Auslöser dafür gewesen, warum er so reagiert hatte, und trotzdem machte es mich wütend, dass er mich derart ignorierte. Und noch wütender machte es mich, dass es mich überhaupt interessierte, dass er mich ignorierte.

Auch während des Abendessens unterhielt er sich ausschließlich mit Melanie, Harry und Lucy, während ich für ihn Luft war. Nicht ein Mal schaute er mich an – und das, obwohl ich ihn provokant, wie ich war, mehrmals einige Minuten angestarrt und mir sogar Mel deshalb fragende Blicke zugeworfen hatte. Nachdem er sogar anschließend beim Säubern der Cafeteria so getan hatte, als wäre ich nicht existent, reichte es mir. Ich ging schnellen Schrittes zum Trakt der Jungen und klopfte fest entschlossen an Harrys und seine Zimmertür. Es war mir egal, ob er dadurch merkte, dass es mir eben nicht egal war, dass er mich ignorierte. Kindisch war kein Ausdruck für die gesamte Aktion, mit der er mich strafte.

»Ja?«, rief Cailan, und mit einem kurzen Durchschnaufen trat ich in den Raum.

Harry, der auf einem der beiden Stühle am Fenster saß, schaute mich fragend an, als wäre ich die letzte Person, mit der er gerechnet hatte. Cailan hingegen, der lässig auf seinem Bett lag, schaute nicht länger als nötig, um mich zu erkennen, in meine Richtung und schloss dann die Augen. Er sollte nur weiter so tun, als wüsste er nicht, dass ich seinetwegen hier war, denn demütigender konnte er mir kaum entgegentreten.

Ich kam mir vollkommen fehl am Platz vor und so fuhr ich mir mit einer Hand durch die Haare und versuchte das Beste daraus zu machen, um wenigstens etwas Würde zu erhalten. »Würdest du uns bitte kurz allein lassen, Harry?«

Dieser nickte bloß mit einem kurzen Seitenblick zu seinem Zimmergenossen, nahm seine Kopfhörer und schlenderte aus dem Raum. Er war so herrlich unkompliziert. Ganz anders als der junge Mann, der noch immer mit geschlossenen Augen auf der weißen Bettdecke lag und meinte, mich ignorieren zu müssen.

»Kannst du mir mal verraten, was los ist?«, fragte ich und verschränkte die Arme. Obwohl ich mir im Klaren darüber war, dass ich überhaupt keinen Grund hatte, ihm eine Standpauke zu halten, konnte ich meine Entrüstung dennoch kaum hinunterschlucken.

Er öffnete träge eines seiner Augen halb und beobachtete mich mit gerunzelter Stirn. »Was soll los sein?« Er war noch ein schlimmeres Arschloch als am ersten Tag meines Aufenthalts hier in diesem Schuppen, und am liebsten hätte ich ihn deswegen angesprungen und geschüttelt. Ich wusste doch, dass er im Grunde genommen ein guter Kerl war. Warum musste er diese Erkenntnis durch sein Verhalten immer wieder ins Wanken bringen?

Fassungslos starrte ich ihn an. »Keine Ahnung. Vielleicht ist es auch normal, dass man jemanden einfach mal so aus Jux behandelt, als würde man ihn nicht kennen.« Egal wie verletzend er auch sein mochte, ich würde nicht nachgeben. Wenn er glaubte, ich würde die weiße Fahne hissen und sein Zimmer verlassen, hatte er sich geschnitten.

Geplättet von meinen strengen Worten öffnete er nun beide Augen und richtete sich auf. »Ich sehe gar keine Notwendigkeit, mit dir ständig zu reden. Wir sind keine Freunde.«

Seine Stimme klang so kalt wie der Winter, und ich fühlte mich, als hätte er mir mitten ins Gesicht geschlagen – mit einem Fleischklopfer. Wie konnte ich nur so bescheuert sein? Nun stand ich hier wie ein Häufchen Elend und schaute aus der Wäsche, als hätte man mir gerade eröffnet, dass meine gesamte Büchersammlung bei mir zu Hause verbrannt wurde.

»Also dachte ich zumindest, nachdem du mir noch nicht einmal hattest Glauben schenken können, dass ich nicht das Gefühl gehabt habe, du wärest taktlos gewesen«, fügte er schließlich hinzu und schaute mich abwartend an. »Freunde glauben einander.«

»Ernsthaft? Deswegen machst du hier so eine Show? Weil ich mich entschuldigt habe, dass ich so einen bekloppten Witz gerissen habe?«, fragte ich aufgebracht und warf die Hände in die Luft. Wie sollte man aus diesem Hitzkopf schlau werden? Konnte mir das mal einer verraten? Ja, wir waren hier alle etwas speziell, und wir wussten echt oft nicht, wohin wir uns mit unseren starken Emotionen wenden sollten, aber Cailan gehörte definitiv in die Kategorie »Verwirrender als die Quantenphysik«.

»Nein, ich kann es nur einfach nicht ertragen, dass du dich abwertest. Das macht mir ein schlechtes Gewissen, weil du denkst, du müsstest dich wegen meiner Gefühle unwohl fühlen«, erklärte er und zuckte mit den Schultern. »Vielleicht habe ich auch überreagiert. Aber mich hat das so dermaßen zerfressen, wie du vehement darauf beharrt hast, dich schlecht zu machen, obwohl ich dir doch gesagt habe, dass kein Grund dazu bestand.«

Hatte Frau Dr. Henderson doch recht gehabt? Ich schaute ihn lange an. Dann letztlich seufzte ich ergeben. »Dieser Streit ist kindisch und führt zu nichts.«

»Nicht? Ich dachte, dir wird dadurch mal klar, dass du auch anderen ein schlechtes Gefühl gibst, wenn du versuchst, dir eines zu verursachen«, erwiderte er gehässig und funkelte mich böse an.

Ich überging die Tatsache, dass er trotz dieser Mimik noch immer gut aussah, und besann mich darauf, dass ich ihm nicht zeigen sollte, dass er mich im Griff hatte, denn das hatte er definitiv nicht.

»Warum kann ich dir denn ein schlechtes Gefühl machen, wenn wir doch noch nicht einmal Freunde sind?«, gab ich aufbrausend zurück und hasste mich sofort dafür, dass ich ernsthaft auf dieselbe Schiene gelangt war wie er zuvor.

Sein Blick veränderte sich schlagartig. Die Augen, die er zuvor zu Schlitzen zusammengekniffen hatte, wurden nun riesengroß, und auch seine Lippen öffneten sich leicht. Nach einer gefühlten Millisekunde hatte er sich dann jedoch wieder gefasst und schaute desinteressiert an die Decke, als hätte ich nichts gesagt. Ich seufzte innerlich schwer und entschied mich für einen Themenwechsel, um aus den Tiefen dieses Gespräches aufzutauchen.

Nach kurzer Stille versuchte ich, meine Stimme versöhnlich klingen zu lassen, obwohl in mir noch immer ein Wirbelsturm tobte. »Darf ich dich etwas fragen?«

»Nur zu«, antwortete Cailan, und ich hörte sofort in seiner Stimme, dass er abermals auf Angriffsposition ging, doch ich ließ mich davon nicht aus der Fassung bringen.

»Warum bist du hier? Was ist dein Ziel?«, fragte ich noch immer sachlich und ruhig.

Damit hatte er wohl nicht gerechnet, denn er schaute mich bloß vollkommen verwirrt an. »Warum stellst du mir so eine Frage, Faye?« *Weil du mich mit deinen Stimmungsschwankungen verwirrst? Weil du so oft tust, als würdest du nichts spüren außer Hass? Weil du in jedem Gruppentreffen zeigst, dass du anti-alles bist? Weil wir vielleicht gar nicht so unterschiedlich sind, wie ich dachte?*

Kopfschüttelnd über seine Gegenfrage verdrehte ich die Augen. »Und sofort ziehst du wieder deine Mauer hoch.«

»So wie du, meinst du?«, gab er feindselig zurück. Seine Angriffsposition hatte er nur für den kurzen Moment der Verwirrung abgelegt, um sie direkt wieder einzunehmen.

Meine Antwort folgte schlicht und ehrlich. »Ja.«

Darauf schwieg er, also versuchte ich es erneut. »Ich frage dich, weil du nicht den Eindruck machst, etwas ändern zu wollen. Vielmehr zeigst du mit allem, was du tust und sagst, dass du in deiner Trauer und deiner Verzweiflung *lebst*, als hättest du dich damit abgefunden, dich geradezu daran gewöhnt. Ich verstehe sonst nämlich nicht, warum du alles abblockst und warum du nie ernsthaft an den Gruppengesprächen teilnimmst.«

Stumm starrte er mich an. In seinem Gesicht lag so etwas wie eine Mischung aus Verwirrung und Erstaunen; und für einen ganz kurzen Augenblick hätte ich schwören können, er merkte, dass ich recht hatte. Doch dieser Moment war so schnell verschwunden, wie er gekommen war. Als er sich wieder gefasst hatte, stand er mit einem Satz auf, machte die wenigen Schritte auf mich zu, blieb kurz vor mir stehen und blickte höhnisch auf mich herab. »Du weißt gar nichts über mich. Und bevor du andere verurteilst, solltest du dich fragen, ob nicht genau das, was du zu mir gesagt hast, der Spiegel deiner Gedanken ist. Denn du bist diejenige, die offen zugibt, dass sie nicht vorhat, etwas an der Situation zu ändern.«

Weil ich zur Klinge griff? Weil ich wegen meiner Mutter hier war? Das bedeutete doch nicht, dass ich nichts an meiner Problemwelt hätte ändern wollen.

»Du weichst deinen eigenen Problemen ständig aus, indem du über anderer Leute Probleme sprichst oder irgendwelche Sprüche bringst, die dich stark wirken lassen. Wenn man auch nur einen Millimeter zeigt, dass man versteht, was in dir vorgeht, gehst du in Angriffsposition. Cailan, ich habe dich doch schon längst durchschaut. Du versuchst, dich hinter deiner kalten Art zu verstecken.« Meine Stimme klang friedlich und ruhig, und ich hoffte inständig, dass er nicht abermals die Scheuklappen herausholte. Ich war erschöpft von seinen und meinen Gefühlsausbrüchen und wollte ein für alle Mal, dass wir unsere Diskrepanzen klärten, ohne aufeinander loszugehen wie eine Horde betrunkener Fußballhooligans.

Lange schwieg er. Zunächst sah er zutiefst argwöhnisch aus, doch als ich ihm ausdruckslos in die Augen schaute, lockerten sich seine Gesichtsmuskeln, und er sah plötzlich so unendlich traurig aus, sodass ich ihn am liebsten auf der Stelle getröstet hätte. Er setzte sich zurück auf das Bett und lehnte sich gegen die Wand. Zögernd ließ ich mich neben ihm nieder und musterte ihn. Sein Gesichtsausdruck war gequält, und ich hatte das Gefühl, er würde in diesem Moment einen inneren Konflikt führen. Vielleicht kämpfte er mit sich, ob er sich mir gegenüber öffnen sollte oder nicht, vielleicht aber fragte er sich auch, ob er mich lieber hinausschmeißen oder -treten sollte. Seinem Gesichtsausdruck zufolge, den er noch vor wenigen Sekunden gehabt hatte, hätte er mich am liebsten mit einer Steinschleuder durch die geschlossene Tür ins Weltall befördern wollen.

Dann endlich entspannte sich sein Gesicht wieder, und er atmete einmal tief durch. Als er dann anfing zu sprechen, hörte er sich verletzlicher an denn je. »Ich wurde in der Schule dafür fertiggemacht, dass es mir nicht gut geht. Sie haben mich ständig als schwach abgestempelt und mich ausgeschlossen. Selbst meine besten Freunde haben sich von mir abgewandt und haben es damit begründet, dass ich vom Wesen her kaum mehr männlich wäre. Und warum? Weil ich gezeigt habe, dass ich traurig bin. Wie verkorkst kann die Welt sein, dass es verwerflich ist, als Junge niedergeschlagen zu sein?«

Ich sah ihm an, dass er sich schämte – daran, wie er sich etwas von mir wegdrehte, damit ich die Röte auf seinen Wangen nicht bemerkte, und daran, wie er seine Hände so knetete, wie ich das immer tat, wenn ich nervös war. Er wirkte in diesem Moment so jung und klein und doch durch seine Offenheit und seinen Mut, mir davon zu erzählen, älter und größer denn je.

Nach seinen Worten war mir zum Weinen zumute, und trotzdem saß ich dort und versuchte, ihm eine Unterstützung zu sein. »Lass sie dich verurteilen oder dich absolut nicht verstehen. Lass sie über dich reden oder dich auslachen. Deren Meinung definiert dich nicht, das bist nicht du. Das sind ihre Gedanken, was nicht bedeutet, dass dich das letztlich auch wirklich zu dieser Person machen würde. Mach weiter so, wie du es getan hast, sei authentisch und zeig ihnen, dass du nun mal so bist, wie du bist, und dass sie daran nichts ändern können. Denn wenn du so bist, wie sie es gern hätten, dann haben sie ihr Ziel erreicht; und dann, Cailan, erst dann bist du schwach.« Ich zuckte mit den Schultern. »Außerdem empfinde ich es als Stärke, wenn man zeigt, dass man traurig ist. Nicht jeder hat den Mut dazu.«

Plötzlich ruhte Cailans Blick auf meinem Gesicht; und als ich den Anflug eines Lächelns sah, fühlte ich mich von der Last, ihm helfen zu müssen, befreit. Wie konnte es sein, dass sich das Anfangsgespräch derart verändert hatte? Nun saß ich hier mit ihm auf seinem Bett und grinste ihm entgegen, nachdem er sich mir gegenüber geöffnet hatte. Das war doch alles verrückt.

Als sich Cailans Lippen zu einer Antwort öffneten, ging die Tür auf, und Harry mit Frau Graves im Schlepptau stolperte ins Zimmer.

»Es ist halb zehn«, verkündete unsere Betreuerin mal wieder strenger als nötig. Ihre Körperhaltung und Mimik strahlten pure Autorität aus, und sie schaute, als würde sie uns am liebsten erdolchen wollen, während sie erst auf das Bett und dann in unsere Gesichter schaute, als hätten wir hier gerade Achtlinge gezeugt.

»Faye, würdest du dich jetzt bitte bettfertig machen«, sagte Frau Graves als hätte ich ihren indirekten Befehl zu gehen nicht verstanden; und nachdem ich genickt hatte, beäugte sie mich noch einmal mit einem strengen Blick, als würde sie mir zu verstehen geben wollen, dass sie mich im Augen behielt. Was für eine Furie! Dann verließ sie den Raum, ohne die Tür zu schließen, was definitiv eine weitere stille Aufforderung darstellte.

Ohne weiteren Kommentar rutschte ich zur Kante des Bettes und erhob mich. »Ist wieder alles gut zwischen uns?«, fragte ich dann an Cailan gewandt, und mir entging dabei nicht, dass Harry uns neugierig musterte. Ich war mir sicher, dass Cailan, nachdem ich den Raum verlassen hätte, gelöchert werden würde, bis dieser seinem Kumpel am liebsten eine reinhauen würde. Ich schmunzelte etwas bei dem Gedanken, schaute Cailan jedoch erwartungsvoll an.

Er lächelte. »Ja.«

Und damit verließ ich mit einem guten Gefühl das Zimmer.

Doch schon eine halbe Stunde später, während ich im Bett lag, verwandelte sich das Gefühl wieder, als hätte es den kurzen Augenblick der Zufriedenheit nie gegeben. Die Leere breitete sich in mir aus wie ein Lauffeuer, das ungehindert durch den Wald fegte. Ich schaute zur Seite und starrte auf die Buchstaben meines Buches, das ich mir mitgenommen hatte. Natürlich hatte ich es längst durchgelesen.

Schnell setzte ich mich auf und platzierte mich mit Stift, Umschlag und Papier an meinen Schreibtisch. Es gab nur eine Möglichkeit, mich von den Gedanken zu befreien.

Liebe Gina,

ich bereue es, dass ich mir nicht mehr als ein Buch mitgenommen habe. Wie kam ich bloß auf die Idee, ich würde ohnehin nicht genügend Zeit aufbringen, um zu lesen? Jetzt bin ich hier und habe keine Ahnung, was ich tun soll. Ich habe einmal gelesen, dass Bücher für diejenigen sind, die gern woanders wären, und bei mir trifft das komplett zu. Wenn ich lese, bin ich in einer anderen Welt, ich kann frei sein und lebe ein anderes Leben. Ich fliehe aus meinem Alltag, aus meinen Gedanken, und kann für kurze Zeit jemand anderes sein mit einer anderen Geschichte, einer anderen Persönlichkeit.

Und jetzt, da ich nichts mehr zum Lesen habe, muss ich ich sein: Faye Allington, das Mädchen ohne Perspektiven.

Denn genau so fühle ich mich, Gina. Es ist merkwürdig. In einem Moment bin ich recht zufrieden, wirklich, ich kann mich nicht beklagen, und im nächsten sitze ich da und spüre entweder nichts oder alles. Und mit »alles« meine ich alles Negative. Warum ist das so? Warum bin ich so? Ich wünschte, mir könnte jemand sagen, wann das aufhört und ob es überhaupt irgendwann aufhört. Endet das alles erst, wenn mein Leben endet, oder gibt es noch eine Chance für mich weiterzuleben?

Ich darf nicht egoistisch sein, und das weiß ich. Ich darf nicht einfach gehen und die Familie verlassen. Aber ich schwöre, Gina, manchmal, ganz kurz, rede ich mir ein, dass am Sterben rein gar nichts egoistisch sein könne. Vielleicht ist es egoistisch, jemanden am Leben lassen zu wollen, der im Inneren längst gestorben ist.

Am nächsten Tag schauten mich Melanie und Lucy wieder vollkommen verdattert an, als Cailan und ich uns freundlich im Gruppenraum begrüßten, nachdem er wegen Magenschmerzen nicht zum Frühstück erschienen war, und ich mich neben ihn platzierte. Die beiden dachten sich bestimmt bereits, dass wir zwei sie komplett veräppeln wollten. Mal sprachen wir miteinander, mal überhaupt nicht. Um ehrlich zu sein, war das auch ziemlich verwirrend, aber genau das war er auch und ich vermutlich ebenso.

Als Frau Benett den Raum betrat, hörten die beiden auch – Gott sei Dank! – prompt auf, mir immer wieder mit Blicken Fragen zu stellen, und schenkten unserer Betreuerin ihre Aufmerksamkeit. Frau Benett trug heute einen langen Faltenrock, der beinah bis zum Boden ragte und damit fast ihre schwarzen Lackschuhe verdeckte. Ihre feine Strickjacke hatte sie über eine altrosafarbene Bluse gezogen und ihre Haare zu einem Dutt hochgesteckt. Sie strahlte so viel Ruhe und Freundlichkeit aus, dass mich das heutige Thema beinah nicht aus der Fassung brachte, aber eben nur fast.

»Hallo, ihr Lieben. Wir machen heute mal wieder eine offene Runde und sprechen über das Thema Vertrauen. Wer möchte beginnen?«

Ich versank regelrecht auf meinem Stuhl und schob die Schultern nach vorne, um so unscheinbar wie möglich zu wirken. Ich hoffte, sie käme nicht auf die Idee, mich aufzufordern, meine Gedanken darüber zu schildern. Ich hatte viel dazu zu sagen, und gerade das war der Grund meiner Zurückhaltung. Ich würde mich mit jedem Wort mehr öffnen als je in dieser Runde zuvor, und das wollte ich beim besten Willen vermeiden.

Lächelnd schaute sie sich im Raum um und als sich eine Hand in die Höhe streckte, gab sie ein kleines niedliches Quieken von sich. »Lucy, ja, bitte.«

»Wir alle vertrauen uns hier ein Stück weit, indem wir Gedanken miteinander teilen. Am wichtigsten für mich ist Vertrauen in einer festen Beziehung. Ich glaube, das ist der Grundbaustein für eine lange gemeinsame Zeit, und wenn man dann vertraut, ist das ein wahnsinnig tolles Gefühl, wie ich finde. Vertrauen kann so viel Geborgenheit und Sicherheit geben, dass man sich mal selber eine Pause gönnen kann, weil man weiß, da ist jemand, auf den man zählen kann«, plapperte Lucy munter drauflos, und je fröhlicher sie während des Erzählens wurde, desto griesgrämiger wurde ich. Nicht, dass ich ihr das Bild von Vertrauen nicht gegönnt hätte, doch mein Drang, die Wahrheit auszusprechen, obwohl ich dazu absolut nichts äußern wollte, wurde mit jedem Wort ihrerseits übermächtiger. Sie lebte in ihrem Wattebällchen und hatte anscheinend noch nicht die Gegenseite des Vertrauens kennengelernt, weshalb ich ihr ihre Sicht nicht verübeln konnte. Aber ich kannte die Wahrheit, und es machte mich wütend, dass man alles schönredete, während ich seit Jahren dem Thema mit Hass gegenüberstand.

Als Frau Benett nach weiteren Beiträgen fragte, machte sich mein Körper selbstständig. Ich meldete mich schneller, als ich dies bewusst hätte tun können, und sie nahm mich mit einem freundlichen Nicken dran. Kurz biss ich mir auf die Unterlippe und schaute dann, ohne zu blinzeln, in das Gesicht meiner Freundin. »Vertrauen ist eine Illusion«, sagte ich verbittert und sah, wie das Funkeln in Lucys Augen erlosch. »Ein Gefühl, das genauso wie Liebe erschaffen wurde, um die Existenz der Menschheit zu bewahren. Man kann niemandem wirklich voll und ganz vertrauen, nicht einmal den engsten Freunden oder der Familie, denn letztlich kann jeder Einzelne ganz anders sein, als du es erwartest. Sie geben sich jahrelang so, wie sie vielleicht gar nicht sind, und irgendwann sehen sie dir in die Augen, und du siehst plötzlich, dass du dich all die Jahre getäuscht hast. Man kann immer verletzt werden, wenn man vertraut, denn Vertrauen ist bloß ein Symptom von Hoffnung. Genauso vage und unsicher und genauso schnell verloren, wie sie gekommen ist.«

Als ich meinen Monolog beendet hatte, lehnte ich mich auf den Stuhl zurück und sah aus den Augenwinkeln, dass sich Cailans Kopf in meine Richtung gewandt hatte; und bevor ich überhaupt darüber hätte nachdenken können, schaute ich ihm in seine nachdenklichen Augen. Es sah aus, als wollte er etwas sagen, doch er hielt den Mund, und das war vermutlich auch besser so. Bei diesem Thema konnte mich niemand umstimmen.

KAPITEL 13

Auch später beim gemeinsamen Abendessen schaute er mich nachdenklich an, und so wich ich seinem Blick immer wieder aus, so gut es ging. Gleichzeitig hatte ich aber auch keine Lust darauf, dass er später dächte, ich würde ihn ignorieren wollen, sodass wir wieder stritten. Also schaute ich ihn bloß ab und zu an, um ihm zu signalisieren, dass ich ihn sehr wohl wahrnahm. Ich hoffte inständig, er spräche mich nicht auf meinem Vortrag beim Gruppentreffen vor Harry und den Mädchen an, und zu meiner Erleichterung hielt sein Schweigen diesbezüglich bis nach dem Essen an, weshalb ich ihm wirklich dankbar war. Doch als wir allein waren, sprach er seine Gedanken aus, wie es mir eigentlich von vornherein klar gewesen war.

Ich wischte gerade die Tische ab, als Cailan vor mir stehen blieb und seinen Besen an den Tisch lehnte. »Warum hast du so eine negative Ansicht, was Vertrauen angeht?«

Kurz blickte ich auf und musterte seine ernsten Gesichtszüge, ehe ich mich wieder an die Arbeit machte.

»Ich wüsste nicht, was dich das zu interessieren hat, Baskin«, erwiderte ich und erschrak über meinen Tonfall. Ich hatte genau gewusst, dass er mich darauf ansprechen würde, doch genau diese Gewissheit hatte mich den gesamten Tag lang gereizt, und jetzt, da er es ansprach, preschte all die angestaute Anspannung aus mir heraus.

Überrascht schaute er mich an und verschränkte die Arme ineinander. »Deine Mauer ist höher und gesicherter als die in Deutschland 1961.«

»Dann haben wir ja doch was gemeinsam«, gab ich achselzuckend zurück und wandte mich wieder einem der schmutzigen Tische zu. Ich war echt ein Arschloch. Er hatte sich gestern mir gegenüber mehr geöffnet als vermutlich jedem anderen hier, und ich speiste ihn mit solchen gemeinen Sprüchen ab. Er hatte mir seine Tür aufgehalten, während ich sie zugetreten hatte. Aber obwohl mir mein Fehlverhalten bewusst war, konnte ich ihm einfach nicht anders gegenübertreten. Zu sehr fürchtete ich, er könnte mein Innerstes aufdecken.

Als er nach wenigen Sekunden wieder das Wort ergriff, war seine Stimme sanft und ruhig, sodass ich ein schlechtes Gewissen bekam, dass ich mich ihm gegenüber so gehässig verhielt.

»Deine Antwort heute hat mich irgendwie fasziniert und gleichzeitig verstört. Ich kann nicht wirklich begreifen, was dir passiert ist.« Er gab nicht auf.

»Das hat ein paar Gründe«, erklärte ich abweisend und spürte seinen Blick in meinem Nacken, als ich mich einem anderen Tisch zuwandte, um ihn zu säubern.

»Magst du es mir erzählen?«, fragte er vorsichtig, und ich versteifte mich.

Ich schwieg eisern und putzte weiter. Ich konnte ihm nichts darüber erzählen, das war absurd. Noch absurder war es, dass ich in diesem Moment tatsächlich darüber nachdachte, ihm einen Teil meiner Vergangenheit zu offenbaren. Was war bloß los mit mir?

Cailan seufzte, und ich hörte, wie er sich auf dem Weg zum Abstellraum machte. »Ich habe es versucht.«

Seine Enttäuschung klirrte in meinen Ohren. Zerrissen knabberte ich an der Unterlippe und schaute zu, wie er sich im Abstellraum bückte, um das Kehrblech aufzusammeln. Herrgott noch mal! »Meine Mitmenschen waren nicht immer nett zu mir.« Warum, um Himmels willen, hatte ich das gerade gesagt?

Cailan starrte mich prompt an und richtete sich auf. Stirnrunzelnd sah er mir in die Augen. »Was meinst du genau damit?«

Ich hatte keine Ahnung, warum ich mich diesem Menschen ein großes Stück weit offenbarte, ich wusste nur, dass ich plötzlich der festen Überzeugung war, er habe es verdient zu hören, nachdem er so oft über seinen eigenen Schatten gesprungen war und mich Teil seiner Gedanken hatte werden lassen. Wie von einer Tarantel gestochen, flossen die Worte wie ein Wasserfall aus meinem Mund. »Da gibt es nicht viel zu erzählen, schätze ich. Ein Junge aus meiner Klasse hat mal aus Spaß herumerzählt, ich würde es mit jedem treiben, weil er mich wohl nicht mochte, denke ich. Jedenfalls dachte ich zunächst, dass das niemand glauben würde, weil ich der festen Überzeugung war, dass niemand so dumm sein konnte und direkt alles glauben würde, was ihm erzählt wurde. Ich meine, ich könnte auch erzählen, dass ich mit Michael Jackson verwandt sei. Nur weil ich das erzähle, macht es das noch lange nicht wahr. Es haben ihm aber alle geglaubt, und ab diesem Tag wurde ich fertiggemacht. Selbst meine sogenannten Freunde haben Witze gerissen, über die alle gelacht haben, aber ich habe die Pointe wohl nie verstanden. Es wurde eine Seite im Internet erstellt, auf der noch mehr Gerüchte verbreitet wurden, und irgendwann wurde das Ganze zum Lauffeuer. Ich habe mich so einsam gefühlt, dass ich mich in eine Beziehung gestürzt habe. Vielleicht hatte ich auch unterbewusst die Hoffnung gehegt, dann würden die Gerüchte, ich sei eine Schlampe, eingestellt werden. Ich hatte mir eingeredet, ich würde ihn lieben, aber ich glaube, das korrekte Wort dafür ist Abhängigkeit. Am Anfang war auch alles schön und gut, er hat mir versprochen, dass er mich nicht verletzen würde und dass ich für ihn die Einzige wäre – bis er mir seine wahre Seite gezeigt hat. Er hat angefangen, mich zu demütigen, wenn ich ihm widersprochen habe, er ist fremdgegangen, wann auch immer ihm danach war, und zu guter Letzt hat er mich verlassen.« Dafür, dass ich anfangs gesagt hatte, dass es nicht viel zu erzählen gebe, hatte ich ihm gerade eine verdammte Menge preisgegeben, und dafür hätte ich mich verprügeln können.

Kurze Zeit herrschte pure Stille zwischen uns, doch als die Bestürzung Cailans Blick verließ, kam er mit großen Schritten zu mir und umarmte mich heftig. Vollkommen überrumpelt von seiner Reaktion, konnte ich bloß eine Sekunde wie betäubt dastehen und seinen Duft einatmen, der mich instinktiv die Augen schließen ließ. Dann legte ich vorsichtig die Fingerspitzen auf seinem Rücken ab, als wäre er ein Schmetterling, der kaputtgehen könnte. Es war merkwürdig, ihm so nah zu sein, und doch konnte ich mir in diesem Moment nichts Tröstenderes vorstellen.

»Entschuldigung!« Erschrocken fuhren wir auseinander und sahen, wie uns eine kleine, ältere Frau verlegen musterte. »Ich würde gerne die Cafeteria schließen.«

Wie lange standen wir schon in der Umarmung?

»Oh ja, Verzeihung, wir kehren den Rest nur noch schnell vom Boden, und mit den Tischen bin ich auch gleich fertig«, sagte ich und fühlte mich auf ganz komische Art und Weise erwischt; als wäre unsere Umarmung so intim gewesen, dass es mir hätte falsch vorkommen müssen, wenn andere davon Wind bekämen. Schnell wischte ich die übrigen Tische ab und trocknete sie mit einem Handtuch, während Cailan schweigend die Essenreste aufkehrte. Anschließend folgten wir der kleinen Frau aus der Cafeteria, huschten zu unserer Station und klopften an der Tür, damit uns Frau Graves oder Frau Benett aufschlösse. Zu meinem Glück lächelte uns Letztere entgegen, als sie uns erblickte, und wir gingen rasch an ihr vorbei in den Flurtrakt.

Cailan, der neben mir ging, kratzte sich am Kopf. »Ich würde dir liebend gern einen anderen Ort anbieten, weil ›Kommst du mit mir aufs Zimmer?‹ irgendwie ziemlich geschmacklos klingt, aber was soll ich sagen? Wir haben nicht allzu viele Möglichkeiten, uns in gemütlicher Atmosphäre zu unterhalten. Also ... kommst du mit mir aufs Zimmer?«

Ich musste lachen, weil sein zerknirschter Gesichtsausdruck nur so von Schamgefühl trotzte. »Ich möchte auch nicht geschmacklos klingen, aber wie wär's mit meinem Zimmer? Dann muss Harry nicht zu Nick und Jeffrey rüber«, sagte ich, als ich mich wieder eingekriegt hatte, und er lächelte dankbar.

»Ich glaube, das wäre gut, wenn ich mir nicht wieder die ganze Nacht über seine Vorwürfe anhören muss, in denen er mir haarklein erzählt, wie viel Schwachsinn die beiden von sich geben.«

Wieder musste ich lachen, weil ich grundsätzlich immer Kopfkino hatte und mir Harry wie eine kleine eingeschnappte Zicke vorstellte, wie er mit hochrotem Kopf auf Cailan einredete und dieser nach einer halben Stunde einfach wegdöste. Er stimmte lachend ein, und zusammen gingen wir zu meinem Zimmer.

Als wir uns auf meinem Bett gegenübersaßen, sah er plötzlich wieder ganz ernst aus, und ohne lange drumherum zu reden, knüpfte er an das Gespräch in der Cafeteria an. »Eines wurmt mich schon die ganze Zeit: Wenn dich dein Ex so schlecht behandelt hat, warum bist du dann bis zum Schluss bei ihm geblieben?«

Achselzuckend sah ich auf meine Bettdecke. »Ich sagte ja bereits, dass ich dachte, ich würde ihn lieben, dass es jedoch nur Abhängigkeit war. Ich hatte jemanden gebraucht, der mir das Gefühl gab, etwas wert zu sein, und anfangs hat er das auch gekonnt. Als er anfing, mich ständig zu verletzen, hielt ich an genau dieser Erinnerung fest. Weißt du, man denkt sich immer, dieser Mensch könnte doch so werden, wie er war, denn so, wie er mich jetzt behandelt, ist er nicht er selbst. Aber man irrt sich. Diese Person damals gibt es nicht mehr, und man muss akzeptieren, dass diese Person, die in der Gegenwart vor einem steht, genau das ist, was diese Person nun mal ist. Und wenn das für einen selber nicht mehr tragbar ist, muss man sich eingestehen, dass es nichts bringt, an einer Erinnerung festzuhalten.« Leider hatte ich diese Erkenntnis viel zu spät gewonnen.

»Du hast nicht in einer Million Jahren verdient, so schlecht behandelt zu werden. Dem Kerl sollte man mal die Leviten lesen«, sagte Cailan mit zusammengebissenen Zähnen. Es überraschte mich, dass er so wütend reagierte und in seine Beschützerrolle schlüpfte.

»Was ist mit dir? Hattest du Beziehungen?«, fragte ich schnell, um seine schlechte Laune zu verscheuchen und ehrlicherweise die Wärme, die sich dank seiner Reaktion in mir ausbreitete, zu umgehen.

»Ja, schon, aber nie wirklich ernsthafte. Irgendwie hat es nie richtig gepasst, und langsam zweifle ich daran, dass ich überhaupt zu irgendjemandem passe«, erklärte er und zuckte mit den Schultern.

Ich war mir sicher, er sprach nicht nur von potenziellen Freundinnen, sondern von jeder Art von zwischenmenschlichen Beziehungen, und das machte mich irgendwie traurig. Fühlte er sich nicht wohl, wenn er mit Harry, Lucy, Mel und mir zusammensaß? Fand er, dass er nicht zu uns gehörte? Hatte ich nicht genau das auch Frau Dr. Henderson über mich gesagt?

Ich schürzte die Lippen. »Das glaube ich nicht. Du kannst dich mit einem Kapitel aus einem Buch vergleichen.« Verwirrt sah er mich an, doch ich ließ mich nicht irritieren. Im Vergleicheziehen war ich absolut meisterhaft. »Nicht jeder mag die Art von Geschichte, nicht die Art von Schreibstil oder das Genre an sich. Aber da wird es immer einen Menschen geben, dessen Buch genau dein Kapitel gebraucht hat, um es perfekt zu machen.« Wow, ich konnte ja nicht nur ein Arschloch, sondern auch eine Poetin sein.

Mit einem Funkeln in den Augen betrachtete er mich eine Weile. »Glaubst du, du findest dein Kapitel, das zu dir passt?«

Ich lachte kurz höhnisch auf. »Ich würde diesen Menschen nicht gut genug kennenlernen, um herauszufinden, ob er das passende Kapitel für mich ist.«

»Weil du diese Person sofort abwimmeln würdest, sobald sie etwas über dich erfahren möchte?«, mutmaßte Cailan.

Ich nickte. »Erraten.«

»Weil du ein Vertrauensproblem hast?«, fragte er weiter, aber es klang eher wie eine Feststellung, also nickte ich wieder.

»Manchmal lähmt mich diese Angst, wenn andere Leute von mir erwarten, dass ich mich öffne. Ich kann gar nicht beschreiben wie furchteinflößend dieses Gefühl ist, obwohl man doch eigentlich weiß, dass diese Art, darüber zu denken, untypisch ist.« Warum es mir so verhältnismäßig leicht fiel, Cailan Dinge zu erzählen, blieb mir dementsprechend ein Rätsel, und ich glaubte, ich wollte die Lösung gar nicht herausfinden.

Er kniff nachdenklich die Lippen aufeinander, ehe er mich wieder ansah. »Nachdem du mir erklärt hast, woher diese Angst stammt, kann ich das schon nachvollziehen, aber ich glaube, dass man manchmal über seinen Schatten springen muss. Ich habe den Eindruck, du akzeptierst lieber die Angst, anstatt etwas zu ändern, damit dich diese Angst nicht so einschränkt. Sein Leben lang die Angst hinzunehmen, ist durchaus einfacher und risikoärmer, aber sicherlich nicht schöner und lebenswerter.«

War das gerade wirklich aus seinem Mund gekommen? Ich meine, ich wusste bereits, dass er eigentlich ein total nachdenklicher und sentimentaler Mensch war, ganz anders als das, was er in den Gruppengesprächen zeigte, doch von diesen Sätzen war ich trotzdem geplättet. Nicht nur, weil das so gar nicht zu dem passte, was er den anderen immer weismachen wollte, sondern weil ich wirklich darüber nachdachte, ob meine Einstellung falsch sei.

Fasziniert von seinen weisen Worten schaute ich ihn an, dann trat die Stille an deren Stelle. »Aber irgendwie ist das auch ziemlich traurig«, sagte er schließlich, und ich sah ihn fragend an.

»Was?«

»Dass du wegen ein paar Menschen in dieser endlosen Unsicherheit leben musst. Dass du quasi nur darauf wartest, verlassen oder enttäuscht zu werden. Und gerade deswegen gehst du lieber selber, bevor sie gehen«, erklärte er ernst.

Ich zuckte mit den Schultern. Was hätte ich auch schon dazu sagen sollen? Er hatte die perfekten Worte gefunden.

Er ließ sich nicht von seinem Gedanken abbringen und sprach immer weiter. »Aber im Grunde weißt du ja gar nicht, ob sie dich überhaupt verlassen würden. Theoretisch tust du genau das mit anderen, wovor du dich fürchtest.«

Kurz dachte ich darüber nach. Im Grunde stimmte das sogar, würde es wirklich jemanden geben, der sich meine Nähe konstant wünschte. Aber für den Moment brauchte ich mir keine Sorgen darum zu machen, und so versuchte ich, mit einem einfachen »Du hast recht« das Thema zu beenden.

Er lächelte mich ermutigend an. »Keine Sorge, das wird sich schon im Laufe der Zeit einrenken.«

Vielleicht im nächsten Jahrhundert.

»Glaubst du daran, dass irgendwann alles besser wird?«, flüsterte ich gedankenverloren und spürte seinen Blick auf mir ruhen.

»Würde ich keine Hoffnung haben, wäre ich nicht mehr Teil dieser Welt, schätze ich«, antwortete er leise, und überrascht von seiner Ehrlichkeit, glühte mein Herz. Er war nicht ansatzweise so stabil, wie er es uns allen vormachte. In ihm schlummerten genauso große Zweifel wie in uns allen, nur dass er sie immer zu verstecken versuchte. Sein Mut, mir diese Dinge anzuvertrauen, brachte mich dazu, ihn tatsächlich gern zu haben. Das zwischen uns war keine enge Freundschaft, eher eine Bekanntschaft, die nur auf die Zeit hier beschränkt war, aber ich war froh, mit ihm reden zu können, denn irgendwie waren wir auf eine ganz merkwürdige Art und Weise auf derselben Wellenlänge – zumindest manchmal.

»Und was ist, wenn wir unser Leben lang darauf hoffen, dass wir wieder glücklich werden, und letztlich alt und traurig sterben werden?«, fragte ich weiter und biss mir auf die Lippen. Ich musste meinen Pessimismus nicht anderen vorleben, das war nicht richtig.

Er zuckte mit den Schultern. »Dann haben wir es versucht.«

»Dann haben wir umsonst existiert«, gab ich flüsternd zurück.

»Aber was ist, wenn wir uns das Leben nähmen, ohne zu wissen, dass wir in der Zukunft glücklich geworden wären, hätten wir nur mehr an uns geglaubt? Was wäre, wenn wir umsonst gestorben wären?«, stellte er die Gegenfragen und beobachtete meine Reaktion. Abermals konnte ich nur fasziniert nicken. Dieser Mensch war nicht ansatzweise das, was ich anfangs gedacht hatte. Und meine Furcht davor, ihn eines Tages wirklich zu mögen, kletterte immer weiter meine Kehle hinauf. Irgendwann würde ich ihm sagen müssen, dass Gespräche wie diese hier aufhören mussten, doch für den Moment genoss ich es, mit ihm zu sprechen.

KAPITEL 14

Am nächsten Tag leitete zu meinem Leidwesen Frau Graves das Gruppengespräch und kam wie immer direkt zur Sache, als sie den Raum betrat. Es war so offensichtlich, dass sie die Zeit schnell hinter sich bringen wollte, um wieder an ihrem heiß geliebten Kaffee zu nippen, während sie ihre Kontrollgänge machte, um zu schauen, ob wirklich jeder da war, wo er sein sollte. Ihr machte es keinen Spaß, mit uns über unsere Probleme und Gedanken zu sprechen, doch die Macht, die sie über uns hatte, gefiel ihr umso mehr. Ich glaubte nun auch zu wissen, dass genau das ausschlaggebend für ihre Berufswahl gewesen war. Sie liebte es, anderen Regeln zu erteilen und sie zu bestrafen, wann immer sie konnte. Vielleicht gab ihr das Genugtuung, weil sie ansonsten immer in ihrem Leben unterdrückt wurde, oder sie hatte grundsätzlich immer das Sagen und kannte es nicht anders. Egal, was zutraf, sie war definitiv nicht geeignet für diesen Beruf, das stellte ich immer wieder fest.

»Wir besprechen heute das Thema Verständnis. Wer möchte denn mal dazu seine Gedanken äußern? Was fällt euch dazu ein?« Gelangweilt schaute sie durch die Runde, und als sich Lucy meldete, verdrehte sie beinah unmerklich die Augen, ehe sie Lucy mit einem gespielten Lächeln aufforderte zu beginnen.

»Ich persönlich fühle mich überhaupt nicht verstanden von den Mitmenschen in meinem Umfeld zu Hause. Die geben bloß dumme Kommentare von sich.«

Ich erinnerte mich an das Szenario, als Lucy weinend in meinen Armen gelegen hatte, und sah sie mitfühlend an. Dann ließ ich den Blick in die Runde schweifen und erkannte in jedem Gesicht genau den gleichen Ausdruck. Nur bei Jeffrey sah ich nichts als Leere. Er war immer der stille Beobachter und ließ sich keine Gefühlsregung ansehen, was mich instinktiv an Cailan erinnerte, nur dass er durch seine Worte und nicht durch seine Mimik immer wieder zeigen wollte, dass er gefühlskalt wäre, was offensichtlich nicht der Fall war, und so fragte ich mich, ob Jeffrey ähnlich gestrickt sei oder einfach nur zu schüchtern, um seine Meinung zu äußern.

Frau Graves nickte. »Was meint ihr, woran das liegt?«

Zu meiner Überraschung meldete sich Cailan, und Frau Graves sah ihn, bevor sie ihn drannahm, kritisch an. Sie wollte ihn augenscheinlich warnen, dass er nur etwas Vernünftiges äußern sollte.

»Weil sie sich stark fühlen. Manchen Menschen macht es Spaß, andere bloßzustellen oder zu demütigen, um ihre eigenen Schwächen zu kompensieren oder zu verstecken.«

Unsere Betreuerin schien sichtlich überrascht über seinen konstruktiven Beitrag, denn ihre Augen waren weit aufgerissen. Auch die anderen starrten Cailan an, als hätte er gerade das erste Mal gesprochen, und ich konnte bloß lächeln. Genauso musste ich geschaut haben, als ich bemerkt hatte, dass er so eine Seite an sich besaß. Beinah redete ich mir ein, dass er sie plötzlich zeigte, weil ich ihm indirekt bewusst gemacht hatte, dass es gar nicht schlimm war zu sein, wer man war. Als sich Frau Graves wieder gefangen hatte, schaute sie auffordernd in die Runde, um uns zu signalisieren, dass wir die beiden Beiträge kommentieren sollten. Ich biss mir auf die Lippe und meldete mich. Frau Graves sah mich ähnlich wie Lucy an, und ich vermutete, dass es daran lag, dass wir beide uns grundsätzlich bei beinah jedem Gruppentreffen einbrachten. Das trieb mich in den Wahnsinn. In der Schule wurde ich so angesehen, weil ich mich überhaupt nicht beteiligte, und hier bekam ich diesen Blick zugeworfen, weil ich zu viel sagte. Herzlichen Glückwunsch! Ein weiterer Beweis, dass ich nichts richtig machen konnte. Trotzdem ließ ich mich nicht davon beirren und schaute ihr fest in die Augen, als sie mir - als Aufforderung zu sprechen - zunickte.

»Manche Menschen wollen einfach nicht verstehen, dass man nicht unglücklich sein möchte. Sie wissen einfach nicht, dass uns diese Krankheit sämtliche Motivation raubt und uns unter Wasser drückt. Sie verstehen nicht, dass wir versuchen, dagegen anzukämpfen, dass wir immer wieder dagegen drücken, um wieder Luft holen zu können. Doch irgendwann bleibt uns die Luft aus, und wir geben auf. Aber bis dahin kämpfen wir so hart, so bedingungslos, jeden Tag versuchen wir aufzustehen, zu lächeln, den Tag zu überstehen und alles, was wir von ihnen bekommen, sind Spott und Hass, nur weil sie diese Krankheit nicht verstehen können. Sie verurteilen Dinge, die sie nicht beurteilen oder bewerten können. Ich tue mir nicht selbst leid, mir tun diese Menschen leid, die nicht einmal merken, was sie mit ihren Worten anrichten können. Sie tun mir leid, weil sie nicht hinterfragen, was sie tun, und

Freude daran haben, anderen zu schaden. Und auch wenn sie es noch so sehr betonen, sehe ich mich nicht als schwach an. Im Gegenteil, ich habe es nicht nötig, andere fertigzumachen. Ich kämpfe jeden Tag. Die Schwäche liegt bei ihnen.«

Melanie klatschte zweimal in die Hände und sah mich hochachtungsvoll an. Auch die anderen nickten heftig in die Runde, sodass ich mich paradoxerweise wirklich verstanden fühlte. Ich war nicht die Einzige, die so dachte, und genau dieses Wissen bestärkte mich in dem, was ich war und was ich fühlte.

Ich verstand nicht, warum jemand den Mund aufreißen musste, obwohl er von diesem Thema absolut keine Ahnung hatte. Niemand verlangte von diesen Menschen, dass sie sich damit auseinandersetzten oder dass sie perfekt darüber Bescheid wussten. Ich kannte mich auch nicht mit jeder Krankheit aus, aber nur wegen eines Mangels an Wissen verurteilte ich doch nicht. Das war bescheuert. Genauso wenig verstand ich, wie man sagen konnte, dass Depressive selber schuld wären, dass sie in so einer Situation waren, weil sie sich nicht bemühten, ihr Leben bunter zu gestalten. Depression war eine Krankheit. Würde diese Person zu einem Menschen mit einer chronisch angeborenen Krankheit gehen und sagen, dass sie selber schuld wäre? Würde sie zu jemandem gehen, der sich einen Magen-Darm-Infekt eingefangen hatte, und sagen, er sei selber schuld daran? Nein, natürlich nicht, weil solche Krankheiten oberflächlich waren, genauso wie diese bescheuerten Menschen, die solche Aussagen trafen.

Am Abend saßen Cailan und ich wieder gemeinsam auf meinem Bett und starrten zur Wand uns gegenüber.

»Du findest immer die richtigen Worte. Deine kleine Rede beim Gruppentreffen war wieder phänomenal«, sagte er in die Stille. Es war wirklich ziemlich ungewohnt, von ihm Zuspruch zu erhalten, obwohl er mir anfangs nur mit Gegenwehr begegnet war.

»Nur, wenn mich das Thema wirklich beschäftigt«, wehrte ich sein Kompliment ab. »Ansonsten artikuliere ich mich wie ein Affe auf Drogen.« Und das war nicht mal übertrieben. Meine Deutschlehrerin hatte mich mal gefragt, ob ich unter Balbuties leide.

Er lachte. »Rede keinen Unsinn!« Dann strich er sich seine dunklen Strähnen aus dem Gesicht, und als ich mich dabei erwischte, wie ich auf seine weißen Zähne starrte, blickte ich schnell weg und sammelte mich rasch wieder.

»Wenn ich darüber nachdenke, wie unsensibel viele Menschen sein können, was das Thema Depressionen, Borderline oder jede andere erdenkliche psychische Krankheit betrifft, kommt mir die Galle euch«, sagte ich dann seufzend. »Und eigentlich ist das schade, weil ich glaube, dass viele Menschen anders handeln würden, würden sie sich nur mit der Problematik beschäftigen.«

»Ich glaube, das ist nicht nur bei diesem Thema so. Die Menschen beschäftigen sich meistens nur mit den Dingen, die sie selber betreffen. Aber auch das kann man nicht verallgemeinern. Es gibt immer Ausnahmen, die da anders ticken«, erwiderte er.

Wieder seufzte ich. »Da hast du recht.« Wie oft hatte ich ihm eigentlich schon zugestimmt, seit wir uns kannten? Gut, zu Anfang überhaupt nicht, aber seitdem wir diese Gespräche führten, wurden unsere Ansichten immer ähnlicher, und irgendwie war mir das nicht ganz geheuer.

Nach einer kurzen Zeit der Stille rappelte er sich aus seiner eingefallenen Position auf und setzte sich so hin, dass er mich anschauen konnte. »Warum reden wir nicht mal über etwas anderes?« Kurz runzelte er nachdenklich die Stirn, dann schaute er mich wieder eindringlich an. »Was ist dein Lieblingsmärchen?«

Verdattert starrte ich ihn an. »Bitte was?« Ich wusste nicht, ob ich lachen oder ernst bleiben sollte.

»Was ist dein Lieblingsmärchen?«, wiederholte er seine Frage und verzog nicht ein bisschen das Gesicht. Ernst sah er mich an und wartete geduldig auf meine Antwort – als würde ihn das tatsächlich brennend interessieren.

Ich wollte ihm nicht das Gefühl geben, seine Frage merkwürdig zu finden, wobei er sich wirklich Mühe gab, ein entspannteres Thema anzuschneiden. »Ähm, Rotkäppchen vermutlich. Früher, als ich klein war, musste meine Mutter diese Geschichte tausendmal vorlesen. Als ich zwölf war, hat sie das Buch auf dem Flohmarkt verkauft. Damals bin ich eine Woche lang durchgehend sauer auf sie gewesen und habe kein einziges Wort mit ihr gesprochen.« Bei dem Gedanken daran musste ich prompt grinsen. Nur zur Essenszeit hatte ich mich damals blicken lassen und mich mit verschränkten Armen an den Tisch gesetzt.

Cailan lächelte. »Schöne Erinnerungen sind so wertvoll, und manchmal vergisst man, dass sie trotzdem da sind, auch wenn sie nicht mehr materiell greifbar sind. Wir tragen sie in uns. Aber wusstest du, dass die Geschichte, richtig interpretiert, richtig erschreckend ist?«

Ich runzelte die Stirn, und er plauderte eifrig weiter. »Es geht eigentlich nämlich darum, dass sich junge Mädchen vor Vergewaltigungen in Acht nehmen sollten, wobei der Wolf der charmante heuchlerische Mann sein und die rote Kappe die Menstruationsblutung darstellen soll.«

Wieder hatte ich absolut keine Ahnung, ob ich lachen oder ernst bleiben sollte. Damit hatte er sich beschäftigt?

»Hast du mich das jetzt ernsthaft gefragt, um mir die Freude an meiner Kindheit zu nehmen, Baskin?«, sagte ich gespielt ärgerlich.

Kurz schaute er mich erstaunt an, dann lachte er sein wohliges, warmes Lachen, von dem ich eine Gänsehaut bekam. »Nein, ich versuche bloß, eine normale Konversation mit dir zu führen, wie es andere Leute auch tun, um sich kennenzulernen.«

Sein zerknirschter Blick brachte mich zum Lachen. »Dabei gibt es ein Problem, das du nicht beachtet hast: Wir sind nicht normal.« Dann zwinkerte ich ihm spielerisch zu und lehnte mich wieder an die Wand an.

»Ich muss mich nur mehr anstrengen. Was ist deine Lieblingsfarbe?«, fragte er sofort weiter und schaute mich neugierig an.

Mit gerunzelter Stirn starrte ich ihn an. »Ernsthaft? So eine Standardfrage?« Das war wohl neben der Frage, wie es einem gehe, die meistgestellte dieses Universums.

Mit stolzgeschwellter Brust erwiderte er meinen Blick. »Ich habe mir Mühe gegeben. Strotzt doch nur so von Normalität, oder?«

Ich musste schmunzeln. »Das ist wohl der Inbegriff von Normalität. Hm, ich glaube, Blau. Aber nicht ein Himmelsblau oder ein solches, das man in einem dieser Kindertuschkästen findet. Ich bin früher oft mit meiner Mutter zum Strand gefahren und habe mir den Sonnenuntergang angesehen. Die Farbe, die genau in den Sekunden auf dem Wasser reflektiert und bei der sich das Blau zu einem unbeschreiblichen Farbmischmasch verfärbt – das ist meine Lieblingsfarbe«, beantwortete ich seine Frage; und als ich seinen verwunderten Blick angesichts meiner ausführlichen Beschreibung sah, schoss mir die Röte ins Gesicht, und ich versuchte, ihn schnell abzulenken. »Welche ist deine?«

Er schaute mich ein paar Sekunden lang lächelnd an, dann wurde sein Grinsen breiter. »Grün. Grün wie aus einem Kindertuschkasten.«

Ich musste lachen. In diesem Moment fühlte ich mich so frei, so gelassen, so zufrieden wie lang nicht mehr, und das, obwohl wir bloß über Farben und Märchen sprachen. Vielleicht war gerade das der Punkt. Die kleinen Dinge im Leben konnten einen auch erfüllen.

Kurz lachte er mit, dann wurden seine Züge abermals ernst. »Darf ich dich noch etwas fragen, auch wenn das absolut nicht zu den ultranormalen Fragen gehört?«

Auch mein Lachen verstummte. Ich baute innerlich ein Schutzschild auf, ängstlich auf das lauernd, was folgen werde. »Hau raus.« Eigentlich war das genau das, was ich nicht sagen wollte. Am liebsten wäre ich rausgerannt und hätte ihm gesagt, dass er die Frage für sich behalten sollte.

Ich sah in seinen Augen, wie er nach den passenden Worten suchte und immer wieder Sätze in Gedanken fallen ließ, weil sie ihm wohl nicht als richtig erschienen, bis er schließlich seufzte und mich musterte. »Ich habe bisher nur Dinge von deiner Mutter gehört. Was ist mit deinem Vater?«

Oh je. Damit hätte ich jetzt überhaupt nicht gerechnet. Ich fuhr mir durchs Haar und versuchte, so entspannt wie möglich auszusehen. »Ich habe ihn seit Jahren nicht mehr gesehen.«

»Das tut mir leid«, sagte er mitfühlend und schaute mich bedrückt an. Er wusste genau, dass meine Gelassenheit nur gespielt war, und ließ mich augenblicklich erröten. Trotzdem wollte ich die Fassade aufrechterhalten und schaute schulterzuckend auf meine weiße Bettdecke, auf der ein kleiner Fussel lag, den ich mit meinem Zeigefinger platt drückte.

»Muss es nicht, ich habe mich damit abgefunden. Ich bin ihm wohl nicht wichtig, und das ist für mich in Ordnung.« In Wahrheit hatte ich den Schmerz darüber nie abgelegt. Als durch einen Zufall vor acht Monaten herausgekommen war, dass er meine Mutter von vorne bis hinten nur verarscht hatte, war für mich eine Welt zusammengebrochen. Meine Familie war das Einzige gewesen, woran ich mich noch festgehalten hatte; das Einzige, was mich noch am Leben erhalten hatte. Das Band zwischen meinem Vater, meiner Mutter und mir war das einzige, das noch nicht gerissen war, das einzige, das mich vor dem Fallen bewahrt hatte. Und dann hatte mein Vater das Band zerschnitten, und ich war gefühlte zweihundert Kilometer weit in die Tiefe gefallen. Diese Verbindung war das Einzige in meinem Leben gewesen, was noch nicht kaputt gewesen war. Und dann plötzlich war mein Vater nicht mehr der gewesen, von dem ich gedacht hatte, er wäre es. Ich war in meinem Leben bis dahin noch nie so sehr enttäuscht worden. Am Anfang hatte ich nichts mehr gegessen, mir war dauernd schlecht gewesen, und meine Tage hatte ich immer unregelmäßiger bekommen. Mein Körper hatte auf meinen Schmerz reagiert. Und dann war ich taub geworden. Mein gesamter Körper, meine Seele, meine Gefühle, alles ergab seither keinen Sinn mehr. Ich glaubte, das Schlimmste für mich war, dass ich ihn nicht hassen konnte. Ich liebte ihn so aufrichtig, und genau das zerstörte mich. Beinah alle Menschen außer meiner Mutter, die ich geliebt hatte, hatten mich verlassen, verletzt oder enttäuscht, meistens alles zusammen. Ich wollte nicht mehr lieben, nie mehr. Nie im Leben würde ich jemals wieder jemandem mein Herz schenken, um zuzusehen, wie diese Person es in tausend Einzelteile zerlegte. Ab dem Zeitpunkt, als mein Vater unser Haus verlassen hatte, war mir eines deutlich klar geworden: Ich hatte nicht verdient, glücklich zu sein. Ich war für dieses Leben nicht gemacht, dabei wollte ich es so gern sein.

Cailan sah tatsächlich verärgert aus. »Das ist Quatsch. Ich will nicht vorschnell urteilen, aber du bist eine selbstlose und unfassbar liebe Tochter, auf die man absolut stolz sein kann. Ich weiß, wie schwer es für dich sein muss, hier zu sein, und trotzdem bist du es. Du kämpfst jeden Tag weiter – und das alles, weil du willst, dass es deiner Mutter gut geht.«

Kurz lächelte ich ihn an und ließ das Thema fallen. »Jetzt wollten wir über etwas Normales reden und landen wieder bei so einem Thema. Ich glaube, wir sind ein hoffnungsloser Fall.«

Er lachte und zuckte mit den Schultern. »Uns liegen eben die tiefgründigen Dinge mehr, das würde ich nicht als schlecht bewerten.« Ich ebenso wenig.

Wir mussten eingeschlafen sein, denn als ich, immer noch sitzend, aufwachte, lag mein Kopf an Cailans Schulter gelehnt. Erschrocken über diesen vertrauten Körperkontakt, richtete ich mich abrupt auf und starrte ihm mit hochrotem Kopf ins Gesicht. Doch zu meiner Erleichterung hatte er diese Berührung offenbar gar nicht registriert, denn er hatte die Augen geschlossen und atmete in gleichmäßigen Abständen leise ein und aus. Er sah im Schlaf so verletzlich aus, dass ich ihn am liebsten zugedeckt hätte, doch ich behielt meine Finger eisern bei mir.

Seine Brust hob und senkte sich rhythmisch, seine Hände lagen schlaff auf seinen Oberschenkeln. In diesem Moment, als ich auf seine Finger starrte, wünschte ich mir, er würde mich damit berühren, doch schnell wischte ich diesen Gedanken beiseite und stempelte ihn als Indiz dafür ab, dass ich lange nicht mehr Nähe erfahren hatte und deshalb mein Halbschlaf-Ich wie ein Kind danach bettelte. Es erschien mir als äußerst unhöflich, ihn zu beobachten, während er nichts davon mitbekam, aber ich konnte den Blick einfach nicht abwenden. Seine Wangenknochen, seine dunklen Haare, die ihm zu Berge standen, beinah jede Strähne in jede Himmelsrichtung, genauso wie meine Gefühlslage in diesem Moment, alles an ihm war so schön; und je länger ich ihn betrachtete, desto mehr wurde mir bewusst, dass ich ihn wahrhaftig zu mögen begann. Schockiert von dieser Einsicht, rüttelte ich ihn sacht an der Schulter, um ihn aufzuwecken. Verschlafen öffnete er die Augen und streckte sich einmal unter einem Stöhnen. »Erinnere mich daran, niemals wieder im Sitzen an einer Wand zu schlafen.«

Ich schmunzelte über seinen Gesichtsausdruck, als er seinen verspannten Nacken knetete. »Wird gemacht, Chef.« Dann räusperte ich mich kurz. »Ich glaube, es ist fast halb zehn. Du solltest vielleicht ...«

»Wird gemacht, Chef«, unterbrach er mich und stand von meinem Bett auf. »Ich glaube, wenn ich jetzt nicht ins Bett gehe, kann ich überhaupt nicht mehr schlafen. Schlimme Angewohnheit.« Dann lächelte er mich an und verließ mit einem liebevollen »Träum süß« mein Zimmer.

Als ich mich seufzend in mein Bett legte, nachdem ich mir die Zähne geputzt, mich abgeschminkt und umgezogen hatte, wanderten meine Gedanken wieder zu dem jungen Mann mit den honigbraunen Augen. Immer wieder erwischte ich mich dabei, wie ich mir einredete, dass Cailan eigentlich ein Arsch wäre. Ich erinnerte mich daran zurück wie er anfangs gewesen war und wie sehr er mich mit seiner Art aufgeregt hatte, doch letztlich kam ich immer wieder zu dem Entschluss, dass er im Grunde der Cailan war, den ich die letzte Zeit kennengelernt hatte. Ich durfte nicht zulassen, dass sich unsere Bekanntschaft vertiefte, denn ich wusste schon jetzt genau, dass das in einer Katastrophe enden würde. Kurz bevor ich einschlief, schoss mir ein leiser Gedanke in den Sinn: Für ein Zurück war es vielleicht schon zu spät.

KAPITEL 15

Am nächsten Abend war Cailan, nachdem wir die Cafeteria gereinigt hatten, wieder bei mir. Es schien langsam zur Routine zu werden, und irgendwie gefiel mir das und ängstigte mich gleichermaßen. Er brachte mich mit seiner Art oft zum Lachen, und ich hatte das Gefühl, dass er die gemeinsame Zeit ebenfalls genoss. Ich hatte in meinem Leben nicht viele Bekanntschaften geschlossen, und wenn, dann nur oberflächliche und solche, die nach wenigen Tagen wieder endeten. Die Zeit hier war anders, und langsam fragte ich mich, ob es hier in der Klinik wirklich so schrecklich wäre, wie ich anfangs angenommen hatte, oder ob nicht vielmehr mein Umfeld zu Hause das Fegefeuer sei.

»Kaum zu glauben, dass wir uns so gut verstehen, nachdem du mich vor ein paar Wochen angeschaut hast, als würdest du mich eigenhändig erwürgen wollen.« Ich lachte, doch eigentlich kränkte mich die Erinnerung an seine Gesichtszüge. Seine Augen, die oft wie flüssiges Karamell ausschauten, hatten einen seltsam nachdenklichen Ausdruck gehabt, der von der Furche zwischen seinen Augenbrauen nur noch unterstrichen worden war. Alles an ihm hatte mir signalisiert, dass er mich verachtet hatte.

Verblüfft sah er mich an. »Wann habe ich dich denn mal so angesehen, als würde ich das vorhaben?«

»Vielleicht nicht so extrem, aber auf jeden Fall hat man dir angesehen, was du von mir hältst.« Nachdrücklich zuckte ich noch mit den Schultern, um ihm zu zeigen, dass es mich nicht weiter interessiert hatte – obwohl das eine dicke Lüge war.

Er schaute mich abschätzig an. »Und was habe ich deiner Meinung nach von dir gehalten?«

»Dein Blick hat eindeutig gesagt, dass du mich abstoßend findest«, sagte ich mit gespielter Lache und lief rot an, als ich merkte, dass ich mit meinen schauspielerischen Fähigkeiten wohl keinen Oscar gewinnen konnte. Und genau das hatte mir auch immer mein Mathelehrer eingetrichtert, als ich so getan hatte als würde ich in meinem Rucksack nach den Hausaufgaben wühlen, um dann zu sagen, ich hätte sie zu Hause vergessen, obwohl ich sie nie gemacht hatte. Offenbar hatte sich mein Talent nicht zunehmend gesteigert.

Entsetzt starrte er mich an. »Das habe ich ganz sicher nicht über dich gedacht.«

Ich zuckte mit den Schultern. Wie oft hatte ich das in seiner Gegenwart bereits getan? Es war mir unangenehm, darüber zu sprechen, und ich verfluchte mich dafür, dass ich das Thema überhaupt angesprochen hatte. Er und ich hatte in Sachen Aussehen überhaupt nichts gemein, und dazu kam noch, dass er mich anfangs sicherlich nicht für allzu sympathisch gehalten hatte. Wie konnte ich es ihm also verübeln, dass er tatsächlich so über mich gedacht hatte, und warum versuchte er sich vehement rauszureden, obwohl das doch so offensichtlich war, was er gedacht hatte?

Er ließ es nicht auf sich beruhen, und plötzlich lagen seine Fingerspitzen unter meinem Kinn. Sanft hob er meinen Kopf an, damit ich ihn anschaute. Die Gänsehaut, die sich unwillkürlich auf meinem Körper ausbreitete, ignorierte ich wissentlich.

»Wann hat dir das letzte Mal jemand gesagt, dass du schön bist, und wann hast du dich selber schön gefühlt?«

Ich war schockiert über seine Frage und wünschte mir sofort, ich könnte mich an einen anderen Ort teleportieren, an dem mich niemand finden könnte. »Hör auf, mir solche Fragen zu stellen«, erwiderte ich und ging nicht auf seine Frage ein. Meine Wangen erhitzten sich abermals, und ich hätte schwören können, man hätte darauf ein Ei braten können, so sehr glühte ich am gesamten Körper.

Ohne ein Wort zu sagen, stand er von meinem Bett auf, legte eine Hand um meinen Arm und zog mich auf die Beine. Noch bevor ich protestieren oder fragen konnte, was er vorhatte, zog er mich schon aus meinem Zimmer und führte mich den Flur zur Toilette entlang. Er machte keinen Halt vor dem Mädchenschild, das an der Tür prangte, sondern schob mich einfach hinein. Dort positionierte er mich vor dem Spiegel und stellte sich hinter mich. Entgeistert schaute ich ihn durch den Spiegel an. Er schüttelte nur den Kopf. »Sieh dich an.«

Widerwillig tat ich, was er verlangte, und als ich meinen grauen Augen begegnete, seufzte er leise.

»Du bist der Beweis dafür, dass Depressionen unsere Sicht verklärt. Wie kannst du nicht sehen, wie schön du bist?«

Ich runzelte die Stirn und schaute ihn über den Spiegel abermals an. Das konnte er nicht allen Ernstes wirklich so meinen. Doch sein Blick ließ keinen Zweifel zu, und so drehte ich mich komplett zu ihm um. Ich musste aufsehen, um ihm ins Gesicht blicken zu können, und als ich das tat, fühlte ich mich unwillkürlich das erste Mal wirklich wie eine Frau. Ich war nie ein Typ Mensch gewesen, den man wahrgenommen hätte. Ich war immer unscheinbar gewesen, in jeglicher Hinsicht, doch Cailan sah mich. Er sah nicht durch mich hindurch, er sah mich wirklich an, und diese Tatsache ließ alles andere zur Nichtigkeit werden. Die Nähe war mir absolut nicht unangenehm, doch irgendetwas sagte mir, dass diese Situation für mich und meine Gefühle gefährlich war. Also ging ich einen Schritt zur Seite, um mehr Distanz zu wahren. »Warum tust du das?«, fragte ich schließlich und senkte den Blick gen Boden zu meinen unterschiedlich farbigen Socken. Jetzt war ich ihm gegenüber auch noch schüchtern. Gott, was war mit mir los?

»Weil du offenbar absolut nicht weißt, wie du auf andere wirkst. Ich habe dich nicht in einer Sekunde als abstoßend empfunden, im Gegenteil«, erwiderte er ernst; und plötzlich, wie auf Knopfdruck, kullerten Tränen über mein Gesicht, ohne dass ich etwas dagegen hätte tun können. Selbst ich war dermaßen erschrocken über meinen plötzlichen Gefühlsausbruch, dass ich die erste Träne von meiner Wange abfing und sie für eine Sekunde betrachtete. Nie hätte ich gedacht, dass ich einfach so vor ihm oder sonst irgendjemandem weinen würde. Von einer auf die andere Sekunde fühlte ich mich nackt und entblößt, als hätte man mich meines gesamten Schutzes entledigt, den ich hatte.

Mit geweiteten Augen schaute mich Cailan an. »Was ist los, Faye?«, fragte er besorgt und ging ein Schritt auf mich zu. »Habe ich etwas Falsches gesagt?«

Ich konnte nur den Kopf schütteln, noch immer verwirrt über meinen plötzlichen Gefühlsausbruch, und umschlang mit den Armen meinen Oberkörper, als würde ich mich damit zusammenhalten müssen. Ich spürte förmlich, wie unsicher Cailan wurde, als würde er nicht genau wissen, wie er reagieren sollte. Ich war, ehrlich gesagt, froh darüber, dass er nur dort stand und nichts weiter sagte; und gleichzeitig wünschte ich mir, dass er einfach gehen würde und mich auf diese Szene hier niemals ansprächte.

Als Frau Graves' Stimme plötzlich im Nebenzimmer ertönte, das Lucy und Melanie bewohnten, hielten wir inne. Cailan umschlang unwillkürlich mit einem Arm meine Taille und führte mich schnell in mein

Zimmer zurück, damit Frau Graves uns nicht gemeinsam auf dem Mädchenklo erwischte. Dort angekommen, nahm er mich ohne ein weiteres Wort fest in die Arme. Wie viel Trost eine einzige Berührung spendete, war für mich, seitdem ich ihn kannte, noch immer ein Rätsel, doch in diesem Moment wollte ich über den Grund dafür nicht nachdenken. Der Wunsch, er würde einfach gehen, war wie weggefegt. Ich war froh darüber, dass er mich festhielt, in jeglicher Hinsicht.

»Ich habe einen wunden Punkt getroffen, hm?«, flüsterte er zwischen meinem Schluchzen und ich nickte an seiner Brust. Ich hatte noch immer keine große Ahnung, warum ich in Tränen ausgebrochen war, ich wusste nicht mal, ob Freude oder Trauer der Grund gewesen war. Die salzige Flüssigkeit war einfach da, ohne dass meine Gedanken sie geleitet hätten.

»Tut mir leid. Ich war bloß so frustriert darüber, dass du solche Minderwertigkeitskomplexe hast«, sagte er besorgt und schuldbewusst zugleich, doch ich schüttelte energisch den Kopf. »Du hast nichts falsch gemacht. Ich weiß, dass du es nur gut meinst.«

Sacht löste er die Umarmung und führte mich zum Bett, damit wir uns hinsetzen konnten. »Woher kommen diese enormen Selbstzweifel?«

Aus Angst, ich könnte wieder anfangen zu weinen, biss ich mir schmerzhaft auf die Unterlippe, wie ich es immer tat, wenn ich einen Kloß im Hals hatte oder nervös war. Dann schaute ich ihn an und wog ab, ob ich wirklich diesen Schritt wagen sollte und ihm mehr als ohnehin schon aus meinem Leben zu erzählen. Doch seine honigbraunen Augen sahen mich voller Sorge an, sodass mir die Entscheidung direkt abgenommen wurde. »Nachdem man immer wieder betrogen und in der Schule als hässlich betitelt wurde, liegt es nahe, dass das der Wahrheit entsprechen muss, was sie sagen.«

Traurig sah er mich an. »Das ist Quatsch. Das Einzige, was dadurch bewiesen wurde, ist, dass diese Menschen miese Parasiten sind, denen es Spaß macht, andere zu verunsichern. Ich bin mir sehr sicher, dass keiner von ihnen das wirklich auch so meinte. Und was deinen bescheuerten Ex angeht – das hatte rein gar nichts mit dir zutun, lediglich mit seiner lächerlichen Einstellung gegenüber Treue.«

Auch wenn es bereits dunkel in meinem Zimmer war und wir keinerlei Licht angeschaltet hatten, konnte ich die Falte zwischen seinen Augenbrauen erkennen und auch, wie sein Mund vor Wut zuckte.

»Ich wünschte, ich könnte wie jeder andere ein normales Leben führen und nicht in Tränen ausbrechen, wenn man mir ein Kompliment macht«, flüsterte ich und schaute auf meine Beine.

»Das wirst du. Nicht von heut auf morgen, aber du bist stark. Ich weiß einfach, dass es dir irgendwann wieder gut gehen wird«, erwiderte er und klang noch immer traurig.

»Manchmal denke ich, dass alles wieder in Ordnung werden wird«, hauchte ich in die Dunkelheit und spürte sofort seine Hand auf meiner, doch ich entriss sie ihm nicht, zuckte nicht mal, so, als wäre es das Normalste dieser Welt, dass er mich berührte. »Aber dann wird es nicht besser. Es wird immer schlimmer.« Ich hatte meiner Mutter geschworen, dass ich sie nicht verlassen würde, aber manchmal dachte ich daran, dass ich doch innerlich längst tot sei. Es war bloß noch eine Quälerei, meinen Körper am Leben zu erhalten. Niemand konnte einen verstorbenen Menschen zurückholen. Wieso also glaubte jeder, man könnte uns heilen?

Er kreiste mit dem Daumen über meine Handfläche. »Aber letztendlich wird es nicht so schlimm sein, weiterzumachen und darüber hinwegzukommen. Glaub mir.«

»Das vielleicht nicht, aber es ist die Hölle, bis man wieder an dem Punkt angelangt ist, an dem man sich selbst akzeptiert, wie man ist«, sagte ich und war wieder den Tränen nah.

Sekundenlang schaute er mich niedergeschlagen an, dann zog er mich urplötzlich abermals an sich und drückte mich an seine Brust. Immer wieder strich er sanft über meinen Rücken, und ich hatte sogar das Gefühl, seine Lippen auf meiner Stirn zu spüren. Diese Umarmung war keine normale, teilnahmslose oder gar unbedeutende. Es war eine feste Umarmung, eine solche, die mir den Atem raubte und mich aus der Verfassung brachte. Eine, die mein Herz wieder zusammenpuzzelte und die Scherben meiner Seele zusammenkehrte. Das alles spürte ich in nur einer einzigen Berührung. Nie zuvor hatte ich mich einem Menschen so sehr geöffnet wie Cailan, und diese Einsicht verursachte mir eine Gänsehaut. Das, was ich hier tat, war verdammt gefährlich. Abrupt löste ich mich von ihm, und er sah mich verwundert an. »Danke, dass du mir zugehört hast. Ich bin müde und sollte schlafen.« Meine Worte klangen so abgehackt, wie es meine Herzschläge waren, und so räusperte ich mich einmal ausgiebig und schickte ihm noch ein halbherziges Lächeln hinterher.

Stirnrunzelnd schaute er mich an, stand dann jedoch auf und kratzte sich am Hinterkopf. Doch bevor er mein Zimmer verließ, drehte er sich noch einmal zu mir um. »Wenn du Redebedarf hast, kannst du jederzeit zu mir kommen, okay?«

Ich nickte.

»Träum süß, Faye.«

Ich wünschte ihm ebenfalls eine gute Nacht und hoffte, dass meine Träume nicht von seiner Umarmung handeln würden. Doch waren wir mal ehrlich: Ich wusste schon jetzt, dass ich nicht einschlafen konnte, ohne mein Hirn sprengen zu müssen, ähnlich wie bei einem penetranten Ohrwurm, der noch nach Stunden im Ohr herumspukte.

Cailan verhielt sich am nächsten Tag anders. Er lächelte mir zwar zur Begrüßung zu und tat immer, wenn er sich mit jemanden unterhielt, so, als wäre er tatsächlich an dem Gespräch interessiert, doch immer, wenn er sich unbeobachtet fühlte, sprachen seine traurigen Augen und sein kompletter Gesichtsausdruck eine andere Sprache. Immer wieder suchte ich seinen Blick, doch immer, wenn er ihn erwiderte und ich ihn fragend ansah, lächelte er mich bloß an. Zu oft hatte ich genauso reagiert wie er, um zu wissen, dass er unglücklich war. Unglücklicher als sonst.

Als wir beim Dienst in der Cafeteria endlich allein waren, stellte ich den Eimer Wasser auf einen der Stühle ab und marschierte zu Cailan hinüber. Er fegte wie immer den Boden und tat so, als fiele ihm gar nicht auf, dass ich neben ihm stand. »Möchtest du mir erzählen, was los ist?«, fragte ich einfühlsam, und endlich schaute er auf.

»Was soll sein?« Seine Stimme klang beinah schnippisch, doch ich veränderte meine Haltung nicht.

Ich kannte ihn mittlerweile gut genug, um zu wissen, dass er nur solche Schwierigkeiten hatte zuzugeben, dass es ihm nicht gut ging, weil er dafür immer fertiggemacht wurde. Und obwohl er wusste, dass ich ihn deshalb nie verspotten würde, saß die Angst davor noch viel zu tief in seiner Seele. Doch ich gab nicht auf. »Warum bist du traurig?«, flüsterte ich ihm zu und legte behutsam meine Hand auf seinen Unterarm, damit er für den Moment aufhörte, mir mit seinem plötzlichen Putzfimmel aus dem Weg zu gehen.

Zunächst schaute er mich überrascht an, dann wurden seine Gesichtszüge weicher, bis er endlich seine Maske fallen ließ und seine Trauer zum

Vorschein kam. Schnell strich er sich seine dunklen Strähnen aus der Stirn und schüttelte verhalten den Kopf. »Das weiß ich nicht so genau.« »Hast du keinen Grund?«, hakte ich nach. Diese Tage kannte ich. Man war traurig, ohne wirklich zu wissen, warum. Entweder es durchtobte einen ein Karussell voller Gefühle, die nichts miteinander gemein hatten, oder es fegte nur der kalte Hauch durch einen hindurch, der die Leere in einem ankündigte. Wer konnte glauben, dass diese beiden Gegensätze zusammen über jemanden herrschen konnten? Es war oft ein dauernder Wechsel zwischen »Ich fühle alles« und »Ich fühle nichts«, und keines der Dinge benötigte einen Grund. Wenn ein Kind von der Rutsche fiel und anfing zu weinen, so wusste man genau, warum nun Tränen kullerten. Bei depressiven Menschen musste nichts passiert sein, um diese Gefühlslagen hervorzurufen. Sie waren immer da, nur manchmal weniger verdrängt als an anderen Tagen. Depressionen bedeuteten nicht Traurigkeit, wobei das natürlich ein wesentlicher Bestandteil dieser Krankheit war. Es bedeutete jedoch nicht, dass man darunter litt, wenn man Liebeskummer hatte, oder traurig darüber war, dass das Kaninchen gestorben war. Traurigkeit war eine Emotion, die jeden Menschen prägte, und es war normal, sich in diesen Situationen schlecht zu fühlen. Nicht normal war, sich grundsätzlich in jeder Lebenslage schlecht zu fühlen; sich über nichts mehr wirklich freuen zu können und ununterbrochen in diesem Loch stecken zu bleiben mit wenig Hoffnung, wieder hinaussteigen zu können.

Ich wusste nicht, ob Cailan so tickte wie ich, aber die unsagbare Stille in seinen Augen brachte mich dazu zu glauben, dass er genauso wie ich ein Gefangener seiner Gedanken sei.

Er schüttelte den Kopf. »Nein, es gibt tausend Gründe, weshalb. Ich bin mir bloß absolut nicht sicher, welcher es diesmal ist.«

»Möchtest du mir erzählen, was in dir vorgeht?«, fragte ich vorsichtig, doch wieder schüttelte er den Kopf.

»Sei mir nicht böse, Faye.«

Das war ich nicht. Ich wusste, dass es Dinge gab, mit denen man vorerst allein zurechtkommen musste, bevor man sich eventuell jemandem anvertrauen wollte. Und das war in Ordnung. Natürlich hätte ich mir gewünscht, dass er sich öffnete, damit ich ihm vielleicht bei seinen Unsicherheiten und Verzweiflungen helfen konnte, doch gleichzeitig hatte ich absolutes Verständnis für seine Entscheidung, schließlich hätte ich genauso wie er reagiert. Trotzdem wollte ich ihn wenigstens für den

Augenblick ablenken, und so machte ich, während wir aufräumten und sauber machten, die dümmsten Flachwitze, die mir einfielen, und zu meinem Erstaunen lachte er tatsächlich ein paar Mal über den ein oder anderen. Ich glaubte, am witzigsten fand er den lächerlichen Versuch, lustig zu sein, der mir nicht zu glücken schien. Die Karriere als Schauspielerin und Comedian fiel damit für mich wohl flach.

Als ich gerade einen perversen Witz brachte, kam die kleine Frau, deren Job wir wohl durch unseren nächtlichen Ausbruch weggeschnappt hatten, zu uns, und als ich sie mitten in meinem Satz entdeckte, prustete Cailan los. Er lachte so sehr über mein errötetes und erschrockenes Gesicht, dass ich beinah mitkichern musste, doch dafür war mir die Situation einfach zu unangenehm.

Mit einem Grinsen auf den Lippen sah uns die quirlige ältere Dame an. »Der Papiermüll müsste noch in den Container vorne gebracht werden. Das Basteln hat heute viel Müll gemacht«, sagte sie entschuldigend und zeigte in den Flur, der an der Cafeteria angrenzte. »Ich habe euch die Beutel schon vorne hingestellt.«

Eigentlich war unser Dienst nur auf die Cafeteria bezogen, und ich glaubte kaum, dass die Therapiestunde hier stattgefunden hatte. Mal ehrlich: Mein nächtlicher Spaziergang außerhalb der Klinik war sicherlich kein Zuckerschlecken gewesen, aber die gefühlten dreißig Jahre Haft hätte man vielleicht ein bisschen verkürzen können und wenigstens auf die Folter beschränken können, die angebissenen Paprikascheiben, die platt auf den Boden getreten worden waren, aufzusammeln.

Wir wollten gerade auf den kleinen Innenhof, der an die Cafeteria angrenzte, da sahen wir, wie es in Strömen regnete. Cailan sah missmutig aus, und ich konnte nur darüber schmunzeln. Ich mochte den Regen wesentlich lieber als die Sonne, auch wenn das beinah der gesamte restliche Planet nicht nachvollziehen konnte. Abends, wenn ich im Bett lag und es regnete oder gar gewitterte, konnte ich wunderbar einschlafen, während meine Mutter immer schlaflose Nächte verbrachte, da sie von jedem Geräusch wach wurde.

»Wollen wir warten, bis es aufgehört hat?«, fragte Cailan und legte die beiden Müllbeutel, die er schon in die Hände genommen hatte, wieder ab.

Stirnrunzelnd sah ich ihn an. »Bist du aus Zucker oder was?« Ohne auf eine Antwort zu warten, rannte ich hinaus und stellte mich mitten in den Regen. Mit geschlossenen Augen richtete ich das Gesicht gen Himmel und genoss das Gefühl jedes kühlen Tropfen, der auf meine Haut prasselte. Es gab nicht viele Momente, in denen ich mich halbwegs frei fühlen konnte, doch wann immer ich die kühle Nässe auf meiner Haut spürte, war ich für ein paar Sekunden in einer anderen Welt, ohne zu wissen, wo.

Nach einer Weile spürte ich Cailans Präsenz ganz nah vor mir und öffnete schlagartig die Augen. Sein Blick ruhte auf mir, und ich erhaschte ein klitzekleines Lächeln auf seinen Lippen. Es war nicht spöttisch, eher belebend und glücklich, und sofort schlug mein Herz höher, als würde sein Blick eine warme Decke auf meine Seele legen. »Du bist wunderschön«, flüsterte er mir sanft zu. Diesmal brach ich nicht in Tränen aus, sondern schenkte ihm bloß ein schüchternes Lächeln.

War es nicht merkwürdig, dass jemand mein Herz so schnell schlagen lassen konnte, obwohl ich vor wenigen Wochen der festen Überzeugung gewesen war, dass es überhaupt nicht mehr schlagen sollte?

Nachdem wir den Müll in den Container geschmissen hatten, machten wir uns auf den Weg in unsere Zimmer, um uns von der nassen Kleidung zu befreien. Nachdem ich mir einen warmen Pullover und meine Jogginghose angezogen hatte, klopfte ich bei Melanie und Lucy an.

Cailan hatte mir eröffnet, dass er diesen Abend lieber mit seiner Musik allein sein wollte, und das respektierte ich ausnahmslos. Ich kannte diese Tage, an denen man niemanden sehen oder hören wollte, und ich wusste ebenso, dass das nie böse den Mitmenschen gegenüber gemeint war. Man konnte es mit Übelkeit vergleichen. Die meisten wehrten dann auch innige Umarmungen ab und umklammerten lieber eine Schale. Manchmal brauchte man genug Freiraum, um sich um sich selbst zu kümmern.

Als ich das Zimmer meiner beiden Freundinnen betrat, blickten sie mich überrascht an. »Hast du dich mit Cailan gestritten?«, fragte Lucy sofort. Ihre Frage verblüffte mich nicht. Es wäre auch kein großes Wunder gewesen, wenn ich die Frage hätte bejahen müssen.

»Nein, nein. Er wollte heute mal für sich allein sein«, antwortete ich und schmiss mich neben Melanie aufs Bett.

»Wir haben uns schon gefragt, wann du wieder Zeit für uns haben würdest«, sagte Melanie gespielt schmollend und drückte mich an sich, bis wir beide mit dem Rücken auf dem Bett landeten.

»Tut mir leid«, sagte ich entschuldigend, kam aber nicht dazu, mich zu erklären, denn Lucy warf sich lachend auf uns und drückte mir einen Kuss auf die Wange.

»Wir verstehen das doch, dass du gern mit Cailan zusammen bist.« Dabei zog sie vielsagend die Augenbrauen in die Höhe, was ich ignorierte.

»Mit euch bin ich aber auch gern zusammen«, widersprach ich.

Als Melanie sich wieder aufrichtete, winkte sie bloß ab. »Mit uns bist du in den ganzen Therapiestunden genug zusammen.«

Dankbar für das Verständnis der beiden lächelte ich sie an. Sie sollten nicht den Eindruck haben, dass ich ungern Zeit mit ihnen verbrächte, doch die Abende mit Cailan hatten mir tatsächlich irgendwie gutgetan; und auch wenn die beiden wirklich bereits zu so etwas wie meinen Freunden zählten, so war das, was Cailan und mich verband, irgendwie ganz anders.

»Trotzdem bist du uns eine Antwort schuldig«, sagte Melanie mit tadelndem Blick, und Lucy nickte ihr wissend zu.

Mit großen Augen schaute ich sie abwechselnd an. »Die da wäre?«

Lucy grinste frech. »Was läuft da zwischen euch?«

Verwirrt sah ich sie an. Wie kamen sie darauf, dass da überhaupt etwas laufen könnte? Ja, wir verbrachten abends viel Zeit miteinander, aber mal ehrlich: Melanie und Lucy schenkten ihre Zeit ebenso oft Harry, und da hieß es bisher auch nur, dass sie Freunde seien. Warum sollte man nicht mit dem anderen Geschlecht befreundet sein können, ohne dass da was lief? Genauso gut könnte man mir doch nachsagen, dass ich auf eines der beiden Mädels stünde, schließlich lagen wir gerade halb neben, halb aufeinander auf einem der Betten. Und das tat ich bei aller Liebe definitiv nicht. »Nichts. Wir sind bloß Freunde.« Waren wir das tatsächlich? Bisher hatte ich ihn nur als Bekanntschaft angesehen, doch auch wenn ich mich noch so sehr dagegen sträubte, musste ich mir eingestehen, dass daraus wohl tatsächlich so etwas wie Freundschaft entstanden war. Anders konnte ich mir nicht erklären, warum ich mit ihm Zeit verbringen wollte.

Mit Blicken, die augenscheinlich »Das glaubst du doch selber nicht!« ausdrücken sollten, sahen mich die beiden an, doch ich zuckte nur mit den Schultern und schaute an ihnen vorbei. Warum fühlte ich mich so erwischt, obwohl doch rein gar nichts zwischen ihm und mir war außer ein paar tiefgründigen Gesprächen? Zugegeben: Diese Unterhaltungen hatte ich nie zuvor mit jemandem geführt, weil ich niemandem genug vertraute; und dass ich es gerade bei Cailan konnte, verwunderte mich auch immer wieder, aber mehr als Freunde waren wir definitiv nicht. Und das würde auch so bleiben.

Dass sie mich nun so durchbohrend anschauten, verunsicherte mich trotzdem, und so versuchte ich, ein anderes Thema anzuschneiden und von mir abzulenken. »Was ist eigentlich mit dir, Lucy? So, wie Harry dich immer anschmachtet, scheint da ja irgendwas im Busch zu sein.«

Lucy sah mich grinsend und mit geröteten Wangen an. Also hatte ich wirklich ins Schwarze getroffen. »Wir mögen uns.«

Diesmal schauten Melanie und ich sie stirnrunzelnd an, und Lucy erhob lachend die Hände. »Okay, okay. Vielleicht läuft da auch was.«

Schockiert hielt sich Melanie die Hand auf die Brust. »Und du sagst mir davon nichts?«

»Hätte ich schon noch«, erwiderte sie augenrollend.

Schmollend saß Melanie da und betrachtete Lucy. Ich musste schmunzeln. »Wenn ihr jemanden kennenlernt, egal ob auf freundschaftlicher oder Liebesbasis, wie wisst ihr, ob das, was ihr tut, in dem Moment richtig ist?«

Die beiden schauten mich erstaunt an, als wäre meine Frage das Letzte, worüber sie je nachgedacht hätten. »Ich schätze, wir machen es einfach und sehen dann, ob es letztlich richtig oder falsch war«, antwortete Melanie, und Lucy nickte zustimmend.

Seufzend schüttelte ich den Kopf. »Manchmal frage ich mich, ob ich die Einzige auf diesem Planeten bin, die sich über alles Gedanken macht. Wenn ich beispielsweise mit Cailan rede, frage ich mich total oft, ob es ihn überhaupt interessiert, was ich sage, oder ob er nur so tut, um höflich zu sein. Dann frage ich mich, ob ich, nachdem ich seine Frage beantwortet habe, weitererzählen soll. Würde er sich denken: ›Oh Mann, redet die Alte viel, ich wollte doch bloß diese eine Sache von ihr wissen.‹? Und wenn ich nicht weitererzähle, denkt er dann, ich würde ihm nur das Nötigste erzählen wollen, weil ich ihn nicht genug mögen würde und die Konversation schnell beenden wollte? Wenn ich ihn etwas frage, fühlt er sich dann unwohl und überrumpelt und antwortet nur, weil er sich gedrängt oder dazu verpflichtet fühlt? Und wenn ich ihn nichts frage, denkt er dann, ich würde mich nicht für ihn interessieren? Wenn er mich umarmt, tut er es dann, weil er denkt, er müsste es tun, um mich zu trösten, oder tut er es, weil er es will?«

Mit geweiteten Augen starrten mich die beiden einen Moment lang an, dann grinsten sie sich gegenseitig an. »Wer sich so viele Gedanken macht, ist eindeutig verliebt«, sagte Lucy mit einem Zwinkern, und ich starrte sie bloß fassungslos an. Alles in meinem Körper verkrampfte sich, und für eine Sekunde setzte mein Herz aus. Sie hatte unrecht, definitiv.

»Oder einfach nur ein kompletter Vollidiot, der nicht einfach das tut, was ihm in den Sinn kommt, sondern jede Kleinigkeit abwägt, als wäre das Leben nicht schon kompliziert genug, um sich dann auch noch über solche Dinge Gedanken zu machen«, kommentierte Melanie und lachte schallend.

»Danke, Mel«, erwiderte ich sarkastisch, musste dann aber auflachen, weil sie theoretisch recht hatte. Ich machte mir eindeutig über jede Angelegenheit viel zu viele Gedanken.

Dann stand ich vom Bett auf und gab beiden einen Kuss auf die Wange. »Ich werde schlafen gehen, wir müssen morgen schließlich früh raus.« Morgen würden wir einen Ausflug in einen Freizeitpark unternehmen, der von Sponsoren finanziert wurde. Dass sie uns wirklich zutrauten, dass wir auf andere Menschen treffen konnten, war wohl eine große Ehre, wobei man uns doch hielt wie Straftäter, deren Urteil lebenslange Haft bedeutete. Gut, ganz so schlimm war es hier wirklich nicht, aber ich glaubte, einen Tag, an dem wir uns ein klitzekleines bisschen normal fühlen konnten, würden wir nicht in diesem Gebäude verbringen können. Deshalb war ich umso dankbarer, dass uns ermöglicht wurde, einen Nachmittag außerhalb der Klinik zu genießen. Zugegeben, ich hatte meine Einstellung zu diesem Gebäude deutlich verändert, seit ich hier war. Niemand hier, auch nicht Frau Graves, wollte uns etwas Böses – im Gegenteil. Sie waren hier, um uns zu unterstützen, ein neues, glückliches Leben führen zu können. Es war für niemanden von uns einfach, hier sein zu müssen, weil es bedeutete, dass wir unseren Problemen in die Augen blicken mussten, aber für manche von uns war es die einzige Möglichkeit, genau diese zu bekämpfen. Nicht diese Menschen hier waren unsere Feinde, sondern unsere eigenen Gedanken.

»Dass wir tatsächlich noch mal aus diesem Gefängnis hier rauskommen und die Zivilisation erblicken dürfen!«, sagte Melanie melodramatisch, und wir lachten. Dann verließ ich ihr Zimmer, und mein Kopf war urplötzlich voll von Gedanken – so, als hätte man die verschlossene Tür in meinem Kopf einfach gesprengt und als prasselte all die Negativität auf mich nieder. Würde das irgendwann aufhören?

KAPITEL 16

Am nächsten Morgen wurden wir früher geweckt als sonst. Geordnet schlenderten alle Gruppen zu dem Bus, der vor der Klinik auf dem Parkplatz auf uns wartete. Seufzend richtete ich den Blick gen Himmel und atmete die frische Luft ein. Wir hatten Glück, denn das Wetter schien es mit uns gut zu meinen – oder zumindest mit denen, die Sonne abgöttisch liebten. Cailan, der in dem Moment in meinem Blickfeld auftauchte, als ich den Blick vom Himmel abwandte, sah heute deutlich glücklicher aus als gestern. Er knuffte Harry gerade gegen die Schulter und lachte dabei, sodass seine weißen Zähne zum Vorschein kamen. Ich spürte etwas in meinem Bauch, etwas kribbelte in meinen Händen, und in meinem Kopf, als ich Cailan so ansah. Doch als er meinen Blick plötzlich auffing, konnte ich nur kindisch weggucken und so tun, als hätte ich ihn nicht die verdammten letzten Minuten angestarrt.

Ich stieg hinter Melanie ein, und als sie sich neben Lucy platzierte, steuerte ich einen Zweierplatz im hinteren Teil des Busses an, der mir genug Freiraum für die Fahrt bieten konnte, denn momentan saß noch niemand so weit hinten. Es wunderte mich, denn die hinteren Plätze im Bus waren immer den Beliebten gewidmet, somit waren das wohl auch die besten Plätze.

Als ich saß, nahm ich meinen MP3-Player heraus und versuchte, meine Kopfhörer zu entwirren. Dort waren mehr Doppelknoten verstrickt, als meine Mutter mir früher in meine kleinen Winterstiefel geknotet hatte. Ich war so vertieft darin, die Finger, die sich immer wieder in den Kabeln verhedderten, zu zwingen, die Knoten zu lösen, dass ich gar nicht mitbekam, dass sich mir jemand genähert hatte.

Munter platzierte sich Cailan neben mir auf den freien Platz. Erschrocken sah ich ihn an. Ich musste ausgesehen haben, als hätte ich gerade gesehen, wie *Lord Voldemort Macarena* getanzt hatte. Warum saß er nicht neben Harry?

Er lachte. »Alles okay?«

Ich räusperte mich verlegen und versuchte, meine Gesichtsmuskeln wieder unter Kontrolle zu bringen. »Ja. Und bei dir? Geht's dir besser?«

»Ja«, antwortete er bloß achselzuckend, und es klang, als wäre damit die Sache erledigt. Er machte es sich auf dem Sitz bequem, und ich erwiderte nichts. Er würde dann mit mir über seine Gedanken sprechen, wenn er es wollte, und nicht, wenn ich ihn dazu drängte.

»Magst du Busfahrten?«, fragte Cailan, als der Bus losfuhr und alle in dem Bus jubelten.

Ich nickte, während ich den letzten Knoten aus meinen Kopfhörern löste. »Schon, ja. Es sei denn, man sitzt neben Leuten, die unerträglich sind.«

»Leuten wie mir?«, fragte er und schmunzelte.

Ich riss die Augen auf und schüttelte heftig den Kopf. »Quatsch, nein. Eher Leute, die viel zu laut Musik hören, sich total breit machen, laut telefonieren oder anderweitig nervtötend sind.« Ich erinnerte mich an eine Busfahrt, die von mir eine zweistündige Disziplin gefordert hatte. Damals hatte mein Lehrer neben mir gesessen, während wir auf Klassenfahrt fuhren, weil niemand sich neben mich hatte setzen wollen. Er telefonierte ununterbrochen und tippte die ganze Zeit mit dem Fuß auf dem Boden herum, sodass sein Bein unruhig auf und ab zappelte. Ich schwöre, ich war kurz davor gewesen, meinen Geschichtslehrer zu vermöbeln.

»Bist wohl ganz schön penibel«, schlussfolgerte er noch immer mit einem Lächeln auf den Lippen.

»Nichts ist schlimmer, als auf engem Raum die Geduld zu verlieren und nicht fliehen zu können«, sagte ich und erwiderte sein Lächeln.

»Hast du Angst, bei mir die Geduld zu verlieren?«, fragte Cailan und verzog das Gesicht zu einem herausfordernden Ausdruck, der seine Augenbrauen in die Höhe schießen ließ.

»Ich hoffe, du legst es nicht drauf an, sonst darfst du den Rest der Fahrt unter deinem Sitz verbringen, wenn ich dich darunterstopfe«, sagte ich gespielt drohend und richtete den Zeigefinger warnend auf ihn.

Mit einem melodramatisch-ängstlichen Gesichtsausdruck erhob er die Hände und lachte anschließend in sich hinein. »Keine lauten Telefonate mit meinem unsichtbaren Handy.«

Ich grinste, stöpselte meine Kopfhörer, die ich nun endlich entknotet hatte, in meinen MP3-Player und stöberte meine Playlist durch.

»Warum darf ich keine laute Musik hören, du aber schon?«, fragte Cailan beleidigt, noch bevor ich auf Play drücken konnte.

»Keine Sorge. Ich höre nicht so laut, dass du den Songtext mitsingen kannst«, beruhigte ich ihn sarkastisch und richtete den Blick abermals auf meine Playlist.

»Zu schade, dabei würde ich gerne mithören«, erwiderte er; und noch bevor er danach fragen konnte, reichte ich ihm einen von meinen Ohrstöpseln. »Was möchtest du hören?«

»Was steht zur Auswahl?«, stellte er die Gegenfrage; und noch bevor ich darüber nachdachte, reichte ich ihm meinen MP3-Player, damit er sich ein Lied aussuchen konnte. Eigentlich hasste ich es, wenn andere Leute sahen, was ich für Lieder hörte. Teilweise schämte ich mich für meinen Musikgeschmack. Eigentlich bescheuert, weil nichts daran schlimm war, einen außergewöhnlichen Geschmack zu haben. Nur leider machte ich mir wirklich über jeden Mist zu viele Gedanken, als dass ich hätte einfach mal abschalten können.

Nach wenigen Sekunden erklang die Musik meiner Lieblingsband *Walking on Cars*, und Cailan gab mir meinen MP3-Player zurück.

Zusammen hörten wir meine Musik und wippten spielerisch mit dem Kopf mit. Ich hätte Cailan gern gefragt, warum er gerade dieses Lied ausgewählt hatte. Vielleicht kannte er die Band und fand sie genauso toll wie ich, oder vielleicht war dies das Erste was ihm ins Auge gesprungen war. Als Patrick Sheehy die Zeilen »*Where do you run? What can you lose? Run form yourself but you are still stuck with you*« sang, formte ich mit den Lippen den Text und bemerkte aus den Augenwinkeln, dass Cailan mich musterte. Eigentlich war es mir grundsätzlich immer unangenehm, wenn man mich anstarrte, doch in diesem Moment war es mir egal. Irgendwann, als ich mich von der Melodie mitreißen ließ, lehnte ich mich, ohne darüber nachzudenken, an Cailans Schulter. Sofort darauf berührte er sanft mein Knie und ließ seine Hand die restliche Fahrt darauf ruhen. Es war so eine einfache Geste, die so viel Friedlichkeit und Sicherheit bot, sodass ich darin zu ertrinken drohte. Nur für diesen Moment ließ ich mich komplett fallen und dachte nicht darüber nach, ob diese Berührungen richtig oder falsch waren. Ich versprach mir selber, dass dies das einzige Mal sein würde, dass ich diese Nähe zuließ, und ich war mir sicher, dass ich mich daran halten konnte.

Ich neigte den Kopf etwas zur Seite, um aus dem Fenster zu schauen. Auf der Scheibe zeichneten sich Spuren des Regens ab, und ich konnte an vielen Stellen den Weg der Tropfen zurückverfolgen. Im Zickzack waren sie die Scheibe hinuntergelaufen, und sofort erinnerten mich diese Spuren an mein eigenes Leben. Ich hatte Tage, an denen ich geradlinig ging; Tage, an denen ich relativ zufrieden war; Tage, an denen ich nicht sterben wollte. Das waren die kurzen Schwenker, die die Tropfen gemacht hatten. Es gab diese Tage, aber alle Tropfen flossen trotz dieser Ausnahmen immer nur in eine Richtung – nach unten, nie nach oben.

Niedergeschlagen von diesem Vergleich, richtete ich den Blick auf die Landschaft, die an uns vorbeisauste. Wir ließen in rasender Geschwindigkeit mehrere Bäume und Häuser hinter uns, die friedlicher nicht hätten aussehen können. Die Sonne, die auf die Kronen der vielen Fichten schien, ließ die Blätter, die sich bereits herbstlich verfärbt hatten, beinah erstrahlen. Obwohl die Blätter allesamt bald von den Bäumen fallen würden und dann auf dem schmutzigen Erdboden zerfielen, strahlte dieses Bild mehr Lebendigkeit aus als die Zeiten, in denen die Baumkronen ein sattes Grün schmückte. Ich ließ den Blick schweifen und entdeckte zwei Vögel, die zusammen neben unserem Bus in ein paar Meter Entfernung flogen, und verfolgte ihre sinnlichen Bewegungen. Es gab kein Tier für mich, das die Freiheit mehr symbolisierte als diese Geschöpfe; und für einen kurzen Augenblick dachte ich darüber nach, wie es wäre, wenn der Mann, der gerade neben mir saß und mein Knie streichelte, und ich frei wären. Frei von den negativen Gedanken, frei von der Traurigkeit, frei von der Krankheit. Würde ich dann über diese Berührungen anders denken, oder würde ich dann noch genauso intensiv abwägen, ob ich mich ihm entziehen sollte oder nicht?

Der Bus, der auf einem Parkplatz hielt, riss mich aus meinen Gedanken in die Realität zurück, und irgendwie war ich darüber auch echt froh.

Nachdem eine Betreuerin aus einer der anderen Stationen uns die hundert Verhaltensregeln dieses Parks aufgetischt und anschließend beteuert hatte, dass wir die ganze Zeit über in Gruppen bleiben sollten, durften wir dann auch endlich den Bus verlassen. Geordnet gingen wir zu unseren Betreuern unserer Station und marschierten mit ihnen, nachdem sie den Eintritt für uns alle gezahlt hatten, in den Freizeitpark, der größer war als jedes Oktoberfest, das ich je besucht hatte. Überall waren Schilder aufgestellt, die mit Bildern signalisieren sollten, welche Attraktion in welcher Himmelsrichtung angeboten wurde. Direkt am Eingang stellten wir uns jubelnd vor die Wildwasserachterbahn und besprachen eifrig, wohin wir als Erstes gehen würden. Wir führten uns auf wie kleine Kinder, die Geburtstag feierten, aber genau so fühlten wir uns auch, und das war in Ordnung. Das Kind in uns würde womöglich egal wie alt wir waren, ein Teil von uns sein, so, wie von jedem anderen Menschen auch.

Frau Graves klatschte in die Hände, damit sie unser aller Aufmerksamkeit erlangte. »Ihr habt jetzt alle sechs Stunden Zeit, den Freizeitpark zu erkunden. In sechs Stunden treffen wir uns wieder hier bei der Wasserbahn. Wenn ihr nicht wisst, wo sie zu finden ist, auf den Wegen stehen überall Karten. Ausreden gelten also heute mal nicht.«

Dabei hatte sie ein besonderes Augenmerk auf Cailan und mich gerichtet, doch ich tat so, als hätte ich das nicht bemerkt. Würde sie irgendwann über unseren Ausbruch aus der Klinik hinwegkommen, oder band sie uns womöglich bald einen Peilsender an die Füße, um jeden unserer Schritte zu verfolgen?

Wir alle entschieden uns dafür, zunächst mit der Wildwasserachterbahn zu fahren, da wir nun schon einmal dort waren, und schlenderten gemeinsam den Weg zum Eingang entlang. Jeffrey ging etwas weiter hinter uns, und so ließ ich mich unauffällig etwas nach hinten fallen, um neben ihm zu gehen, damit er sich nicht ausgeschlossen fühlen musste. Ich lugte ihm ins Gesicht, doch er schien mich überhaupt nicht wahrzunehmen, als würde er gerade komplett in einer anderen Welt leben, die nichts mit der Realität zu tun hatte. Ich entschloss mich dazu, einfach schweigend neben ihm herzugehen und ihm seinen Freiraum zu lassen. Jeffrey war ein sehr ruhiger und verschlossener Mensch, der nicht viel Kontakt suchte. Außer mit Nick, der sein Zimmergenosse war, sprach er mit niemandem von uns, und ich fragte mich, ob es daran liegen mochte, dass wir ihm alle suspekt waren, oder ob er einfach Schwierigkeiten damit hatte, sich anderen Menschen anzunähern. Gerne hätte ich ihm seine Unsicherheit genommen, doch die Sorge darum, dass der andere Grund der wahre sei, ließ mich den Mund halten.

Am Eingang angekommen, teilten wir uns in Zweier- und eine Dreiergruppe auf. Harry, Nick und Jeffrey quetschten sich gemeinsam in den hinteren Teil des Wagens, Lucy und Melanie setzten sich davor, und Cailan und ich nahmen ganz vorne Platz. Als die Schoßbügel einrasteten, fühlte ich mich unwillkürlich etwas sicherer in dem Wagen, und auch Cailans Präsenz brachte mich dazu, meine Anspannung zurückzuschrauben. Als sich der Wagen in Bewegung setzte, jubelten die beiden hinteren Reihen ohrenbetäubend laut, und Cailan blickte sich kurz um, um den anderen eine »beschissene Fahrt« zu wünschen, weil sein Trommelfell dank ihnen geplatzt sei. Anschließend lachte er jedoch und kassierte prompt von Melanie einen kleinen Schubser an der

Schulter. Je höher der Wagen fuhr, desto häufiger fragte ich mich, ob diese Achterbahn bei meiner Höhenangst das Richtige gewesen sei, doch ich versuchte, mich immer wieder zu entspannen, indem ich auf den Metallbügel in meinem Schoß starrte, der mir signalisierte, dass mir nichts passieren würde. Gut, es kursierten etliche Videos im Internet, in denen Menschen aus fehlerhaft gesicherten Wagen stürzten, doch die Erinnerung daran sollte ich mir vielleicht in diesem Moment nicht ins Gedächtnis rufen, wenn ich nicht wie eine Katze auf einem Tierarzttisch ausrasten wollte. Als wir fast ganz oben waren, um anschließend auf der anderen Seite mit Vollgas wieder hinunterzubrettern, spürte ich Cailans Blick auf mir, und gleich darauf berührte er meine Hand, die sich an dem Schoßbügel festklammerte, als hätte man dort zuvor Sekundenkleber draufgeschmiert. Ich blickte auf seine Hand, die meine Finger sacht von dem Metall löste, und sah, wie sich unsere Hände wie von selbst ineinanderlegten. Die Wärme, die von seinem Körper ausging, bescherte mir sofort eine Gänsehaut, und in meinem Bauch breitete sich ein fremdes Kribbeln aus, das ich so stark noch nie erlebt hatte. Wenn mein Herz vorher so schnell geschlagen hatte, als würde es einen Marathon gewinnen wollen, so lief es nun um sein Leben. Das Adrenalin rauschte in meinen Ohren, und so begründete ich auch meine Reaktion auf seine Berührung damit. Kurz bevor der Wagen am Ende der senkrechten Strecke ankam, schaute Cailan mir tief in die Augen. Er nahm meine Hand und streckte sie in die Höhe, genauso wie seinen anderen Arm. Dann sah er mich auffordernd an, und ich streckte auch meine freie Hand gen Himmel.

Als sich der Wagen senkte und wir mit einer wahnsinnigen Geschwindigkeit die Achterbahn hinuntersausten, konnte ich nur die Augen aufreißen; und plötzlich spürte ich, wie sich das Kribbeln, das ich zuvor bereits gespürt hatte, in meinem gesamten Körper verteilte. Bis in meine Fingerspitzen, die mit denen Cailans verschlungen waren. Immer wieder spritzten mir Wassertropfen ins Gesicht, die mich an den kühlen Regen erinnerten, den ich so liebte. Und dann lachte ich. Ich wusste nicht genau, warum. Vor Hysterie? Vor Freude? Oder löste das Adrenalin solche Emotionen aus? Es war egal, weshalb, aber ich lachte. Ich lachte so ausgiebig und laut, dass sich etliche Haare in meinem Mund verfingen, die vom Wind in alle Richtungen geblasen wurden. Ich würde sicherlich aussehen wie eine Vogelscheuche, wenn ich unten ankäme. Dieser Augenblick, der nur wenige Sekunden hielt, ließ mich all das Negative in meinem Leben vergessen. Hier war ich: ein normales Mädchen an einem normalen Nachmittag und in einem normalen Freizeitpark, das Spaß hatte. Ich erinnerte mich nicht an einen Moment, in dem ich mich mehr am Leben gefühlt hätte, als genau in diesem.

Als ich das Ende der Wasserbahn sah und Cailan den Arm schützend vor sein Gesicht hielt, konnte ich nur noch ahnen, wie viel Wasser ich in der nächsten Sekunde abbekäme, und wurde prompt klitschnass.

Als ich aus dem Wagen stieg, ruhten zwei Augenpaare auf mir; und als ich an mir hinuntersah, wusste ich auch, warum. Mein weißer Pullover war ziemlich durchnässt, und so konnte man meinen roten BH hindurchschimmern sehen. Cailans Mund klappte etwas auf, doch er hatte sich schneller im Griff als Nick zu seiner Rechten. Der starrte noch immer auf meine kleine Oberweite, und ich legte wie automatisch die Hände darüber.

Als Cailan meinem Blick folgte und bemerkte, dass Nick mich anstarrte, gab er ihm einen heftigen Schubs, sodass dieser beinah das Gleichgewicht verlor. »Starr sie nicht so an!«, sagte Cailan zornig, und ich zog eine Augenbraue hoch. Dies sagte ausgerechnet derjenige, der vor wenigen Sekunden selber so geglotzt hatte.

Nick taxierte Cailan mit Blicken, erwiderte jedoch nichts darauf. Ich war jedenfalls dankbar für sein Schweigen, denn das Szenario war mir ohnehin ziemlich unangenehm. Als Cailan auf mich zukam, dachte ich, er würde mir leise mitteilen wollen, dass man meinen BH sehe, weil er dachte, ich wäre so beschränkt und würde das nicht wissen, doch stattdessen zog er seine Jeansjacke aus und legte sie mir über die Schultern, um sie schließlich vorne so zu richten, dass meine komplette Vorderseite bedeckt war. Dann lächelte er mir ins Gesicht, und auch ich grinste dankbar, wenn auch ein bisschen peinlich berührt.

Als wir anschließend alle zusammen weitergingen und an einem Süßigkeitenstand vorbeischlenderten, fragte mich Cailan, ob ich schon mal Zuckerwatte gegessen hätte. Als ich verneinte, zog er mich kommentarlos zum Stand und besorgte uns eine fluffige Portion derselben, die größer war als mein Kopf. Sie klebte an meinen Händen, als ich mir ein wolkenförmiges Stück abriss; und mal ehrlich: Ich hätte mir auch einfach pure Zuckerwürfel in den Rachen schieben können. Doch trotz dieser extremen Süße konnte ich, ähnlich wie beim Popcorn im Kino, nicht aufhören, davon zu naschen, und so aßen wir gemeinsam Zuckerwatte und schlenderten hinter den anderen her, die ab und an anhielten, um an Gewinnspielen teilzunehmen, die in verschiedenen Buden angeboten wurden. Melanie wollte unbedingt einen Teddybären haben, schickte jedoch Nick vor, der diesen für sie gewinnen sollte. Ich musste immer wieder darüber schmunzeln, wenn Nick verlor und Melanie sich wie ein kleines Kind aufregte, bis die beiden sich spielerisch beleidigten und diskutierten, wer von den beiden unfähig sei, einen Teddybären zu gewinnen.

»Lasst uns Riesenrad fahren!«, rief Lucy dann aus und hakte sich bei Harry unter, während sie auf die Attraktion zeigte, die vor uns lag. Als ich nach oben schaute und die Gondel, die am höchsten reichte, betrachtete, war meine Entscheidung, ob ich dort einsteigen würde, bereits getroffen. »Ich setze die Runde aus und warte hier unten auf euch.«

Cailan, der neben mir stand, gab mir einen sanften Stupser in die Seite. »Nichts da, du kommst mit.«

»Ich habe Höhenangst, da ist ein Riesenrad nicht so das Optimale, würde ich sagen«, erklärte ich ihm den Grund für meine Entscheidung und lächelte ihn zerknirscht an.

»Ich bin ja bei dir und pass auf, dass du mir nicht rausfällst.« Seine Stimmlage machte deutlich, dass Widerstand zwecklos war, und so seufzte ich ergeben.

Als wäre es das Selbstverständlichste der Welt, nahm Cailan meine Hand und zog mich sanft zu den Gondeln. Riesenrad zu fahren, war jetzt nicht unbedingt das Spaßigste, was ich mir hätte vorstellen können. Wo andere es als amüsant betitelten, bezeichnete ich es als Höllentrip. Eine Kettensäge in meiner Magengrube oder die monatlichen Unterleibsschmerzen wären amüsanter gewesen.

Als Cailan und ich gemeinsam in einer der Gondeln saßen und die Fahrt begann, zwang ich mich, nur ihn anzuschauen und nicht darauf zu achten wie hoch wir uns befanden. Er starrte in die Ferne und lächelte plötzlich traurig. »Manchmal ist das Leben gar nicht so schlimm. Aber das ist immer nur dann der Fall, wenn man vor seinen Problemen weggelaufen ist, die zu Hause auf einen warten.«

»Du findest, du bist vor deinen Problemen weggelaufen?«, fragte ich verwundert über seinen plötzlichen Stimmungsumschwung.

Er schaute mich an. »Glaubst du, dass deine Probleme plötzlich verschwunden wären, wenn du nach Hause kämest?«

»Nein, auf keinen Fall. Sie werden einem wieder imaginär um die Ohren geschlagen. Aber der Sinn, dass du in der Klinik bist, besteht nicht darin, dass sich deine Probleme in Luft auflösen.« Ich atmete tief durch. »Wir lernen, mit unseren Problemen besser umgehen zu können, damit sie irgendwann zu Problemen der Vergangenheit werden. Niemand sollte sich an dem Glauben festkrallen, man könne diese Unzufriedenheit, diese Leere, diesen Hass und diese Trauer, die sich innerhalb von Jahren angesammelt haben, von heut auf morgen wegwischen. Man muss daran arbeiten, und ich finde, freiwillig hier zu sein, ist schon ein sehr großer Schritt in die richtige Richtung.«

Lange starrte er mich kommentarlos an, und auch ich blickte in seine honigbraunen Augen, die mir das Gefühl schenkten, schwerelos zu sein. Ich versank in den kleinen, karamellfarbigen Sprenkeln seiner Iris und fragte mich instinktiv, ob sie so strahlten, weil er fröhlich war in diesem Moment – mit mir. »Darf ich dir etwas verraten in der Befürchtung, mein Arschlochimage könnte einen Knacks bekommen?«, fragte er nach wenigen Sekunden ernst.

»Das wäre ja schrecklich«, sagte ich sarkastisch und schaute ihm aufmerksam in die Augen.

Er schenkte mir ein schiefes Lächeln, strich sich dann durchs Haar und musterte mich. »Wenn ich bei dir bin, fühlt es sich so an, als könnte ich alles schaffen.«

Mein Herz hämmerte, doch ich spielte seinen Flirtversuch herunter. »Ich muss wohl irgendeine verrückte Aura ausstrahlen, denn ich habe mir selbst geglaubt, ich würde es schaffen, ohne Angst hier hochzufahren.« Was für ein erbärmlicher Versuch, so zu tun, als hätten mich seine Worte nicht tief berührt!

Er schaute mir abermals ernst in die Augen und legte kurz eine Hand auf meinen Oberschenkel. »Dir passiert nichts, ich pass auf dich auf.«

Ich unterdrückte das Verlangen, ihn an mich zu ziehen, um ihm näher zu sein, und ich unterdrückte auch die Sehnsucht danach, dass er nicht aufhörte, mich zu berühren. Das alles hier ging viel zu weit. Ich hatte keine Ahnung, ob ich seine Aussagen falsch interpretierte, aber in mir lösten sie einen Schwall von Gefühlen aus, die ich lieber nicht hinterfragen wollte. Wenn ich klug war, hielt ich von nun an deutlich mehr Distanz zu Cailan, denn ich spürte, dass ich mich mit jedem weiteren Schritt ins Verderben stürzte.

Als wir ausstiegen, tummelte sich die Menge um uns. Ich fragte mich wirklich, woher die ganzen Leute auf einmal kamen und warum alle ausgerechnet jetzt mit dem Riesenrad fahren wollten. Sie schubsten um sich, als würde es um ihr Leben gehen, und ich musste mich wirklich zusammenreißen, um nicht hier und jetzt auszurasten. Es gab nichts Nervigeres als einengende Menschenmengen, bei denen man sich anstrengen musste, dass man keinen Ellenbogen ins Gesicht bekam. Ein Mann drängte sich barsch an mir vorbei, sodass ich beinah das Gleichgewicht verlor, doch Cailan legte einen Arm um mich und drückte den Mann unsanft von mir weg. Dieser blickte sich wütend um, doch als er Cailans Gesichtsausdruck sah, drehte er sich wieder um. Ich wusste nicht, was er in seinem Gesicht lesen konnte, denn ich war mit dem Rücken an Cailans Brust gedrückt, aber seine Mimik hatte wohl Morddrohungen ausgesprochen.

Als Cailan uns endlich aus der Menschenmenge gerettet hatte, zog Harry ihn unwillkürlich von mir weg. »Sorry, aber jetzt wird Männersport betrieben«, rief er mir noch zu, und Cailan wandte sich entschuldigend um.

Ich konnte bloß dastehen und verwundert die Stirn runzeln. Als ich sah, dass die beiden zu den Schießbuden gingen, konnte ich mir ein Lachen nicht verkneifen. Wer das als Sport betitelte, hatte noch nie den Unterricht bei meinem alten Sportlehrer mitgemacht. Hätte er die Möglichkeit dazu gehabt, hätte er uns den Mount Everest innerhalb von fünfzehn Minuten hochgedrillt.

Ich beobachtete die beiden einen Moment lang und fragte mich, warum Cailan mir so vertraut war. Wir kannten uns noch nicht lange, aber manchmal hatte ich das Gefühl, ich würde ihn schon mein ganzes Leben lang kennen. Die Art, wie er Harry anlachte, als dieser das Ziel weit verfehlte, und wie konzentriert er schaute, als er an der Reihe war zu schießen – alles an ihm weckte Gedanken in mir, die ich nie zuvor gehabt hatte.

Als die anderen beiden Jungs aus meiner Station neben mir auftauchten, blickte ich schnell weg, damit sie nicht sahen, dass ich Cailan anstarrte wie eine verhungernde Hyäne. Nick legte prompt wie selbstverständlich seinen Arm um meine Schulter, während Jeffrey nur teilnahmslos in die Luft starrte, als wären wir gar nicht da.

»Du bist so tough, dass du es aushältst, jeden Tag mit diesem Dickschädel in der Cafeteria sauber zu machen. Dafür solltest du einen Orden bekommen«, flüsterte Nick mir ins Ohr, und augenblicklich musste ich auflachen. Die anderen hatten anscheinend keine Ahnung, dass Cailan durchaus auch anders sein konnte. Er war nicht das Arschloch, das er viel zu oft raushängen ließ. Aber ein Dickschädel war er definitiv trotzdem, da hatte Nick recht.

Als ich aufblickte, schaute ich in ein Paar honigbrauner Augen neben Harry bei den Schießbuden. Wütend schaute er zu uns herüber und musterte ganz besonders Nicks Arm, den er um mich gelegt hatte. Dann wanderte sein Blick zu mir. Frustriert schaute er mir in die Augen und wandte den Blick dann schnell ab. Ich musste vollkommen überrumpelt geschaut haben, denn Lucy, die gerade mit Melanie Eis leckend auf einer Bank saß, musterte mich fragend und schaute dann zwischen Cailan und mir hin und her. Wie automatisch schob ich Nicks Arm weg, dem mein plötzliches Distanzbedürfnis anscheinend gar nicht aufgefallen war, denn er schaute zu einer der Bahnen, die hinter den Schießbuden hervorlugten.

Dann brüllte er zu den anderen hinüber. »Hey, Leute, lasst uns alle zusammen auf die Monsterachterbahn gehen.«

Alle jubelten zur Antwort, und auch ich lächelte kurz, als ich den riesigen lilafarbenen Kopf eines Monsters auf dem höchsten Punkt der Schienen entdeckte.

Alle kamen mit uns mit und als ich Cailan sah, ging ich etwas schneller, um neben ihm herzugehen. Sein Blick war stur geradeaus gerichtet als hätte er meine Anwesenheit nicht bemerkt. »Sitzen wir nebeneinander?«, fragte ich.

»Ich sitze neben Harry«, erwiderte er emotionslos und ging schnellen Schrittes weiter, um mich abzuhängen.

Verwirrt blieb ich zurück. Dieser Kerl hatte wirklich schlimmere Stimmungsschwankungen als ich, wenn ich auf Schokoladenentzug war.

»Was ist denn mit dem los?«, fragte Melanie und legte mir ein Arm um die Schulter.

»Hast du nicht gesehen, wie sauer er war, als Nick Faye berührt hat?«, kommentierte Lucy und schob Melanies Arm von meiner Schulter. »Pass auf, vielleicht ist er auch auf dich eifersüchtig.«

Melanie lachte. »Er hätte auf jeden Fall mehr Grund dazu als bei dem harmlosen Nick.« Dann zuckte sie anzüglich mit den Augenbrauen und zwinkerte mir grinsend zu.

Fassungslos starrte ich die beiden an. »Cailan ist nicht eifersüchtig.« Eifersucht hätte bedeutet, dass er mich mochte. Eifersucht hätte bedeutet, dass er fürchtete, mich an eine andere Person zu verlieren. Eifersucht bedeutete meinen Untergang. Er durfte diese Emotion nicht meinetwegen verspüren, und mich durfte diese Tatsache nicht beschäftigen.

Die beiden sahen mich stirnrunzelnd an. »Rede dir das nur weiter ein«, sagte Mel schließlich und zog mich am Arm mit sich.

Auch als wir uns mit den anderen Gruppen und den Betreuern bei der Wasserbahn trafen, war die Stimmung zwischen Cailan und mir angespannt. Wie ein Eisblock schlenderte er entweder vor mir oder hinter mir her, und ich hatte noch immer keinen Schimmer, was ich falsch gemacht hatte. Im Bus hatte die Kälte in seinem Blick den Höhepunkt erreicht, sodass ich mich vor Harry quetschte, um den Platz neben Cailan zu ergattern. Harry sah mich augenrollend an, und ich lächelte ihm entschuldigend zu. Ich hatte Angst, dass er sich ausgeschlossen fühlen könnte, und überlegte kurz, ob ich weitergehen und ihm den Platz frei machen sollte, doch als ich sah, dass er sich vor Jeffrey und Nick setzte, um sich mit ihnen angeregt zu unterhalten, erkannte ich, dass Harry ein unabhängiger Typ Mensch war.

Also warf ich mich auf den Sitz neben Cailan und starrte ihn an, doch er tat so, als würde er mich gar nicht bemerken.

»Was ist los?«, fragte ich leise. Keine Antwort. Ich biss mir auf die Unterlippe und schaute ihm in die Augen, die er starr nach vorne gerichtet hatte. Doch alles, was ich darin sah, war die pure Ignoranz, gemischt mit bedingungslosem Desinteresse. Augenblicklich fühlte ich mich beschämt und zurückgewiesen, sodass ich, ohne ihn noch eines weiteren Blickes zu würdigen, aufstand und mir einen anderen Platz suchte. Sollte er sich doch aufführen wie ein kleines Kind! Aber ich spielte da nicht mit. Er sollte bloß nicht glauben, dass er mir so wichtig wäre, dass ich ihm hinterherlief wie ein kleines Hündchen. Ich spürte seinen Blick im Rücken, doch nichts und niemand hätte mich dazu gebracht, mich in diesem Moment noch einmal umzudrehen. Also ließ ich mich auf einen der freien Sitze fallen und stöpselte die Kopfhörer in den MP3-Player. Die Musik schoss durch meine Ohren und ließ mich den Rest der Leute um mich herum ausblenden. Warum verhielt Cailan sich mir gegenüber so wechselhaft? In einem Moment hatte ich das Gefühl, er würde mich aufrichtig mögen, und im nächsten ignorierte er mich wieder, als wäre ich das letzte Stück Mist auf einem Komposthaufen. Ich wusste genau, dass ich absolut kein guter Mensch war und sehr viele Fehler beging, aber ich verstand beim besten Willen nicht, was ich diesmal getan hatte. So ein Verhalten kannte ich höchstens von einigen Kandidaten aus meiner Schule, die sich ohne ersichtlichen Grund innerhalb von Sekunden von einem Engel in einen Teufel verwandeln konnten, je nachdem, ob eine Freundin sich ein Oberteil nachgekauft hatte oder nicht. Ich wagte kaum daran zu denken, was Melanie und Lucy angesprochen hatten. Warum sollte er eifersüchtig auf Nick sein? Erstens bestand kein Grund, und zweitens konnte ich mir absolut nicht vorstellen, dass Cailan mich auf diese Art und Weise mochte. Das war unmöglich. Zugegeben, er war mir schon manchmal nähergekommen und hatte mir viele Komplimente gemacht, aber jemand wie Cailan würde sich niemals in jemanden wie mich verknallen. Ich hatte noch nie das Gefühl gehabt, bedingungslos geliebt zu werden. Klar, meine Mutter liebte mich. Sie liebte mich, weil ich ihre Tochter war, nicht, weil sie meine Persönlichkeit so atemberaubend toll fände. Wäre ich nicht ihre Tochter gewesen, hätte sie mich verabscheut, und ich konnte es ihr keine Sekunde verübeln. Doch genauso war das auch bei jedem anderen Menschen. Ich konnte es eigentlich niemandem verdenken, wenn er kein Teil meines Lebens sein wollte. Ich war kompliziert, nervtötend, und ganz ehrlich: Meine Stärken und Talente konnte ich an einer Hand abzählen. Vielleicht auch an vier Fingern, wenn man mein Talent dazu, auch auf glatten Oberflächen zu stolpern, außen vorließ. Ich hatte nicht vor, im Selbstmitleid zu versinken, ich war nun mal so, wie ich war. Und so, wie ich war, konnte ich mir die Frage, ob Cailan eifersüchtig sei, wohl selbst beantworten.

Als ich mich umdrehte, entdeckte ich Jeffrey, der mit leerem Blick aus dem Fenster starrte. Harry hatte sich offenbar zu Cailan gesetzt, denn ich konnte ihn nicht mehr bei Nick und Jeffrey entdecken, wollte jedoch nicht den kompletten Körper drehen, um in Cailans Richtung zu spähen. Ich würde ihm diese Genugtuung nicht verschaffen, und so richtete ich den Blick wieder aus dem Fenster und beobachtete die einzelnen Herbstblätter, die vom Wind aus den Bäumen gerissen und fortgetragen wurden.

KAPITEL 17

Als wir bei der Klinik ankamen, gab es direkt Abendessen. Cailan würdigte mich keines Blickes und setzte sich zusammen mit Harry an einen Einzeltisch. Auch als wir anschließend die Cafeteria säuberten, sprachen wir nicht ein einziges Wort miteinander. Ich war stinksauer, als ich mein Zimmer betrat und die Tür unsanft hinter mir schloss. Ohne lange darüber nachzudenken, holte ich Zettel, Stift und eine türkisfarbene Hülle aus dem Nachtschrank und setzte mich an den Schreibtisch.

Liebe Gina,

kennst du das Gefühl, vor dir selbst Angst zu haben? Das habe ich manchmal. Ich habe Angst vor meinen Entscheidungen, die ich in einer Kurzschlussreaktion treffen könnte. Dabei geht es im Moment gar nicht um die Angst, mein Leben zu beenden. Ich habe Angst davor, jemanden gern zu haben. Ist das nicht eigentlich verrückt? Beinah jeder Mensch auf diesem Planeten strebt danach, eine Bindung einzugehen, am liebsten eine, die für immer hält. Nicht ich, du kennst mich, du weißt, dass ich das nicht mehr kann.

Aber ich kann mir nicht helfen. Meine Gedanken sind bei ihm, und ich bin mir noch nicht ganz sicher, was das für mich bedeutet.

Kennst du das Gefühl von Zerrissenheit? Wenn du stur bist, weil du der festen Überzeugung bist, du seiest im Recht. Und trotzdem hasst du es, dass du die Diskrepanzen nicht löst. Der Stolz zieht dich immer wieder an einem Seil zurück, wann immer du einen Schritt auf die Person zugehen möchtest.

Das ist traurig, denn das Leben ist viel zu kurz, um sich wegen Missverständnissen Gedanken machen zu müssen.

Als ich den Brief in die Hülle steckte, atmete ich einmal durch und ging dann mutig aus dem Zimmer. Ich fühlte mich noch immer im Recht und war mir keiner Schuld bewusst; und trotzdem würde mich mein Sturkopf nicht zurückhalten. Cailan sollte mir endlich erklären, was mit ihm los war. Dieses kindische Verhalten machte mich wütend und verwirrte mich zu gleichen Teilen.

Schon im Flur hörte ich zwei Stimmen, die sich lautstark unterhielten, und mit zusammengezogenen Augenbrauen marschierte ich schneller. An Nicks Tür hielt ich an und horchte.

»Ja, da hast du vielleicht recht. Ich frage, weil du dich heute ganz schön intensiv um Faye gekümmert hast.« Nick klang provozierend, und ich konnte das Grinsen im Gesicht regelrecht vor mir sehen.

»So wie du, meinst du?«, konterte Cailan, doch in seiner Stimme war keine Spur von Humor zu erkennen, sie war eiskalt.

Nicks Antwort folgte nicht eine Sekunde später, als hätte er die rhetorische Frage bereits erwartet. »Oh ne, Mann, sie ist korrekt, aber mehr auch nicht.«

»Sie ist in jeglicher Hinsicht schön«, erwiderte Cailan wütend, und mein blödes, naives Herz schlug urplötzlich doppelt so schnell wie zuvor. Ich fühlte mich bei diesen Worten beinah schwerelos, und auf meinem gesamten Körper breitete sich wie in letzter Zeit häufiger eine Gänsehaut aus, die von einem Kribbeln begleitet wurde. Wie konnte man ihm böse sein, wenn er so etwas von sich gab?

»Schön? Und das aus deinem Mund, Baskin? Bist du krank?«, sagte Nick lachend, doch Cailans Stimme klang bei seiner Antwort ernst.

»Ich schätze, sie weckt mein wahres Ich.«

»Nichts für ungut, aber an deiner Stelle würde ich mich von ihr fernhalten«, sagte Nick nun auch ohne jeglichen Humor in der Stimme, und ich bekam einen Kloß im Hals. Warum sagte Nick so etwas? Gut, wir waren keine Freunde, aber ich hätte auch nicht gedacht, dass er so über mich reden könnte.

»Warum? Damit du freie Bahn hast?«, fragte Cailan, und ich spürte die Drohung in seiner Frage ganz deutlich.

Nick lachte. »Bei allem Respekt, aber die Kleine hat mehr Probleme als wir alle zusammen. Ich lass mich davon bestimmt nicht runterziehen. Ich will hier raus.«

»Das wollen wir alle«, erwiderte Cailan, und seine Stimme klang plötzlich ganz nah.

Erschrocken fuhr ich einen Schritt zurück, aber es war schon zu spät für einen Fluchtversuch.

Prompt ging die Tür auf, und Cailan stand vor mir. Zunächst schaute er verwundert in mein beschämtes Gesicht, dann zogen sich seine Augenbrauen zusammen. »Wolltest du zu Nick?«

Ich schüttelte schnell den Kopf und knetete die Hände. »Nein, ich wollte mit dir reden, und dann habe ich euch reden hören und wollte nicht stören, also habe ich auf dich warten wollen. Ich habe aber nicht gelauscht, falls du das denkst.« Bei meinem Versuch, mich rauszureden, kam ich mir vollkommen bescheuert vor und hoffte inständig, dass er nicht weiter darauf eingehen würde. Mein Kopf war bereits so heiß, dass ich aussehen musste wie eine Tomate. Das Talent, mich beim Lauschen erwischen zu lassen, musste ich unbedingt als weitere Stärke verbuchen.

Kurz schmunzelte Cailan und strich sich durch die Haare. »Gehen wir in dein Zimmer.«

Ich nickte bloß, noch immer peinlich berührt, und ging still neben ihm her zu meinem Raum. Ich war froh, dass er sich ohne Widerworte dazu bereit erklärte, sich mit mir auszusprechen, aber die Art und Weise, wie es dazu gekommen war, ließ mich wünschen, ich hätte mich nie auf den Weg zu seinem Zimmer begeben. Hätte man mich auf dem Klo mit blankem Hintern entdeckt, hätte ich mich genauso erwischt gefühlt wie in diesem Moment.

Als wir uns auf mein Bett setzten, waren meine Wangen noch immer heiß, und die Hände taten von dem Kneten schon weh. Vorsichtig blickte ich in Cailans Gesicht und sah, dass er mich mit unergründlicher Miene musterte. Dann legte er den Kopf schief und löste meine rechte Hand sanft von der linken.

»Es ist alles gut, Faye. Dir muss nichts unangenehm sein«, flüsterte er und lächelte mich zaghaft an. Ich konnte nicht anders, als große Augen zu machen. Schnell fing ich mich wieder und wechselte das Thema, um auf das eigentliche Problem zwischen uns zu kommen und, ehrlich gesagt, auch ein bisschen deswegen, weil ich nicht weiter mit ihm über meinen peinlichen Fauxpas sprechen wollte.

»Warum bist du jetzt auf einmal wieder so lieb zu mir? Ich verstehe nicht, warum du nicht mehr mit mir gesprochen hast.«

Seufzend fuhr er sich durch sein dunkles Haar und schaute an die Wand uns gegenüber. »Keine Ahnung.«

»Ach so, ist das bei dir üblich, dass du Leute je nach Gefühlslage mal gut und mal schlecht behandelst? Komisch, ich habe gerade ein Déjà-vu, denn genau das musste ich dich schon mal fragen«, sagte ich nun schnippisch und runzelte verärgert die Stirn. Seine Antwort machte mich wütend und brachte mich von den Wolken der Peinlichkeit wieder auf den Boden der Tatsachen zurück.

Aufgeschreckt von meinem Ton, schaute er mich an und seufzte. »Mir hat es einfach nicht gefallen, dass du dich so gut mit Nick verstanden hast.«

Irritiert und verständnislos starrte ich in die Luft. »Wir haben uns doch bloß ein paar Sekunden lang unterhalten.« Dabei konnte ich mich noch nicht mal daran erinnern, dass ich überhaupt auch nur ein Wort zu ihm gesagt hätte.

»Er hat seinen Arm um dich gelegt, und du hast gelacht«, erwiderte Cailan mit kritischem Unterton.

»Na und?«, fragte ich und verscheuchte verzweifelt den Gedanken daran, er könnte tatsächlich etwas für mich empfinden, doch Lucys und Mels Worte spukten mir noch immer im Kopf herum. Dann räusperte ich mich einmal, als er nicht antwortete, und nahm all meinen Mut zusammen. »Warst du eifersüchtig?«

Zum ersten Mal sah ich Cailan Baskin wirklich beschämt. Er zuckte bei der Frage augenblicklich zusammen und knetete seinen Nacken. Plötzlich sah er so verletzlich und schüchtern aus, dass ich meine Frage am liebsten zurückgenommen hätte.

»Kann schon sein«, murmelte er und wartete aus den Augenwinkeln auf meine Reaktion. Mein Herz setzte eine Sekunde aus, doch ich ließ mir nichts anmerken.

»Okay«, erwiderte ich bloß und merkte, wie er sich spürbar entspannte. Ich hatte keine wirkliche Ahnung, wovor er sich gefürchtet hatte, aber die Tatsache, dass er für einen Augenblick tatsächlich Angst vor meinen Worten hatte, überraschte mich. Nie hätte ich gedacht, ich könnte irgendjemanden nervös machen, geschweige denn jemanden wie Cailan.

»Bist du generell, was das angeht, schnell reizbar? Also warst du auch schon mal in deinen Beziehungen eifersüchtig?«, fragte ich schließlich in die Stille hinein und wollte mir im nächsten Moment selber eine Kopfnuss verpassen.

Er schüttelte den Kopf. »Nein, nicht wirklich.«

»Warum nicht?«, fragte ich weiter und spürte, wie ich mich immer weiter im Spinnennetz der Gefühle und Peinlichkeiten verfing.

Er zuckte mit den Schultern. »Ich hatte nie einen Grund dazu, eifersüchtig zu sein. Es gab keine Situation, die mich so hätte empfinden lassen können.«

Mit gerunzelter Stirn schaute ich ihn an, doch noch bevor ich etwas sagen konnte, sprudelten seine nächsten Worte hastig aus ihm heraus. »Aber denk jetzt nichts Falsches.«

»Das tue ich nicht«, erwiderte ich tonlos und spürte, wie meine paradoxe Hoffnung in mir versiegte. Ich kannte das von mir selbst auch, dass ich eifersüchtig war, weil eine meiner Freundinnen, die ich früher noch gehabt hatte, plötzlich viel mehr mit einem anderen Mädchen unternommen und mich dabei vollkommen vergessen hatte. Das war auch eine Art von Eifersucht gewesen, und in Cailans mehr hineinzuinterpretieren, war schlichtweg peinlich und dumm.

Schnell wechselte ich das Thema; zu sehr fürchtete ich, er würde tatsächlich denken, ich hätte mir darauf mehr eingebildet. »Ich kann mir irgendwie gar nicht vorstellen, wie es sich anfühlt, in einer richtigen Beziehung zu sein. Das, was zwischen meinem Ex und mir war, kann man beim besten Willen nicht als solche titulieren.« Keine wirklich clevere Wahl für ein neues Gespräch, aber mir war nichts anderes eingefallen, was an unser Thema halbwegs anknüpfte, damit es nicht wie ein Fluchtversuch aussah.

»Na ja, man unternimmt eben viel miteinander, einige empfinden das als anhänglich, andere als Bereicherung ihres Alltags. Man küsst sich und so ein Kram, da gibt es nicht viel, was man nicht schon in Filmen gesehen hätte.« Er klang nicht gerade so, als hätte er sehr viel mehr Ahnung davon als ich.

»Nein, das meine ich nicht. Ich frage mich, wie es ist, aufrichtig geliebt und geschätzt zu werden. Nicht die Art von Wertschätzung, in der die Hand nach dem ersten Treffen in meiner Hose landet, sondern die Art, bei der jemand vollkommen beeindruckt von meiner Persönlichkeit ist, vollkommen angezogen von meinem Lachen oder meinen bloßen Macken. Wenn dieser Jemand glücklich ist, dass ich existiere«, sagte ich und lief mal wieder knallrot an.

»So wie ich?«, fragte Cailan und präzisierte seine Aussage hastig. »Ich schätze dich.«

Mein Kopf wehrte die Worte instinktiv ab, sodass sie an meinem Herzen abprallten wie ein Ball an einer Wand.

»Erzähl keinen Schwachsinn«, sagte ich lachend und schaute ihn an, doch er erwiderte meinen Blick mit ernstem Gesichtsausdruck.

Seine Augenbrauen zogen sich zusammen, und er schüttelte frustriert den Kopf. »Weißt du, das Problem ist, dass du nicht siehst, wie dich die Menschen wirklich anschauen, weil du dir dein Bild, das du von dir hast, in ihren Köpfen vorstellst. Du hörst die ganzen guten Dinge nicht, weil die schlechten, die mal irgendjemand über dich gesagt hat, noch immer mehr Relevanz für dich haben. Du willst nicht einsehen, dass man dich wunderschön und toll finden kann, weil du ein völlig verklärtes Bild von dir hast und meinst, nur das könne stimmen. Du irrst dich, Faye. Die Einzige, die Unrecht hat, bist du.«

Völlig verdattert starrte ich ihn an. »Ich bin nicht wichtig genug, um gesehen zu werden.« Die Worte verließen meine Lippen, noch bevor ich sie zurückhalten konnte, und ich wünschte mir endgültig, ich hätte mir vor diesem Gespräch die Zunge abgeschnitten. Er musste doch wirklich von mir denken, dass ich im Selbstmitleid ertränke, und ich hasste diese Seite an mir, ich hasste sie wirklich. Vor jedem anderen hatte ich immer meinen Mund gehalten, meine Gedanken waren tief in mir verschlossen gewesen, doch seit dieser Mensch in mein Leben getreten war, sprach ich sie immer wieder aus, als hätte er die Tür zu meinen negativen Gedanken aufgeschlossen.

»Was tue ich dann?«, fragte er mich eine Millisekunde später ernst.

Ich schwieg. Manchmal war das die beste Lösung, um einer Diskussion aus dem Weg zu gehen. Was hätte ich ihm auch groß sagen können? Dass ich der festen Überzeugung sei, er sagte das bloß, um mir ein gutes Gefühl zu geben? Ich konnte nicht mehr bestreiten oder meinem Kopf weismachen wollen, dass er mich nicht mochte, aber ich hinderte mich daran zu glauben, er könne all das Positive, das er in mir zu sehen schien, ernst meinen. Ich war mit Menschen aufgewachsen, die auf jeglicher Ebene wie ein Profi hatten lügen können, um mich im nächstbesten Moment mit der Wahrheit zu konfrontieren, und die mir damit einen imaginären Schlag in die Magengrube verursacht hatten. Wie oft hatte mir der Junge, von dem ich damals so abhängig war, verklickern wollen, dass ich wertvoll und die Einzige für ihn wäre, während er im selben Moment einer anderen das Gleiche schrieb! Wie oft hatte mir mein Vater gesagt, dass er nichts über mich stellen und immer an meiner Seite bleiben würde, um nur wenige Wochen später nicht nur meine Mutter, sondern auch mich zu verlassen. Ich wünschte mir oft, ich hätte diesen ganzen Worten nie Glauben geschenkt, denn dann hätten sie mich nicht so getroffen und enttäuscht, als ich herausgefunden hatte, dass sie sich als Lügen entpuppten.

Nach ein paar Sekunden seufzte er ergeben und legte seine Hand auf meine. »Wann hat das angefangen? Wann hast du diese absurde Sicht entwickelt, du wärest nicht gut genug, um dich wahrzunehmen?«

Ich entschied mich dazu, ihm nicht zu widersprechen, und öffnete mich das gefühlt hundertste Mal vor ihm. Ich musste wirklich von allen guten Geistern verlassen sein. »Keine Ahnung, wann das angefangen hat. Ich hatte früher viele Freunde, aber ab dem Moment, an dem ich anders wurde, an dem ich trauriger wurde und immer wieder versuchte, auf Distanz zu gehen, wurde ich einsamer. Plötzlich interessiert es niemanden mehr, ob du nicht mehr online bist, ob du mehrere Wochen nicht mehr in die Schule kommst, ob du gut nach Hause kommst oder wie es dir geht. Auf einmal ist es allen egal, ob du lebst oder eben nicht.«

Mitfühlend blickte er mir in die Augen, und ich fühlte mich augenblicklich schlecht, ihm das erzählt zu haben. Nicht, weil ich davon ausgegangen wäre, er würde mich dafür verurteilen. Hätte er das vorgehabt, hätte er es längst getan. Vielmehr machte es mich verrückt, dass er Mitleid zeigte, denn das bedeutete umgekehrt für mich, dass er wusste, wie sehr mich das verletzte. Wut zu zeigen, war absolut kein Problem, aber jemandem zu offenbaren wie man mir wehtun konnte, war ein komplett anderes Level. Ich war ungeschützt und ausgeliefert, und das gefiel mir nicht.

»Gib denen nicht die Chance zu grinsen, weil sie bemerkt haben, dass sie dich gebrochen haben. Steh auf, kämpf weiter, bis du glücklich bist, und zeig ihnen, dass sie keine Ahnung von dir und deinem Mut hatten!«, sagte Cailan nach einer Weile und schaute mich noch immer mit diesem mitleidigen Glitzern in seinen honigbraunen Augen an.

Und dann legte sich ein Schalter in mir um. Wie viel hatte ich schon von mir preisgegeben, das er gegen mich verwenden konnte, jetzt, da ich ihn mochte! Nicht nur, dass ich ihm viel zu viele Dinge offenbart hatte, ich hatte ihm auch die Möglichkeit gegeben, mich zu verletzen, indem ich die Nähe zugelassen und erwidert hatte. Ich war schon viel zu abhängig von seinen Blicken, seiner Stimme, seinem Lachen, seinen Worten, seinen Augen. Nie hätte ich ihn so dicht an mich heranlassen sollen.

»Sei mir bitte nicht böse, aber ich wäre dir dankbar, wenn du gehen würdest. Ich bin ziemlich müde«, sagte ich bloß hastig und wusste sofort, dass mich meine Schauspielkünste mal wieder komplett verlassen hatten. Natürlich war das meine eigene Entscheidung gewesen, mich ihm zu öffnen, aber ich hatte einfach nicht darüber nachgedacht, was das für Konsequenzen haben könnte. Ich war direkt ins offene Messer gelaufen, die ganzen letzten Tage, und das, ohne es zu merken. Und wann immer ich die Erkenntnis in meinem Gedächtnis aufblitzen gesehen hatte, hatte ich sie verscheucht und damit mein selbstzerstörerisches Ich zum Vorschein gebracht.

Er nickte wissend und stand auf. »Ist in Ordnung.«

Am liebsten hätte ich ihm für sein Verständnis aus Dankbarkeit einen Pokal überreicht, doch stattdessen blieb ich ausdruckslos sitzen und starrte meine Bettdecke an.

Als er die Tür geöffnet hatte, wandte er sich noch einmal zu mir um. »Darf ich dir etwas verraten?«

Ich schaute auf und nickte.

»Ich sehe so viel Schmerz in deinen Augen, Verlust und Verzweiflung. Es ist, als würde ich direkt in deine Seele blicken können. Und trotzdem erkenne ich hinter deinem Schmerz noch etwas anderes«, sagte er und schaute mich ausdruckslos an.

Ich runzelte die Stirn. »Das wäre?«

»Hoffnung«, antwortete er und verließ, ohne auf eine Antwort zu warten, mein Zimmer.

Ich saß wie angewurzelt im Bett und wusste nicht, was ich fühlen sollte. Seine Worte trafen mich direkt ins Mark; und ohne, dass ich etwas dagegen hätte tun können, biss ich mir auf die Lippe. Das war schon immer ein wahnsinnig nerviger Tick an mir gewesen, den ich lange Zeit nicht hatte ablegen können. Wann immer ich nervös oder verzweifelt war, biss ich mir auf die Lippe; und beinah jedes Mal fing es an zu bluten, und ich musste tagelang mit einer Wunde herumlaufen.

Als ich schließlich tatsächlich Blut schmeckte, stand ich auf und setzte mich mit einem Stift und einem Stück Papier bewaffnet an den Schreibtisch und ließ meinen Gedanken heute zum zweiten Mal freien Lauf.

Liebe Gina,

Warum ist es so schwierig, mich zu mögen, wie ich bin? Wegen der Gesellschaft, weil sie uns vorschreibt, wie wir zu sein haben? Ich mein, ich weiß schließlich, dass sie uns beeinflusst in allen Dingen, die wir tun, und trotzdem lasse ich zu, dass sie mich verunsichert in dem, was ich bin. Das ist lächerlich. Ich weiß es einfach nicht, ob es stimmt, dass ich mich selbst von dem Negativen in meinem Kopf blenden lasse, oder ob ich mich wirklich so sehe, wie ich nun mal bin. Diejenigen, die mir mal Komplimente machen, könnten das auch nur aus Mitleid tun. Ich habe einfach das Gefühl, ständig gegen die Wand zu laufen und ununterbrochen auf der Suche nach der Tür zu sein, die mich zur Wahrheit führen kann. Aber da gibt es keine, ich bin gefangen und komme nicht weiter. Und alles, was ich tun kann, ist, auf das zu hören, was mein Herz mir sagt. Und das ist schwieriger, als man denkt, wenn der Verstand sich immer wieder einmischt.

Ich hab dich lieb,

Faye

KAPITEL 18

Am nächsten Morgen kam Frau Benett in mein Zimmer gelaufen und schaute mich freudig an. Verschlafen blickte ich ihr ins Gesicht und zog mir die Bettdecke bis zum Kinn, weil ich mich wahnsinnig entblößt fühlte – mit einem kleinen Nachthemd bekleidet. Wenn sie mich gleich dazu motivieren wollte, Morgensport zu betreiben, würde ich sie hier und jetzt aus dem Zimmer katapultieren, egal wie gern ich diese Frau auch hatte.

Freudestrahlend wedelte sie unbeirrt mit einem Briefumschlag vor meiner Nase herum. »Guten Morgen, Herzchen! Du hast Post bekommen.«

Sofort saß ich im Bett und schnappte mir den Brief aus ihrer Hand. Entschuldigend sah ich sie an, als ich bemerkte, wie unhöflich ich mich verhielt, doch sie lachte bloß, strubbelte mir einmal durchs Haar und verließ ohne ein weiteres Wort mein Zimmer.

Als wäre es der wertvollste Schatz dieser Welt, berührte ich die Stelle, an der der Brief verschlossen worden war, und drehte ihn langsam um. Mein Herz fing an, sich schmerzhaft zusammenzuziehen, als ich den Brief vorsichtig öffnete und die Schrift meiner Mutter erkannte. Er konnte nur von meiner Mutter stammen, und ich glaubte, genau das machte mich so nervös. Was hatte sie mir zu sagen? Meine Mutter war die einzige Person, die ich noch hatte; und wann immer sie das Gespräch mit mir suchte, fürchtete ich, dass auch sie mich verließ. Ich atmete einmal tief durch und fing dann an zu lesen.

Hallo, mein Schatz,

entschuldige, dass ich dir erst jetzt schreibe, aber ich war mir nicht sicher, ob ich deinen Erfolg durchqueren würde, wenn ich mit dir Kontakt aufnähme.

Ich habe dich unendlich dolle lieb und bin stolz auf dich, dass du beide Beine in die Hand nimmst und alles dafür gibst, dass es dir wieder besser geht. Ich hoffe, du fühlst dich wohl und hast trotz allem eine schöne Zeit.

In Liebe,
deine Mama

Es waren bloß wenige Zeilen, und doch zerrissen sie mich in tausend Teile. Sie glaubte allen Ernstes, dass sie mir im Weg stehen könnte. Noch immer war sie so liebevoll mir gegenüber, obwohl ich so wahnsinnig schlecht zu ihr gewesen war. Die etlichen Momente, in denen ich sie angeschrien und von mir weggeschubst hatte, flackerten in meinem Gedächtnis auf, und augenblicklich wurde mir speiübel. Ich erinnerte mich an die Situation, in der sie ins Bad geplatzt war, während ich mich nur in ein Handtuch gewickelt hatte. Es war das erste und letzte Mal gewesen, dass sie meine Wunden gesehen hatte, die ich mir selbst zugefügt hatte. Ihr schockiertes Gesicht hatte ich genau vor Augen, und das Einzige, was ich vor Scham getan hatte, war, sie anzuschreien und ihr zu sagen, dass Privatsphäre wohl ein Fremdwort für sie sei. Als sie mich dann daraufhin heiser gefragt hatte, warum ich mich verletzte, hatte ich ihr nur »Das geht dich nichts an!« entgegengebrüllt und sie aus dem Bad hinausdirigiert. Ich hatte mein Verhalten, nachdem ich mich übergeben hatte, damit begründet, dass ich mich schrecklich dafür geschämt hätte, doch nichts hätte meine Reaktion entschuldigen können. Die meisten Mütter wollten, dass es ihren Kindern gut ging, und so auch meine. Sie machte sich wahnsinnige Sorgen und hätte alles dafür getan, um mir zu helfen, doch alles, was ich getan hatte, war, sie auszuschließen – aus meinen Gedanken, aus meinen Handlungen, aus meinem Leben.

Und trotzdem liebte sie mich noch immer. Einen größeren Liebesbeweis konnte man einem Menschen nicht schenken.

Ich legte mich zurück aufs Kissen, hielt die Hände vor das Gesicht und weinte. Mir wurde schlechter, je mehr ich über den Brief nachdachte, und mein Kopf fühlte sich an, als würde er jeden Augenblick wie ein Luftballon zerplatzen. Als ich endlich aufstand und mich im Waschraum zusammen mit Lucy und Melanie fertig machte, konnte ich ihre stummen Fragen quasi in meinem Hirn hören; und als ich in den Spiegel schaute, war mir auch bewusst, warum. Meine Augen waren vom Weinen total angeschwollen und rot, sodass ich mir schnell literweise kaltes Wasser ins Gesicht spritzte. Doch auch nach fünf Minuten war alles, was ich erreicht hatte, bloß eine eiskalte Haut. Als ich im Spiegel Lucy hinter mir stehen sah, schloss ich die Augen und widmete mich ihren Fragen. Doch sie legte bloß still ihre Arme um meinen Bauch und umarmte mich sanft. Als sie mich wieder losließ, lächelte sie mich aufmunternd an, streichelte mir über meine Schulter und verließ dann das

176

Bad. Geplättet von ihrem Taktgefühl, stand ich wenige Sekunden bloß da, dann wagte ich noch einen letzten Blick in den Spiegel. Ich sah aus, als hätte man mir Pfefferspray in die Augen gesprüht. *Perfekt, um jetzt an einem Gruppentreffen teilzunehmen. Klasse.* Das Frühstück hatte ich zwar verpasst und meinen Dienst demnach auch, doch vor dem restlichen Tag konnte ich mich nicht mehr drücken.

Als ich den Gruppenraum betrat, starrten mich alle an, und besonders Cailan konnte seinen Blick nicht von mir wenden. Ich war froh, dass ich fast zu spät war, sodass er keine Chance hatte, mich darauf anzusprechen, aber leider gab es ja noch Gelegenheit dazu, wenn wir den Raum verlassen würden.

Schnellen Schrittes ging ich also nach dem Gruppentreffen zu Frau Dr. Henderson, der ich mal wieder meine verheulten Augen präsentieren würde, sodass er keine Chance dazu hatte, mich zu löchern. Die letzten Stunden bei ihr waren träge verlaufen, ich hatte nicht viel zu sagen gehabt, doch heute, da mein Kopf vor Gedanken beinah explodierte, wappnete ich mich für ein intensives Gespräch mit ihr. Ähnlich wie bei Cailan konnte ich mittlerweile beinah drauflosplappern, ohne groß darüber nachzudenken. Nicht wie bei anderen Menschen, bei denen ich sogar überlegte, ob ich ihnen erzählen sollte, was ich heute gegessen hatte aus Furcht, sie könnten meinen, ich äße zu viel oder viel zu wenig. Es war merkwürdig, dass ich ihr einen Teil meines Vertrauens schenkte und mich trotzdem nicht schlecht dabei fühlte. Die Furcht, sie könnte mit meiner Mutter über meine Gedanken sprechen, weil ich noch minderjährig war, war trotz ihrer Beteuerungen, diese Gespräche stünden unter Schweigepflicht, noch immer da, doch ihre lockere und verständnisvolle Ausstrahlung veranlasste mich dazu, mich ihr gegenüber ein Stück weit zu öffnen. Frau Dr. Henderson tat so, als würden ihr die roten Augen, die aussahen, als hätte ich eine schlimme Pollenallergie, nicht auffallen, und begrüßte mich mit einem ihrer authentischen Lächeln. Als ich auf meinem Standardplatz saß, fragte ich mich prompt, ob die Wahl meiner Sitzgelegenheit etwas über meine Persönlichkeit aussagte. Ob meine Psychiaterin etwas daraus schließen konnte, dass ich immer denselben Stuhl wählte und mich nie auf den anderen platzierte? Eigentlich verrückt, dass man daran sehen konnte, dass ein Mensch die Sicherheit brauchte, eine feste Struktur zu haben oder sich immer wieder neu orientierte, weil er das Bekannte nicht als reizvoll empfand. Vielleicht spann ich mir auch etwas zusammen, und die Wahl des Stuhles war vollkommen unbedeutend für die Psyche eines Menschen.

Als auch Frau Dr. Henderson Platz nahm, überschlag sie ihre Beine und legte sich ihren Block auf den linken Oberschenkel, um mich anschließend abwartend anzusehen. Wie so oft forderte sie mich damit auf, die Dinge anzusprechen, die mich bewegten, und gab mir so den Freiraum, selber zu entscheiden, worüber ich reden und welche Teile ich ihr offenbaren wollte. Ich empfand das als sehr taktvolle und gute Strategie, um Vertrauen zu gewinnen. Bei mir hatte es letztlich weitgehend funktioniert.

»Wir hatten darüber gesprochen, dass ich meine Fehler nicht rückgängig machen kann und mir selber verzeihen soll«, begann ich nach Minuten der Stille und fing an, die Finger zu kneten. »Aber was ist, wenn ich einen Fehler immer wieder begehe, obwohl ich weiß, dass es falsch ist?«

Frau Dr. Henderson legte den Kopf schief und musterte mich eindringlich. »Aus welchem Grund tust du das denn?«

Kurz überlegte ich, wie ich meine Situation erklärte, ohne direkt alles über das Leben mit meiner Mutter preiszugeben. Dann richtete ich den Blick aus dem Fenster, wo ich Anna mit Understand auf der Koppel erblickte. Die Mähne des Wallachs wehte im Einklang mit dem Wind und hatte unwillkürlich eine beruhigende Wirkung auf mich. »Ich kann manchmal meine Gefühle nicht kontrollieren. Auf einmal bin ich so wütend, dass ich losbrülle oder etwas zerstöre. Und genau diese Emotionen lasse ich immer nur an einer Person aus, ansonsten habe ich nie solche Ausbrüche. Dabei ist es der Mensch, der es am wenigsten verdient hat.« Augenblicklich hatte ich den schockierten Gesichtsausdruck meiner Mutter im Kopf, als ich eine ihrer Lieblingsvasen gegen die Wand geschmettert hatte, und sehnte mich augenblicklich danach, mir wehzutun.

Frau Dr. Hendersons lautes Ausatmen durchschnitt die Stille, und ich richtete den Blick wieder auf sie.

»Weißt du, als mein Mann vor Monaten Ärger mit seinem Chef hatte, hat er sich mir anvertraut und all seine negativen Gefühle, die er gegenüber diesem Mann empfunden hatte, bei mir rausgelassen, um sich davon zu befreien. Diese Wut hat sich nie an mich gerichtet. Ich bin nur diejenige, der ihm so vertraut ist, dass er weiß, er kann seinen Gefühlen freien Lauf lassen, und ich habe Verständnis dafür.«

Ich zog meine Augenbrauen zusammen und war geplättet davon, dass sie mir etwas aus ihrem Leben erzählte. Doch viel mehr beschäftigte mich ihre Andeutung, die ich auf meine Situation projizieren sollte. »Ich lasse also meine Gefühle bei dieser Person aus, weil ich ihr vertraue? Das ist so widersprüchlich, wenn man bedenkt, was ich ihr antue.«

»Du öffnest dich ihr in dieser Art und Weise und nimmst sie als Ventil deiner Gefühle, weil du sie bei niemand anderem rauslassen kannst, weil du niemandem so sehr vertraust wie dieser Person«, sagte sie, als wüsste sie ganz genau, dass ihre Vermutung der Wahrheit entsprach; und vielleicht war das tatsächlich so.

»Aber das ändert nichts daran, dass das falsch ist. Es verletzt sie«, entgegnete ich, während sie etwas auf ihren Block schrieb.

»Die Einsicht ist immer der erste Schritt in die richtige Richtung. Wir werden daran arbeiten, dass du diese Gefühlsausbrüche nicht mehr hast, aber für jetzt kann ich dir nur eines sagen: Eine Person, der du dich so öffnen kannst, ist sicherlich auch eine solche, die dich so sehr liebt, dass sie versucht zu verstehen, was in dir vorgeht«, erwiderte sie und schenkte mir ein kurzes Lächeln.

Ihre Worte beruhigten mich diesmal nicht, denn das Bild meiner Mutter, die verzweifelt auf dem Sofa saß, nachdem ich sie wieder mit einem Wutausbruch beschert hatte, hatte sich in mein Gehirn eingebrannt; und egal, wie sehr ich daran zog, um es loszuwerden, es blieb in meinen Gedanken verankert. Doch alles, was ich tat, war, zu nicken und meine Psychiaterin im Glauben zu lassen, ich würde ihre Meinung dazu teilen.

Als wir eine Stunde Freizeit hatten, setzte ich mich zusammen mit dem Brief meiner Mutter aufs Bett und strich sanft mit dem Zeigefinger über die Worte, die sie mir hinterlassen hatte. Ich hatte meine Mutter so endlos oft verletzt, und trotzdem schrieb sie noch, dass sie mich lieb hatte. Warum konnte sie mich nicht einfach hassen, damit ich meine Strafe in dieser Form erhalten konnte? Aber selbst das hatte ich nicht verdient. Ich hatte verdient, mit diesen Schuldgefühlen zu leben und jeden Tag aufs Neue, wenn ich daran dachte, dass meine Mutter noch immer auf meiner Seite stand, die volle Ladung von schlechtem Gewissen abzubekommen.

Es gab für mich nur einen einzigen Ausweg aus meinen Schuldgefühlen, die mich innerlich zerfraßen. Und das war die Entscheidung, die meine Mutter noch mehr kränken würde; als wäre es ein nie endender

Teufelskreis, den ich führte. Doch egal, wie sehr ich mir einredete, dass es keine Lösung sei: Ich hatte den Drang, mich zu verletzen.

Ich biss mir auf die Unterlippe, bis sie anfing zu bluten, doch auch der metallische Geschmack auf der Zunge linderte mein Bedürfnis nicht. Ich stand vom Bett auf und ging im Zimmer auf und ab, was mich noch hibbeliger machte. Ob sich Alkoholiker genauso fühlten, wenn sie versuchten, dem Whiskey zu widerstehen? In einem immer schneller werdenden Takt redete ich mir ein, ich sei stark, aber es bedurfte bloß eines einzigen Blicks auf den Brief, der auf meinem Bett lag, der meine Aussage prompt widerlegte. Schnell lief ich aus lauter Verzweiflung zu Cailan ins Zimmer. Ich wusste nicht, ob ich das tat, weil ich ihn dort zu finden glaubte, um mit ihm über meine Gefühlslage zu sprechen, oder ob ich tatsächlich gehofft hatte, dass niemand dort sei, um mein Bedürfnis zu befriedigen. Als ich im Raum niemanden entdecken konnte, rannte ich schnell zu Cailans Schublade, weil ich dort meine Rettung vermutete. Ich wusste, dass das vollkommen falsch war und dass ich kein Recht dazu hatte, in seinen Sachen herumzukramen, doch alles, was mich interessierte, war dieses verdammte kleine Metallstück. Es war, als würde jemand, der am Verdursten war, ein kleines Schlückchen Wasser suchen, und genauso fühlte ich mich auch. Kurz warf ich einen Blick auf das Buch, das in der Schublade lag, doch ich hatte keine Zeit dafür, mir in Seelenruhe anzuschauen, welches Genre er wohl las. Und ganz ehrlich: In diesem Moment interessierte es mich auch herzlich wenig. Immer hastiger durchblätterte ich das viele Papier, das unter dem Buch lag, doch Metall konnte ich nirgends entdecken.

Als plötzlich die Tür aufging, fuhr ich erschrocken herum und blickte in zwei verwirrte honigbraune Augen.

»Faye?«, fragte er vorsichtig und kam auf mich zu, bis er vor mir stehen blieb.

Ich kniete noch immer vor seiner Schublade und starrte ihn bloß an. Was sollte ich jetzt bloß sagen? Die Ausrede, ich hätte ihm Geld klauen wollen, klang für mich plötzlich als annehmbar, als ich abwog, ob die Wahrheit weniger schlimm wäre. Langsam hockte er sich vor mich hin und strich mir eine Strähne hinters Ohr, die sich mitten in mein Gesicht verirrt hatte. Noch immer saß ich stocksteif da und versuchte, mein Gehirn endlich wieder in Gang zu bekommen.

Besorgt sah er mich an, und als er endlich schaltete, entstand eine Falte zwischen seinen Augenbrauen. »Du hast die Klinge gesucht.«

Es war eine Feststellung, und ich gestand mir selber ein, dass es wohl an der Zeit sei, endlich etwas dazu zu sagen, doch ich schwieg noch immer.

»Es gibt immer etwas lebenswertes, Faye. Du brauchst keine Klinge, um deine Trauer zu kompensieren«, sagte er traurig und verzweifelt und machte Anstalten, mich in die Arme zunehmen, doch ich wich ihm aus und richtete mich schnell auf.

»Lass mich in Ruhe!«, sagte ich wütend, um meine Scham zu vertuschen. Ich hatte ein solches schlechtes Gewissen, dass ich ihn anmaulte, obwohl ich diejenige war, die gerade etwas falsch gemacht hatte. Er hätte als Einziger das Recht dazu, sauer zu sein, schließlich hatte ich gerade seine Privatsphäre durchbrochen, doch als Krönung war er auch noch wahnsinnig liebevoll mir gegenüber, anstatt mich anzuschreien. Ich war wirklich ein furchtbarer Mensch. Doch ähnlich wie bei meiner Mutter immer konnte ich nicht anders, als meine wahren Gefühle hinter meiner Wut zu verstecken. Und als hätten mich nicht schon genug Schuldgefühle verfolgt, wurde ich nun auch noch von dieser Tatsache erdrückt.

Ohne ihm die Chance zu geben, etwas zu erwidern, rannte ich aus seinem Zimmer. Möglich, dass das viele als kindisch erachtet hätten, doch für mich war es die einzige Möglichkeit, die ich sah, um dem Gespräch entkommen zu können. Als ich in meinem eigenen Raum ankam, schloss ich schnell die Tür und legte mich ins Bett. Plötzlich war die Trauer ganz real, und meine Tränen flossen wie am Morgen über die Wangen, ohne dass ich sie hätte stoppen können. Unaufhörlich schluchzte ich ins Kissen, umschlang meinen Körper mit den Armen und zog die Knie an den Bauch, weil ich mich augenblicklich so verletzlich fühlte, als bräuchte ich etwas, was mich zusammenhielte, damit ich nicht zerbräche. Kurze Zeit später hörte ich Schritte im Zimmer und spürte, wie sich die Matratze leicht nach unten senkte, als sich jemand daraufsetzte. Ich schaute nicht auf, denn ich wusste, wer es war – nicht nur, weil mir sein Parfum in die Nase stieg, seine Präsenz war mir immer bewusst. Sanft strich er mir über den Rücken.

»Es ist okay zu weinen.«

Als er diese Worte aussprach, brach ein kompletter Wasserfall aus mir heraus. Zum ersten Mal, seit ich denken konnte, offenbarte ich so gedankenlos meinen Schmerz. In diesem Moment war es eine wahre Befreiung, und seine zärtlichen Berührungen ließen mich nicht zweifeln, dass er mich nicht verurteilte. Er war so anders als all diejenigen, die von meinem selbstverletzenden Verhalten Wind bekommen hatten. Ich erinnerte mich unschwer an die Sprüche, die sie mir in der Umkleidekabine vor dem Sportunterricht zugejodelt hatten. Immer wieder hatten sie gesagt, ich wolle nur Aufmerksamkeit, und mich gefragt, ob ich nun zum Emo geworden sei, dabei war diese Bezeichnung nicht mal eine Beleidigung. Doch alles, was sie sagten, hatten sie als solche ausgelegt und hatten mich nicht für eine Sekunde ernst genommen. Dann waren jeden Tag neue Witze gefolgt, über die alle schallend gelacht hatten, selbst meine Freunde, die ich damals noch als solche tituliert hatte. Jeder hatte gelacht – außer mir.

Cailan gab mir ein anderes Gefühl. Er versuchte, mich zu verstehen, und zeigte mir gleichzeitig, dass das Schneiden nicht der richtige Weg war. Er war für mich da und verurteilte mich nicht für meine Entscheidungen. Niemand auf dieser Welt hatte mir zuvor ein solches Gefühl vermitteln können.

Als ich schließlich erschöpft vom Weinen war und meine Tränen versiegten, richtete ich mich langsam auf und setzte mich vor ihm aufs Bett. Ich blickte zu Boden, um mein verheultes Gesicht vor ihm zu verbergen, doch er legte unwillkürlich seinen Finger unter mein Kinn und hob es an, sodass ich ihn anschauen musste.

»Ich muss dir etwas gestehen.« Seine Stimme klang belegt und zutiefst aufrichtig.

Ich wappnete mich innerlich bereits gegen die Worte, die ich vermutete. Solche, die aussagten, dass er mich trotz seines Trosts für gestört hielt.

»Ich hatte dir gesagt, dass ich bei meinen Ex-Freundinnen nie einen Grund bekommen hätte, eifersüchtig sein zu müssen. Das ist bloß die halbe Wahrheit.« Er legte seine Hand auf meine Wange, und ich versteifte mich prompt. »Ich hatte bei keiner von denen Angst, sie zu verlieren.«

Aufgeschreckt von seinen Worten, stand ich auf und versuchte, auf Abstand zu gehen. »Hör auf, so etwas zu sagen!« Dieses Gespräch ging in eine Richtung, deren Ende ich mir nicht ausmalen wollte.

Auch er stand auf und ging ein paar Schritte auf mich zu. »Wovor hast du Angst?«

Ich schüttelte bloß den Kopf und sah ihn mit geweiteten Augen an. Was tat er da? Was tat ich hier? Was hatte ich die gesamten letzten Wochen getan? Wie konnte es sein, dass wir nun hier standen und er so verwirrende Dinge von sich gab, obwohl ich mir von Anfang an geschworen hatte, dass ich nichts und niemanden so nah an mich heranlassen würde, dass so was geschehen könnte?

Als er vor mir stehen blieb, atmete er einmal tief durch, schloss die Augen, und als er sie wieder öffnete, sah seine Iris aus wie flüssiges Karamell. »Ich möchte, dass du weißt, dass du das Beste bist, was mir je passieren konnte. Du hast mir die Augen geöffnet, Tausende Male, und ich konnte dir nie wirklich zeigen, wie viel du mir bedeutest, weil mein bescheuerter Stolz immer zwischen uns stand; meine dummen Sprüche, meine Stimmungsschwankungen, die ich dir nie erklären wollte. In Wahrheit macht es mich fertig zu sehen, wie dich andere anfassen. Es macht mich fertig zu sehen, wie du dich verletzt. Am Anfang wusste ich einfach nicht, wie ich diese Gefühle einordnen sollte. Aber jetzt weiß ich es.« Er rang nach Worten, seufzte einmal und blickte mir dann wieder tief in die Augen. »Mein Gott, ich habe mich in dich verliebt, Faye.« Er schaute mir sekundenlang mit ausdrucksloser Miene in die Augen.

Ich konnte ihn bloß anstarren, unfähig, seine Worte zu verarbeiten. Plötzlich vergrub er seine Hände in meinen Haaren am Hinterkopf und drückte mich gegen die Wand. Ich atmete vor Schreck schwer, und als sich seine Lippen senkten, schlug mir das Herz bis zum Hals. Kurz vor meinen halbgeöffneten Lippen hielt er inne, um mir die Möglichkeit zu geben, ihn wegzudrücken, doch ich tat es nicht. Warum tat ich es nicht? In der nächsten Sekunde lagen seine Lippen auf meinen. Meine Empfindungen verdrehten mir die Sinne, und dann fühlte es sich so an, als würde ich fliegen und fallen zugleich. Augenblicklich krallte ich mich in sein Oberteil, als er an meinem Hals entlangstrich, was mir eine Gänsehaut bereitete. Seine anfängliche Zurückhaltung schwenkte nun in Leidenschaft um, und ich hätte schwören können, dass er in diesem Moment die Hölle aus mir herausgeküsst hatte.

Als er schließlich von meinen Lippen abließ, legte er seine Stirn gegen meine, und ohne dass ich es hätte kontrollieren können, musste ich lächeln. Noch nie hatte ich mich so schwerelos gefühlt, so frei – mit einem solch übermächtigen Kribbeln im Bauch, das mir beinah den Boden unter den Füßen wegzog.

Was um Himmels willen mache ich hier? Meine Glücksgefühle waren von einem auf den anderen Moment wie weggeblasen, und Angst machte sich in mir breit. Wie konnte ich nur so dumm sein? Warum hatte ich mich nicht von Anfang an von Cailan ferngehalten? Ich wusste ganz genau, dass ich ihn toll fand, und trotzdem hatte ich mich immer wieder auf seine Berührungen und Gespräche eingelassen. Jetzt stand ich hier, vollkommen überrumpelt von meinen Gefühlen und Empfindungen. Hastig löste ich mich aus seiner Berührung und schob mich an ihm vorbei. Verwirrt sah er mich an.

»Ist alles okay?«

Ja. Nein. Vielleicht. Ich habe mich nie besser gefühlt. Mir geht es schrecklich. Küss mich noch mal. Halt dich von mir fern.

»Ich muss jetzt zur Kreativtherapie«, sagte ich und ging rasch zur Zimmertür. Ich hörte seine Antwort nicht mehr und war sehr froh darüber. Was hatte ich mir bloß dabei gedacht? Am liebsten hätte ich mir eine Kopfnuss nach der anderen gegeben; und als ich mir mit den Fingerspitzen an die Lippen fasste, während ich die Augen schloss und mich an das Gefühl des Kusses zurückerinnerte, wäre ich am liebsten augenblicklich lachend aus einem Flugzeug gesprungen.

Das waren die Momente, in denen ich wirklich merkte, wie wichtig mir meine Mutter war. Sie war die Erste, der ich hätte erzählen wollen, dass Cailan mich geküsst hatte. Ich hätte ihr erzählt, was das in mir ausgelöst hatte, und ich hätte ihr anvertraut, dass ich wahnsinnige Angst hatte.

KAPITEL 19

Um meinem Dienst zu entfliehen, der voraussetzte, dass ich mit Cailan allein war, stellte ich mich nach dem Abendessen krank und flüchtete in mein Zimmer. Kurze Zeit später klopften Melanie und Lucy an meine Tür, um zu sehen, wie es mir ging.

»So krank siehst du gar nicht aus«, meinte Lucy und setzte sich zu mir aufs Bett.

Melanie nahm auf meinem Schreibtischstuhl Platz und schaute mich forschend an. »Du bist wie ein Wildschwein weggelaufen, das Angst vor dem Jäger hat.«

»Danke für den Vergleich mit dem Schwein«, sagte ich sarkastisch, lachte aber. Keine der beiden stimmte ein, sie starrten mich bloß forschend an, sodass mir das Lachen in der Kehle stecken blieb.

»Also, was ist los?«, fragte Melanie dann direkt. »Und lüg uns bloß nicht an.«

Ich atmete einmal durch, unschlüssig, ob ich das wirklich erzählen sollte. Es fühlte sich falsch an, weil ich wollte, dass diese Sache nur für Cailan und mich bestimmt war und niemand daran teilhatte, doch andererseits war ich dermaßen überfordert mit der Situation, dass mir ein Rat nicht ungelegen kam. »Cailan und ich sind uns nähergekommen.«

»Wie – nähergekommen? Habt ihr euch geküsst?«, fragte Lucy begeistert und rückte noch ein Stück heran. Ich nickte bloß.

»Das ist ja großartig! Wie war der Kuss? Kann er gut küssen?«, fragte Lucy euphorisch weiter.

Wieder nickte ich.

»Du siehst aber nicht sehr glücklich aus«, stellte Melanie schließlich fest und schürzte die Lippen. »Was ist los?«

Ich seufzte. »Ich wollte ihm nie so nah kommen.«

»Empfindest du was für ihn?« Lucy sah mich interessiert an und legte mir eine Hand auf die Schulter.

Ich konnte mir mittlerweile wohl kaum etwas vormachen. Ich nickte. »Ja.« Leider gab es noch keinen chirurgischen Eingriff, der Gefühle hätte in Luft auflösen können. Ich schwor bei allem, was mir heilig war, ich hätte mich diesem auf der Stelle unterzogen.

»Das ist doch großartig«, sagte Lucy abermals, diesmal jedoch vorsichtiger, und man sah ihr an, dass sie das Problem nicht so ganz verstand.

»Ist es nicht«, erwiderte ich nun genervt. »Ich möchte keine Beziehung. Ich kann nicht vertrauen und möchte das auch gar nicht. Ich möchte mich von ihm fernhalten.«

Lucy sah mich erschrocken an. »Obwohl du ihn gernhast?«

Ich nickte eisern, und Melanie stöhnte auf. »Ich dachte immer, ich wäre unfähig, eine Beziehung einzugehen, aber es ist echt praktisch, dich als Freundin zu haben. Du zeigst mir, dass meine Probleme gar nicht so groß sind, wie ich dachte.« Taktgefühl war wohl kein Teil ihrer Stärken.

»Danke, Mel, sehr aufbauend«, sagte ich und verdrehte die Augen. »Es ist einfach der falsche Zeitpunkt. Vielleicht gibt uns das Leben irgendwann eine zweite Chance.«

Melanie sah mich kritisch an. »Man sollte nie auf eine zweite Chance hoffen, wenn man die erste nicht ergreift, Faye.«

»Außerdem ist der Zeitpunkt perfekt«, mischte sich nun auch Lucy ein. »Ihr könnt euch gegenseitig retten.«

Ich schüttelte den Kopf, während ich die beiden zweifelnd ansah. »Wir stehen uns nur im Weg.«

Melanie zuckte mit den Schultern. »Das ist deine Entscheidung, aber eines muss dir klar sein: Es gibt keinen falschen Zeitpunkt, nur die falsche Person. Mit der richtigen kannst du durch gute und schlechte Zeiten gehen.«

Noch bevor ich zu einer Antwort ansetzen konnte, klopfte es an der Tür, und ich zuckte unwillkürlich zusammen. Melanie und Lucy sahen mich abwartend an, und als ich mich nicht bewegte, riefen sie dann beinah gleichzeitig »Herein!«. Ich fragte mich, ob sie mein Gast waren oder ich ihrer, bis ich zu dem Entschluss kam, dass wir alle Gäste waren.

Als sich die Tür öffnete, verkrampfte sich mein Magen, und ich schluckte schwer. Cailan schaute in unsere Gesichter und versuchte augenscheinlich zu ergründen, wovon unser Gespräch gehandelt hatte, bevor er den Raum betreten hatte – als hätte er sich das nicht denken können. Ich lief knallrot an und wandte mich ein wenig von ihm ab, damit er es nicht bemerkte. Cailan kratzte sich im Nacken und sah dann zu Lucy und Melanie.

»Hey, äh, habt ihr was dagegen, wenn ich Faye kurz entführe? Ich würde gern mit ihr reden.«

Hallo? Das war mein Zimmer! Wollte er nicht unhöflich sein, indem er ihnen die Möglichkeit gab, hierzubleiben, damit er sie nicht rausschmiss?

Lucy erhob sich prompt und zog Melanie vom Stuhl. »Wir wollten eh gerade gehen.«

Cailan nickte, und ich schaute meinen beiden Freundinnen nach, wie sie mein Zimmer verließen. Bevor sie die Tür schlossen, warfen sie mir noch vieldeutige Blicke zu, die ich nur mit einem Augenverdrehen kommentierte. Cailan, der diese Gesichtsakrobatik meinerseits beobachtete, schaute mich stirnrunzelnd an, und so guckte ich zu meinem Schrank, um den Blickkontakt zu meiden. Jedes Mal schienen mich seine honigbraunen Augen zu hypnotisieren.

»Warum gehst du mir aus dem Weg?«, fragte er schließlich mit leiser Stimme, und ich biss mir augenblicklich auf die Lippe. Seine Mimik machte deutlich, dass er nicht eher gehen würde, bis er eine Antwort darauf erhalten hätte.

»Ich gehe dir nicht aus dem Weg.«

Er lachte auf. »Ach ja? Wie nennst du das denn dann?«

Ich antwortete nicht. Mir war das alles verdammt unangenehm, und ich wusste noch immer nicht, wie ich reagieren sollte. Ich wusste einfach nicht, was das Richtige war.

Seufzend setzte er sich zu mir aufs Bett und schaute mich mit unergründlichem Blick sekundenlang an. »Du fürchtest dich.« Es war eine Feststellung seinerseits.

»Wovor?«, fragte ich unschuldig und reckte mein Kinn vor.

Cailan verlor allmählich spürbar die Geduld. »Hör auf damit! Du fürchtest, etwas für mich zu empfinden und dass ich dich dadurch verletzen könnte.«

Ich schluckte. Wieso hatte ich ihm bloß alles offenbart, was mich ausmachte? Warum hatte ich ihm bloß meine Ängste verraten? Letztlich hätte ich langsam aufhören sollen, mich dumm zu stellen. Er wusste genauso gut wie ich, dass er recht hatte; und wenn ich weiterhin so täte, als würde ich nicht verstehen, wovon er sprach, würde dieses Gespräch noch unangenehmer verlaufen als ohnehin schon. Ich hatte ihm bereits so viel von mir verraten, er hatte mir klar und deutlich gezeigt, dass er mich mochte. Ich war es ihm schuldig, ehrlich zu sein, also atmete ich einmal tief durch und schaute ihm endlich in seine honigbraunen Augen.

»Das Ding ist, dass man die gesamte Zeit denkt, man würde einen Menschen kennen, und dann plötzlich setzt diese Person die Maske ab und schreit ›Überraschung, du dummes Kind!‹.« Ich seufzte schwer, als ich endlich von der Last befreit war. »Ich wünschte, ich könnte dir vertrauen und könnte glauben, dass du genauso bist wie jetzt, aber woher soll ich das wissen? Wie kann ich mir sicher sein?«

Cailan sah mich mitfühlend an und nahm meine Hand in seine. »Wenn da auch nur die leiseste Chance besteht, glücklich zu werden, dann riskiere es, Faye. Du wirst noch öfter enttäuscht werden in deinem Leben, und davor kann man dich kaum schützen, das ist nun mal so. Aber wenn du dich verschanzt und niemanden an dich heranlässt, wirst du niemals die Chance haben, glücklich zu sein. Stell dich dem Risiko, dass du eventuell verletzt werden könntest, und lass die guten Dinge wieder Teil deines Lebens sein. Man kann dich vor Schmerz nicht immer bewahren, aber ich schwöre dir, ich werde mein Bestes geben, damit du es nicht bereust, dieses Risiko eingegangen zu sein. Und vielleicht kommt irgendwann der Tag, an dem du die guten Dinge schätzt und dir bei manch anderen sagen kannst: ›Der Schmerz war es mir wert.‹« Dann legte er seine andere Hand auf meine Wange und flüsterte: »Ich wünschte, ich wäre es für dich wert.«

Sprachlos von seinen Worten starrte ich ihn an, dann zog er seine Hände zurück und richtete sich auf. »Ich lasse dir genug Distanz, um darüber nachzudenken, was ich dir gesagt habe.«

Ich nickte bloß, und Cailan verließ mit einem traurigen Lächeln das Zimmer. Was sollte ich bloß tun?

Bevor ich in die endlosen Weiten meiner Gedanken abtauchte, holte ich schnell Stift, Papier und eines meiner türkisen Briefumschläge aus der Kommode neben dem Bett und setzte mich an den Schreibtisch, um Gina von meiner Zerrissenheit zu berichten.

Liebe Gina,

ich habe immer gedacht, ich wüsste, wie es sich anfühlt zu lieben. Ich habe lange Zeit gedacht, meinen Ex-Freund geliebt zu haben. Ich liebe dich, ich liebe Mama und sogar auch Papa; und trotzdem fühlt sich die Liebe zu Cailan anders an. Ich habe das Gefühl, mein Innerstes bebe die gesamte Zeit, und muss mich beherrschen, nicht zu grinsen, wenn ich über ihn nachdenke, seine honigbraunen Augen ziehen mich in ihren Bann. Ich fühle mich, als würde ich schweben, wenn er in meiner Nähe ist, und wenn er nicht da ist, sehne ich mich nach dem Moment, an dem er wieder vor mir steht und mich anschaut. Er hat mich geküsst, und es war atemberaubend. Ich weiß nicht, ob ich jemals etwas so Schönes erlebt habe, aber ich glaube, dass keine positive Erinnerung vergleichbar wäre. In diesem kurzen Moment habe ich mich so lebendig gefühlt, so geliebt und wertgeschätzt. Gina, ich wünschte, er hätte nie aufgehört.

Und trotzdem bin ich vor ihm weggelaufen, bin ich vor meinen Gefühlen weggelaufen; und obwohl ich weiß, was ich will, kann ich meine Furcht nicht davon überzeugen, dass es das Richtige ist.

Soll ich dem Risiko eine Chance geben, oder soll ich die Sicherheit siegen lassen? Ich wünschte, du würdest mir einen Rat geben.

Faye

Die Nacht über fand ich keinen Schlaf, und genau das ließ mich mein Körper auch am Morgen spüren. Ich fühlte mich schlapp und ausgelaugt; und wäre ich Zuhause gewesen, hätten mich keine zehn Pferde aus den Federn bekommen. Frau Graves jedoch hatte die Präsenz von zehn Nashörnern, und deshalb fanden meine Füße letztlich, wenn auch reichlich spät, den Weg auf den kalten Boden. Mit halbgeschlossenen Augen machte ich mich auf dem Weg in den Waschraum, und als mir Lucy und Melanie fröhlich einen guten Morgen wünschten, hätte ich meine Zähne beinah nicht auseinanderbekommen. Am liebsten hätte ich mir auf die Stirn »Bitte nicht ansprechen« geschrieben, denn ich war wirklich nicht in der Verfassung zu sprechen, ohne aggressiv zu werden. Die meisten hätten mich wohl einen Morgenmuffel genannt, ich nannte das aggressionsgeladene Bombe auf zwei Beinen. Letztlich hatte ich mich den beiden gegenüber dann doch zusammengerissen und ihnen sogar ein kleines, extrem gezwungenes Lächeln zugeworfen. Zugegeben, sie sahen sehr amüsiert aus, aber ich konnte mir auch gut vorstellen, dass mein Lächeln eher einem der typischen psychopathischen Hexen aus Märchen glich. Aber mehr konnten sie heute einfach nicht von mir erwarten. Nicht nur, dass ich nicht geschlafen hatte, ich war auch verdammt unzufrieden mit der gesamten Situation und damit, dass ich mich absolut nicht entscheiden konnte, wie ich Cailan gegenübertreten sollte.

Als Frau Graves mich zum vierten Mal mit ihrer penetranten Stimme ermahnt hatte, dass ich mich beeilen sollte, damit ich nicht das Gruppentreffen verpasste, war ich nun auch endlich fertig angezogen und schlenderte den Flur entlang. Ich hatte es nicht eilig. Vielmehr wäre ich froh gewesen, hätte mich in diesem Moment eine Abrissbirne zu Boden geschleudert, damit ich hätte weiterschlafen können oder zumindest nicht ganz so schnell Cailan über den Weg laufen würde – wobei ich mir vorstellen konnte, dass er bei seiner Besorgnis und seinem Beschützerinstinkt mir gegenüber der Erste wäre, der wie Superman persönlich zu meiner Rettung eilen würde.

Ich schüttelte den Kopf. Ich sollte aufhören, so kindisch zu sein, und mich ganz normal und ganz zivilisiert verhalten. Also marschierte ich erhobenen Hauptes in den Gruppenraum und war, wie nicht anders zu erwarten, die Letzte. Aus purer Dummheit starrte ich direkt in die honigbraunen Augen, die mich die gesamte Nacht in meinen Gedanken verfolgt hatten, und stolperte in demselben Moment über meine eigenen Füße. Bevor ich den Boden küssen konnte, erfasste ich meinen Stuhl und federte den Sturz ab. Cailans »Ist alles in Ordnung?« und seine begleitende, stützende Hand, die mich sanft hochzog, ignorierte ich mit hochrotem Kopf und setzte mich auf den Stuhl, während ich die amüsierten Blicke der anderen studierte. So viel zum Thema »normal und zivilisiert verhalten«. Spätestens jetzt würde Cailan sich sowieso fragen, warum er so eine trottelige Kuh geküsst habe. Problem gelöst.

Als es am Abend an der Tür klopfte, war mir bereits bewusst, dass nun der Zeitpunkt gekommen war, an dem ich mich entscheiden musste. Ich atmete tief durch, wollte gerade beginnen, meinen Monolog auszusprechen, den ich mir den ganzen Nachmittag zusammengedichtet hatte, doch als ich mich umdrehte, trat nicht Cailan ins Zimmer, sondern Lucy. Mich durchfluteten Erleichterung und Enttäuschung zugleich, ich ließ mir aber nichts anmerken, sondern lächelte Lucy freundlich an.

»Ich wollte nicht stören«, sagte sie vorsichtig und zurückhaltend wie beinah immer, und ich schüttelte prompt den Kopf.

»Du störst nie.« Und das meinte ich auch so. Lucy war neben Melanie eine wirklich gute Freundin geworden, und obwohl die beiden grundsätzlich recht unterschiedlich waren, mochte ich sie beide gleich gern. Ich fand es traurig, dass Lucy sich unsicher war, ob sie erwünscht sei, aber anstatt das auf mich und mein Verhalten zu projizieren, versuchte ich schlichtweg, ihr klarzumachen, dass sie mir wichtig sei. Denn ich wusste, dass sie, egal bei wem, fürchtete zu nerven.

Lucy schenkte mir ein kleines Lächeln, doch ich wusste genau, dass sie meine Worte als Höflichkeit abstempelte und keinen Gedanken daran verschwendete, dass ich sie wirklich nicht als störend empfand. Ob ich wohl genauso leicht zu durchschauen war?

»Melanie ist gerade bei Harry. Deshalb wollte ich schauen, ob du ein bisschen reden möchtest«, erklärte sie und blieb unsicher bei der offenen Tür stehen.

Aufmunternd winkte ich sie herein und klopfte auf die Bettdecke vor mir. »Klar, setz dich.«

Als sie meiner Bitte gefolgt war, lächelte sie mich abermals an.

»Warum ist Melanie bei Harry?«

Lucy wurde rot und spielte mit ihrem Ring am Finger herum. »Du weißt ja, dass ich ihn gut finde, und Melanie will ihn jetzt durch ein Gespräch indirekt dazu bringen, dass er mich fragt, ob wir zusammen sein wollen.«

Ich musste mir fast ein Lachen verkneifen, so sehr klang das nach einer typischen Grundschulsituation. »Kein Brief mit Ja-nein-vielleicht-Ankreuzmöglichkeiten?« Ich konnte mir diesen Spruch einfach nicht verkneifen.

Beschämt lachte Lucy mit, und am liebsten hätte ich es zurückgenommen. »Er wagt einfach nicht den nächsten Schritt.«

»Warum fragst du ihn nicht einfach?«, schlug ich vor und schaute sie aufmunternd an.

Ihr Blick veränderte sich von beschämt zu schockiert innerhalb einer Sekunde. »Das kann ich doch nicht!«

»Warum kannst du das nicht? Du bist eine Frau mit Gehirn, die genauso äußern kann, was sie will«, entgegnete ich. Ich empfand es als schwachsinnig, wenn man immer darauf wartete, bis der Mann den ersten Schritt tat. Wenn man etwas wollte, dann sollte man dafür kämpfen, unabhängig davon, welches Geschlecht man hatte.

Sie nickte. »Das schon, aber ich traue mich das nicht.«

»Vielleicht traut sich Harry das auch nicht, und nur aus Furcht, ihr könntet von dem anderen einen Korb bekommen, werdet ihr nicht zusammenkommen. Das ist traurig«, erwiderte ich und schaute sie schief an.

Nachdenklich schaute sie mich an. »Vielleicht hast du wirklich recht. Und was habe ich schon zu verlieren – oder?« In ihren Augen spiegelte sich noch der Zweifel wider, doch den ignorierte ich wissentlich.

Ich erhob den Daumen. »Genau!«

»Genau«, rief sie zustimmend aus, trottete erhobenen Hauptes zur Tür und blieb dann mit der Hand an der Klinke stehen. Dann fielen ihre Schultern nach vorne, sodass sie wie ein Sandsack dastand, und blickte mich mutlos an. »Ich kann das nicht.«

Kurz lachte ich auf, dann stand ich auf, nahm ihre Hand und zog sie aus dem Zimmer. »Manchmal muss man Menschen zu ihrem Glück zwingen.«

Erst protestierte sie, doch als ich anfing, ihr beruhigend über den Handrücken zu streicheln, wurde ihre Körperhaltung immer aufrechter. Kurz vor Harrys Zimmer blieben wir stehen.

»Du schaffst das«, sagte ich ihr und küsste sie sanft auf die Stirn.

Sie lächelte und klopfte an die Tür. Als Harry öffnete, teilte Lucy ihm mit, dass sie mit ihm reden müsse, und trat mit zittrigen Beinen über die Türschwelle. Melanie, die sich sofort erhob und auf mein Zeichen hin das Zimmer verließ, sah Lucy bloß verwirrt an. Als die Tür schließlich von dem scheinbar genauso erstaunten Harry geschlossen wurde, sah mich Melanie entgeistert an. »Was zum Teufel hast du mit meiner Lucy gemacht?«

Ich lachte nur kommentarlos, und Melanie grinste, hob dann jedoch die Hand. »Sorry, aber bevor du mich zum Lachen bringst, sollte ich erst mal mein Meer in der Blase loswerden.« Sie drehte sich um und marschierte hastig den Flur zurück zum Mädchentrakt.

»Melanie?«, rief ich ihr noch hinterher, und sie wandte sich im Gehen zu mir um. »Wo ist Cailan?«

»Hinter dir«, hörte ich eine tiefe Stimme sagen und erschrak beinah zu Tode. Melanie lachte und hastete weiter den Flur entlang, während ich mich zu Cailan umdrehte.

»Wie schaffst du es, dich bei deiner Körpergröße immer so anzuschleichen?«, fragte ich ihn anklagend.

Er zuckte mit den Schultern. »Vielleicht bist du auch nur unaufmerksam.«

Ich schaute ihn mit meinem typischen genervten »Ist das dein Ernst?«-Blick an, und er verkniff sich prompt ein Lachen. Als er sich wieder unter Kontrolle hatte, musterte er mich. »Warum hast du nach mir gefragt? Möchtest du reden?«

Mein Herz schlug schneller, und ich fing wieder an, meine Handflächen zu kneten. Lästige Angewohnheit, vor allem, weil er wusste, dass ich das tat, wenn ich nervös war. Er schaute auf meine Finger und blickte mir dann in die Augen.

»Wollen wir in deinem Zimmer reden, oder soll ich Harry rausschmeißen?«

»Das wäre ein ungünstiger Zeitpunkt dafür, weil er gerade ein ernstes Gespräch mit Lucy führt«, sagte ich achselzuckend, und er schaute mich erstaunt an, ohne jedoch nachzuhaken, worum es tatsächlich gehe.

»Dann fällt uns die Entscheidung ja relativ leicht«, erwiderte er und ging den Flur entlang.

Unsicher blieb ich stehen und wünschte, mich in Luft auflösen zu können oder wenigstens so klein zu sein, dass ich mich hätte im Klo hinunterspülen können. Er drehte sich verwirrt zu mir um und blieb stehen.

»Kommst du?« Er hatte mir die gesamte Zeit die Wahl gelassen, wann ich mit ihm sprechen wollte, aber jetzt, da ich ihm ungewollt klar gemacht hatte, dass ich ihn gesucht hatte, ließ er mir keine Wahlmöglichkeiten mehr offen.

Unwillig trottete ich hinter ihm her, und auch als wir bereits in meinem Zimmer waren, sträubte ich mich dagegen, die Tür zu schließen, denn ich wusste: Ab diesem Moment würde er von mir eine Antwort verlangen. Als ich die Tür endlich schloss, versuchte ich, den Blickkontakt zu vermeiden, indem ich mich mit dem Rücken zu ihm aufs Bett setzte. Ich wusste, dass ich mich absolut unhöflich und kindisch verhielt, und in diesem Moment kam mir Melanies Aktion, eine Beziehung zwischen Lucy und Harry anzubahnen, gar nicht mehr so lustig vor, denn ich verhielt mich definitiv lächerlicher. Trotz dieser Einsicht war ich nicht in der Lage, Cailan anzuschauen, geschweige denn einen Satz herauszubringen. Doch Cailan, der Mann, der kein Blatt vor den Mund nahm, war zur Stelle, wann immer die Stille überwog.

»Hast du dir Gedanken über meine Worte gemacht?« Seine Stimme klang sanft und vorsichtig, als wollte er mich nicht damit überfallen, doch letztlich tat er genau das. Ich hatte mir mehr Gedanken darüber gemacht, als vermutlich gesund war. Denn ich hatte jedes einzelne Wort auseinandergenommen und es analysiert. Ich hatte keine Sekunde schlafen können, weil mich seine Worte so sehr bewegt hatten und ich deshalb in einem großen Zwiespalt stand, denn ich wusste beim besten Willen nicht, ob meine Angst diese Worte überlastete.

»Ein bisschen«, sagte ich dennoch und schaute gespielt desinteressiert auf den Wecker neben meinem Bett, um zu signalisieren, dass ich eigentlich keine Lust hatte noch lange darüber zu sprechen. Ich war so gemein und so bescheuert. Er sprang so oft über seinen eigenen Schatten, und ich wusste, dass es ihm verdammt schwer fiel, mir seine Gefühle zu offenbaren. Trotzdem war ich so unfair und verschloss mich ihm. Als i-Tüpfelchen gab ich ihm dann noch das Gefühl, mich würde das Thema nicht interessieren. Ich glaubte, keiner könne mich in diesem Moment mehr hassen als ich mich selbst.

»Und was hast du mir dazu zu sagen?«, fragte er diesmal etwas schnippischer, als wäre er verletzt durch mein Verhalten, und ich war mir verdammt sicher, dass das auch tatsächlich der Fall und vollkommen berechtigt war. Also versuchte ich aufzuhören, meine Mauer höher zu bauen, und riss sie ein kleines bisschen ein.

»Ich gebe dir recht, dass man nur dann glücklich sein kann, wenn man das Risiko eingeht und die Angst überwindet.«

Er lächelte, als ich mich zu ihm wandte, doch ich schüttelte schnell den Kopf. »Aber ich bin nicht sicher, ob ich meine Angst überwinden kann.«

Er sah kurz nach unten auf seine Füße, dann setzte er sich in Bewegung und nahm neben mir auf dem Bett Platz. »Ich will dir zeigen, dass es Menschen auf dieser Welt gibt, deren Intention nicht dein Schmerz, sondern dein Glück ist.« Langsam nahm er meine Hand in seine, und meine Entscheidung schien zu bröckeln. »Bitte lass es mich dir beweisen«, flüsterte er weiter, und als sein Gesicht nur wenige Zentimeter vor meinem innehielt, schaute er mir prüfend in die Augen. »Aber du hast die Wahl.«

Wie versteinert schaute ich in die honigbraune Farbe seiner Augen, während mein Kopf wie verzweifelt nach der richtigen Lösung suchte. Dieser Mann hatte mich dazu gebracht, über viele Dinge anders nachzudenken. Er war der erste und einzige Mensch, dem ich mich in diesem Rahmen offenbart hatte. Ich hatte mich in ihn verliebt. Und plötzlich begann die Waage sich zu bewegen, und statt der Furcht vor einer neuen Beziehung überwog nun die Liebe zu ihm. In dem Moment, in dem das passierte, zog er sich wieder langsam zurück. Ohne darüber nachzudenken, packte ich ihn an seinem Pullover, zog ihn zu mir heran und küsste ihn. Unser zweiter Kuss fühlte sich genauso atemberaubend an wie unser erster. Er legte seine eine Hand seitlich an meinen Hals, und die andere ruhte auf meiner Taille. Der Kuss vertiefte sich, bis mir komplett schwindelig war, und in diesem Moment löste er sich sanft von mir. Völlig außer Atem legte er seine Stirn an meine.

»Ich liebe dich.«

Ich war absolut nicht in der Lage, diese Worte auszusprechen, also küsste ich ihn zur Antwort noch einmal zärtlich auf den Mund.

Als wir uns wenige Minuten später nebeneinander unter meine Bettdecke kuschelten, hatte ich das Gefühl, vor Glück zu explodieren. Zärtlich zog er mich an seine Brust und streichelte meinen Arm, den ich ihm über seinen Bauch gelegt hatte. Sein Duft, seine Wärme, alles war so berauschend, dass ich für kurze Zeit glaubte, den Verstand zu verlieren.

»Was sind eigentlich deine Hobbys, wenn du mal nicht in einer Klinik eingesperrt bist?«, fragte er mich plötzlich und verwirrte mich damit total.

Ich konnte meine Verwunderung kaum verbergen. »Warum sind dir diese Standardfragen so wichtig?« Ich erinnerte mich daran, wie er mich schon einmal mit den klischeehaften Small-Talk-Fragen überrascht hatte, und ich hatte damals gedacht, es sei bloß Spaß gewesen, aber ich glaubte mittlerweile, dass es ihm tatsächlich wichtig war, sie zu stellen.

»Mich interessieren deine Antworten darauf wirklich. Man muss nicht immer komplizierte, tiefgründige Fragen beantworten. Es gibt auch einfache Dinge im Leben, die genauso interessant sind. Ich will schließlich nicht nur wissen, wie du heißt oder wie alt du bist. Ich will alles über dich wissen: was dich bewegt, was dich verärgert, was dich zum Weinen bringt, was dich jedes Mal aufs Neue zum Lächeln bringt.«

Ich lächelte und streichelte gleichzeitig sanft über seinen Bauch. »Jede Antwort darauf lautet: du, Cailan.«

Mit einem Lächeln in der Stimme strich er mir mit den Fingerspitzen über die Wange. »Ich will wissen, was dein Lieblingsfilm ist und warum.

Ich will wissen, welches Lied dein Herz berührt und ob der Songtext der Auslöser ist oder die Melodie, mit der du irgendetwas verbindest. Ich möchte wissen, was dein Lieblingsbrot ist und welches Obst du am liebsten magst. Jedes auch nur so kleinste Detail an dir interessiert mich.«

Ich überlegte einen Moment. Dann kuschelte ich mich noch enger an ihn. »Einen Lieblingsfilm habe ich nicht, aber ich mag total gern Science-Fiction. Meine Lieblingslieder ändern sich ständig, aber ich höre sehr gern Instrumentalmusik aus Filmen. Die Instrumente sprechen dort für sich. Mein Lieblingsobst sind Erdbeeren, und mein Lieblingsbrot ist Vollkornbrot – aber sicherlich nicht dieses harte Gnadenhofbrot, das sie an uns verfüttern, als wären wir Schweine.« Bald würden uns alle Zähne rausfallen, sodass wir sie durch Betonklötze ersetzen müssten.

Cailans Körper vibrierte leicht unter mir, sodass ich spürte, wie er in sich hineinlachte. »Na ja, so, wie ein paar von uns mit dem Essen um sich schmeißen, wäre die Betitelung vielleicht gar nicht so verkehrt.«

Ich musste lachen.

»Was ist dein Lieblingsfach?«, fragte er dann, als ich mich wieder beruhigt hatte.

Ich schürzte die Lippen. Es interessierte mich sehr, wie er mich einschätzte und was er glaubte, welche schulischen Fähigkeiten ich wirklich aufzuweisen hatte. »Rate«, erwiderte ich deshalb schmunzelnd.

»Mhm, Geschichte?«, fragte er, und ich runzelte verdutzt die Stirn. Wie kam er bitteschön genau darauf?

»Im Jahreszahlen-Merken bin ich eine Niete. Aber wenn man mich nach Songtexten fragt, kann ich dir jeden einzelnen auf das Wort genau vorsingen«, antwortete ich und bemerkte gleich, dass dieses Ratespiel verursachte, dass er direkt mehr über mich erfuhr. Diesmal empfand ich das jedoch nicht als furchteinflößend, sondern unterhaltsam.

»Also Musik?«, mutmaßte er sofort.

Keine schlechte Schlussfolgerung, musste ich stumm zugeben. Aber wieder falsch. »Die Musik, die wir in der Schule hören, betitele ich persönlich nicht als Musik, sondern als Folter.«

Er wurde spürbar ungeduldig, und ich musste mir deshalb ein Kichern verkneifen.

»Physik?«

Ich prustete los. »Jetzt wird's lächerlich.«

»Mathe?«, fragte er sofort weiter, ohne auf meine Bemerkung einzugehen.

Oh je, Kollege, du befindest dich auf dem Weg in eine Fantasiewelt.

»Man müsste mich bewusstlos schlagen, um mich dazu zu bringen, an einer Nachhilfestunde teilzunehmen – wobei ich das echt nötig hätte. Sogar ein Affe hätte eine höhere Erfolgsquote, Aufgaben richtig zu lösen, als ich«, gab ich schmunzelnd zu.

Er lachte. »In Mathe bin ich auch echt miserabel. Wenn mein Lehrer eine Kurve angezeichnet hat und nach einer Gleichung gefragt hat, habe ich mich immer gefragt, wie zur Hölle ich aus einer Kurve Buchstaben ableiten soll.«

»Ich weiß nicht mal, was eine Gleichung ist«, erwiderte ich, und wir lachten im Einklang.

»Also was ist denn nun dein Lieblingsfach?«, gab er schließlich auf.

Ich seufzte ergeben und erlöste ihn. »Ich schätze Deutsch. Ich führe eine sehr tiefe Beziehung mit Worten.«

»Das klingt etwas komisch«, gab er nach wenigen Sekunden zu.

Wieder lachte ich. »Das beantwortet übrigens auch deine erste Frage zu meinen Hobbys. Ich schreibe gerne Gedichte.«

Nun wurde er hellhörig. »Ach, wirklich? Dann darf ich doch bestimmt mal eines davon hören, oder?«

»Vielleicht irgendwann, wenn wir hier raus sind und ich den Kopf frei habe«, antwortete ich, und in seinen Armen schien es mir gar nicht mehr so abwegig, dass dies in naher Zukunft der Fall sein könnte.

KAPITEL 20

Am nächsten Morgen beim Frühstück waren Cailan und ich nicht die Einzigen, die sich Händchen haltend an unseren Stammtisch setzten. Harry und Lucy stolzierten uns fröhlich entgegen und platzierten sich mit Melanie zusammen uns gegenüber. Grinsend schauten Lucy und ich uns an. »Ich hätte nie gedacht, dass du dich an diesem Abend dazu durchgerungen hättest, mit Cailan über euch zu reden. Ich habe dich wohl inspiriert«, sagte sie dann, und ich lief rot an.

»Na ja, um ehrlich zu sein, hat er einfach für mich entschieden«, gab ich zurück, und Cailan neben mir fing an zu lachen, während er mir einen Kuss auf die Schläfe gab.

»Tja, manchmal muss man Menschen zu ihrem Glück zwingen«, wiederholte Lucy meine gestrigen Worte mit einem Zwinkern. Ich würde nie wieder solche Sprüche machen.

Als ich Harrys Arm begutachtete, der über Lucys Schulter lag, schmunzelte ich abermals. »Scheint ja so, als wäre das gar nicht so verkehrt gewesen, dich zu zwingen.«

Zur Antwort strahlte sie und lehnte sich an Harry. Neben mir blies Melanie entnervt die Luft aus. »Verschont mich mit eurem Gefühlskram!«

»Auch für dich finden wir noch den Richtigen. Wie wäre es mit Nick?«, fragte ich und klopfte ihr aufmunternd auf die Schulter.

»Da würde ich lieber einen Pavianhintern küssen«, gab sie zurück, und ich verkniff mir ein Schmunzeln.

Harry grinste. »Der würde auch am besten zu dir passen.«

Ehe er sich's versah, hatte er eine Scheibe Käse im Gesicht. Mit großen Augen starrte ich Harry an, gespannt, wie er nun reagieren würde. Dann plötzlich landete eine Gurkenscheibe genau auf ihrem Haaransatz.

Cailan, Lucy und ich fingen schallend an zu lachen, und Melanie starrte nur schockiert Harry an. Melanie war eindeutig diejenige, mit der man so etwas besser nicht machte. Wenn sie Witze auf anderer Leute kosten machte, empfand sie das als in Ordnung, aber wenn sie diejenige war, über die gelacht wurde, war sie sofort wütend. Ich mochte Melanie wirklich sehr, aber diese Eigenschaft an ihr veranlasste mich dazu, meine Witze mit ihr genau zu überdenken.

Als Melanie anfing, wutentbrannt Harry darüber aufzuklären, wie kindisch es von ihm wäre, nach ihrem Rachezug auf seinen Spruch ebenfalls mit Essen zu werfen, verstummte unser Gelächter augenblicklich. Augenrollend wandte ich mich ab und ließ sie ihren Konflikt selber klären, ohne mich einzumischen. Cailan legte seine Hand auf meinen Oberschenkel; und als ich ihn ansah, lächelte er mich kurz an, um mir dann einen Kuss auf die Stirn zu hauchen.

»Ich habe jetzt einen Termin bei Frau Dr. Henderson. Kommst du ohne mich zurecht?«

Ich grinste und dämpfte die Stimme. »Nur, wenn die beiden nicht anfangen, sich gegenseitig mit Tischen zu bewerfen.«

Als Cailan abermals zu den beiden schaute und beobachtete, wie Melanie Harry mit drei Scheiben Brot gleichzeitig befeuerte, musste er sich ein Lachen verkneifen. Dann lehnte er sich zu mir herüber. »Ich muss den beiden leider eine reinhauen, wenn sie dich verletzen, also hoffe ich mal, dass sie sich benehmen.« Dann küsste er mich abermals auf die Stirn, erhob sich und trottete aus der Cafeteria.

Dieser Mann war der Inbegriff von Schönheit; und das war das Einzige, was ich dachte, als ich ihm hinterherschaute und mich dann rasch umdrehte, bevor ich anfing, einen Spuckefaden zu verlieren.

»Was ist denn hier los?«, rief Frau Graves plötzlich, und ich zuckte unwillkürlich zusammen, als ich ihre Stimme direkt neben mir hörte.

Erschrocken drehte ich mich zu ihr um und atmete schnell aus, als ich sah, dass sie nicht mich anschaute, sondern Melanie und Harry.

»Sind wir hier im Kindergarten?«, rief sie empört und zeigte auf die Lebensmittel, die dank dieser Essensschlacht auf dem Boden lagen.

Zum wohl ersten Mal gab ich Graves' Worten recht. Egal, wie spießig sich das auch anhören mochte; aber Essen derart zu verschwenden, war absoluter Mist – selbst wenn es Brot war, das man nur mit einer Kettensäge hätte durchschneiden können.

»Wie schön, dass wir eine Ablösung für Cailan und Faye haben! Die beiden können euch zwei sicher anleiten, wie ihr was zu putzen habt.«

Entgeistert starrte ich sie an. »Und Cailan und ich?«

Von meiner Frage genervt, zog sie ungeduldig die Augenbraue hoch. »Ihr könnt euch bei euren Freunden bedanken, dass ihr hiermit von eurer Strafe befreit seid.«

Mein breites Grinsen konnte ich kaum verbergen, also schaute ich kommentarlos zu Boden und hoffte, dass meine Strähnen, die mir dabei ins Gesicht fielen, meinen Gesichtsausdruck abschirmten. Würden Melanie und Harry meine Freude darüber, dass meine Strafe nun abgesessen war, sehen, würde ich wohl eine Menge Hasstiraden abbekommen. Natürlich tat es mir für die beiden leid, weil ich genau wusste, was sie erwartete, doch andererseits hatten sie eine Strafe genauso wie Cailan und ich verdient, und genau deshalb war es nur fair, sich ihr zu stellen, ohne sich groß darüber aufzuregen. Laut den hasserfüllten Blicken, die Melanie Frau Graves zuwarf, schien sie sich nicht darüber im Klaren zu sein, dass sich falsch verhalten hatte und es genau in diesem Moment noch immer tat. Bevor sie anfangen konnte, sich lauthals aufzuregen, trank ich schnell meinen restlichen Früchtetee aus und machte mich mit einem kleinen Winken auf den Weg zurück in mein Zimmer. Bei Melanie brachte es nichts, ihr zu sagen, dass sie einmal ein- und ausatmen sollte, um sich zu beruhigen. Sie atmete einmal ein und rastete aus. So war das nun mal bei ihr.

Als ich eine Stunde später im Gruppenraum wartete, bis das tägliche Gespräch begann, schweifte ich gedanklich ab. Ich hatte mich tatsächlich auf Cailan eingelassen, ohne weiter über die Konsequenzen nachzudenken. Mal abgesehen davon, dass ich niemals gedacht hätte, einem Menschen die Chance zu geben, mir so nah zu sein, kroch die Angst langsam meine Fußspitzen hoch. Ich hatte mich in Cailan verliebt und bot ihm damit die größte Angriffsfläche, die es hätte geben können. Natürlich konnte man nichts gegen seine Gefühle tun, aber auch wenn es mir mit ihm gut ging, so hätte ich ihn von Anfang an abweisen sollen. Ich sollte nicht hier sitzen und mir Gedanken machen, wie es wäre, wenn er mich verließe oder verletzte. Ich war hier für meine Mutter. Ich wollte meine Probleme für meine Mutter lösen, doch stattdessen bürdete ich mir noch weitere auf. Wie konnte etwas, was sich so richtig anfühlte, so falsch sein?

Als plötzlich die Tür aufging und Cailan in den Raum spazierte, schreckte ich aus meinen Gedanken. Er sah mich verwirrt über meine Reaktion an, kam zu mir und hockte sich vor mich, sodass unsere Köpfe auf einer Höhe waren. »Alles in Ordnung?«, fragte er und schaute mir forschend in die Augen.

Seine Fürsorglichkeit war unfassbar berührend, sodass ich ihn augenblicklich anlächeln musste. So schnell, wie meine Zweifel gekommen waren, waren sie wieder verschwunden, sobald ich ihn ansah. Ich umfasste sein Gesicht mit den Händen und küsste ihn sanft auf seine weichen Lippen. Als ich mich löste, setzte er sich neben mich auf einen Stuhl und legte einen Arm über meine Schulter. Ich lehnte mich an und genoss seine Nähe in vollen Zügen. Selbst als die anderen den Raum betraten und ich Nicks und Jeffreys Blicke auf uns spürte, ließ ich mich nicht beirren.

»Warum warst du so nachdenklich, als ich hereinkam?«, flüsterte Cailan mir plötzlich ins Ohr, und ich überlegte scharf, was ich ihm jetzt wohl sagen sollte. Ich konnte ihm unmöglich gestehen, dass ich vor wenigen Sekunden darüber nachgedacht hatte, was für ein Fehler es sei, ihn geküsst zu haben.

»Ich habe darüber nachgedacht, was ich mit der ganzen Zeit die nächsten Abende anfangen soll, jetzt, da wir beiden keinen Cafeteriadienst mehr haben«, sagte ich mit einem Grinsen, weil ich wusste, dass er die gute Nachricht noch gar nicht wusste.

»Wie jetzt?«, fragte er.

Ich schaute verstohlen zu Melanie und Harry, um zu ergründen, ob sie tatsächlich gedankenverloren in die Luft starrten oder uns zuhörten. Es war albern, schließlich sollte den beiden klar sein, dass ich Cailan davon erzählen würde, aber ich hatte keine Lust, dass meine Freundin dachte, dass ich über sie gehässig lästerte. »Melanie und Harry haben heute Morgen doch mit Essen geworfen, und Frau Graves hat sie jetzt dazu verdonnert, unseren Dienst zu übernehmen«, flüsterte ich.

Überrascht schaute er mich an, dann drückte er mich fester an sich. »Ich dachte schon, wir müssten unser ganzes Leben platt getretene Gurkenscheiben vom Boden kratzen.«

Als ich sah, wie uns Melanie taxierte, verkniff ich mir mein Lachen und tat so, als hätte ich ihren Blick nicht bemerkt. Ein bisschen tat sie mir ja schon leid, aber nur ein bisschen.

Am Abend saß ich bei Lucy im Zimmer, während Melanie und Harry die Cafeteria sauber machten. Zusammen hörten wir Musik und sprachen über ihre Gefühle für Harry. Ich glaubte, man konnte genau in den Augen sehen, wenn jemand verliebt war, vor allem aber war es bei Lucy daran erkennbar, wie sie sprach. Mit einem strahlenden Lächeln zählte sie immer wieder auf, was sie an ihm so toll fand. Nach einer halben

Stunde beehrte uns dann auch Melanie, und ihrem Gesichtsausdruck nach zu urteilen, hätte sie am liebsten die gesamte Menschheit erschlagen. Seufzend ließ sie sich auf ihr Bett fallen.

»Lange halte ich das nicht durch, dann nehme ich Harrys Haare als Wischmopp.« Sie guckte Lucy entnervt an. »Wie kannst du es auch nur fünf Minuten mit diesem Kerl aushalten, ohne ihm eine reinzuschlagen?«

Ich gab mir große Mühe, bei ihren Worten nicht die Augen zu verdrehen, doch Lucy hielt sich verständlicherweise nicht zurück.

»Es reicht. Kannst du dich nicht eine Sekunde für mich freuen, ohne schlecht über ihn zu reden?«

Ich hatte Lucy noch nie so wütend gesehen, wobei sie doch sonst so zurückhaltend war. Und als ich Melanies Gesichtsausdruck erblickte, schlussfolgerte ich, dass die beiden sich gleich die Köpfe einschlagen würden.

»Ich würde mich ja für dich freuen, wenn du dir mal was Vernünftiges suchen würdest«, gab Mel schnippisch zurück. »Dank ihm muss ich jetzt jeden verdammten Abend wie ein Sklave die Tische schrubben.«

Lucy stand auf und richtete sich vor ihr auf. »Du hast doch damit angefangen, ihn mit Essen zu bewerfen!«

»Er hat angefangen, mich zu beleidigen, und von meiner Freundin hätte ich erwartet, dass sie in so einer Situation an meiner Seite steht«, brüllte Melanie und setzte sich auf, um ihr fuchsteufelswild in die Augen zu gucken.

Ich legte Lucy meine Hand auf die Schulter und zog sie etwas von Melanie weg, bevor sie sich noch tatsächlich körperlich angingen.

»Du bist doch nur neidisch, weil ich jemanden habe und du nicht!«, gab Lucy zurück und schüttelte meine Hand ab.

»Ach, so ist das. Jetzt, da du einen Freund hast, habe ich also niemanden mehr«, erwiderte Melanie wütend und betonte jedes einzelne Wort.

Genervt warf Lucy die Hände in die Luft und strich sich ihre Haare aus der Stirn. »Du weißt ganz genau, was ich meine.«

»Das führt doch zu nichts«, mischte ich mich nun auch ein. Eigentlich ging mich ihr Streit gar nichts an, aber die Tatsache, dass die beiden sich mochten und wegen so einer Nichtigkeit stritten, brachte mich selber zur Weißglut. »Du und Harry habt einen Fehler gemacht, und das müsst ihr beide jetzt eben ausbügeln. Du musst ihn nicht mögen, aber es ist nur fair, dass du Lucy bei ihren Entscheidungen unterstützt, egal, welche sie fällt. Dazu sind Freunde da.«

Kurz schauten mich die beiden wortlos an, dann reichte Lucy plötzlich seufzend Melanie die Hand. Zunächst betrachtete Melanie sie kritisch, ehe sie sie ergriff und Lucy an sich zog. Ich wünschte, so schnell könnte ich Auseinandersetzungen mit meiner Mutter klären.

Ich beschloss, die beiden alleine zu lassen, damit sie über ihre Diskrepanzen ausgiebig reden konnten, und wünschte ihnen eine gute Nacht.

Als ich das Zimmer verließ, sah ich Cailan den Flur entlangflitzen. Sein Blick begegnete meinem, und er kam auf mich zu. »Du musst noch kurz warten«, sagte er und küsste mich auf die Stirn. »Ich bin gleich so weit.« Dann ließ er von mir ab und ging in mein Zimmer.

»Was hast du vor?«, fragte ich verwirrt, doch er antwortete nicht, sondern schloss die Tür. Mit verschränkten Armen lehnte ich mich an die Wand meiner Tür gegenüber und musste auch nicht lange warten, da stand Cailan wieder vor mir. »Was ist los? Was hast du gemacht?«, fragte ich misstrauisch und bewegte mich nicht von der Stelle.

Cailan legte sich einen Finger auf die Lippen. »Psst. Wenn ich dir das verrate, ist es doch keine Überraschung mehr!«

Kritisch verzog ich das Gesicht. »Ich sollte wohl erwähnen, dass ich Überraschungen hasse.«

»Diese hier wirst du lieben.« Er nahm, ohne Widerrede zuzulassen, meine Hand und führte mich in mein Zimmer. Das Erste, was ich sah, war ein Projektor, der die Wand dem Bett gegenüber beleuchtete. Auf der Wand war ein Bild eines Sonnenuntergangs zu sehen. Langsam bewegten sich die Wellen des Meeres im Einklang, und die Sonne, die noch hoch am Himmel stand, fing langsam an, sich dem Wasser zu nähern. *Die kahlen Wände sind wohl doch für etwas gut*, war mein zweiter Gedanke. Als Erstes dachte ich: *Womit um alles in der Welt habe ich so einen wunderbaren Menschen verdient?*

»Auch wenn wir uns nicht gemeinsam auf eine Wiese zusammensetzen können, möchte ich mir mit dir einen Sonnenuntergang anschauen. Ein Sonnenuntergang am Meer, der die Farbe einfängt, die entsteht, wenn die Sonne das Wasser küsst«, sagte Cailan leise und drückte meine Hand.

Ich musste lächeln. So etwas würde sich niemand sonst einfallen lassen und schon gar nicht für mich. Ich war so überwältigt davon, dass er sich gemerkt hatte, dass genau diese Farben meine Lieblingsfarben waren, sodass ich am liebsten hier und jetzt wie ein kleines Kind, das den Weihnachtsbaum entdeckt hatte, herumspringen wollte. Nie zuvor hatte sich jemand so viele Gedanken gemacht, um mir eine Freude zu bereiten.

»Das ist so schön. Danke!«, sagte ich berührt, und er küsste mich als Antwort auf den Haaransatz. Ich wusste, dass diese Worte bei Weitem nicht genug waren, verglichen mit dem, was ich verspürte, aber ich hatte keine Ahnung, wie ich hätte ausdrücken können, wie glücklich ich war, zumal ich mir sicher war, dass er das in meinen Augen erkennen konnte.

»Woher hast du den Projektor?«, fragte ich schließlich, als ich aufgab zu überlegen, wie ich meine Berührung in Worte fassen sollte.

»Frau Benett war sehr hilfsbereit, was das betrifft. Sie hat mir aber ausdrücklich gesagt, dass wir anständig bleiben sollen«, sagte er lachend, und ich wurde knallrot. Er lachte über meinen peinlich berührten Gesichtsausdruck und zog mich zum Bett.

Wir setzten uns nebeneinander, und er schlang einen Arm um meine Schultern, während er uns mit der anderen zudeckte. Es sammelten sich Tränen in meinen Augenwinkeln, und ich lehnte mich an ihn, damit er keine Chance hatte, sie zu sehen. Während ich den Blick auf die Wand gerichtet hielt, legte ich meine Hand auf seine Brust, genau über seinem Herzen. »Mit dir habe ich meinen Frieden mitten in der Hölle schließen können«, flüsterte ich ihm zu. »Ich bin sogar froh, hier zu sein.« Als ich die Worte aussprach, klangen sie in meinen Ohren komisch, doch in meinem Herzen waren sie die pure Wahrheit. Ohne diese Klinik hätte ich Cailan nie kennengelernt. Ich hätte nie herausgefunden, wie es sich anfühlte, geliebt zu werden. Und das Wichtigste: Ich hätte nicht aufgehört, bloß zu existieren. Wenn ich mit ihm zusammen war, fühlte ich mich am Leben.

Sanft strich er mit seinen Fingerspitzen über meine Wange und legte sie dann an mein Kinn, um mein Gesicht anzuheben, damit ich ihn ansah. »Es ist komisch, bei jemandem sein zu können, wer man wirklich ist.«

Wir lächelten gleichzeitig, bevor er seine Hände in meinen Haaren vergrub und mich an sich zog, um mich zärtlich zu küssen. Aus einem vorsichtigen Kuss wurde schnell die pure Leidenschaft, und als er sich von meinen Lippen löste, pochte mein Herz wie wild. Und obwohl ich früher die Lippen meines Ex-Freundes berührt hatte, fühlte es sich jedes Mal aufs Neue so an, als wäre Cailan der Erste, den ich je geküsst hätte.

»Ich liebe dich«, flüsterte Cailan an meinem Mund und strich abermals flüchtig über die Oberfläche meiner Lippen.

Ich wusste, dass er auf eine Erwiderung hoffte, aber die konnte ich ihm nicht geben. Es waren Worte, mit denen ich so viel Angriffsfläche bot, dass nur der Gedanke daran, sie auszusprechen, Angst in mir auslöste. Also stellte ich stattdessen rasch eine Frage. »Wann hast du bemerkt, dass du dich in mich verliebt hast?«

Nachdenklich starrte er wenige Sekunden in die Luft, ehe er mich wieder musterte. »Das ist schwierig zu sagen. Am Anfang, als du in den Gruppenraum kamst und dastandest wie ein kleines aufgeschrecktes Häschen, habe ich geglaubt, du würdest leicht zu durchschauen sein, doch als du mich mit deinen grauen Augen angesehen hast, nachdem ich diesen bescheuerten Spruch abgelassen hatte, wurde ich neugierig. Dieser intensive Blick hatte mich so aus der Bahn geworfen, dass ich nicht mal eine schlagfertige Antwort auf Frau Benetts empörten Aufschrei kannte. Ich war erstaunt, dass du mir in der stillen Runde nicht sofort erzählt hast, was deine seelischen Probleme ausgelöst haben. Ich war unendlich neugierig, und gleichzeitig hast du mich verrückt gemacht mit deiner Art, mit mir zu diskutieren. So etwas hatte ich bis dahin nie gekannt.« Er schmunzelte und fuhr mir mit seiner Hand sanft übers Haar. »Und dann kam der Abend, als Lucy so bitterlich geweint hat und du mir gesagt hast, dass das selbstverständlich sein sollte, sie zu trösten. Und dann hatte ich plötzlich dieses dringende Bedürfnis, genau das auch für dich zu tun. Ich wollte für dich da sein und dich beschützen. Jedes Mal aufs Neue, wenn unsere Blicke sich begegnet sind oder du angefangen hast zu lachen oder zu reden, hatte ich das Gefühl, dass es nur noch dich und mich gab. Als würde alles drum herum überhaupt keinen Sinn mehr ergeben, wenn du da bist. Ich weiß nicht, wann genau dieser Moment war, als ich realisierte, dass ich dich liebe und du zu mir gehörst. Ich weiß nur, dass es für mich keinen Weg zurück mehr gibt.«

KAPITEL 21

Die Nacht war merkwürdig. Einerseits war mein Bauch voll mit Schmetterlingen, andererseits machte mir Migräne zu schaffen. Mein gesamter Körper schwankte immer wieder von Glück zu Angst, sodass ich keine Chance hatte, ein Auge zuzubekommen. War das alles ein Fehler? Hätte ich ihn nicht so schnell an mich heranlassen sollen? Er hatte mich nun vollkommen in der Hand. Er konnte mein Herz, das ich ihm in die bloße Hand gelegt hatte, mit einer Bewegung zerquetschen. Der Schmerz würde früher oder später kommen, so war es immer; und je länger ich Glück mit ihm verspürte, desto mehr würde es am Ende wehtun. Ich wusste, dass ich mich widersprüchlich verhielt: Er gab mir das Gefühl, geliebt zu werden – ich wollte mich von ihm entfernen. Dieses Gefühl ängstigte mich; diese Tatsache, dass ich bei jedem weiteren liebevollen Wort von ihm abhängiger von ihm und seiner Liebe wurde. Ich konnte doch mittlerweile nicht einen Schritt gehen, ohne an ihn zu denken. Je weiter ich das alles hier führte, desto schlimmer würde es werden, wenn er mich verletzte. Und auch wenn ich immer und immer wieder zu dieser Frage zurückkehrte, so blieb sie dieselbe: Sollte ich auf mein Herz oder meinen Verstand hören? Vielleicht mochten jetzt viele sagen, dass das Herz die richtigen Entscheidungen traf, aber waren wir mal ehrlich: Das Herz ist blind, wenn es liebt.

Am nächsten Tag versuchte ich, Cailan, so gut es ging, zu ignorieren, seine Küsse erwiderte ich bloß halbherzig, obwohl ich ein Feuerwerk der Liebe verspürte, und seine Fragen kommentierte ich höchstens mit einem Satz. Deshalb war es auch kein Wunder, dass er mich am Abend nach dem Abendessen aufsuchte und zur Rede stellte. Aber wem konnte man es verdenken: Ich änderte meine Meinung häufiger, als seine Stimmung schwankte.

Wütend und gleichzeitig verwirrt stellte er sich direkt vor mich hin und musterte meine Züge. »Was ist los, Faye?«

Noch immer unentschlossen, was ich tun, geschweige denn sagen sollte, wich ich seinem Blick aus und suchte nach Worten. »Nichts«, antwortete ich und sprach damit das einzige Wort aus, das mein Gefühlschaos am wenigsten beschrieb.

Fassungslos starrte er mich an. »Ich dachte, die Mauer hätten wir hinter uns gelassen.«

Traurig schaute ich zu Boden. Es war nicht fair ihm gegenüber, plötzlich anders zu sein und ihm nicht einmal zu sagen, warum. Also atmete ich stockend aus und schaute ihm dann abermals in seine wunderschönen Augen. »Ich weiß einfach nicht, ob ich das mit uns beiden kann.« Mir wurde bei meinen eigenen Worten speiübel, und mein Körper fühlte sich augenblicklich wie leer gefegt an.

Zunächst sah Cailan zutiefst verletzt aus, dann zeichnete sich auf seinen Gesichtszügen eine Mischung aus Verzweiflung und Wut ab. »Ich weiß genau, warum du das sagst. Hör auf, so eine verdammte Angst vor der Liebe zu haben! Denk darüber nach, wie schön sich Liebe anfühlt.«

»Gerade weil sie sich so atemberaubend anfühlt, habe ich Angst. Das alles wird mir irgendwann die Luft zuschnüren«, erwiderte ich wahrheitsgemäß, doch als ich ihn ansah, hätte ich am liebsten alles zurückgenommen und mich in seine Arme geworfen. Mein gesamter Körper führte in diesem Moment einen Kampf gegen meinen Kopf, und ich hatte keine Ahnung, ob mein Inneres überleben würde.

Cailan schüttelte den Kopf. »Aber warum? Wovor?«

»Ich fürchte, dass ich irgendwann dastehe und diese Liebe zur Hölle wird. Ich fürchte, dass ich von einer Person abhängig werde, dass ich mich an sie klammere, obwohl mich diese längst losgelassen hat. Ich fürchte, von den Menschen enttäuscht zu werden, von denen ich es am wenigsten erwartet hätte, und ich fürchte mich davor zu verzeihen, nur weil ich nicht will, dass ich jemanden, den ich liebe, verliere. Ich fürchte, dich zu verlieren, Cailan.« Zum ersten Mal gestand ich ihm indirekt meine Liebe; und als mir das bewusst wurde, hielt ich den Atem an. Ich gab ihm mit jedem weiteren Wort mehr Macht, mich zu verletzen, also presste ich die Lippen zusammen, bis es schmerzte.

Liebe bedeutete Schmerz und Verlust, Enttäuschung und Wut. Wenn ich niemanden lieben würde, würde mir all das erspart bleiben. So war das nun mal. Und trotzdem wusste ich, dass es für diese Einsicht viel zu spät war.

»Du verlierst mich nicht«, erwiderte Cailan bloß tonlos und wandte sich dem Fenster zu, um mich nicht mehr ansehen zu müssen. Plötzlich regte sich Panik in mir, und meine gesamten Gedanken verwoben sich ineinander. »Du bist sauer auf mich.« Es war eine Feststellung meinerseits, und ich umfasste meinen Körper, als würde ich mich an mir festhalten wollen, um nicht innerlich zu stürzen. Es machte mir keine Angst, dass er sauer auf mich war und es machte mir auch keine Angst, dass er sich von mir abwandte. Es machte mir Angst, dass es mir etwas ausmachte.

Langsam wandte er sich zu mir um, und seine Augen weiteten sich, als er meine Körperhaltung begutachtete. Sofort war er wieder bei mir und nahm mich in den Arm. »Ich weiß, dass du nichts für deine Ängste und Gedanken kannst, mein Schatz. Ich fürchte nur selber so sehr, du könntest mich genau deswegen verlassen. Bitte tu das nicht!«

Fest drückte er mich an sich. Ich erwiderte seine Umarmung sofort und wünschte, ich wäre nicht so kompliziert. Ich wünschte, wir hätten uns zu einer anderen Zeit an einem anderen Ort getroffen. »Es tut mir so leid«, flüsterte ich, und mir liefen Tränen über die Wange. »Ich bin so ein schlechter Mensch. Bitte hass mich nicht!«

Augenblicklich löste er sich von mir, wischte mir die Tränen sanft mit seiner Fingerspitze weg und küsste mich auf die Stirn. »Nur weil wir uns streiten, bedeutet das nicht, dass ich dich weniger lieben würde. Ich sehe dich noch genauso an wie vorher, ich empfinde noch das Gleiche wie vorher, und auch wenn es mich wütend macht, dass du nicht verstehst, dass du mir vertrauen kannst, so könnte ich niemals, wirklich niemals, ohne dich sein wollen. Also hör bitte auf, dich schlecht zu machen oder traurig zu sein! Ich ertrage das nicht.«

»Es ist so, als würde das Leben sagen: ›Du wirst glücklich sein, glaub an die Hoffnung‹, um dann im nächsten Atemzug ›Jetzt fliegst du aber erst mal dreihundertachtzig Mal auf die Fresse und steckst tausend Enttäuschungen ein, die dich daran zweifeln lassen, dass man jemals glücklich sein kann‹ zu sagen.«

Cailan legte seine Hand auf meine Wange und ließ den Daumen in kreisenden Bewegungen über meine Haut fahren. »Bei dir ist das Glas immer halb leer. Versuch es doch mal so zu sehen: Das Leben sagt: ›Du wirst glücklich sein, glaub an die Hoffnung‹, und sagt dann: ›Aber zunächst lasse ich dich das Glück erst mal zu schätzen wissen und mache dich stark für alles, was dieses Glück in die Brüche bringen kann.‹«

Lange Zeit schaute ich ihm in die Augen, dann seufzte ich. Ich war verdammt noch mal eine Pessimistin, und irgendwann würde ich ihn damit genauso wie mich nach unten ziehen. Und das könnte ich mir nie verzeihen. »Alles, was ich tue, ist, Menschen zu verletzen. Menschen, die mir wichtig sind.« Eine Träne lief mir unkontrollierbar über die Wange. »Ich habe schlimme Gedanken. Ich fühle manchmal nichts und manchmal alles. Alles, was ich dir bieten kann, ist, dass ich dein Leben komplett durcheinanderbringen werde, wenn du mich festhältst.«

Er strich mir die Träne weg und sah mich ernst an. Die Worte betonte er einzeln mit solch einer Intensität, dass ich Gänsehaut bekam. »Seit du da bist, kann ich es erst wieder Leben nennen.«

Diese Nacht schlief ich in Cailans Armen ein und erwachte natürlich allein. Was würde ich dafür geben, könnte ich doch nur die ganze Nacht in seinen Armen schlafen und ihn morgens beobachten wie er seine honigbraunen Augen aufschlug und mir einen Guten-Morgen-Kuss auf die Lippen hauchte, während ich mich ein bisschen dagegen sträubte, weil ich befürchten würde, ich hätte morgendlichen Mundgeruch! Es wäre alles so normal, doch ich war hier. Und ich war hier, weil ich kein normales Leben führen konnte.

Nach dem Abendessen half ich Melanie beim Cafeteriadienst, weil Harry auf krank machte und Lucy ganz fürsorglich darum bemüht war, dass es ihm wieder gut ging. Wie genau das aussah, wollten wir uns alle nicht vorstellen. Cailan sagte ich, er könne in meinem Zimmer auf mich warten, damit er dieses Szenario nicht mitansehen müsse, und er willigte dankend ein.

»Bist du glücklich mit Cailan?«, fragte Melanie mich, als wir gerade dabei waren, die Tische abzuwischen.

Stirnrunzelnd schaute ich sie an. »Ja, warum fragst du?«

»Du schaust manchmal ziemlich nachdenklich aus der Wäsche, wenn er dir nah ist«, antwortete sie schulterzuckend.

Ich mochte Melanie, aber für so aufmerksam hatte ich sie beim besten Willen nicht gehalten, wodurch sie mich etwas aus der Bahn warf. Einige Sekunden schwieg ich einfach, doch ihr Blick brannte auf meiner Haut. Ich würde ihr durchaus zutrauen, dass sie mir im nächsten Moment einen Stoß verpassen würde, würde ich nicht antworten.

»Ich habe schon öfter darüber nachgedacht, ob ich das nicht doch alles frühzeitig beende«, gab ich schließlich zu und biss mir auf die Lippe.

Melanies Augen weiteten sich. »Warum das denn? Empfindest du nichts für ihn?«

»Doch, das ist es ja!«, erwiderte ich heftig und schüttelte den Kopf. Sie würde es ja doch nicht verstehen.

Melanie sah mich an, als wäre ich der größte Dorftrottel, der ihr je unter die Augen getreten war, und vielleicht war ich das ja tatsächlich auch mit meinem andauernden Hin und Her, was Cailan betraf. »Du bist merkwürdig, Faye Allington.«

»Ich fürchte mich davor, ihn zu verlieren, und das werde ich irgendwann«, erklärte ich und verursachte damit, dass sie mich noch verwirrter ansah.

»Das ist ziemlich unlogisch, Faye. Du fürchtest dich davor, ihn zu verlieren, deshalb willst du ihn verlassen, damit er dich nicht verlassen kann, aber letztlich verlierst du ihn ja dadurch und machst deine Angst aus eigenen Stücken wahr.« Melanie lachte in sich hinein, und ich schaute sie bloß ausdruckslos an. Wenigstens einer von uns fand meine Gefühlswelt amüsant.

»Wir beide stehen noch am Anfang. Wir haben noch nicht so viel miteinander erlebt. Es würde nicht so sehr wehtun, als würde er mich nach zwei Jahren verlassen«, sagte ich und malte mir in Gedanken aus, was wir in dieser langen Zeit alles erleben könnten. Wenn wir irgendwann hier raus wären, würden wir vermutlich an einen Strand fahren, um einen Sonnenuntergang aus nächster Nähe zu erleben. Wir würden vielleicht im Regen tanzen, während uns Passanten verwirrte Blicke zuwerfen würden. Vielleicht würden wir sogar zusammen essen gehen oder die Sterne beobachten. Egal, was wir tun würden, es würde mich glücklich und zutiefst schutzlos zugleich machen.

»Bist du dir da sicher? Du scheinst ziemlich in ihn verliebt zu sein.« Vielleicht hatte sie recht, und es hatte gar nichts damit zu tun, wie lange man sich liebte, sondern damit, wie intensiv. Vielleicht würde es mich jetzt schon in tausend Teile reißen, würde ich ihn verlieren. Daran wollte ich gar nicht denken.

»Ich glaube, wir sind hier fertig«, erwiderte ich, und damit meinte ich nicht nur den Cafeteriadienst.

Vollkommen zerstreut ging ich den Flur zu meinem Zimmer entlang und versuchte, meine Gedanken vernünftig zu ordnen, aber es wollte mir einfach nicht gelingen. Doch zwischen meinen Sorgen und Fragen blitzte plötzlich ein anderes Bild in meinem Kopf auf. *Das Foto!* Ich hatte das verdammte Foto, das ich mir heute Morgen angeschaut hatte, nicht zurück in die Schublade zu den Umschlägen gelegt, sondern unter meinem Kopfkissen verstaut – unter dem Kopfkissen, auf dem Cailan nun garantiert lag. So schnell ich konnte, lief ich zu meinem Zimmer, als würde ich um mein Leben rennen. Er durfte es nicht sehen! Mein Herz pochte mir bis zum Hals, und mein Kopf war kurz vorm Explodieren.

Als ich die Tür aufgerissen hatte, mein Zimmer langsam betrat und sah, wie Cailan sich langsam zu mir umdrehte, wurde mir übel. Er hatte das Foto gefunden. Ich wusste, dass er nun das Geheimnis entschlüsselt hatte und ich mich seinen Fragen würde stellen müssen. Mit großen Augen sah er mich an, dann drehte er das Bild um, als würde ich nicht wissen, was er da gerade sah. Der Anblick des Fotos in seiner Hand trieb mir Tränen in die Augen. Der große kahle Stein, der mehr Kälte nicht ausstrahlen konnte, sah vor dem Blumenbeet, das mit roten und gelben Blumen bedeckt war, lächerlich aus, und trotzdem bereitete mir das alles wie immer einen Kloß im Hals. Doch die eingravierten Buchstaben schnürten mir endgültig die Kehle zu.

»Wer ist Gina?«, flüsterte Cailan entsetzt und kam einen Schritt auf mich zu.

Ich streckte den Hals und sah ihm in die Augen. Nein, ich würde jetzt nicht vor ihm heulen. Ich hatte es lang genug geübt, nicht in Tränen auszubrechen, wenn mich Verwandte oder Nachbarn darauf angesprochen hatten. Also holte ich einmal tief Luft und sprach die Worte, die auf meiner Seele lasteten, aus. »Meine Schwester.«

Er riss die Augen auf und starrte auf das Foto. Meine Trauer übermannte mich von einer auf die andere Sekunde, und sofort setzte ich Wut anstelle dessen ein, um nicht weinen zu müssen. Ich ging mit schnellen Schritten auf ihn zu und riss es ihm grob aus der Hand, sodass ich beinah Angst hatte, ich hätte es zerrissen. »Was fällt dir ein, mir hinterherzuspionieren?« Das war so falsch, das war so wahnsinnig falsch, weil ich genau wusste, dass er es nicht gefunden hatte, weil er danach gesucht hatte, sondern weil ich so dumm war und es so offensichtlich für jeden sichtbar hatte liegen lassen.

»Ich wollte mich hinlegen und habe das Foto unter deinem Kopfkissen entdeckt. Das war nicht absichtlich«, verteidigte er sich, doch seine Stimme war immer noch sanft.

Er hätte vermutlich eher sauer auf mich sein sollen, weil ich ihm diesen wichtigen Teil meines Lebens vorenthalten hatte, doch ich konnte meine Angst und das Gefühl, ertappt worden zu sein, nur durch Wut kompensieren. Ich meine, jeder Mensch hatte doch ein paar Seiten in seinem Leben, die er niemandem vorlesen wollte, und dies war definitiv eine davon.

»Ich glaube, es ist gerade echt besser, wenn du gehst«, sagte ich und versuchte, meine Stimme friedlich klingen zu lassen. Ich behandelte ihn ja fast schon wie meine Mutter.

Er schüttelte den Kopf und umarmte mich. »Ich lasse dich nicht allein«, sagte er; und in diesem Moment brach der Damm und ich mit ihm.

Cailan hielt mich, bevor ich zu Boden fallen konnte, hob mich sanft hoch und setzte sich mit mir auf dem Schoß aufs Bett. Ich weinte so heftig, dass ich seine Berührungen und seine geflüsterten Worte nur am Rande mitbekam. Ich hatte mir ein Schloss gebaut, eines, das mich schützen sollte. Immer höher und höher hatte ich es gebaut mit den Jahren, und nur mit einem einzigen Tritt brachte er es zum Einstürzen.

Als ich mich beruhigt hatte, klammerte ich mich an seinem Hals fest und schloss die Augen. »Es tut mir so leid! Ich wollte nicht so hässlich zu dir sein.«

Er drückte mich fester an seine Brust und streichelte meinen Rücken. »Es ist alles gut, mein Schatz.«

Zum ersten Mal erkannte ich, was Trost wirklich bedeutete. Es war kein bloßes Getätschel auf der Beerdigung und ein monotones »Mein Beileid«. Es war auch kein »Alles wird gut, sie würde nicht wollen, dass du leidest«. Cailan spendete mir Trost, indem er still war. Er ließ mich weinen, er ließ mich trauern und musste nicht sagen, dass es ihm für mich leid tue, denn ich spürte es. Er wusste, dass es nichts gab, was den Schmerz wegwischen konnte, und deshalb ließ er mich traurig sein, bis keine Träne mehr übrig war.

Nachdem ich mich beruhigt hatte und er mich noch immer auf seinem Schoß hin und her wiegte, räusperte er sich und stellte vorsichtig die Frage, auf die ich ohnehin vorbereitet war. »Wie ist sie gestorben?«

»Sie hat sich umgebracht, als ich dreizehn war«, antwortete ich tonlos und spielte in Gedanken die Szene wie automatisch noch einmal ab.

Es war ein ziemlich nebeliger Tag gewesen, ich erinnerte mich, als wäre es gestern gewesen. Ein kalter und hässlicher Tag, den man am liebsten zu Hause mit einem Kakao verbrachte. Meine Mutter, mein Vater und ich waren gemeinsam schwimmen gefahren. Gina hatte nicht mitkommen wollen. Wir hatten uns nichts weiter dabei gedacht, denn sie mochte es ohnehin, wenn sie mal allein war und ihre Musik lauter drehen konnte als es eigentlich gesund für die Ohren war. Meine Eltern hielten das für normal, schließlich steckte sie mitten in der Pubertät.

Als wir nach Hause kamen, wollte ich ihr erzählen, dass die neue Wasserrutsche nach langen Bauarbeiten eröffnet worden sei und die Innenwände in Neonlichtern erstrahlten. Ich wollte Gina überreden, in der nächsten Woche mit uns schwimmen zu fahren, damit wir sie gemeinsam hinunterrutschen könnten. Doch als ich in Ginas Zimmer stürmte, zerfloss meine Euphorie wie ein Stück Butter in der Sonne.

Meine Schwester lag auf ihrem Bett oberhalb ihrer Decke, die Hände in einem unnatürlichen Winkel vom Körper abgespreizt. Als ich näher an sie herantrat, sah ich, dass aus ihrem Mund weißer Schaum floss, und augenblicklich schrie ich nach meinen Eltern. Diese eilten ins Zimmer, versuchten, Erste Hilfe zu leisten, und riefen den Notarzt. Innerlich wollte ich mich in eine Ecke verschanzen oder in einen Schrank einsperren, um das alles nicht ertragen zu müssen, doch körperlich stand ich da. Wie erstarrt, hatte ich auf meine Schwester hinabgeschaut; und als ich auf ihre leblosen Beine gestarrt hatte, hatte ich einen kleinen Zettel erblickt. Die großen schwarzen Druckbuchstaben hatten mir die Worte mitten ins Herz gestochen: »*Es tut mir leid.*«

»Warum?«, flüsterte Cailan bestürzt und griff nach meiner Hand.

Ich zuckte mit den Schultern. »Ich weiß es nicht. Wir vermuten, dass sie in der Schule massiv gemobbt wurde, aber keiner der Lehrer wollte etwas gesehen haben. Nur ein paar einzelne Schüler haben Andeutungen gemacht.« Noch heute hätte ich jeden einzelnen Schüler am liebsten gegen eine Wand gedrückt und ihm jedes noch so prägnante Detail aus dem Gehirn gesaugt. Und wenn ich herausgefunden hätte, wer ihr so etwas angetan hatte, hätte ich ihnen das Leben genauso zur Hölle gemacht, wie sie es bei meiner Schwester getan hatten. Zugegeben, ich wäre dann kein Deut besser gewesen als sie, aber das Bedürfnis, ihnen zu zeigen, was sie angerichtet hatten, war enorm stark. Diese Menschen führten das perfekte Leben in ihrer perfekten Familie, die ihren Kindern nur Dinge beigebracht hatte wie »Geld ist wichtig«, »Du kannst ein Arsch sein, solange du Geld hast«, »Du bist was Besseres und hast deshalb das Recht, anderen zu sagen wie falsch sie doch sind, als hätte man dich nach deiner Meinung gefragt«. Jeder dieser Menschen hatte nicht einen Funken Humanität in sich, und ich fragte mich wirklich, in welcher Welt wir lebten, dass Menschen tatsächlich glaubten, es wäre in Ordnung, andere zu beleidigen. Es gab tatsächlich Menschen, die Beleidigungen als Kritik betitelten, als wäre das ein und dasselbe. Und ich würde genau diesen Menschen immer und immer wieder diese Frage stellen: Glaubst du wirklich, du wärst was Besseres, wenn du anderen Leuten wehtätest?

»Das muss wahnsinnig schlimm für dich gewesen sein«, sagte Cailan mitfühlend und küsste meine Stirn.

»Ja. Das war es.«

Jemanden auf diese Weise zu verlieren, war wohl das Schmerzhafteste auf der Welt. Das Wissen, dass man es nicht rückgängig machen konnte und dass nichts, wirklich rein gar nichts diese Person zurückbringen konnte, war unerträglich. Nie wieder konnte ich sie in den Arm nehmen, geschweige denn fragen, warum sie das getan hatte. Ich hatte mich weder von ihr verabschieden noch ihre Stimme hören können. Ob sie Schmerzen hatte, als sie starb, oder ob sie friedlich eingeschlafen war, was mit ihr nach dem Tod passierte, nichts dergleichen konnte mir je irgendjemand beantworten. Ich war hilflos und allein. Und irgendwann musste ich einsehen, dass ich nicht nur sie verloren hatte, sondern auch mich.

Anfangs hatte ich versucht, meine Trauer zu unterdrücken. Ich hatte dagegen angekämpft, bis meine Kehle wehgetan und ich kaum noch Luft bekommen hatte wegen des riesigen Kloßes in meinem Hals. Immer drängte ich die Tränen zurück, bis ich starke Migräne bekam und mich übergeben musste. Aber ich vergoss keine einzige Träne, weil ich es nicht wahrhaben wollte, dass sie tatsächlich gegangen war. Tränen wären die Wahrheit gewesen.

Danach war ich sauer. Ich war so wahnsinnig wütend auf meine Schwester, dass ich sie im Geiste als egoistisch betitelte und sie dafür verfluchte, dass sie nicht mit mir geredet hatte, sondern einfach gegangen war und uns hier so hinterlassen hatte.

Und am Ende war ich ein Wrack geworden. Ein Wrack mit tausend Emotionen und dann doch wieder leer. Als ich angefangen hatte, ihr regelmäßig Briefe zu schreiben, war es etwas besser geworden. Es hatte sich ein Stückchen so angefühlt, als würde sie noch leben, nur an einem anderen Ort, sodass wir keinen persönlichen Kontakt haben konnten.

Doch immer, wenn ich die vielen Briefe anschaute, die in meiner Hülle verstaut waren, merkte ich, dass es einen Unterschied gab: Sie würde niemals lesen, was ich zu sagen hatte. Und ich würde niemals eine Antwort bekommen.

»Ich weiß nicht mal, wo sie jetzt ist und ob es ihr dort gut geht«, flüsterte ich.

Er sah mich traurig an. »Bist du gläubig?«

»Ich weiß nicht so recht.« Er schaute mich neugierig an. »Ich bin hierhergekommen, weil ich dachte, ich würde meiner Mutter einen Gefallen tun. Ich war der festen Überzeugung, dass mich nichts und niemand aus meiner miserablen Gefühlswelt reißen könnte. Und dann habe ich dich kennengelernt. Unter den katastrophalsten und traurigsten Umständen in meinem Leben habe ich das getroffen, was mir wieder Hoffnung auf Glück geben konnte. Ich weiß nicht, ob ich an Gott, Schicksal oder Zufall glaube, aber diese Tatsache, hier mit dir zu sein, lässt mich an irgendetwas glauben.«

»Faye, ich werde dir niemals wehtun«, sagte er schließlich und strich mir eine Haarsträhne hinter das Ohr. »Ich werde dich nicht verlassen, solange du mich in deinem Leben willst.«

KAPITEL 22

L iebe Gina,

ich habe heute das erste Mal mit jemandem, der dich nicht gekannt hat, über dich gesprochen. Es hat mich zerrissen und gleichermaßen wieder zusammengesetzt.

Du warst mir eine wunderbare Schwester. Du warst stets darum bemüht, dass es mir gut ging. Du hast dich gefreut, wenn ich eine gute Note nach Hause gebracht habe, und du hast mich getröstet, wenn ich eine schlechte Note geschrieben hatte. Du hast mir oft heimlich ein Eis gekauft, obwohl Mama ständig gesagt hat, dass ich nicht so viel Süßes essen soll. Du hast mich beschützt, wann immer Papa angefangen hat, mit mir zu schimpfen. Du warst nicht nur meine Schwester, sondern auch meine beste Freundin.

Aber du warst eine Lügnerin. Du hast jedes Mal gelogen, als du sagtest, dir ginge es gut, und niemand bräuchte sich Gedanken zu machen. Du hast gelogen, als du mich angelächelt hast und gesagt hast, du wärest glücklich. Du hast gelogen, als du so tatest, als wärest du nicht müde vom Leben. Du hast gelogen, als du mir sagtest, dass Aufgeben nie eine Option wäre. Du hast gelogen, als du sagtest, dass du dich nur ständig zurückzögest, weil du viel lernen müsstest. Du hast jedes Mal gelogen, als du sagtest, dass dir kalt sei und du deshalb immer langärmlige Kleidung trügest. Du hast gelogen, weil du glaubtest, es könnte dir niemand helfen. Du hast meinetwegen gelogen, weil du dachtest, durch die Wahrheit könnte meine kleine, perfekte Welt kaputtgehen.

Und ich habe es nie gemerkt. Ich habe nie diese Leere in deinen Augen gesehen, wann immer du gelächelt hast. Ich habe nie deinen nachdenklichen Blick gesehen, wann immer du dich unbeobachtet fühltest, und auch bei den anderen Dingen habe ich mir nie etwas gedacht.

Und jetzt, da ich in einer ähnlichen Situation bin, wie du es warst, merke ich, was für ein egoistischer und blinder Mensch ich war.

Bitte vergib mir!

Faye

Die nächsten Tage mit Cailan waren unglaublich schön. Wir lachten gemeinsam, wir weinten gemeinsam, wenn wir am Abend über unsere Gedanken sprachen, und wir gaben uns Halt, wann immer der andere es brauchte. Wann immer wir konnten, hielten wir Händchen, küssten uns oder tauschten bloße Blicke aus. Noch nie in meinem ganzen Leben hatte ich etwas Vergleichbares gespürt. Doch wenn die Liebe wuchs, wuchs auch gleichzeitig etwas anderes in mir: Eifersucht.

Am Dienstag übertrieb es Melanie gewaltig mit ihrem »Hallo, ich bin die einzige Single-Lady auf dieser Station«. Ihr Rock bedeckte gerade so ihren Hintern, und das Oberteil war bloß ein Hauch von nichts, sodass ich fürchtete, da würde gleich etwas herausspringen. Den Männern schien das auch nicht zu entgehen, und so sabberten alle vor sich hin. Als Cailan den Gruppenraum betrat, schaute er in ihre Richtung und hob eine Augenbraue. Hielt er sie für sexy? *Er findet sie - ganz sicher - viel hübscher als mich. Bei so einer kleinen Oberweite ist das kein Wunder. Ich bin für Cailan doch bestimmt nur eine halbe Frau.*

Ich explodierte innerlich förmlich und wollte am liebsten wie ein wild gewordener Stier den Raum verlassen, doch ich blieb sitzen und verhielt mich so, als hätte ich seinen Blick gar nicht realisiert. Nach außen wirkte ich friedlich und entspannt, doch innerlich wütete ein Krieg.

Als er einen Arm um meine Schulter legte, wand ich mich allerdings wie automatisch heraus und kassierte prompt einen verwirrten Blick von ihm. Ich hätte hier gleich auf der Stelle platzen können.

Auch Frau Graves schien ihr Outfit nicht zu gefallen, also schickte sie sie sofort aufs Zimmer, um sich umzuziehen. Als Melanie den Raum verließ, schmachteten alle Kerle ihr hinterher, und aus den Augenwinkeln sah ich, dass auch Cailan sie ansah. Ich wusste, dass das nicht Melanies Absicht war, dass mein Freund ihr hinterhergaffte, aber ich hasste sie in diesem Moment trotzdem. Sie hatte einen wahnsinnig tollen Körper, mit dem ich absolut nicht mithalten konnte.

Als ich den Gruppenraum am Ende des Treffens ohne ein Wort verließ, folgte mir Cailan natürlich. Er war nicht wie andere Menschen, die nicht mal peilten, dass etwas in mir um sich schlug, wenn ich ihnen einen Zettel mit der Aufschrift »Ich bin sauer« hinhielt. Cailan war da anders: Er merkte sofort, wenn etwas nicht stimmte.

»Okay, was ist los?«, fragte er sofort, als er die Tür meines Zimmers hinter sich schloss, als hätten wir nicht schon oft genug Diskussionen über meine Gefühle gehabt.

Selbst mir wurde von meinem ständigen Hin und Her schwindelig. Doch ich war einfach nicht imstande, rational zu denken. Meine Beherrschung brach in alle Einzelteile, und ich zischte: »Du wirst mich verlassen, früher oder später wirst du mich für eine andere verlassen! Oder weil ich dir einfach nicht mehr genüge.«

Schockiert und fassungslos sah er mich an. »Vertrau mir endlich! Faye, ich würde immer dich wählen, jedes gottverdammte Mal!«

Ich wollte wirklich keine eifersüchtige Tyrannin sein, ehrlich nicht, aber ich hatte meine Gefühle einfach nicht unter Kontrolle, und ich hasste mich dafür. »Ich habe gesehen, wie du Melanie angeschaut hast.«

»Ich habe sie angesehen, ja. Und hättest du genauer hingesehen, hättest du gemerkt, dass ich ihren Auftritt mehr als peinlich fand. Warum fällt dir auf, wenn ich andere anschaue, aber nie, wie ich DICH anschaue? Wieso siehst du den Unterschied nicht? Warum verschließt du davor die Augen? Warum frage ich das überhaupt? Ich kenne bereits die Antwort«, sagte er und wurde von Wort zu Wort wütender. Aufgebracht warf er die Hände in die Luft und fuhr sich anschließend beinah verzweifelt durch sein dunkles Haar.

»Hör auf«, sagte ich drohend, weil ich genau wusste, was er nun sagen würde. Und das würde er nur sagen können, weil ich ihm die Macht dazu gegeben hatte, indem ich mich ihm offenbart hatte.

»Weil du verdammte Minderwertigkeitskomplexe hast. Du hast keine verdammte Ahnung, wie wundervoll du bist und wie viel du mir bedeutest.« Er streckte die Hand nach mir aus, doch ich wich ihm aus.

Ich schüttelte den Kopf. Ich konnte nicht so weitermachen, ich war viel zu kompliziert, viel zu ängstlich. Ich war das Nichts, und er passte nicht zu mir. Er würde das irgendwann erkennen und gehen. »Tu das nicht.«

»Ich liebe dich, Faye«, sagte er heftig, als er merkte, in welche Richtung dieses Gespräch verlief.

Abermals schüttelte ich den Kopf. »Ich kann das nicht.«

»Ich halte das nicht mehr aus mit deinem Stimmungskarussell. Mal lässt du mich an dich heran, offenbarst dich mir, und ich habe endlich das Gefühl, deine Mauer durchbrochen zu haben; und von einem auf den anderen Moment ist sie plötzlich höher denn je«, rief er wütend aus und warf die Arme in die Luft.

»Du wusstest von Anfang an, dass ich Vertrauensprobleme habe«, erinnerte ich ihn verbittert.

Er schaute mich verärgert an. »Das sind nicht nur Vertrauensprobleme, Faye. Du hast einen verdammten Hass auf dich selbst – und das vollkommen unberechtigt.«

»Ich glaube, es ist besser, wenn wir das mit uns sein lassen«, sagte ich und spürte direkt, wie mein Herz in tausend Teile zersprang, doch ich nahm die Worte nicht zurück. Diesmal nicht.

Die ersten Sekunden nach meinem Satz starrte er mich bloß entsetzt an, dann formten sich seine Gesichtszüge zu einer verzweifelten Miene. »Du kannst mich nicht einfach aus deinem Leben stoßen!«

»Es tut mir leid, ich kann das alles nicht.« Ich musste mich beherrschen, dass ich nicht gleich in Tränen ausbrach. Ich wollte das alles nicht mehr spüren, ich wollte nicht so ein Mensch sein, der wegen jeder Kleinigkeit wütend wurde, oder ihm die Schuld für meine Gefühle geben, obwohl er rein gar nichts dafür konnte. Er hatte es nicht verdient, dass ich ihn so behandelte. Es war schlimm genug, dass ich mich so meiner Mutter gegenüber verhielt. Und diese Furcht, diese bloße Furcht, enttäuscht zu werden, festigte meinen Entschluss endgültig.

Zwischen Cailans Brauen erschien eine Furche, die ich am liebsten weggewischt hätte, doch meine Hände blieben bei mir. Er beobachtete mich eingehend, seine Blicke huschten immer wieder über mein ganzes Gesicht. »Was kannst du nicht? Wann habe ich dir einmal das Gefühl gegeben, mir nicht vertrauen zu können, Faye? Ich bin verdammt noch mal nicht deine alten Freunde, dein Vater, deine Schwester oder dein verschissener Ex-Freund. Du kannst nicht jeden Menschen in eine Schublade stecken! Es gibt einen Unterschied zwischen dem gesagten ›Ich liebe dich‹ und den Taten, die genau diese Worte stumm aussprechen. Du kannst mir nicht erzählen, dass ich dir nie gezeigt hätte, wie sehr ich dich liebe«, sagte er laut und ging abermals einen Schritt auf mich zu.

Ich wich ihm aus und sah ihm fest in die Augen. Ich vermied es, über seine Worte nachzudenken, denn ich wusste, was zu tun war, was das Richtige war. »Ich habe dir gesagt, dass ich Angst habe. Ich war ehrlich zu dir.«

In seinen Augen formten sich Tränen, und ich wäre bei diesem Anblick am liebsten von einem Hochhaus gestürzt. »Ich habe auch vor Millionen Dingen Angst. Warum lässt du es zu, dass du unglücklich bist? Hör auf, so selbstzerstörerisch zu sein! Du bist glücklich mit mir. Ich sehe es in deinen Augen, die kurzen Momente, in denen du richtig lächelst und nichts aus Höflichkeit vorspielst.«

Ich schluckte meinen Kloß hinunter und schaute zur Tür. Ich hatte meine Entscheidung getroffen. »Bitte lass mich vorbei.«

»Ich brauche dich«, flüsterte er und suchte meinen Blick. Ich sah ihm an, dass er mein gebrochenes Vertrauen heilen wollte, doch genau da lag das Problem: Es war wie mit einem Spiegel: Du hättest ihn wieder zusammenkleben können, aber die Risse blieben bestehen. Er war dann zwar wieder ganz, aber er würde nie wieder so sein wie früher.

Mit Tränen in den Augen sah ich Cailan an, dann trat ich an ihm vorbei und ließ ihn ohne ein weiteres Wort stehen. In diesem Moment spürte ich förmlich, wie all das Negative wieder Besitz von mir nahm, während mein Herz zersplitterte wie ein Glas, das zu Boden fiel. Ich hatte genauso wie bei Gina nicht nur ihn verloren, sondern auch mich.

Den gesamten restlichen Tag verbrachte ich mit einem riesigen Kloß im Hals, und oftmals flüchtete ich auf die Toilette, weil ich mich übergeben musste.

Erst als unsere Therapiestunden vorbei waren und wir Freizeit hatten, lief ich schnellen Schrittes zu meinem Zimmer und brach regelrecht zusammen. Ich weinte und weinte, bis mir ganz schwindelig wurde, und hörte erst dann auf, als ein Klopfen an meiner Tür ertönte. Schnell versuchte ich, mich zu räuspern, um meine Stimme zu festigen und demjenigen mitzuteilen, dass ich nicht gestört werden wollte, aber die Tür ging bereits auf. Als ich aufsah, starrte ich in Lucys erschrockenes Gesicht. Ich war so erleichtert, dass es nicht Cailan war, und doch so peinlich berührt, weil sie mich so sah. Bei Cailan war das etwas anderes. Ich konnte vor ihm weinen, lachen oder ausrasten, und es war mir nie unangenehm, weil er mir das Gefühl gab, dass es vollkommen okay sei, vor ihm Emotionen zu zeigen. Bei allen anderen Menschen glaubte ich immer zu wissen, dass sie mich verurteilten, egal was ich tat.

Lucy schloss schnell die Tür und trat zu mir, ohne mich zu berühren. »Was ist los?«, fragte sie, und wieder erlitt ich einen Heulkrampf. Nicht zuletzt, weil die Frage in jeder verdammten Situation diese Reaktion hervorrief, aber eher, weil ich wusste, dass Cailan gewusst hätte, was los war, und ich wusste, dass er mich in seine Arme geschlossen und mir dadurch Trost geschenkt hätte, um danach mit mir darüber zu reden. Aber dies war Lucy, denn Cailan würde mich nie wieder trösten. Ich atmete einmal tief durch. »Cailan und ich haben uns getrennt.« Allein diese Worte auszusprechen, löste in mir Verzweiflung und Panik aus.

Entsetzt ließ sich Lucy auf mein Bett fallen und schaute mich an. »Warum? Ihr wart doch so glücklich.«

Ich nickte. »Das ist es ja.«

Verständnislos zog meine Freundin die Augenbrauen zusammen und wartete auf eine Erklärung. Aber wie sollte man jemandem das erklären, der nicht wusste, wie es war, so zu fühlen? »Ich kann ihm nicht vertrauen, Lucy. Er wird mich früher oder später verletzen.«

»Aber du liebst ihn doch, oder?«, fragte sie verwirrt und machte es mir damit verdammt schwer, nicht die Augen zu rollen oder ihr eine Kopfnuss zu verpassen.

Ich seufzte. »Natürlich liebe ich ihn, aber die Angst ist genau deswegen da. Ich weiß, in was für ein Loch ich fallen werde, wenn er mich verletzt. Und ich will nicht, dass er irgendwann bereut, mit mir zusammen zu sein, weil ich ihm sein Leben dadurch schwer mache, obwohl er es schon schwer genug hat.«

Traurig sah sie mich an. »Du weißt gar nicht, wie viel du ihm bedeutest, Faye. Er würde dich niemals verletzen.«

»Die Masken fallen dann, wenn du am meisten vertraust«, erwiderte ich bloß und putzte mir die Nase.

Lucy runzelte die Stirn. »Und so schätzt du ihn ein? Dass er dir nur etwas vorspielt? Aus welchem Grund sollte er das tun?«

»Warum gehen Menschen eine Beziehung ein, obwohl sie einander betrügen? Warum bringen Menschen andere Leute in Kriegen um, um den Krieg zu beenden? Warum weinen wir, wenn wir sehen, wie Tiere geschlachtet werden, essen aber letztlich doch Fleisch? Weil wir eine egoistische und manipulative Spezies sind. Natürlich gibt es immer Ausnahmen, aber letztendlich kann man genau wegen dieser Wahrheit niemandem trauen«, erwiderte ich bitter.

Lucy sah mich mit geweiteten Augen an und schluckte dann. »Und weil du nicht die Sicherheit hast, dass er dich nicht verletzen könnte, gehst du ihm aus dem Weg?«

Ich nickte, und sie schüttelte den Kopf. »Diese Sicherheit wirst du bei keinem Menschen bekommen. Willst du dein Leben lang allein bleiben?«

Ich zuckte mit den Achseln und warf mein Taschentuch in den Mülleimer am Bein meines Schreibtisches.

Lucy schüttelte den Kopf und seufzte nach wenigen Sekunden schwer. »Ihr beide liebt euch und seid trotzdem nicht zusammen. Ich glaube, dass ist das Traurigste, was zwischen zwei Menschen passieren kann«, sagte Lucy und schaute mir dann tief in die Augen. »Warum sträubst du dich so dagegen, glücklich zu werden, Faye?«

Ich merkte, wie mir die Tränen abermals in die Augen stiegen. »Es ist nicht so, als würde ich nicht glücklich sein wollen. Ich habe bloß Angst davor, denn je glücklicher du bist, je höher du schwebst, desto tiefer kannst du fallen. Und der Gedanke daran, Cailan zu lieben und plötzlich doch enttäuscht zu werden, sagt mir, dass dieser Sturz meinen Genickbruch bedeuten würde.«

Als ich zusammen mit Melanie und Lucy zum Abendessen ging, hatte ich wahnsinnige Bauchschmerzen, weil ich den Moment fürchtete, Cailan in die Augen zu sehen. Also hielt ich den Kopf stets gesenkt und ließ mich von Lucy zu einem freien Tisch hinter einer Säule führen, um mich von Cailan abzuschirmen. Mein Verhalten war mehr als kindisch, aber ich hatte das Gefühl, ich würde kurz davor sein, vor Cailan auf die Knie zu fallen und ihn um Verzeihung zu bitten. Als ich nicht widerstehen konnte und um die Säule herumsah, konnte ich Cailan nirgends entdecken. Wo war er? Harry, der sich vor zwei Minuten neben Lucy gesetzt hatte, würdigte mich keines Blickes; und ihn zu fragen, wo Cailan sei, hielt ich für mehr als unangebracht. Schließlich wusste Harry mit Sicherheit Bescheid, dass ich mich heute von Cailan getrennt hatte.

Melanie schien meine Blicke richtig zu deuten, denn sie legte ihre Gurkenscheibe zur Seite und sprach Harry mit vollem Mund an. »Wo hast du Cailan gelassen?«

Harry schaute bloß eine Millisekunde zu mir, bevor er antwortete, aber das genügte schon, um zu wissen, dass er meinetwegen nicht hier war. »Er hat keinen Hunger, vielleicht wird er krank.« Er sagte es mit einem Achselzucken, als wäre es ihm völlig gleich, doch an der Art, wie er mich zuvor angesehen hatte, spürte ich deutlich, dass er mich dafür hasste, dass sein Kumpel meinetwegen in seinem Zimmer hockte. Und ich hasste mich noch viel mehr dafür.

Als alle ihren Tisch verließen, um wieder auf ihre Stationen zu gehen, tat ich so, als würde ich noch an einer Paprikaschote knabbern, in Wirklichkeit aber wollte ich bloß Harry nach Cailan fragen, weil mich mein schlechtes Gewissen übermannte. Als schließlich alle gegangen waren außer Melanie und Harry, die ihre Strafe abarbeiteten, nahm ich all meinen Mut zusammen und sprach Harry an. »Wie geht es Cailan? Hat er mit dir geredet?«

Er schaute mich böse an, und ich bereute direkt, ihn angesprochen zu haben. »Ich glaube, du hast absolut kein Recht, solche Fragen zu stellen, wenn du der Grund bist, weshalb er jetzt auf seinem Zimmer sitzt.«

Ich nickte bloß und machte kehrt, um in mein Zimmer zu verschwinden.

»Ich bin richtig enttäuscht von dir!«, rief mir Harry tonlos hinterher.

Ich blieb noch einmal stehen, drehte mich jedoch nicht um. »Damit bist du nicht allein.« Dann marschierte ich aus der Cafeteria und war froh, als ich in meinem Bett lag.

Ich dachte über all die dramatischen Liebesromane nach, die ich gelesen hatte, und fragte mich, warum sich beinah alle am Ende wiedergefunden hatten. Weil beide sich aufrichtig geliebt hatten? Nein, weil das alles ausgedachte Geschichten waren, dazu da, den Lesern Hoffnung zu schenken, ohne dass sie welche erwarten konnten. Denn so lief das Leben nicht.

KAPITEL 23

Ich hatte die Nacht kaum geschlafen, weil meine Gedanken einfach nicht von Cailan befreit werden konnten. Dementsprechend fiel auch am nächsten Morgen meine Laune aus. Ich war generell absolut kein Morgenmensch, und der Fakt, dass ich nicht geschlafen hatte und mein Gehirn voll mit Fragen und Vorwürfen im Zusammenhang mit Cailan war, machte diese Tatsache auch nicht besser. Ich hatte keine Ahnung, wie ich ihm gegenübertreten sollte, wusste nicht, ob ich mich bei ihm entschuldigen oder es einfach auf sich beruhen lassen sollte. Ich liebte ihn, ich liebte ihn wirklich, aber es war besser so, wie es war. So konnten wir in Zukunft nicht mehr verletzt werden; selbst wenn es sich momentan so anfühlte, als hätte man mir mein Herz herausgerissen.

Als ich ins Bad schlenderte, nachdem mich Frau Graves unfreundlich und hartnäckig geweckt hatte, hatte ich das Gefühl, meinen Körper nicht mehr zu spüren. Ich war leer, beinah so leer wie an dem Tag, als ich meine Schwester verloren hatte. Genau vor diesem Gefühl wollte ich mich beschützen, doch ich war so dumm gewesen und hatte die Notbremse viel zu spät gezogen.

Meine Augen, die angeschwollen vom Weinen waren, starrten mich im Spiegel bloß ausdruckslos an, und auch, als ich mir minutenlang eiskaltes Wasser ins Gesicht spritzte, änderte sich nichts an den aufgequollenen Lidern. Ich zuckte mit den Schultern. Dann würden sie alle eben die hässliche Wahrheit ertragen müssen. Ich musste mich ja, Gott sei Dank, den restlichen Tag nicht mehr sehen.

Die ersten zwei Stunden Kreativtherapie waren die Hölle. Immer wieder musste mich die Therapeutin, deren Namen ich – oh welch Wunder – noch immer nicht kannte, ermahnen, dass ich mich konzentrieren sollte, weil ich den Faden immer wieder falsch gesetzt hatte. Als ich schließlich zum gefühlt hundertsten Mal nicht aufgepasst hatte, verdonnerte sie mich dazu, die Wolle in ihrer Schublade gleichmäßig aufzufädeln und die verknoteten Enden auseinanderzupfriemeln. Ich sah aus den Augenwinkeln, dass mich Lucy die ganze Zeit beobachtete, aber sie sagte nichts, womöglich weil sie nicht genau wusste, ob sie mir ins Gesicht schreien sollte, dass das alles meine eigene Schuld sei, oder ob sie mich doch trösten sollte, weil sie meine Freundin war.

Es war mir recht, dass sie weder das eine noch das andere tat, denn ich war mir ziemlich sicher, dass ich beide Möglichkeiten mit einem Schweigen beendet hätte. Ich hätte nie mit ihr darüber sprechen sollen, ich hätte mich nie auf Gespräche mit Cailan einlassen sollen, als ich gemerkt hatte, dass er mir gefiel. Und ich hätte niemals zustimmen sollen, hierherzukommen, denn es hatte alles nur noch schlimmer gemacht. Mein Selbsthass wuchs, meine Unsicherheit wuchs, und der Drang, mir wehzutun, war wieder stärker als mein Wille. Immer wieder stellte ich mir vor, wie ich mir einfach die Nadel nehmen und auf meinen Arm einhämmern würde, so fest ich konnte. Ich stellte mir vor, wie es wäre, wenn ich mein eigenes Blut sähe und wie es sich anfühlen würde, wenn ich mit meinen Nägeln über die Wunde fahren würde. Die meisten, die dieses Gefühl nicht kannten, hielten mich definitiv für verrückt und krank; und ja, das war ich vermutlich auch, aber einen anderen Ausweg hatte ich nicht, es sei denn, ich beendete mein Leben. Und würde ich das tun, würde ich meiner Mutter das antun, was Gina uns angetan hatte. Ich fragte mich öfter, ob ich mich schon erschossen oder eine Überdosis an Schlaftabletten genommen hätte, hätte Gina mir nicht hautnah gezeigt, was man damit bei den Menschen anrichtete, die einen liebten. Ich war zu lange wütend auf sie gewesen, ich hatte zu oft geweint und zu oft gewünscht, sie wäre in meinen Armen. Ich hatte mich zu oft dafür gehasst, dass ich nicht gemerkt hatte, wie schlecht es ihr wirklich gegangen war, als dass ich das alles jemanden hätte antun können, der mich liebte. Ich wusste nicht, ob mich meine Mutter wirklich noch lieben konnte nach all dem, was ich ihr angetan hatte, aber die Tatsache, dass sie mir noch immer schrieb und dass sie sich wünschte, dass es mir besser ging, ließ mich daran glauben, dass sie es tatsächlich noch tat. Und allein ihretwegen, die nur noch mich hatte, hätte ich so etwas einfach nicht tun können.

Vielleicht hoffte ich auch, alles könne wieder besser werden, wenn ich nur fest genug daran glaubte. Vielleicht glaubte ich wirklich noch daran, dass ich eines Tages keinen Grund mehr haben würde, mein Leben beenden zu wollen.

Als ich aus dem Werkraum trat, drehte sich mir der Magen um. In zwanzig Minuten begann das Gruppentreffen, und ich war mir sicher, dass sich Cailan davor nicht drücken konnte, dafür würde Frau Graves mit Sicherheit sorgen.

Als ich den Raum viel zu früh betrat in der Hoffnung, den hintersten Stuhl zu ergattern, schaute ich in die Augen von Harry. Erschrocken schloss ich die Tür lauter als beabsichtigt. Es sah nicht so aus, als hätte er den gleichen Plan gehabt, sich einen speziellen Platz zu ergattern, vielmehr starrte er mich an, als hätte er genau gewusst, dass ich kommen würde, um seinen Worten nicht entkommen zu können.

»Ich habe gehofft, dass du früher da sein würdest als die anderen«, bestätigte er das Offensichtliche, und ich runzelte die Stirn.

»Okay, und warum?«

»Ich muss mit dir reden«, antwortete er und erhob sich, um auf mich zuzukommen. Wieder sprach er das Offensichtliche aus, und ich verdrehte kaum merklich die Augen.

»Worüber?« Natürlich waren die einzigen Themen, die uns verbanden, Lucy und Cailan; und da mit Lucy und ihm, dem Kuschelaustausch beim Frühstück nach zu urteilen, alles in Ordnung war, konnte es nur um den Jungen gehen, der auch heute Morgen nicht in der Cafeteria aufgetaucht war.

»Ich war gestern ein bisschen fies zu dir, ich kenne schließlich nicht wirklich die Beweggründe für dein Verhalten. Ich war einfach nur so wütend darüber, dass es Cailan so schlecht geht«, erwiderte er und schaute mir dabei fest in die Augen, als würde er meine Reaktionen ganz genau analysieren wollen, um irgendwelche Schlüsse ziehen zu können. Hatte Cailan ihm nichts von unserem Gespräch erzählt? Hatte er ihm nicht gesagt, warum ich ihm nicht mehr nahe sein wollte?

»Ist okay, Harry, ich habe es ja nicht anders verdient«, sprach ich meine Gedanken aus und senkte den Blick, als ich merkte, dass mir Tränen in die Augen stiegen.

»Was ist denn zwischen euch passiert, dass du nichts mehr mit ihm zu tun haben möchtest?«, hakte er nach und berührte sanft meine Schulter. Das hatte nicht eine halb so beruhigende Wirkung auf mich wie ein bloßer Blick Cailans, aber ich war froh darüber, dass mich Harry nun doch nicht vorschnell verurteilte.

Ich zuckte mit den Schultern. »Ich bin nicht so gut darin zu vertrauen.« Mehr würde ich ihm nicht unter die Nase reiben, und ich hoffte inständig, Cailan würde es auch nicht tun, obwohl er durchaus einen Grund dazu gehabt hätte, jedes Detail meiner Gedanken, die ich mit ihm geteilt hatte, auszuplaudern. Dass er es anscheinend nicht getan hatte, heizte meine Liebe zu ihm noch mehr an.

»Hat er etwas getan, sodass du ihm nicht vertrauen kannst?«, hakte Harry nach, und ich erwiderte ausdruckslos seinen fragenden Blick.

»Nein«, beantwortete ich wahrheitsgemäß, nahm mir aber fest vor, mich nicht vor ihm zu rechtfertigen.

Er schaute mich an, als hätte ich nicht mehr alle Latten am Zaun.

»Dann verstehe ich nicht, warum du ihn nicht mehr willst.«

»Das musst du auch nicht verstehen«, erwiderte ich schroff und ging an ihm vorbei, um mich zu setzen. Diese Unterhaltung war für mich vorbei.

Doch da hielt er mich auch schon am Arm fest; und als ich mich zu ihm umdrehte, blieb mir meine schnippische Bemerkung im Halse stecken. Harry sah mich wehleidig an, sein Blick zeigte nicht mehr den Hauch von Verständnislosigkeit, als würde er von jetzt auf gleich eine völlig andere Haltung eingenommen haben. »Denk bitte noch mal darüber nach, Faye. Cailan ist wahnsinnig unglücklich.«

Diese Worte liefen mir wie eiskaltes Wasser über die Haut, und ich fühlte mich, als müsste ich mich hier und jetzt übergeben.

Bevor ich antworten konnte, öffnete sich die Tür; und als ich aufblickte, stand Cailan im Raum. Argwöhnisch schaute er uns an. Seine Augen waren gerötet, seine Haut bleich, sodass ich mir augenblicklich auf die Lippe biss, um Blut zu schmecken – die einzige Bestrafung für meine Schuldgefühle, die in diesem Moment möglich war.

Seine Handflächen waren zu Fäusten geballt. »Lasst euch von mir nicht stören«, sagte er wütend und schmiss sich regelrecht auf einen der Stühle. Schnell schüttelte ich Harrys Hand von meiner Schulter ab und starrte zu Boden. Unsere erste Begegnung nach unserem Streit war noch schlimmer, als ich es mir ausgemalt hatte, und ich hatte in diesem Augenblick wirklich das Bedürfnis, mich tot zu stellen, um nicht mehr mit ihm in einem Raum zu sein. Der Wunsch, ihn an mich zu ziehen und ihm zu sagen, dass ich ihn liebte und ihn wollte, zerriss mich fast, doch ich hatte meine Entscheidung getroffen. Manchmal musste man Opfer bringen, um glücklich zu werden. So war das doch, oder?

Am Abend ging ich zum Zimmer meiner beiden Freundinnen, um mich von meinem Selbstverletzungsdrang, der mittlerweile übermächtig war, abzulenken. Doch keiner der beiden war da, und so beschloss ich nachzusehen, ob die beiden womöglich bei den Jungs waren. Es war dumm von mir, schließlich teilte sich Harry ein Zimmer zusammen mit Cailan, und die Wahrscheinlichkeit, dass auch er im Raum war, war sehr hoch. Aber der Gedanke daran, mit meinen Gedanken allein in meinem Zimmer zu sein, ließ mich diese Angst schnell verdrängen.

Noch bevor ich vor Harrys und Cailans provisorischem Zuhause stand, hörte ich ihre Stimmen. Doch nicht die Tatsache, dass ich wusste, dass Cailan hinter dieser Tür war, ließ mich innehalten, sondern der Ton ihrer Stimmen. Sie stritten.

»Ganz ehrlich, Cailan, gib sie einfach auf. Sie ist viel zu kompliziert, um geliebt werden zu können. Ich glaube, sie will nicht mal, dass man Gefühle für sie hat. Sei nicht dumm, Mann!« Ich konnte Harrys Gereiztheit bis hier draußen spüren.

»Sie will nicht, dass man Gefühle für sie hat, weil sie denkt, sie würde es nicht verdienen. Und sie will selber keine Gefühle haben, weil sie zu sehr Angst hat, sie würde abhängig von der Person werden und genau von dieser verletzt werden«, widersprach Cailan heftig. »Es ist nicht schwer, sich in sie zu verlieben, nur versteht sie keiner wirklich. Es macht sich keiner die Mühe, ihre Gedanken zu verstehen.«

»Du schon«, korrigierte Harry seufzend.

Es folgte eine Pause und dann ein gehauchtes und trauriges »Ja«.

»Und wenn du das doch alles so gut weißt, warum, um alles in der Welt, rennst du ihr immer noch hinterher?«, fragte ihn sein Freund schließlich.

»Weil ich ein egoistisches Arschloch bin. Ich war seit Langem wieder richtig glücklich, und das immer, wenn ich mit ihr zusammen war. Ich kann sie einfach nicht aufgeben. Und noch schwerer fällt es mir, wenn ich weiß, dass sie mich liebt.« Bei dem letzten Wort brach Cailans Stimme ab, und ich ließ mich mit großen Augen an die Wand der Tür gegenüber fallen. Das Pochen in meinen Adern wurde unbarmherzig intensiv und kurbelte die Schläge meines Herzens nur noch mehr an. Ich wünschte, ich hätte diese Worte niemals gehört, denn sie verschlimmerten alles nur noch.

Schnell lief ich den Flur zurück in mein Zimmer, zog mir die Bettdecke bis unter die Nase und versuchte verzweifelt, die Tränen zu unterdrücken, die mich zu zerschmettern versuchten. Ich hatte ihn verloren, ich hatte mich dafür entschieden. Es tat weh, so unfassbar weh, dass ich wusste, dass ich diese Entscheidung viel zu spät getroffen hatte. Doch ich redete mir immer und immer wieder ein, dass ich mich damit vor späteren, viel stärkeren Schmerzen bewahrt hätte. Dass mich dieser Schmerz, den ich momentan spürte, nur darin bestätigte, dass Liebe immer zum Scheitern verurteilt war, auch wenn ich tief im Inneren wusste, dass ich sie mutmaßlich zerstört hatte – und mit ihr die Hoffnung auf das Glück.

Als ich schließlich einsah, dass Einschlafen eine Sache der Unmöglichkeit war, nahm ich mir seufzend einen Stift, ein Blatt und einen der türkisfarbenen Umschläge, die ich mir damals gekauft hatte, weil sie der Lieblingsfarbe meiner Schwester entsprachen. Traurig starrte ich aus dem Fenster hinaus und ließ dann den Blick auf meine vernarbten Arme sinken, die durch das Schlaftop zum Vorschein kamen. Einige traten mehr hervor als andere, und ich versuchte, mich an die Tage zu erinnern, die meine Haut besonders uneben gemacht hatten. Es waren zu viele Narben, als dass ich sie einer Situation hätte zuordnen können, aber das war auch nicht nötig, es spielte keine Rolle. Das Einzige, was zählte, war die Tatsache, dass es zu viele Momente gab, in denen ich mir das angetan hatte.

Nur eine einzige Narbe, sie lag mittig unterhalb meines Unterarms, würde ich immer einem Tag zuordnen können, und zwar meinem 14. Geburtstag. Es war das erste Mal, dass ich die Klinge benutzt hatte. Dieser Geburtstag war mein erster ohne meine Schwester gewesen. Die Wahrheit, dass sie mir nie wieder ein Geburtstagsständchen singen konnte, während sie sich in mein Bett warf und mich fest in den Arm nahm, hatte mich dazu gebracht zu glauben, dieser unbändige Schmerz würde nur durch diesen Schritt verfliegen. Es war, als würdest du den Finger in einer Tür einklemmen, und jemand würde sich zusätzlich dagegenstemmen. Du würdest alles dafür tun, den Schmerz loszuwerden, um nicht mehr so leiden zu müssen.

Ich schaute auf das Bild von ihrem Grab, das in der Hülle mitsamt den Umschlägen lag, und drückte den Druckknopf des Kugelschreibers nach unten.

Liebe Gina,

ich habe mir immer wieder eingeredet, dass ich ohne dich gut klarkäme und dass es in Ordnung wäre, wie es eben ist. Aber die Wahrheit ist, dass ich dich noch immer jeden Tag vermisse.

Ich habe mir oft vorgestellt, wie du plötzlich wieder vor mir stündest, als wäre alles nur ein schlimmer Albtraum gewesen, doch du kamst nicht. Du standest nie vor mir.

Und dann muss man das akzeptieren. Man muss akzeptieren, dass du nicht mehr zurückkommst. Wie soll ein Mensch das Wissen ertragen, sich nie verabschieden zu können?

Ich wünschte, du könntest mir sagen, wie du dich gefühlt hast, nachdem du die Tabletten geschluckt hattest. Gab es einen Moment, kurz bevor du gestorben bist, in dem du deine Entscheidung bereut hast? Woran hast du als Letztes gedacht? Hast du mein Gesicht in deinen Gedanken gesehen? Oder die von Mama und Papa? Hast du bis zum Schluss geglaubt, dass das eine gute Idee gewesen sei, oder wolltest du doch wenige Sekunden vor deinem Herzstillstand noch leben?

Manchmal denke ich darüber nach, ob es wirklich so egoistisch wäre, würde ich mein Leben beenden. Vielleicht warst du es leid zu beten, du warst es leid zu kämpfen, und dann bist du gegangen. Weil es einfacher war, als immer wieder aufzustehen oder zuzugeben, dass du Hilfe brauchst.

Aber am Ende meiner Gedanken stelle ich mir immer dieselbe Frage: Was ist schlimmer? Gebrochen zu sein oder andere Seelen zu brechen?

Und die Antwort darauf ist immer die gleiche.

Faye

Die Tage vergingen, und es ging mir immer und immer schlechter. Mit jedem Tag fühlte ich mich mehr, als würde nur meine bloße Hülle leben; als wäre mein Inneres längst tot und verweste vor sich hin. Nichts in meinem Leben hatte einen tragbaren Sinn. Mir fielen von Tag zu Tag weniger Gründe ein, am Leben zu bleiben, und am Ende der Woche fiel mir nur noch einer ein: meine Mutter. Ich war genau an dem Punkt angelangt, wohin ich nie wieder gewollt hatte. Ich war wieder an dem Punkt, an dem ich darüber nachdachte, ob es wirklich egoistisch wäre zu sterben, oder ob es egoistisch war, mich am Leben erhalten zu wollen, obwohl ich gar nicht mehr existieren wollte. Niemand, der nicht das Gleiche verspürt hatte, würde verstehen, warum ich in den jungen Jahren mein gesamtes Dasein, das noch viele Jahre beinhalten sollte, einfach leichtfertig wegwerfen wollte. Niemand würde verstehen, warum ich nicht glauben konnte, dass es mit den Jahren besser werden konnte. Niemand würde verstehen, dass ich müde vom Kämpfen, müde vom Aufstehen, müde vom Lächeln-Vortäuschen, müde vom Leben war. Es würde wahrscheinlich nicht mal jemanden genug interessieren, um zu versuchen, mich zu verstehen, aber das war in Ordnung. Ich würde von niemandem etwas erwarten. Erwartungen waren eng mit Enttäuschungen verwoben; und bevor ich die erfuhr, blieb ich lieber allein und unverstanden. Nichts auf dieser Welt konnte mich in diesem Moment von meinem Selbsthass, von meinen Schuldgefühlen, von meinem Schmerz befreien, abgesehen von einem simplen, kleinen Metallstück. Ich brauchte unbedingt diese Klinge, also schlich ich mich, als alle anderen bereits auf dem Weg zur Cafeteria zum Abendessen waren, in Cailans Zimmer.

Als ich eintrat, roch ich seinen wunderbaren Duft und überlegte kurz, ob ich vielleicht doch gehen sollte. Das letzte Mal, als ich hier herumgeschnüffelt hatte, war mir bereits klar gewesen, dass es falsch war. Das war, als würde ich einen Fehler ein weiteres Mal wissentlich begehen – wie viele Länder, die noch immer nicht verstanden, dass man Krieg nicht mit Krieg beenden konnte, trotz all der Erfahrung der letzten Jahrzehnte. Es war nicht richtig, in seinen Sachen herumzuwühlen, doch der Drang, mich zu verletzen, war mittlerweile unmenschlich stark, und so kniete ich mich vor Cailans Matratze und schob die Finger zwischen dem Bettgestell. Er hatte sie sicherlich irgendwo versteckt, wo ich sie nicht so rasch finden würde; die Frage war nur, wo.

»Was machst du hier?«, hörte ich plötzlich eine Stimme hinter mir nur wenige Sekunden nachdem ich mit meiner Suche begonnen hatte, und ich schrie eine Sekunde lang vor Schreck auf. Als ich mich umdrehte und Harry in der Tür erblickte, richtete ich mich schnell auf und klopfte an die Knie, um den Staub abzubekommen. Nicht, dass es mich in diesem Moment sonderlich interessierte wie ich aussah, aber ein kleines Ablenkungsmanöver, um meine Nervosität zu überspielen, konnte bei meinen zitternden Beinen echt nicht schaden.

Ich hatte absolut keine plausible Ausrede, also antwortete ich mit der bescheuertsten und offensichtlichsten Lüge, die die Menschheit je erfunden hatte: »Nichts.«

Als hätte Harry diese Antwort erwartet, schoss ihm die Frage nur so über die Lippen: »Suchst du die Klinge?«

Erstarrt stand ich vor ihm. »Woher weißt du davon?« Hatte Cailan wirklich so etwas ausgeplaudert? Wenn ja, was hatte er dann noch von mir preisgegeben? Mein Magen rebellierte auf der Stelle bei dem Gedanken, dass er mich hintergangen haben könnte.

Harry sah mich entschuldigend an. »Cailan hat mir gesagt, wenn du mich danach fragst, soll ich sie dir auf keinen Fall geben.«

»Cailan hat dir erzählt, dass ich mich schneide?« Ich war fassungslos und traurig zugleich.

»Das weiß hier jeder, Kleines. Vertrau dich niemals Nick an! Der freut sich immer, wenn er hier für Gesprächsstoff sorgen kann«, sagte Harry mit mitfühlendem Blick, und ich fühlte mich augenblicklich in die Zeit zurückversetzt, in der mich beinah jeder aus meiner Nachbarschaft so angesehen hatte, nachdem sie im Sommer meine vernarbten Arme angestarrt hatten – als hätten sie tatsächlich Mitleid mit mir gehabt. Das war ähnlich wie mit irgendwelchen Unfällen, die in den Medien passierten: Am Tag des Geschehens waren alle immer betroffen, aber ein halbes Jahr später hatten bereits alle vergessen, was passiert war. So lief das Leben eben.

»Er hat das allen erzählt?«, fragte ich bestürzt und hätte mich am liebsten im Boden vergraben.

Harry nickte, schmunzelte dabei aber. »Ja, aber keine Sorge, dafür hat er von Cailan schon einen Nackenklatscher kassiert.«

Davon hatte er mir nie erzählt. Wollte er mich vor der Gewissheit schützen, dass alle anderen Bescheid wussten, weil er wusste, wie sehr mich das beschäftigen würde?

Mein Herz hämmerte in meiner Brust bei seinen Worten, doch im nächsten Augenblick bekam ich Panik. Cailan war noch immer besorgt und beschützerisch mir gegenüber. Er würde das Gespräch suchen, wenn Harry ihm erzählte, dass ich hier war. »Bitte sag Cailan nicht, dass ich danach gesucht habe.« Es klang wie ein Flehen, und das war es auch.

Er nickte bloß, als ich an ihm vorbeiging, und ich wusste genau in dieser Sekunde, dass er nicht schweigen würde.

Als ich am nächsten Morgen den Gruppenraum betrat und Cailans Blick augenblicklich starr auf mir ruhte, wusste ich, dass Harry ihm gesagt hatte, dass ich die Klinge gesucht hatte. Beschämt wich ich ihm aus und setzte mich, ohne die Miene zu verziehen, auf einen der Stühle, weit genug weg von ihm, dass er mich nicht darauf ansprechen konnte, ohne durch den halben Raum zu brüllen. Zugegeben, er war nicht auf seinem Stuhl festgeschnallt, er hätte auch einfach aufstehen können und sich zu mir setzen können, doch das tat er nicht, und ich war froh darüber. Immer wieder suchte Cailan meinen Blick, doch ich starrte konsequent an die kahle Wand mir gegenüber. Er trug keine Verantwortung für mich, verdammt. Ich hatte ihn verlassen und war gegangen, und trotzdem sorgte er sich offensichtlich noch um mich. Konnte er nicht einfach zeigen, dass ich ihm egal war? Seine Art, mich beschützen zu wollen, ließ mein Herz schneller schlagen, bis ich das Gefühl hatte, nichts anderes mehr spüren zu können außer reiner Liebe. Dabei war es falsch, es war verdammt falsch, und es würde mich umbringen.

Als die Qual letztlich vorbei war, rannte ich beinah aus dem Gruppenraum und in mein Zimmer – ein verzweifelter Versuch, dem Gespräch mit Cailan zu entkommen. Doch schon kurze Zeit später klopfte es energisch gegen meine Tür, und gerade als ich überlegte, meinen Tisch vor die Tür zu stemmen, ging sie auf, und Cailan stand mir gegenüber. Mein Herz setzte aus, und ich durchsuchte das Gehirn fieberhaft nach einem Fluchtplan.

»Ich mache mir Sorgen um dich, Faye«, flüsterte er und trat einen Schritt auf mich zu. Es war das erste Mal, dass wir nach dem Streit miteinander sprachen, und ich fühlte mich schlecht, dass es meinetwegen war und nicht, weil ich mich bei ihm entschuldigt hatte, dass es ihm meinetwegen so schlecht ging.

Ich machte einen Schritt nach hinten, und als er das sah, blieb er auf Abstand stehen und seufzte.

»Musst du nicht, lass gut sein«, erwiderte ich tonlos und wollte mich im selben Moment für meine Unfreundlichkeit ohrfeigen.

Auch er sah aus, als hätte ich ihm mit meinem Ton in den Magen geboxt; und als er seine Gesichtszüge wieder unter Kontrolle hatte, sah ich nur noch Verzweiflung in seinem Blick. »Du tust so, als würdest du mich nicht vermissen - okay. Aber ich werde nicht für dich so tun, als wäre mir das egal, nur damit du schneller abschließen kannst.«

Ich schwieg.

Er ging entschlossen auf mich zu und blieb nur wenige Zentimeter vor mir stehen. »Es macht mich wahnsinnig, dass wir so viel Zeit damit verschwenden, getrennt voneinander zu sein. Ich weiß doch, dass du glücklich mit mir bist.«

»Es tut mir leid.« Meine Worte waren nur ein Flüstern, meine Augen auf den Boden gerichtet und meine Hände ineinander verknotet. Ich stand da wie ein Häufchen Elend, dabei war ich die Letzte, die das Recht dazu gehabt hätte.

Offenbar stachelte das seine Verzweiflung nur noch mehr an. »Weißt du, wie unfair und egoistisch das ist? Du machst nicht nur dich damit unglücklich, das sollte dir klar sein! Erst machst du mich glücklich, und dann drehst du dich um und gehst, und du glaubst allen Ernstes, dass das nichts mit mir machen würde?«

Ich erinnerte mich an das Gespräch zwischen Harry und ihm, biss die Zähne zusammen und schaute dann auf den Boden. »Ich empfinde nichts für dich.« Er hatte gesagt, es falle ihm schwer, von mir abzulassen, weil er wusste, dass ich ihn liebte. Ich hoffte inständig, dass er mich nach diesen Worten endgültig aufgab und mir meine Entscheidung nicht noch schwerer machte, als sie ohnehin schon war.

»Wie bitte?«, fragte er erschüttert, und ich spürte, wie sich sein gesamter Körper vor mir versteifte.

Ich war zu feige, um ihm ins Gesicht zu schauen, aber ich war mir sicher, dass er ausgesehen hatte, als hätte man ihm alles genommen.

»Du hast schon richtig verstanden«, brachte ich heraus und hatte das Gefühl, ich müsste mich wie so oft in letzter Zeit übergeben.

Seine Worte waren nur ein Flüstern. Kennst du das Knacken in der Stimme, kurz bevor jemand weint? Genau das war es, was man bei jedem einzelnen Wort hörte. »Du lügst. Du kannst mir dabei ja noch nicht einmal in die Augen schauen.«

Mit aller Kraft unterdrückte ich die Tränen, die sich in meinen Augenwinkeln zu sammeln drohten, und starrte in zwei honigbraune Iris, die mich zweifelnd musterten. »Ich empfinde nichts für dich.« Ich glaubte, das war die schwerste und schrecklichste Lüge, die ich je hatte aussprechen müssen. Am liebsten hätte ich ihm ins Gesicht geschrien, dass ich ihn natürlich liebte und ihn am liebsten genau jetzt küssen würde, aber das ging nicht. Nie wieder würde ich so naiv sein und glauben, dass das schöne Gefühl der Liebe ewig währte.

Cailan wich zurück, als hätte ich ihm eine gescheuert, und ich glaubte, im Inneren fühlte es sich für ihn genauso an. Durch die Heizung, die ich auf die höchste Stufe gestellt hatte, war es eigentlich mollig warm in meinem Zimmer, doch Cailans Blick verursachte mir eine Gänsehaut. Kälte breitete sich in mir aus und legte sich wie eiskalte Seide auf meine Haut. Seine Augen weiteten sich, und außer den Tränen, die sich in ihnen spiegelten, konnte ich nichts als Leere erkennen. Ich wünschte mir sehnlichst, jetzt sofort abreisen zu können und diesen Blick nie wieder sehen müssen. Es zerriss mir buchstäblich das Herz; und als er sich ohne ein Wort umdrehte und mein Zimmer verließ, brauchte ich die Klinge noch dringender als zuvor.

In der Nacht stand ich immer wieder auf. Aus Verzweiflung zerschmetterte ich mit all meiner Kraft meinen Anspitzer, um an die scharfe Kante zu gelangen. Das Einzige, was ich erreicht hatte, war das wenige Plastik, das abgesplittert war, doch auch bei größter Kraftaufwendung schaffte ich es nicht, mir damit Verletzungen zuzufügen, die mich bluten ließen. Es war frustrierend und krank, und es war mir egal und gleichzeitig unfassbar wichtig. Als ich letztlich vollkommen erschöpft ins Bett fiel, nahm ich mir vor, Hilfe bei Nick zu suchen. Ich hatte keine andere Wahl.

KAPITEL 24

Als ich am nächsten Tag ins Zimmer eintrat, starrte mich Jeffrey verwundert an. Sein Blick schweifte direkt zu Nick, und auch der sah nicht sonderlich erfreut aus, mich zu sehen. »Hi?«, sagte er und richtete sich vom Stuhl auf.

»Kann ich kurz mit Nick allein sprechen?«, fragte ich Jeffrey, ohne die beiden zu begrüßen. Jeffrey runzelte die Stirn, zuckte dann aber nur mit den Schultern und verließ mit einem genervten »Macht hinne« den Raum. Seit wann war Jeffrey so frech? Und die weitaus wichtigere Frage: Seit wann redete er?

Nick sah mich noch immer fragend an, und so setzte ich mich auf einen der Stühle und deutete auf den Platz mir gegenüber, als wären wir in meinem Zimmer und nicht in seinem und als müsste ich ihm einen Stuhl anbieten. Er folgte meiner stummen Aufforderung und musterte mich prüfend.

»Redest du gern über andere, Nick?«, fragte ich schließlich und legte den Kopf schräg.

Mit der Frage hatte er offenbar nicht gerechnet und schmunzelte idiotisch, als er verstand worauf ich hinauswollte. »Es ist ganz schön langweilig hier, da ist ein bisschen Gesprächsstoff schon echt ein Highlight.«

»Gibt es so wenig über dein Leben zu erzählen, dass du darauf angewiesen bist, Geheimnisse anderer auszuplaudern, um interessant zu sein?«, fragte ich noch immer in einem freundlichen Ton und ließ ihn keine Sekunde lang aus den Augen. Ich fühlte mich wie eine Schlange, die eine Maus anvisierte.

Nick verdrehte genervt die Augen, und in diesem Moment hätte ich ihm wirklich am liebsten eine runtergehauen.

»Wir sind alle hier, weil wir Probleme haben, Faye. Niemand verurteilt dich, weil du dich ritzt.«

Beim letzten Wort bekam ich Gänsehaut und versuchte krampfhaft, meine Gesichtszüge zu kontrollieren. »Dann frage ich mich, warum es dennoch so interessant ist, dass du es hier jedem erzählen musst«, entgegnete ich und verschränkte die Arme vor der Brust. Eigentlich wollte ich einfach nur nach einer Klinge fragen, aber das konnte ich bei meinen Sprüchen jetzt garantiert vergessen. Ich entschied mich dafür, ihn nicht um Hilfe zu bitten. Die Klinge war es dann doch nicht wert, wenn ich dafür in Kauf nehmen musste, weitere Demütigungen einzustecken.

»Niemand will dir hier etwas Böses, Faye«, sagte er bloß und legte eine Hand auf meinen Oberschenkel. »Wir sind wie eine kleine Familie und sorgen uns umeinander.«

Gerade als ich zu einer schnippischen Erwiderung ansetzen wollte, ging die Tür auf, und Cailan stand vor unseren Stühlen. »Hast du Lust zu – «

Als Cailan mich neben Nick erblickte und seine Hand auf meinem Oberschenkel musterte, wurden seine Augen riesengroß, und ehe ich mich dessen versah, stand er direkt vor uns.

Er schubste Nick grob von mir weg, sodass dieser beinah vom Stuhl gefallen wäre. Nick fing sich gerade rechtzeitig und stolperte rückwärts, um das Gleichgewicht zurückzuerlangen.

»Wie respektlos bist du eigentlich, dass du dich an sie heranschmeißt?«, brüllte Cailan ihn an und folgte Nicks Schritten.

»Bleib geschmeidig, Kumpel«, sagte Nick mit erhobenen Armen.

Cailan drückte ihn mit aller Macht gegen den Schrank und hielt ihn an seinem Shirt fest, damit er ihm nicht ausweichen konnte. Mit mörderischem Gesichtsausdruck starrte er Nick direkt in die Augen. »Lass deine Pfoten von ihr, oder du kannst fortan versuchen, mit deinen Zehen zu schreiben«, presste er zwischen zusammengebissenen Zähnen hervor. Seine Stimme war eiskalt.

Hektisch stand ich nach dem ersten Schock vom Stuhl auf und legte eine Hand auf Cailans Arm; und als Nick das sah, schüttelte er den Kopf. »Faye, verpiss dich, bevor er dich noch schlägt. Der ist durchgeknallt.«

Wütend griff Cailan noch gröber zu, sodass Nick stockend den Atem ausstieß. »Ich würde ihr nie wehtun, du elendiger Hund!«

»Cailan, bitte hör auf«, sagte ich ruhig, und als er mich schließlich prüfend ansah, ließ er endlich seufzend von Nick ab.

»Du bist doch nicht mehr ganz frisch«, blaffte dieser, während er sein Shirt richtete.

Verärgert schaute Cailan weg; und als Nick wutentbrannt den Raum verlassen hatte – vermutlich hat er bei der ganzen Aufregung vergessen, dass wir uns in seinem Zimmer befanden –, sah er mich mit unergründlicher Miene an. »*Ihn* lässt du an dich heran. Ernsthaft?«

Seine Stimme klang so friedlich, dass ich spürte, wie viel Schmerz in ihm saß.

»Es würde mich nicht verletzen, würde er mich enttäuschen – nicht so wie bei dir.«

Das war das Einzige, was ich ihm sagen durfte. Keine Liebeserklärungen, nur die schwache Wahrheit, die ich im Herzen trug.

»Und deswegen bist du ihm nah?«, fragte er fassungslos.

Ich schüttelte den Kopf. »Wir haben bloß geredet, Cailan.« Ich würde ihm garantiert nicht den Beweggrund meines Besuches bei Nick nennen.

Kurz biss er die Zähne zusammen, schüttelte dann den Kopf und warf sich seine Strickjacke über die Schulter, die er beim Angriff auf Nick auf den Boden hatte fallen lassen. »Weißt du was, Faye? Wenn du es dir so sehr wünschst, dann sei eben unglücklich.«

Mit diesen Worten machte er kehrt, und ich stand allein im Zimmer. Ich wollte, dass er mich aufgab, damit ich meine Gefühle besser unter Kontrolle hatte, aber jetzt, da er es getan hatte, wünschte ich mir nichts sehnlicher, als dass mein Herz aufhören würde zu schlagen. Alle Menschen auf diesem Planeten sagten immer, dass die Liebe das Wertvollste und Schönste auf dieser Welt sei. Ich glaubte mittlerweile, dass das nur diejenigen sagten, die nie den Schmerz verspürt hatten, den Liebe verursachen konnte. Alle sagten, man könnte ohne Liebe nicht leben; ich hingegen sagte, dass wir besser dran wären, wenn es sie nicht gäbe.

Zahlreiche Tage vergingen, an denen ich Cailan musterte, doch sein Blick ruhte immer nur auf dem Boden. Es war frustrierend und erleichternd zugleich, dass er mich ignorierte. Eigentlich wollte ich doch, dass wir unsere gemeinsame Zeit vergaßen, doch gleichzeitig zerriss mich der Gedanke, dass er mich genauso aufgegeben hatte wie ich ihn.

Der Schmerz, der mich jeden Abend nicht schlafen ließ, erinnerte mich daran, dass es genau richtig war, dass ich so gehandelt hatte; und doch gab es Momente, in denen ich mir wünschte, in Cailans Armen zu liegen und ihm zu sagen, wie sehr er mir fehlte.

Mein Vater hatte mich verlassen, meine Schwester hatte mich verlassen, mein damaliger Freund hatte mich verlassen. All die Menschen, denen ich vertraut hatte, all diejenigen, die ich gebraucht hatte, hatten mich verlassen. Natürlich fehlte mir Cailan. Ich liebte ihn auf eine ganz andere Weise als meinen Vater oder meine Schwester und doch genauso stark und innig. Und genau deshalb war der Schutz, der mich davor bewahrte, dass er mich irgendwann auch verließe, umso wichtiger. Natürlich war der Schmerz nun heftig, aber letztlich konnte er mich nicht irgendwann verlassen oder verletzen. Ich war vorbereitet auf den Schmerz, ich hatte eine dicke Schicht Taubheit auf meine Seele gelegt, es würde mir nicht so sehr schaden. Immer wieder redete ich mir diese Worte ein und hoffte inständig, mein Herz würde ihnen irgendwann zustimmen.

An einem Freitag saß ich wie immer neben Lucy und ließ es über mich ergehen, dass sie mir die Haare flocht. Das tat sie in letzter Zeit ständig, und ich glaubte, sie tat das, um mir Trost zu spenden und mir zu zeigen, dass sie da war und mich wahrnahm, weil ich ihr vor wenigen Tagen gesagt hatte, dass ich keine Umarmungen zum Trost wollte, weil sie mich fühlen ließen, dass ich wirklich traurig sein musste, wenn man mir derart Mitleid zeigte. Sie war eine tolle Freundin und ich liebte sie für ihre Fürsorge sehr. Melanie hingegen sagte mir ständig, dass ich selber schuld sei, dass ich unglücklich sei, womit sie recht hatte, aber sie versuchte nicht einmal, mich zu verstehen. Vielmehr war sie distanziert und verurteilend, was mich immer mehr an die Leute aus meiner Klasse erinnerte, die mich genauso behandelt hatten, als ich angefangen hatte, lange Pullover im Sommer zu tragen, weil ich Angst hatte, sie könnten meine Narben sehen. Ich mochte Melanie, aber dieser Teil an ihr veranlasste mich dazu, nicht mehr als nötig mit ihr zu sprechen.

Die Gruppentherapie fing jeden Augenblick an, und doch war Cailan als Einziger noch nicht im Raum. Harry, der neben Lucy saß, zu fragen, wo er sei, hielt ich für eine nicht so glorreiche Idee. Ging es ihm gut? War er krank? Wenn er krank war, warum kümmerte sich Harry dann nicht um ihn? Jemand musste doch bei ihm sein, wenn es ihm schlecht ging.

Als Frau Graves in den Raum kam, hatten sich meine Fragen bereits ineinander verstrickt, und ich war kurz davor, Harry zu fragen, wo er steckte, doch Frau Graves kam mir zuvor. »Cailan wird heute nicht am Gruppentreffen teilnehmen.«

Ich konnte sehen, wie Harry zusammenzuckte; und als ich zu ihm hinübersah, war nichts in seinem Blick zu erkennen als pures Mitleid.

»Warum nicht?«, platzte es mir schließlich nach wenigen Sekunden heraus, und alle Blicke richteten sich auf mich. Natürlich wusste bereits jeder, was sich zwischen Cailan und mir abgespielt hatte, und genau deshalb waren vermutlich auch alle so verblüfft, dass ich nach ihm fragte, doch das war mir egal. Sollte es Cailan schlecht gehen, würde ich es wissen wollen.

»Cailans Mutter ist letzte Nacht verstorben«, sagte Frau Graves so geschäftig, als wäre es etwas total Harmloses, und ich schnappte nach Luft.

Nein!

Das kann nicht wahr sein!

Nicht seine Mutter!

Wie geht es ihm? Dumme Frage!

Was macht er gerade? Noch dümmere Frage!

Weinen? Die dümmste Frage, die ich mir je gestellt habe!

Auf jeden Fall weint er!

»Ich muss zu ihm!«, brachte ich heraus, doch Frau Graves schüttelte energisch den Kopf.

»Er ist bei Frau Dr. Henderson«, erwiderte sie und machte mir mit ihrem Blick deutlich, dass ich nicht auf die Idee kommen sollte, diesen Raum zu verlassen. Die Uhr tickte so laut in meinen Ohren, dass ich wütend wurde. Am liebsten hätte ich sie von der Wand gerissen und zertreten, nur um dieses nervtötende und monotone Ticken zu beenden. Jede Sekunde, in der ich hier nutzlos herumsaß, litt Cailan. Nicht, dass ich ihm seine Schmerzen hätte nehmen können, aber ich wusste, dass ich hier die Einzige war, der er sich voll und ganz öffnete.

Ich konnte dem Gespräch nicht folgen und ich empfand auch nicht die Notwendigkeit, dies zu tun. Nicht, wenn ich wusste, dass Cailan Unfassbares durchstehen musste und ich nicht bei ihm sein konnte, um ihn aufzufangen. Ich hasste mich dafür, hier herumzusitzen, obwohl ich eigentlich hätte für ihn da sein müssen.

Den gesamten Tag war Cailan nicht zu sehen, und selbst beim Abendessen konnte ich ihn nicht entdecken. War er abgereist? Hatte ihn jemand geholt? War er noch bei Frau Dr. Henderson? Die ganzen Fragen schwirrten in meinem Kopf herum, sodass ich keinen Happen herunterbekam.

Um 22.00 Uhr lag ich im Bett, meine Augen weit geöffnet, und starrte die Decke hinauf. Plötzlich hörte ich Schritte auf dem Boden. Sie schallten nicht durch den Mädchentrakt, und deshalb war ich in Alarmbereitschaft, es könnte Cailan sein. Schnell krabbelte ich aus dem Bett, öffnete die Tür, und als die Luft rein war, schlich ich den Gang entlang.

Und dann hörte ich Frau Dr. Hendersons Stimme.

»Wann immer du das Bedürfnis hast zu reden, kannst du zu Frau Benett oder Frau Graves gehen. Wir sehen uns morgen wieder, Cailan.«

Ich wollte am liebsten noch ein Stück gehen, um Cailans Gesicht zu sehen, doch das wäre zu riskant gewesen. Schließlich war Bettruhe, und auch wenn ich Frau Dr. Henderson mochte, wusste ich genau, dass ihr die Regeln mindestens so wichtig waren wie Frau Graves. Also blieb ich stehen und lauschte, doch die Antwort, die Cailan ihr gab, war nur ein gehauchtes Flüstern, sodass ich kein Wort verstand. Schnell lief ich zurück in mein Zimmer und hockte mich aufs Bett. Was sollte ich tun? Ich wollte unbedingt für ihn da sein, aber ich hatte keine Ahnung, ob meine Anwesenheit in diesem Moment von Vorteil war, wobei ich doch kein Recht dazu hatte, bei ihm zu sein und ihn zu trösten. Ich hielt mich an den Gedanken fest, dass Harry bei ihm war. Er würde ihm Trost spenden, dessen war ich mir sicher.

Trotzdem fand ich diese Nacht keinen Schlaf und wälzte mich von einer auf die andere Seite. Immer wieder setzte ich mich auf und starrte stumm an die Wand, die von dem schwachen Strahl des Mondes beleuchtet wurde. Immer wieder fragte ich mich, ob Cailan wohl schliefe, und ich wusste immer wieder, dass er es offensichtlich nicht tat.

Plötzlich hörte ich Stimmen im Flur, die wild durcheinandersprachen, und konnte diejenige Harrys als eine unter ihnen ausmachen. Ich sprang beinah aus dem Bett und hechtete den Flur entlang. Vor der Tür zu Cailans Zimmer standen Harry, Frau Graves und Frau Benett und tauschten ratlose Blicke, bis Frau Benett schließlich in den Raum ging. Mein Herz pochte mir bis zum Hals, und in diesem Moment war es mir egal, wie viele Stunden ich diese dämliche Cafeteria säubern musste, weil ich mein Bett verlassen hatte und das nicht, um auf die Toilette zu gehen. Frau Graves und Harry sahen mich mit geweiteten Augen an, und auch das war mir egal. Ich drängte mich an den beiden vorbei und schaute auf den Boden zu Frau Benett, die sanft auf einen zusammengekauerten, weinenden jungen Mann einredete, der seine Ohren zuhielt und immer wieder »Nein, ich will nicht mehr. Nein, nein, nein« schluchzte. Cailan sah plötzlich aus, als würde er zerbrechen, wenn man ihn berührte, und genauso fühlte er sich womöglich in diesem Moment auch. Ich spürte, wie mir eine Träne die Wangen hinunterlief und wie mich Frau Graves am Arm aus dem Zimmer zog. Ich hörte, wie Harry sagte, dass Cailan es nicht gebrauchen könne, wenn ich bei ihm sei. Und ich hörte jedes Knacken in Cailans Stimme, wenn er ein erneutes »Nein« aussprach. Es war einfach, jemanden zu lieben, der unendlich glücklich mit sich und seinem Leben war. Aber was wirklich hart war, war, jemanden zu lieben, der nachts auf dem Boden saß und weinte; wenn du absolut keine Ahnung hattest, wie du ihm helfen könntest. Das war das Schwerste für mich: den Menschen, den ich liebte, anzusehen und zu realisieren, dass seine Traurigkeit so groß war und ich nichts dagegen tun konnte, sodass ich ihn endgültig verlieren würde.

Die nächsten sieben Tage sah ich Cailan überhaupt nicht – weder beim Frühstück noch beim Abendessen, in keiner Therapie und auch nicht auf einem der Flure. Lediglich Harrys Bemühungen, die daraus bestanden, Cailan Essen auf das Zimmer zu bringen, ließen mich nicht daran glauben, dass er bereits abgereist war. Die ganze Woche hatten wir Vertrauensgespräche mit unseren Betreuern, wenn wir dringenden Gesprächsbedarf hatten, weil Frau Dr. Henderson keine Zeit für uns hatte. Ich ging davon aus, dass sie sich zusammen mit Cailan darum kümmerte, dass er eine Unterkunft bekäme, wenn er hier raus sein würde, und dass sie mit aller Macht versuchte, ihm das Leben in seinen Horizont zurückzubringen. Doch ich wusste, dass seine Mutter ihm alles bedeutet hatte und es deshalb beinah unmöglich war, dass er in den wenigen Tagen wieder das Leben schätzen lernte.

Am achten Tag erklärte uns Frau Benett, dass Cailan morgen früh abreisen würde, um auf die Beerdigung seiner Mutter zu gehen. Es war die letzte Chance, mit ihm zu reden, und so ging ich kurzerhand nach dem Abendessen den Jungentrakt entlang und blieb zitternd vor Cailans Tür stehen. Vielleicht war er noch gar nicht hier, vielleicht sprach er noch mit Frau Dr. Henderson. Vielleicht war er aber doch hier und kniete wieder am Boden und weinte. Harry musste noch die Cafeteria säubern, und der Gedanke daran, Cailan könnte tatsächlich da drin alleine weinen, brachte mich dazu, die Tür zu öffnen. Meine Augen weiteten sich, als ich Cailans nackten Oberkörper sah. Sein Blick begegnete meinem, und schnell griff er sich ein Shirt aus seinem Schrank, um es überzuziehen. Doch ich hatte bereits gesehen, was er zu verstecken versuchte: Seine gesamte rechte Hüfte war übersäht mit Schnitten. Ich konnte ihn einfach nur anstarren und bebte im Inneren vor Verzweiflung. So musste sich meine Mutter gefühlt haben, als sie zum ersten Mal meine

Wunden gesehen hatte: verzweifelt, schockiert, traurig und wütend. All diese Emotionen ließen mich nicht rational denken, und so kam ich schweigend ins Zimmer, schloss die Tür hinter mir und kam auf ihn zu. »Tu das nie wieder«, flehte ich und war den Tränen nah. Ich wusste, dass das definitiv das Letzte war, was ich hätte sagen sollen, aber diese Bitte war das Einzige, was mir in meinem Kopf herumschwirrte ... und die Tatsache, dass ich daran schuld war, dass er sich das angetan hatte. Nur meinetwegen hatte er eine Klinge. Nur meinetwegen hatte er sie an sich genommen.

»Das geht dich nichts an«, sagte er wütend, und mir stockte der Atem, weil ich mir ziemlich sicher war, dass ich genau diese Worte auch meiner Mutter ins Gesicht gebrüllt hatte, weil ich beschämt gewesen war.

Ich spürte, wie sich Tränen in meinen Augen sammelten, und ging noch einen Schritt auf ihn zu. »Cailan, bitte! Du warst derjenige, der mir gesagt hat, dass es *immer* etwas Lebenswertes gibt.« Meine Stimme brach, und ich wünschte mir nichts sehnlicher, als aus diesem Albtraum aufzuwachen.

»Da habe ich mich wohl geirrt«, erwiderte er tonlos und starrte mich eiskalt an. Er hasste mich.

»Hör auf, so was zu sagen!«, flehte ich und hätte ihm am liebsten seine negativen Gedanken aus dem Kopf gerissen.

Er sah meine Tränen in den Augen und betrachtete mich einen Moment lang mit einem nachdenklichen Ausdruck. Dann drehte er sich von mir weg und holte mehrere Kleidungstücke aus seinem Schrank, um sie in den Koffer zu legen, der auf dem Tisch platziert wurde. »Lassen wir das. Es ist vollkommen irrelevant, darüber zu sprechen.«

Jetzt wurde ich langsam wütend. Wie konnte er wirklich glauben, es wäre unwichtig, darüber zu sprechen, dass es ihm schlecht ging und er sich etwas antat! »Ist es nicht! Nichts ist egal! Denkst du einmal darüber nach, was für Konsequenzen das alles hat?«, schrie ich beinah, doch dämpfte ich meine Stimme bei den letzten Worten etwas aus Angst, uns könnte jemand hören.

Er starrte mir tief in die Augen und schüttelte kaum merklich den Kopf. »Faye: Es – ist – mir – egal.«

»Aber mir nicht. Du hast gesagt, wenn man über die Dinge spricht, wird es einem besser gehen«, erinnerte ich ihn, und als mir eine Träne an der Wange hinunterfloss, drehte er sich weg. Er schwieg.

»Bitte sprich mit mir, ich will dir helfen!«, sagte ich dann mit Nachdruck und ging auf ihn zu.

Als ich fast bei ihm war, wirbelte er herum und schrie: »Ich scheiße auf deine Hilfe!«

Das hatte gesessen. Ich konnte ihm absolut nicht böse sein, nicht, nachdem ich ihn verlassen hatte und nun so tat, als wäre nie etwas gewesen. Aber ich konnte nicht leugnen, dass diese Worte wie ein Fausthieb in die Magengrube waren.

»Cailan, bitte!«, flüsterte ich, einer Heulattacke nah, und schlang die Arme um meinen Körper aus Angst, ich könnte wie Staub zerfallen.

Er wandte sich zum Gehen, marschierte an mir vorbei, und ich schrie ihm hinterher: »Wenn du dir das Leben nimmst, wirst du nicht mehr mit den Konsequenzen leben müssen, aber du hinterlässt hier etwas. Du entscheidest nicht nur für dich, sondern für jeden einzelnen Menschen in deinem Leben, dem du etwas bedeutest. Auch wenn du glaubst, dass es niemanden interessieren würde, würdest du sterben – es stimmt nicht, Cailan. Ich will nicht in dem Wissen weiterleben, dass ich dir nicht helfen konnte und dass du keinen anderen Ausweg gefunden hast, als alles zu beenden.« In Gedanken fügte ich *Ich will das nicht noch einmal erleben* hinzu.

Er blieb im Türrahmen stehen, drehte sich jedoch nicht zu mir um. »Du hast mich auch verlassen«, sagte er ruhig, und ich hörte den Schmerz in seiner Stimme.

»Das war nicht deinetwegen. Selbst wenn ein Heiliger höchstpersönlich um mein Vertrauen bäte, würde ich mich entziehen«, erwiderte ich, doch ich wusste, dass das für ihn keinen Unterschied machte.

»Du liebst mich nicht«, sagte er und drehte sich um. Sein Gesicht war ausdruckslos, doch in seinen Augen funkelten Tränen. Es brachte mich fast um, ihn so zu sehen.

Das habe ich doch bloß gesagt, damit du nicht weiterhin um mich kämpfst. Ich presste die Lippen aufeinander, um das Geheimnis nicht auszuplaudern, und war nicht imstande, ihm zu sagen, dass ich ihn liebte.

Er nickte verbittert. »Danke, das ist Antwort genug.«

Wieder wandte er sich um, und das Einzige, was ich noch herausbrachte, war ein Flehen: »Bitte tu dir nichts an, Cailan.«

KAPITEL 25

Als Lucy, Melanie und ich uns zusammen mit Harry am nächsten Morgen in die Cafeteria setzten, konnte ich nichts essen. Der Gedanke daran, dass Cailan bereits auf den Weg zur Beerdigung war und sich jede Minute etwas Schlimmes antun konnte, kreiste ununterbrochen in meinem Kopf herum; und erst als Lucy an meiner Schulter rüttelte, bemerkte ich, dass Melanie mich abwartend musterte. Als sie merkte, dass ich aus meiner Gedankenwelt ausgebrochen war, verdrehte sie kurz die Augen.

»Ich sagte, du siehst aus wie eine Leiche. Hast du überhaupt geschlafen?«

Ich schüttelte bloß den Kopf und ging ansonsten nicht auf ihre Bemerkung ein. Melanie tat ja gerade, als wäre es nicht offensichtlich genug, dass ich nicht geschlafen hatte.

»Du solltest wenigstens etwas essen«, sagte Lucy sanft und strich tröstend über meine Schulter.

Als ich in Harrys Gesicht sah, konnte ich keine Spur von Mitleid darin sehen, und es war mir recht. Er war sauer auf mich, dass ich Cailan wehgetan hatte, und verstand höchstwahrscheinlich nicht, warum ich jetzt so in Sorge war. Er konnte es nicht verstehen, vermutlich konnte es niemand verstehen. Ich konnte es aber auch von niemandem erwarten, dass man Verständnis für mich übrig hatte, wenn ich mich doch niemandem erklärte. Manchmal glaubte ich, die ganze Welt erwartete Erklärungen von mir, doch der einzigen Person, der ich Erklärungen schuldete, war Cailan.

Menschen verurteilten andere, wenn sie nicht genügend Informationen bekamen, das war schon immer so gewesen. Dementsprechend ignorierte ich Harrys Blicke, nahm Lucy zuliebe eine Gurkenscheibe und knabberte fünf Minuten an ihr herum.

Am Nachmittag hatte ich schließlich nach längerer Zeit wieder einen Termin bei meiner Psychiaterin. Die letzten Sitzungen waren sehr einseitig und stillschweigend verlaufen, während ich mir einen Nagel nach dem anderen eingerissen hatte, weil ich wie wild daran herumgepult hatte. Seit Cailan nicht mehr Teil meines Lebens war, war die Tür meiner inneren Gedanken wieder komplett verschlossen und für jedermann unzugänglich. Ob es daran lag, dass ich ohnehin gemerkt hatte, dass es ein Fehler gewesen war, mich zu öffnen, oder ob ich einfach keine Notwendigkeit mehr sah, darüber zu sprechen, weil ich der festen Überzeugung war, Glück könne kein Teil mehr von mir werden, wusste ich nicht. Aber Frau Dr. Henderson fragte schon längst nicht mehr nach, warum ich plötzlich wieder so distanziert antwortete. Heute war es besonders schlimm. Wann immer sie mich etwas über mein Leben fragte, starrte ich nur aus dem Fenster und ließ ihre Frage unkommentiert im Raum stehen, bis sie seufzte und die nächste stellte, die ich ebenso wenig beantwortete. Nachdem ich kaum einen Ton herausgebracht hatte, schickte mich Frau Dr. Henderson zurück auf Station. Minutenlang saß ich vor dem Blatt Papier und versuchte, Frau Dr. Hendersons Wunsch zu erfüllen, indem ich ihr meine Gedanken aufschrieb. Doch auch nach einer halben Stunde stand nur ein einziges Wort auf meinem Block, und ich glaubte, nicht besser beschreiben zu können, worum meine Gedanken kreisten: *Cailan.*

Am Abend nachdem wir Abendessen gegessen hatten und Lucy mich mit einem besorgten Blick gemustert hatte, während ich in meinem Müsli herumgestochert hatte, holte ich meine Schreibutensilien heraus und setzte mich an den Schreibtisch.

Liebe Gina,

ich weiß noch, wie du mir ein halbes Jahr vor deinem Tod erzählt hast, wie unfassbar süß du einen Typen in der Oberstufe fändest. Du hast ständig von ihm geschwärmt, und wäre ich schon in dem Alter gewesen, in dem ich das verstanden hätte, hätte ich dir sicherlich geraten, ihn anzusprechen. Du hättest das sicherlich nicht getan, weil du viel zu schüchtern warst, aber wir hätten sicher eine Möglichkeit gefunden, mit ihm in Kontakt zu treten. Leider habe ich dich damals aber überhaupt nicht verstanden, denn ich fand Jungs zu dem Zeitpunkt noch anstrengend und nervig. Nun gut, das sind viele jetzt noch immer, aber mittlerweile weiß ich, dass diese Eigenschaften nichts mit dem Geschlecht zu tun haben.

Ich frage mich, ob es davor einen Jungen gegeben habe, für den du alles getan hättest. Einen Jungen, den du nicht nur süß gefunden, sondern geliebt habest –

aufrichtig und von ganzem Herzen. Ich frage mich, ob du genau so empfunden habest wie ich für Cailan. Eigentlich ist die Frage schwachsinnig, denn wenn du genau so gefühlt hättest wie ich für Cailan, hättest du vermutlich niemals irgendjemanden süß gefunden außer ihm. Das ist vielleicht kindisch, und ganz ehrlich: Ich habe schon immer diese Mädchen und Jungen belächelt, die immer von wahrer Liebe oder ewiger Bindung geredet haben, aber ich glaube wirklich felsenfest, Cailan sei der Mann, der immer einen großen Platz in meinem Herzen haben wird. Dabei ist es nicht wichtig, ob ich mit ihm zusammen bin oder nicht. Ich kann dir nicht beschreiben, wie sehr ich ihn liebe. Und das Schlimmste ist, dass ich ihm das noch nie so konkret gesagt habe.

Ich weiß, dass Cailan mich liebt, auch wenn er mich anschreit oder ignoriert. Immer wenn er mich anschaut und ich aufblicke, sehe ich diesen Ausdruck in seinen Augen. Auch wenn es nur Sekundenbruchteile sind, in denen wir uns anschauen, aber ich spüre es. Es ist, als würden wir einander in die Seele sehen, auch wenn das vielleicht bescheuert klingt, aber genau so fühlt es sich an. In seinen Augen sah ich das Versprechen, dass er mir gab. Er würde, egal wie sauer er auf mich wäre, immer auf mich aufpassen.

Das Problem ist, dass ich ihn nicht fragen muss, ob er für mich sterben würde. Vielmehr ist die Frage, ob er für mich leben würde.

Und ich fürchte mich vor der Antwort.

Die nächsten beiden Tage vergingen im Schneckentempo, und immer wieder fragte ich mich, ob das Gespräch in seinem Zimmer das letzte gewesen sein würde, das wir je geführt hatten. Vielleicht würde er nicht mehr in die Klinik zurückkommen. Vielleicht würde er wegziehen und sich einen ambulanten Therapeuten suchen. Vielleicht würde ich ihn niemals wiedersehen. Der Gedanke daran machte mich verrückt, und ich wünschte mir immer sehnlicher, ich hätte ihm am Tag vor seiner Abreise genau diese Fragen gestellt.

Gerade als ich meine Schreibutensilien auf meinem Schreibtisch ausgebreitet hatte, um einen Brief an meine Schwester zu schreiben, stürmte auf einmal Lucy zu mir herein. Sie sah total gehetzt aus, ihre Augen waren aufgerissen, doch ein Lächeln bildete sich auf ihrem Gesicht. Verwirrt runzelte ich die Stirn. »Was ist los?«

Kurz sah ich in ihren Augen Unsicherheit aufflackern. »Er ist wieder da.«

Mit geweiteten Augen und zitternden Knien saß ich auf meinem Stuhl und starrte Lucy an. Mein Kopf war schon längst bei ihm, um ihn in Empfang zu nehmen, doch mein Körper rührte sich in den ersten Sekunden nicht vom Fleck. Die gesamte Furcht der letzten Tage perlte einfach so von mir ab. Schließlich erhob ich mich doch und ging zusammen mit Lucy, die mich immer mal wieder prüfend musterte, den Flur entlang.

Cailan stand im Jungentrakt und unterhielt sich mit Frau Dr. Henderson, als ich die letzten Meter vor ihnen stehen blieb. Kurz blickte er mir in die Augen, dann ruhte sein Blick wieder auf unserer Psychiaterin. Er hatte sich nichts angetan. Er war wohlauf! Genau diese Gedanken kreisten in Dauerschleife durch meinen Kopf – so laut und so klar, dass ich das restliche Gespräch der beiden Personen vor mir nicht verfolgen konnte. Als Frau Dr. Henderson mich mit einem Lächeln begrüßte und sich von Cailan entfernte, starrte ich ihn an, und er blickte mich stumm an.

»Hi«, sagte er mit seiner sanften Stimme, doch seine Gesichtszüge veränderten sich nicht einen Millimeter.

»Danke« war das Einzige, was ich herausbekam, und er nickte wissend. Dann machte er kehrt und brachte seinen Koffer in sein Zimmer. Was hätte ich sonst noch sagen können? *Wie war die Beerdigung?* Er würde bestimmt nicht mit »Großartig!« antworten; und wenn, dann nur, weil er es schaffte, sarkastisch darüber zu reden. Ich wollte ihn nicht an die schlimme Zeit erinnern, jetzt, da er gerade nicht weinte, und gleichzeitig wollte ich ihm nicht das Gefühl geben, es wäre mir egal, denn das war es nicht. Ich entschied mich trotzdem dafür, ihm nicht hinterherzulaufen. Schließlich hatte ich, wie ich mir schon lange eingestehen musste, längst nicht mehr das Recht dazu, ihm nah zu sein oder ihm beizustehen. Und ich glaubte zu wissen, dass er das auch gar nicht mehr wollte.

Gerade als ich zurück auf mein Zimmer gehen wollte, erblickte ich Jeffrey auf dem Flur, wie er mit schräg gelegtem Kopf Cailan in den Raum gehen sah. Dann ruhte sein Blick auf mir, und irgendwas daran ließ mich am gesamten Körper erschaudern. Jeffrey war immer der stille Beobachter gewesen, ich hatte ihn kaum sprechen hören, seit ich hier war. Doch seine Blicke, wenn er mal nicht in Gedanken versunken war, waren einschüchternd. Er starrte, ohne zu blinzeln, zu mir herüber und brach nicht ein einziges Mal den Blickkontakt ab.

Ich nickte ihm zu. »Alles gut?«

Er sah mich bloß weiter stumm an, dann schaute er auf meinen Arm, der mit Narben übersät war. Schnell legte ich die Hand über den Großteil davon, um das Offensichtliche zu verbergen.

»Bald wird alles gut werden«, sagte er schließlich tonlos, und ich brachte ein kurzes, steifes Lächeln zustande.

»Das ist die richtige Einstellung.«

Ohne die Miene zu verziehen, gaffte er mich weiterhin an, und so beschloss ich, dieses merkwürdige Gespräch mit einem »Gute Nacht« zu beenden.

In meinem Zimmer angekommen, schwankten meine Gefühle von Freude zu Trauer um. Einerseits war ich unendlich froh, dass Cailan wieder hier war, unversehrt und am Leben, und andererseits fühlte es sich beinah trotzdem so an, als wäre er noch immer fort. Es war ein Gefühl, als wäre ein Hund angeleint, und einen Zentimeter vor seiner Schnauze hinge ein Leckerli. Er war so nah dran, doch er erreichte es nicht. Cailan war so nah, doch durch meine Angst, die schuld daran war, dass ich ihn von mir weggeschoben hatte, war er unerreichbar. Warum konnte ich ihm nicht einfach vertrauen? Warum konnte ich nicht einfach meine Angst überwinden und mich in seine Arme werfen?

Am nächsten Morgen beim Frühstück beobachtete ich, wie sich Cailan zu zwei Jungen aus einer anderen Station an den Tisch setzte und sich ein Lächeln abzwang. Ich sah von hier aus, dass sein Grinsen nicht echt war, doch die beiden Jungen erwiderten es bloß freundlich, als würde es ihnen nicht auffallen. Cailan sah so traurig aus, dass es mir das Herz zerriss, und er saß meinetwegen nicht bei Harry, weil dieser hier bei Lucy saß und Cailan nicht einmal in den Sinn kam, sich mit mir an einen Tisch zu setzen. Eigentlich hätte ich auf der Stelle gehen müssen und ihn auffordern sollen, sich zu Harry zu setzen, doch ich blieb wie angewurzelt sitzen und musterte Cailans Züge. Ich kannte ihn gut genug, um zu wissen, dass er meine Aufforderung ablehnen würde. Er hatte tiefe Augenringe, seine Haut war bleich wie die kahle Wand hinter ihm. Nichts an seiner Erscheinung und seiner Ausstrahlung hatte etwas Lebendiges, und diese Tatsache machte mich fertig. Ich sah augenblicklich sein strahlendes Lächeln in meinen Gedanken, das er mir geschenkt hatte, als wir zusammen am Tisch gesessen und uns immer wieder Blicke zugeworfen hatten, die für uns bereits zu einer Art geheimen Sprache geworden waren. Natürlich war er auch ein trauriger Mann, er hatte eine schwere Last mit sich zu tragen, und er war nie so glücklich, wie er es zeigte; und doch war seine Trauer von vor wenigen Wochen nichts verglichen mit der jetzigen. Wenn es nur Traurigkeit wäre! Es gab einen riesigen Unterschied zwischen bloßer Trauer und Depressionen.

Ich entschied, dass es sehr ungesund für mein Herz wäre, Cailan weiterhin zu beobachten, also richtete ich den Blick wieder auf meinen Tisch. Gerade als ich nach meinem Orangensaft griff, flog die Tür zur Cafeteria auf, und im Türrahmen stand Jeffrey, der wie ein wild gewordenes Tier jeden Einzelnen von uns musterte. Das Blut gefror mir in den Adern, und in meinen Schläfen pochte es so laut, dass es selbst das Rauschen in meinen Ohren übertönte. Was, um alles in der Welt, ging hier vor sich?

Ich muss träumen!

Wach auf!

Wach doch endlich auf, Faye!

»Oh, Scheiße«, hörte ich Melanie neben mir sagen, doch ich konnte nur auf seine Hand starren, die sich um den Griff einer Pistole gelegt hatte. Das konnte nicht wahr sein. Plötzlich verstand ich seine Worte von gestern auf eine ganz andere Art und Weise; und noch bevor ich meinen Gedanken vertiefen konnte, schrie er auch schon los.

»Ich bin hier, um euch zu erlösen.«

Er musste sich die Pistole gestern Nacht oder wann auch immer besorgt haben, indem er das Fenster des Bads benutzt hatte. Augenblicklich fragte ich mich, ob er sie an dem Abend besorgt hatte, an dem ich Nick und ihn gedeckt hatte. Hatte ich dazu beigetragen, dass nun einer unserer Station mit einer Knarre vor uns stand?

Jeffrey, der stille Typ aus unserer Station, schrie wie am Spieß mit erhobener Waffe.

»Ihr seid alle besser dran, wenn ihr sterbt!«, kreischt er und blickte umher, als würde er nicht wirklich wissen, wo er war. »Niemand wird euch je helfen können! Das sind alles Lügner, die euch eintrichtern wollen, dass irgendwas jemals besser werden könnte!«

Wie erstarrt stand ich da und wusste nicht, was ich tun sollte.

Soll ich rennen?

Soll ich stehen bleiben?

Soll ich etwas sagen?

Als er sich in meine Richtung drehte, entschied mein Instinkt für mich, und ich hechtete unter einen der Tische der Cafeteria. Neben mir hockte ein Mädchen, vielleicht etwas jünger als ich, und starrte mich panisch an. In ihrer Panik sah ich auch Erkenntnis. Erkenntnis darüber, wie kurz das Leben sein konnte? Ich wusste es nicht, aber in diesem Moment konnte ich auch kaum klar denken. Mein Herz lief gerade einen Marathon, sodass ich in einer Sekunde glaubte, ich würde gleich einen Herzstillstand erleiden. Vermutlich war dies ein besserer Tod, als eine Kugel in den Schädel gejagt zu bekommen. Ich erkannte an der Art und Weise, wie alle Schutz suchten, dass alle in diesem Raum außer Jeffrey nie die Hoffnung verloren hatten. Beinah alle hier waren suizidgefährdet, doch keiner hatte vor, sich erschießen zu lassen.

Vielleicht hätte ich mich hier und jetzt umbringen lassen sollen, um all meinen Qualen ein Ende zu bereiten. Niemand würde mir die Schuld an meinem Tod geben, niemand würde es Selbstmord nennen. Und doch wollte ich niemanden für mein Leben entscheiden lassen.

»Versteckt euch nicht!«, brüllte Jeffrey, und im nächsten Moment hörte ich eine Stimme, die mich aufkeuchen ließ.

»Hey, Mann, ganz ruhig! Du bist gerade nicht du selbst«, sagte Cailan sanft, und ich konnte nicht einmal ein Zittern in seiner Stimme hören.

Niemand außer Jeffrey hatte die Hoffnung verloren, hatte ich gedacht. Doch ich hatte eine Person vergessen.

»Halt die Klappe!«, schrie Jeffrey, und im nächsten Moment fiel ein Schuss.

Nein!

Mein gesamter Körper wurde taub, der Aufschrei der anderen ließ mein Herz stocken, und dann krabbelte ich wie in Trance unter dem Tisch hervor und richtete mich, ohne darüber nachzudenken, auf. Ich hatte das Gefühl, vor Erleichterung zu schweben, und merkte erst in diesem Moment, dass ich meinen Atem angehalten hatte, als ich in honigbraune Augen sah, die panisch in meine blickten. Er stand einige Meter entfernt von Jeffrey, und ich fragte mich, ob dieser Cailan einfach verfehlt hatte oder ihm mit einem Schuss ins Nichts hatte Angst einjagen wollen. Jeffreys Kopf wandte sich in meine Richtung, als er Cailans Blick folgte, und ich hielt abermals den Atem an. Jeffreys Gesicht war mörderisch, ein anderes Wort fiel mir einfach nicht dafür ein. Die dunklen Ringe unter seinen Augen betonten seine beinah schwarzen Augen, die mich sofort an einen Hai erinnerten. An einen Hai, der eine Robbe im Visier hatte. Seine Lippen hatte er vor Wut aufeinandergepresst, doch als er mich musterte, wurde sein Gesichtsausdruck etwas weicher.

»Faye – du willst doch sterben, oder? Du hast die Klinge gebraucht. Du willst nicht mehr leben. Sag mir, dass das stimmt!« Seine Stimme klang monoton und dunkel, absolut nicht vergleichbar mit dem Klang, den ich von ihm kannte, als wäre er in diesem Moment in einer komplett anderen Welt gefangen, die nichts mit dieser Realität zu tun hatte.

Wie benebelt schüttelte ich den Kopf und sprach die Worte aus, die meine gesamte Welt umzudrehen schienen: »Ich will leben.«

Gleichzeitig zielte Jeffrey auf mich und biss sich wütend auf die Unterlippe. »Niemand wird dir helfen, dir wird es nie besser gehen. Uns allen wird es nie besser gehen.«

Wieder schüttelte ich den Kopf, meine Augen füllten sich unkontrollierbar mit Tränen, doch meine Stimme blieb fest. »Doch, wir schaffen das alle, wir müssen nur hoffen und stark sein. Du schaffst es auch!«

»Für mich gibt es keine Hoffnung«, erwiderte er mit Tränen in den Augen. »Und für euch auch nicht.«

Seine Miene war nun wutentstellt, und obwohl ich ihm bloß Mut zusprechen wollte, nahm er meine Worte auf, als wären sie eine Beleidigung. Er kam auf mich, das Pistolenrohr noch immer auf mich gerichtet. Ich blieb wie angewurzelt stehen, bewegte mich nicht einen Millimeter und schaute dem stillen Jungen, der er immer gewesen war, starr in die Augen.

»Jeffrey, lass sie gehen«, sagte Cailan, und als ich einen Blick auf sein Gesicht wagte, sah ich trotz seiner ruhigen Worte die pure Panik in seinen Augen. Er machte mehrere Schritte auf uns zu, bis er beinah neben uns stand, dann richtete Jeffrey seine Knarre auf ihn.

»Bleib, wo du bist!« Seine Stimme klang immer verrückter, als wäre er einem Horrorfilm entsprungen, und ich versuchte, mich selbst in dieser Situation daran zu erinnern, dass er nicht wusste, was er tat.

Und dann passierte es so schnell, dass ich kaum einmal blinzeln konnte. Cailan schlug ihm die Knarre mit voller Wucht aus der Hand, sodass sie auf dem Boden mehrere Meter von uns entfernt landete. Er sah mich an, um zu überprüfen, ob alles in Ordnung sei, und verfehlte seine Chance, die Pistole an sich zu nehmen. Als Jeffrey sie schon beinah erreicht hatte, stürzte Cailan auf mich zu und zog mich unter einen der Tische. Mein Atem ging so schnell, dass ich keuchen musste, um nicht zu hyperventilieren. Grob packte er mich an die Schultern und zwang mich, ihm ins Gesicht zu gucken.

Er sah mich verzweifelt an. »Bring dich nie wieder leichtsinnig in Gefahr!« Dann presste er seine Lippen auf meine, und in diesem Moment fühlte es sich so an, als würde mein Herz nach tausend Jahren wieder anfangen zu schlagen. Augenblicklich beruhigte ich mich etwas, und als er von mir abließ und mich fest in seine Arme schloss, wünschte ich mir, ich hätte ihn nie gehen gelassen. Ich wünschte, ich hätte ihn nie verlassen. Er hatte gerade sein Leben für mich riskiert, und ich hatte mich wochenlang dagegen gewehrt, dass er Teil dessen war.

»Bleib ganz still bei mir, ich beschütze dich«, flüsterte er in mein Ohr. »Er wird dir nichts tun, solange ich hier bin.« Und als ich ihn bloß mit großen Augen und abgehacktem Atem anstarren konnte, legte er seine Hände auf mein Gesicht und blickte mir tief in meine Augen. »Dir passiert nichts, ich passe auf dich auf. Ich verspreche es dir.«

In diesem Moment war mir eines so unsagbar klar: Ich hatte ihm die ganze Zeit Unrecht getan. Ich hatte ihn mit Menschen meiner Vergangenheit verglichen, obwohl er mir nie das Gefühl gegeben hatte, unehrlich zu mir zu sein. Ich hatte ihn aufgegeben, doch nichts auf dieser Welt wollte ich mehr als ihn. Urplötzlich wurde meine gesamte Einstellung auf den Kopf gestellt. So war das eben, wenn man Schlussstriche mit Bleistift gezogen hatte und einen Radiergummi immer parat im Herzen trug.

Kurz blickte ich in seine Augen, und es kam mir vor wie Stunden, obwohl es nicht mal eine Sekunde gewesen sein musste. So viele unausgesprochene Worte lagen zwischen uns, und dann sprach ich die Worte aus, die mir seit Wochen im Herzen brannten; die drei Worte, die ich mich nie getraut hatte auszusprechen, obwohl sie wahr waren: »Ich liebe dich.«

Erst sah er mich mit großen Augen an, eine Sekunde später war sein Gesicht schmerzverzerrt, doch bevor er etwas sagen konnte, schrie Jeffrey wieder los: »Ihr Undankbaren! Ich will euch nur von dem Leid befreien!«

Ich schaute zur Seite und erkannte Frau Graves, die zusammengekauert neben einer anderen Betreuerin unter dem Tisch neben uns saß und am ganzen Leib zitterte. Ich konnte sie in diesem Moment nicht verurteilen, dass es doch eigentlich ihre Aufgabe wäre, uns zu beruhigen oder zu helfen. Sie war keine Superheldin, und es war nicht ihre Aufgabe, ihr Leben zu riskieren. Auf eine komische Art und Weise war sie mir in diesem Augenblick sogar sympathisch, weil sie das erste Mal eine menschliche Reaktion zeigte.

Plötzlich gab es einen Knall, und ich wandte mich der anderen Seite zu, wo Jeffrey gerade einen der Tische umgeworfen hatte – Gott sei Dank, dass niemand darunter saß. Jeffreys Schritte kamen näher, und ich wusste genau, dass er unseren Tisch gleich ebenso durch den Raum katapultieren würde. Ich presste mich an Cailan, der mich nun gegen meinen Willen hinter sich schob und wie eine Mauer vor mir kauerte. »Bleib hinter mir«, flüsterte er mir noch zu und ließ keine Widerrede zu.

Als der Tisch zur Seite flog, hatte ich mir schon ausgemalt, wie meine Begegnung mit Gina ablaufen würde, sollte es tatsächlich so etwas wie das Paradies geben. Doch Cailan sprang blitzschnell auf die Füße und hielt Jeffreys Knarre mitsamt seiner Hand zur Seite gedreht, damit er nicht auf ihn zielen konnte. »Lass die Waffe los!«, zischte Cailan, nun absolut nicht mehr freundlich, doch Jeffrey sah ihn nur wutentbrannt an, biss die Zähne zusammen und trat ihm mit dem Knie so stark in den Magen, dass ich Cailans Schmerzen beinah selber spüren konnte. Er ging zu Boden und keuchte auf. Jeffrey zielte auf ihn. Jemand musste ihn doch aufhalten! Jemand musste doch etwas dagegen tun! In einem Sekundenbruchteil wurde mir so unendlich viel klar. Immer wieder hatte ich gesagt, dass jemand diese Leute aufhalten müsse, die andere mutmaßlich verletzten. Jemand musste endlich den Mund aufmachen und darüber sprechen, welche schlimmen Auswirkungen es haben konnte, wenn Mobbing in Schulen herrschte oder wenn Gruppen einen einzelnen Menschen ausschlossen. Jemand musste sich verbal dagegen wehren und den Menschen, die Leid ertrugen, eine Stimme geben. Und jemand musste etwas tun, damit Jeffrey niemanden tötete. Und dann plötzlich stellte ich mir vor, wie meine entseelten Augen ins Leere starren würden, wenn ich erschossen werden würde, und ich realisierte endlich: Meine Güte, ich war jemand.

Und dann tat ich das einzig Richtige in diesem Moment, sprang auf, rannte auf die beiden zu und knallte so hart gegen Jeffrey, dass dieser umfiel und die Knarre unter einen der Tische schlitterte. Ich hatte nie in meinem Leben jemanden geschlagen, und ich war nie für Gewalt, egal welcher Art, und ich hatte nie die Meinung vertreten, dass man Gewalt mit Gewalt lösen konnte, doch in diesem Moment waren diese Wertvorstellungen unwichtig. Was zählte, war das Überleben. Was zählte,

254

war Cailan. Also holte ich aus und schlug Jeffrey so sehr ins Gesicht, dass meine Faust wehzutun und zu pochen begann. Und dann schlug ich noch einmal und noch einmal, bis ich anfing zu weinen, weil ich mich dafür hasste, jemandem das anzutun. Zu schockiert von meiner Tat, blickte ich auf das Blut an seiner Nase hinab, doch nur wenige Sekunden später wurde ich von seinem Körper gehoben, und jemand schob mich vor sich her. »Los, wir müssen aus der Cafeteria raus, lauf!«, sagte Cailan hektisch, und ich schaute hinter mich. »Ich bin direkt hinter dir«, fügte er hinzu.

»Wir müssen ihn stoppen!«, erwiderte ich panisch, und Cailan schob mich gröber in Richtung Tür.

»Wir können nur Hilfe holen, wenn wir hier raus sind«, sagte er hastig, und ich lief los.

Man hatte mich mal gefragt, ob ich je dieses Gefühl gehabt hätte, als würde alles in Zeitlupe ablaufen. Dies geschehe meistens, kurz bevor man das erste Mal geküsst werde oder wenn man das Lächeln eines Menschen sehe, den man liebe. Wie oft hatte man das in Highschool-Filmen schon gesehen? Alle hatten dieses Gefühl immer mit etwas Schönem verbunden. Niemand hatte mich darauf vorbereitet, dass auch schreckliche Erlebnisse ausgedehnt wahrzunehmen waren.

Als der Schuss ertönte, dachte ich, dass Jeffrey wieder ins Nichts geschossen habe, um uns zu warnen, dass wir stehen bleiben sollten. Nie hätte ich gedacht, dass jemand, den ich zu kennen glaubte, wirklich auf einen Menschen schießen könnte. Doch als ich mich umdrehte, um mich zu vergewissern, dass Cailan mit mir Schritt hielt, blieb ich wie angewurzelt auf der Stelle stehen: Cailans leerer Blick ruhte auf mir, sein Mund öffnete sich, als wollte er etwas sagen, doch es kam kein Ton heraus. Im nächsten Augenblick ging er zu Boden, und als er auf dem Bauch landete, sah ich, wie sich eine rote Flüssigkeit langsam auf seinem Rücken ausbreitete.

KAPITEL 26

Schreie, unfassbar laute Schreie waren in der Cafeteria zu hören, doch ich stand nur da, unfähig, mich zu bewegen, und starrte auf den Mann, den ich mehr liebte als alles andere auf dieser Welt. Ich fühlte mich plötzlich wieder wie dreizehn, als würde ich wieder vor dem Bett meiner Schwester stehen. Ich stand nur da wie eine Statur, doch innerlich schrie ich mir die Seele aus dem Leib. Und dann plötzlich spürte ich kalte Tränen, die mir unaufhaltsam das Gesicht hinunterliefen.

»Nein, nein, bitte«, wiederholte ich immer wieder, und meine Stimme war verzerrt von Schmerz. Jedes Wort wurde von einem Knacken in meiner Stimme abgehackt. Wenn man jemandem Verzweiflung und Schmerz beschreiben wollte, hätte man einfach meine Worte aufzeichnen und abspielen müssen.

»Bitte, ich kann nicht«, würgte ich zwischen meinen Schluchzern heraus, während ich wie erstarrt auf Cailans leblosen Körper blickte. Ich wollte auf ihn zurennen, seinen Kopf auf meinem Schoß betten und ihn anschreien, dass er bei mir bleiben müsse und nicht gehen dürfe. Doch nichts dergleichen tat ich. Ich stand einfach nur da, unfähig, mich zu bewegen.

Dann hörte ich laute Sirenen, und mehrere Polizisten stürmten in die Cafeteria. Ich konnte sehen, wie sie Jeffrey auf den Boden drückten und ihm Handschellen anlegten; ich konnte sehen, wie sich mehrere Rettungssanitäter über Cailan beugten; ich konnte sehen, wie sich die anderen Patienten weinend in den Armen lagen und zu Cailan herüberschauten. Ich konnte sehen, wie mich ein Polizist in Begleitung eines Sanitäters ansprach. Ich konnte alles sehen, aber nichts mehr spüren. Es war etwas in mir gestorben und ich glaubte zu wissen, dass es unter anderem meine Hoffnung war.

Die nächsten Minuten oder Stunden verbrachte ich in meiner Fantasiewelt. Als ich wieder langsam in die Realität zurückkehrte, erklärte mir ein Sanitäter, dass ich unter Schock stünde, und als ich mich umsah, fand ich mich in meinem schummrig beleuchteten Zimmer wieder – ohne jegliche Erinnerung daran, hier hineingegangen zu sein. Meine Hand war verstaucht, aber wenn ich größere Schmerzen bekam, sollte ich mich melden, dann würden sie sie röntgen. Nichts war in diesem

Moment unwichtiger als meine Hand. Am Rande bekam ich mit, dass sie mich zu meiner Sicherheit in der Klinik ließen, ich aber jederzeit Bescheid geben sollte, wenn ich mich körperlich unwohl fühlen sollte. Ich spürte, wie ich nickte, doch eigentlich wollte ich sie anschreien, dass ich weder hier noch im Krankenhaus vor mir sicher sei, seitdem ich Cailan blutend und leblos auf dem Boden hatte liegen sehen. Neben dem Sanitäter sah ich Frau Dr. Henderson knien, und es war, als würde sie mich zum ersten Mal bedauernd anschauen. Sie war immer die Person gewesen, die mir das Gefühl gegeben hatte, dass alles wieder in Ordnung kommen würde. Dass sie gerade jetzt so mutlos aussah, brachte mich innerlich an den Rand der Verzweiflung. Er konnte nicht tot sein, er war noch am Leben. Ich wollte sie schütteln und ihr sagen, dass sie mich nicht so anschauen sollte, doch ich brachte keinen Ton heraus. Ich saß einfach nur ausdruckslos da und nickte, wann immer man mir etwas sagte, ohne wirklich zu wissen, womit ich mich gerade einverstanden erklärte. Irgendwann war ich allein mit Frau Dr. Henderson im Zimmer, und als sie sich auf meine Bettkante setzte, hatte sie noch immer diesen bedauernden Ausdruck im Gesicht.

»Ist er tot?«, brachte ich schließlich heraus, doch ein Teil von mir wollte die Antwort gar nicht hören. Meine Stimme hörte sich fremd und weit entfernt an, als stammte sie von einer anderen Person.

Sie schüttelte langsam den Kopf. »Nein, aber er ist im Krankenhaus und muss operiert werden.«

Ich atmete stockend die Luft aus und war so erleichtert wie noch nie in meinem Leben zuvor, sodass mir schwindelig wurde. »Warum haben Sie das nicht verhindert?«, fragte ich schließlich und starrte sie an. Sie wusste genau, dass ich mich fragte, wieso sie nichts getan hatte, obwohl sie Jeffreys Psychiaterin war und doch hätte merken müssen, dass etwas nicht stimmte.

»Auch mir kann man Dinge verheimlichen oder vorspielen. Sehr wenige Menschen sind sehr gut darin, und Jeffrey war einer davon«, sagte sie und senkte den Blick.

Ich wollte ihr kein schlechtes Gewissen machen, auf keinen Fall, denn selbst ich hatte den Abend zuvor die offensichtlichsten Anzeichen wohlwollend ignoriert. Wer würde auch schon damit rechnen, dass Jeffrey mit einer Waffe beladen in die Cafeteria stürmen und solche Dinge von sich geben würde?

»Ich will zu Cailan«, wechselte ich das Thema und schaute sie nun flehend an. Die Zweifel an ihren Kompetenzen waren in dem Moment nicht von Belang. Ich musste bei ihm sein, für ihn da sein. Er durfte nicht allein in diesem Krankenhaus sein.

Frau Dr. Henderson nahm meine Hand in ihre. »Es ist nicht klar, ob er den Tag überlebt, Faye. Sein Onkel und seine Tante sind bei ihm, wenn er aufwacht. Wir können momentan sowieso nichts für ihn tun.«

Meine Augen weiteten sich. Gerade konnte ich noch ihren mitfühlenden Blick erhaschen, dann verschleierten meine Tränen die Sicht. Ich spürte, wie ich mit dem Kopf auf mein Kissen fiel, und hörte, wie Frau Dr. Henderson immer wieder auf mich einsprach, doch ich konnte nie ihre Worte erfassen. Ich hatte keine Ahnung, wie lange ich heulend in meinem Bett gelegen hatte, aber als Frau Benett mich mit einem Tablett voll mit Abendessen und einem heißen Tee überraschte, wusste ich, dass ich das letzte Mal so lange geweint hatte, als meine Schwester gestorben war. Ich durfte ihn einfach nicht verlieren. Wie sollte ich weiterleben, wenn ich wusste, dass ich ihn hätte retten können, hätte ich nur stärker geschlagen, sodass Jeffrey das Bewusstsein verloren hätte? Hätte ich Cailan vorgeschickt, statt vorzurennen, hätte ich die Kugel im Rücken gehabt, nicht er. Ich hatte es verdient nach all dem, was ich für ein Mensch war. Cailan war der letzte Mensch auf diesem Planeten, der verdient hatte, nun im Krankenhaus zu liegen und um sein Leben zu bangen. Das Schicksal holte sich jeden. Das Schicksal war stark, aber Cailan war es auch. Und genau daran musste ich festhalten.

Als ich allein im Licht des Mondes in meinem Zimmer saß, kribbelte es mehr und mehr in meinen Zehen. Ich konnte hier nicht einfach so herumsitzen, obwohl Cailan genau in diesem Moment im Krankenhaus lag. Ich musste ihn sehen. Ich musste wissen, wie es ihm ging. Ich würde hier nicht ein Auge zubekommen, bevor ich ihn nicht gesehen hätte.

Ich ging zum Fenster und starrte hinaus. Außer den dunkeln Baumkronen war nichts zu erkennen, und ich hatte beim besten Willen keine Ahnung, wo in diesem Kaff ein Krankenhaus sein konnte. Mein Handy war mir wie jedem anderen auch abgenommen worden, als ich diese Klinik vor wenigen Monaten betreten hatte. Ich hatte also keine Chance, auf diesem Weg herauszubekommen, welchen Weg ich gehen musste; es sei denn, ich würde es mir zurückholen.

Ganz ehrlich: Ich war nie ein Rebell gewesen. Ich war immer stets brav gewesen und hatte versucht, mich an Regeln zu halten. Doch als ich meine Tür zum Flur öffnete, war nichts mehr von dieser Einstellung übrig. Leise tapste ich die kalten Fliesen entlang, und als ich am Besprechungsraum der Betreuer ankam, atmete ich einmal tief durch. Ich hatte keinen Plan, ich wusste nicht, wie ich an mein Handy herankommen sollte, aber ich war mir sicher, dass es in diesem Raum deponiert worden war. Die Tür war bloß angelehnt, und weil ich keine Stimmen ausmachen konnte, schob ich sie langsam auf. Zu meinem Glück war der kühle und kleine Raum leer, und so trat ich leichtfüßig ein. Hektisch schaute ich mich im Zimmer um und sprintete zunächst zum Schreibtisch, um in den Schubladen nach meinem Handy zu suchen. Während ich die Unterlagen beiseite schob, um einen Blick darunter zu erhaschen, musste ich mich daran erinnern, dass ich bisher immer erwischt worden war, als ich in dieser Klinik etwas gesucht hatte. Doch ich hatte zu wenig Zeit, als dass ich sicherer und leiser hätte vorgehen können. Schnell richtete ich mich auf, ging zum Schrank in der hintersten Ecke des Raumes und öffnete ihn. Zu meiner Erleichterung erblickte ich sofort eine Kiste mit den sieben Handys unserer Station. Sogar Jeffreys musste noch darin liegen. Ich schnappte mir meines, schloss die Schranktür und linste dann vorsichtig aus der Tür, um nachzuschauen, ob die Luft rein sei.

Als ich wieder in meinem Zimmer ankam, schlug mir mein Herz bis zum Hals. Ich lief zu meinem Koffer und schloss das Ladekabel an der Steckdose an, die mit meiner Nachttischlampe verbunden war. Als mein Handy endlich startete, atmete ich erleichtert aus. Mit zittrigen Händen gab ich meinen Code ein und tippte auf den Internetbutton. Schnell suchte ich nach Krankenhäusern in der Umgebung und hätte beinah vor Freude geschrien, als ich sah, dass eines davon nur etwa fünfzehn Minuten von hier entfernt lag. Natürlich konnte ich mir dessen nicht sicher sein, dass sie ihn dorthin gebracht hatten, aber da die Operation offenbar schnell verlaufen musste, konnte man durchaus davon ausgehen, dass Cailan dort war. Ich verlor keine Zeit und holte mehrere Hosen aus meinem Kleiderschrank, deren Beine ich miteinander verknotete. Nun gab es nur noch ein Problem: Wie bekam ich die Tür zum Bad auf? Ich hatte keinerlei Ahnung, wie es Nick gehen mochte, nachdem sein Zimmergenosse um sich geschossen hatte, aber ich hatte keine andere Wahl, als ihn um Hilfe zu bitten. Schnell huschte ich den Jungentrakt entlang und verschwendete keine Zeit damit anzuklopfen, sondern stürmte einfach so in den Raum. Wie von der Tarantel gestochen, sprang Nick von seinem Bett auf und ging in eine Angriffsposition, die er definitiv bei irgendwelchen Boxern abgeguckt hatte. Ich musste mir bei diesem Anblick beinah ein Lachen verkneifen, doch als ich mir vorstellte wie sehr ich ihn erschreckt haben musste, bekam ich augenblicklich ein schlechtes Gewissen.

»Entschuldige«, sagte ich und streckte die Arme halb in die Luft, um ihm zu signalisieren, dass ich ihm nichts tat. Langsam gab er seine Position auf und stand schließlich lässig mit verschränkten Armen vor mir. Seinem Gesichtsausdruck zufolge war er sehr beschämt über seine Reaktion.

»Was willst du?«

»Ich brauche deine Hilfe. Du musst die Tür für das Bad für mich öffnen!«, flehte ich und hoffte inständig, dass er nicht so viele Fragen stellen würde.

»Das Einzige, was ich muss, ist sterben und kacken«, erwiderte er und zog eine Augenbraue nach oben.

Ich verdrehte die Augen. »Bitte, es ist wichtig! Ich muss zu Cailan ins Krankenhaus.«

Seine Augen weiteten sich, als hätte er niemals damit gerechnet, dass ich deshalb aus der Klinik ausbrechen wollte. »Du liebst ihn«, stellte er fest, und als ich nickte, biss er sich nachdenklich auf die schmale Unterlippe. »Na schön, dieses eine Mal noch. Aber verpfeif mich bloß nicht!«

Ich lächelte über beide Ohren und nickte eifrig. »Ich verspreche es!«

Schnellen Schrittes gingen wir die Flure entlang; und als wir schließlich vor dem Bad standen, schaute er mir kurz in die Augen und flüsterte: »Du gibst mir Deckung, klar? Wenn du jemanden hörst oder siehst, sagst du mir sofort Bescheid!«

Wieder nickte ich und drehte mich von ihm weg, um den Trakt im Auge zu behalten. Ich hörte, wie er etwas ins Schloss schob, traute mich aber nicht, mich umzuschauen, um zu beobachten, was er da tat. Ich richtete die Augen konsequent geradeaus und versuchte, jedes kleinste Geräusch einzufangen. Als Nick sich schließlich hinter mir erhob und die Türklinke nach unten drückte, schaute ich mich zu ihm um. Mit einer einladenden Geste zeigte er auf die offene Tür und grinste mich an. »Danke«, flüsterte ich und schenkte ihm ein strahlendes Lächeln.

Er klopfte mir freundschaftlich auf die Schulter. »Ich hoffe, Cailan sieht das als Freundschaftsangebot an, dass ich dir geholfen habe.«

»Da bin ich mir sicher«, antwortete ich, und als Nick mir noch gesagt hatte, dass ich mich nicht erwischen lassen sollte, verließ er den Trakt mit schnellen Schritten. Ich sprintete in mein Zimmer, zog mein Handy vom Ladekabel, zog meine Chucks und eine Jacke über und griff nach den zusammengeknoteten Hosen, die ich in meinem Schrank unter meiner Schmutzwäsche versteckt hatte. Dann steckte ich den Kopf aus der Tür, um zu sehen, ob die Luft rein sei, und als keine Betreuerin in Sicht war, tippelte ich so leise wie möglich den Trakt bis zum Bad entlang. Mein Herz hämmerte mir bis in die Ohren, als ich die Hosen aus dem Fenster schwang und das Ende an der Heizung neben dem Fenster befestigte. Ich wusste ganz genau, dass diesmal eine härtere Strafe auf mich wartete, als den Boden zu schrubben, wenn ich zurückkäme, doch das nahm ich in Kauf. Nichts war in diesem Moment von Bedeutung außer Cailan. Ich wollte meine Mutter nicht enttäuschen, doch ich wusste genau, dass sie Verständnis für mich hätte, wenn sie erführe, aus welchem Grund ich das hier tat. Ich atmete einmal tief durch, dann kletterte ich auf die Fensterbank, griff nach der Hose die mir am nächsten hing, schwang den Unterkörper von der Fensterbank und federte mich mit den Beinen an der Hauswand ab, damit ich nicht dagegenknallte. Schritt für Schritt seilte ich mich ab; und als ich schließlich mit den Füßen auf Gras landete, merkte ich erst an meiner Schnappatmung, dass ich die Luft angehalten hatte. Schnell griff ich in die Hosentasche und schaltete am Handy das Navigationssystem ein, das mich zum Krankenhaus führen sollte.

So schnell ich konnte, lief ich die Straßen entlang, die mir angezeigt wurden. Ich rannte und rannte und rannte bis ich schließlich vor einem riesigen Gebäude stand und mein Handy piepste, um mir zu signalisieren, dass ich mein Ziel erreicht hatte. Ich konnte nicht fassen, dass ich es tatsächlich bis hierher geschafft hatte.

Ich begab mich in den Empfangsbereich des Krankenhauses und steuerte schnurstracks den Informationstisch an. Dort saß eine Frau, die überaus gelangweilt schien und irgendetwas in ihren Computer tippte. Ich räusperte mich einmal, und sie sah genervt auf.

»Hallo, was kann ich für Sie tun?«

»Hallo, können Sie mir sagen, auf welcher Station Cailan Baskin liegt?

Er wurde heute Morgen eingeliefert«, sagte ich und hoffte inständig, dass er tatsächlich hier war.

Misstrauisch schaute sie mir in die Augen. Dann tippte sie etwas in ihren Computer ein. Nach wenigen Sekunden sah sie mich wieder an. »Es dürfen nur Verwandte zu ihm.«

»Ich bin seine Schwester«, log ich, und mir kam beim Gedanken, er könnte tatsächlich mein Bruder sein, die Galle hoch.

Wieder dieser misstrauische Blick. »Dann hätte ich bitte Ihren Ausweis.«

»Den habe ich nicht dabei. Ich wusste nicht, dass ich mich erst ausweisen muss, um meinen Bruder sehen zu können«, erwiderte ich schnippisch, und sie zog eine Augenbraue hoch. Mehrere Sekunden lang starrte sie mich an, dann schien sie keine Lust mehr auf diese Diskussion zu haben und seufzte.

»Er liegt auf Intensivstation. Station 36 im dritten Stock. Denken Sie daran, dass nur zwei Besucher zulässig sind. Und schalten Sie Ihr Handy aus.«

Ich glaubte, ich sei noch nie so schnell Treppen hochgerannt wie an diesem Abend; und als ich letztlich vor der geschlossenen Station stand, tobte mein Herz. Ich ging zur Sprechanlage und klingelte. Nach wenigen Sekunden ertönte eine geschäftige, männliche Stimme. »Hallo.«

»Hallo, ich würde gerne zu Cailan Baskin«, stotterte ich und knetete die Hände. Ich war so kurz davor, ihn zu sehen.

Kurze Zeit Stille. »Es sind bereits zwei Besucher bei ihm. Ich sage Bescheid, dass Sie hier warten, um ihn zu sehen. Wie heißen Sie?«

»Faye ist mein Name«, antwortete ich und vermied bewusst meinen Nachnamen.

Nun stand ich da und wartete und wartete und hatte das Gefühl, ich würde hier ewig warten. Ich war so kurz davor, ihn sehen zu können, nur noch diese eine Tür trennte mich von ihm, und sofort hatte ich wieder das Bild des angeleinten Hundes im Kopf, der nur wenige Zentimeter von seinem Knochen entfernt war.

Als sich die Stationstür schließlich öffnete, schreckte ich aus meinen Gedanken. Ein Mann mittleren Alters stand vor mir und musterte mich verwirrt. »Hallo, ich bin Frank, Cailans Onkel«, sagte er und reichte mir noch immer verwirrt die Hand.

Ich ergriff sie hektisch und lächelte halbherzig. »Entschuldigung, wir kennen uns noch nicht, und Sie wundern sich sicherlich, warum ich hier bin. Ich bin Faye, eine Freundin aus der Klinik.«

Seine Züge veränderten sich, und er lächelte herzlich, wenn auch noch immer ein bisschen zerstreut. »Sag doch bitte Du, sonst fühle ich mich so alt. Wie bist du denn hierhergekommen? Hat dich jemand gebracht?«

Ich schüttelte den Kopf und entschied mich dafür, von Anfang an ehrlich zu ihm zu sein. »Nein, ich bin abgehauen.«

Seine Augen weiteten sich, und dann passierte etwas, womit ich nie gerechnet hatte: Er umarmte mich, ohne mich zu belehren oder anzuschimpfen. »Möchtest du zu ihm?«

Natürlich, wozu war ich sonst hier? Bestimmt nicht, um mir die sterilen Wände anzuschauen, die denen in der Klinik sehr ähnlich waren. Ich nickte, und er sah mich betreten an.

»Aber ich muss dir vorher etwas sagen.« Er legte eine Hand auf meine Schulter und schaute mir in die Augen. »Es sieht sehr schlecht aus. Er wurde in ein künstliches Koma versetzt und ist an mehrere Schläuche angeschlossen. Wenn du da jetzt gleich reingehst, erschrick bitte nicht.«

Ich schluckte und nickte wieder wie mechanisch. Dann führte er mich zur Sprechanlage und sagte dem netten Herrn an der anderen Leitung, dass ich nun hereinkäme. Als sich die Stationstür öffnete, stolperte ich hinein und bekam wegen des unangenehmen Desinfektionsmittelgeruchs kaum noch Luft. Eine Ärztin trat an meine Seite, die sich ihre Handschuhe von den Händen streifte, und lächelte mich an.

»Sie möchten zu Cailan Baskin?«

Ich nickte bloß wieder, als hätte ich meine Stimme verloren, und ließ mich von ihr an mehreren offenen Türen vorbeiführen. Ich erhaschte in mehrere Zimmer einen Blick, doch schon beim fünften richtete ich die Augen nach vorne, weil mich der Anblick dieser Menschen zutiefst erschreckte. Sie waren alle so hilflos, als wären es ihre letzten Momente im Leben. Und ich glaubte, bei einigen von ihnen traf das tatsächlich auch zu.

Als die Ärztin schließlich wenige Meter weiter stehen blieb, war mein Hals so trocken, dass ich nicht einen Ton herausbrachte. Sie deutete auf den Raum, und so nickte ich ein letztes Mal, atmete tief durch und trat ein. Als Erstes sah ich eine Frau mittleren Alters, die auf einer Seite des Bettes saß und mich musterte. Dann ließ ich den Blick auf das Bett schweifen und hielt den Atem an. Tränen verschleierten augenblicklich meine Sicht, und ich hatte das Gefühl, ganz tief zu fallen. Ich versuchte, die Füße vorwärts zu treiben, und als ich schließlich an das Bettgestell stieß, schaute ich auf Cailan hinab. Sein Mund war mit einem Atemschlauch verbunden, seine Augen friedlich geschlossen, als würde er nur ganz normal schlafen. In seinen Arm waren mehrere Nadeln gesetzt worden, die mit mehreren Flaschen verbunden waren, und sein weißes Krankenhausoberteil war ihm von der einen Schulter gerutscht, sodass ich instinktiv danach griff, um es ihm wieder an die richtige Stelle zu ziehen. Wie er da lag, sah er so zerbrechlich aus, und ich fragte mich, ob er vielleicht fror oder ob man das Fenster öffnen sollte, weil ihm warm sei, und zum Schluss fragte ich mich, ob er überhaupt etwas spürte. Neben mir räusperte sich die Frau, und als ich sie ansah, merkte ich, wie unhöflich ich mich benahm.

»Entschuldigung, Sie müssen Cailans Tante sein. Ich bin Faye, eine Freundin aus der Klinik«, sagte ich mit schwacher Stimme und reichte ihr meine zittrige Hand. Lächelnd nahm sie sie entgegen.

»Ich bin Susan. Weiß jemand, dass du hier bist?«

Ich schüttelte den Kopf und wandte mich wieder Cailan zu. »Ich musste ihn sehen.« Behutsam strich ich über die Stellen seines Gesichts, die nicht von Schläuchen bedeckt waren, und blickte auf seine Lippen, die aussahen, als bräuchten sie ganz dringend Feuchtigkeit. Seine dunklen Wimpern warfen Schatten auf seine Haut, und auf seinem linken Wangenknochen zeichnete sich ganz leicht ein blauer Fleck ab, den er sich zugezogen haben musste, als er auf den Boden gestürzt war. Nichts auf dieser Welt außer Cailan hätte mich in diesem Moment aufmuntern können. Doch seine Augen blieben geschlossen.

Wie oft dachte man über den Tod nach? Wie oft stellte man sich vor, wie es wäre, wenn man eine Person verlieren würde? Doch keine Vorstellung reichte ansatzweise an die Realität heran. Dieses Gefühl, zu zerfallen und keine Kontrolle mehr über seinen Körper, geschweige denn seinen Kopf zu haben, war mit nichts zu vergleichen. Ich hatte bislang gedacht, die bloße Phase, in der ich kurz davor war, mir die Pulsadern aufzuschneiden, wäre das schlimmste Gefühl. Ich hatte gedacht, sein Leben beenden zu wollen, wäre das Traurigste, was man verspüren könnte. Doch Cailan erinnerte mich daran, dass ich das Schlimmste von allen bloß immer verdrängt hatte, weil es zu schmerzhaft war. Das

Gefühl, jemanden zu verlieren, war mit Abstand das Schlimmste, was ich mir ausmalen konnte.

»Es muss schrecklich für dich gewesen sein«, sagte Susan nach wenigen Minuten flüsternd.

Ich nickte und schaute dabei auf Cailans geschlossene Augen. »Ich wünschte, ich könnte alles rückgängig machen. Er hat es am wenigsten verdient, hier zu liegen.«

»Niemand verdient es, hier zu liegen«, verbesserte sie; und gerade als ich etwas erwidern wollte, stürmte Frau Graves mit einer Ärztin im Gepäck herein. Erschrocken machte ich einen Schritt von dem Bett weg.

»Faye Allington, das gibt riesengroßen Ärger«, keifte meine Betreuerin, und ich fühlte mich, als hätte man mich gerade bei einem Mord ertappt.

Susan war sofort an meiner Seite und redete beschwichtigend auf sie ein. »Faye hatte einen schweren Tag. Sie wollte nur nachschauen, wie es Cailan geht.«

Empört gab Frau Graves so etwas wie ein Grunzen von sich, das ziemlich bescheuert klang, um ehrlich zu sein. »Ich glaube nicht, dass Sie sich in meine Arbeit einmischen sollten.«

Nun schaltete sich die Ärztin ein, die wütend ihre Fäuste in die Hüfte stemmte. »Der Patient braucht Ruhe. Ich würde Sie jetzt bitten, den Raum zu verlassen und das draußen zu klären.«

Was hatte ich hier schon wieder für ein Durcheinander angezettelt?

»Komm, Faye«, forderte mich Frau Graves auf, und ich sah verzweifelt in Cailans Gesicht.

»Geben Sie mir bitte eine Minute mit ihm allein, dann komme ich sofort mit!« Mein Flehen war beinah peinlich, aber in diesem Moment war mir nichts wichtiger. Ich konnte jetzt nicht einfach so gehen, ich konnte es nicht mit meiner Seele vereinbaren. Es erinnerte mich daran, dass ich an dem Todestag meiner Schwester ins Auto gestiegen war, ohne mich von Gina zu verabschieden, weil ich gedacht hatte, ich würde sie in ein paar Stunden wiedersehen. Ich würde nicht noch einmal so einen Fehler begehen, selbst wenn mich Cailan nicht hören konnte.

Frau Graves sah mich zornig an, knickte dann aber ein und nickte einmal kurz. »Eine Minute. Ich warte vor der Station.« Dann schlenderte sie mit polternden Schritten an der jungen Ärztin vorbei, die ihr nur kopfschüttelnd nachsah. Susan und sie gingen kommentarlos aus dem Raum und ließen mich mit Cailan allein.

Ich schritt zu ihm und schaute wieder auf ihn hinab, während ich mich vorsichtig, auf die Schläuche achtend auf die Kante des Bettes setzte. Dann nahm ich seine Hand und küsste sie. »Ich liebe dich, Cailan. Ich brauche dich!« Meine Tränen verschleierten meinen Blick. Ich legte mein Kinn auf seine Schulter und versuchte, meine brüchige Stimme in den Griff zu bekommen. »Du hast mir versprochen, dass du mir nie wehtun wirst. Ich vertraue dir, hörst du? Ich vertraue dir! Und weil ich dir vertraue, musst du wieder aufwachen. Bitte lass mich nicht allein in dieser verkorksten Welt zurück.« Dann richtete ich mich wieder auf und legte seine Hand behutsam auf seinen Bauch. Wir hatten uns in meiner persönlichen Dunkelheit getroffen, in die ich niemanden hineinließ. Und dann hatte er in der Schwärze meiner Gedanken plötzlich mit einem Streichholz in der Hand gestanden. Ohne zu zögern, hatte er den Raum der Dunkelheit entflammt, bis ich dank ihm wieder sah, was ich an meinem Leben schätzen konnte; all das, was in der Dunkelheit verborgen lag. Er hatte mir das Gefühl gegeben, genug zu sein, und ich hatte ihn weggestoßen. Ich wünschte mir nichts sehnlicher, als dass er die Augen öffnen würde, doch das tat er nicht.

KAPITEL 27

Nachdem ich den Anschiss meines Lebens von Frau Graves bekommen hatte, setzte ich mich noch in der Nacht an den Schreibtisch, um meiner Schwester zu schreiben.

Liebe Gina,

ich habe Dinge erlebt, die mich immer wieder in die Knie gezwungen haben. Ich habe Probleme, die mich ziemlich überfordern und daran hindern, an meiner Zukunft weiterzuarbeiten. Aber mein größtes Hindernis bin ich selbst. Ich hatte immer Angst. Angst vorm Versagen; Angst davor, Menschen zu enttäuschen oder ihnen zu vertrauen, Menschen zu verletzen oder verletzt zu werden. Ich dachte, ich könnte mich davor schützen, indem ich mich ablenken und nichts und niemanden an mich heranlassen würde. Ich dachte, dann könne mir auch nichts dergleichen passieren. Ich habe alles abgeblockt, nicht nur die schlechten Gefühle, sondern auch die schönen, bis es nichts mehr in meinem Leben gab, wofür es sich zu leben lohnte; und das nur, weil ich befürchtete, mich könne der Schmerz einholen.

Aber weißt du was, Gina? Der Schmerz hat mich eingeholt – und nicht, weil ich die Gefühle wieder zugelassen, sondern weil ich sie zu lange unterdrückt habe. Ich habe mich damit selber kaputt gemacht.

Ich habe immer die Angst vorgeschickt, um meinen Mut nicht benutzen zu müssen. Ich habe immer gedacht, dass ich nie glücklich werden könne. Und dann kam Cailan in mein Leben, und mit ihm fühlte sich plötzlich alles so einfach und gleichzeitig so schwierig an.

Als ihn die Kugel traf, gab es keine Option, etwas vorzuschicken. Die Angst ist real geworden, und plötzlich habe ich gemerkt, dass mir nichts wichtiger ist, als Cailan in meinem Leben zu haben.

Ich schätze, manchmal merken wir erst, dass wir fliegen können, wenn wir fallen.

Am nächsten Morgen schauten mich alle in der Cafeteria an. Ich wusste nicht genau, ob das wegen des Szenarios gestern war oder ob sie bereits alle wussten, dass ich die Nacht ausgebrochen war. Letztlich war es mir egal, und obwohl ich es hasste, wenn man mich anstarrte, ergab es für mich an diesem Tag keinen Sinn, mich darüber aufzuregen. Es gab weitaus wichtigere Dinge im Leben, als sich Gedanken darüber zu machen, dass man angeschaut wurde oder dass andere über einen redeten.

Meine Gedanken waren nur bei Cailan und der Sorge um ihn. Nichts auf der Welt spielte für mich eine Rolle außer dieser einen Sache.

Lucy versuchte, mich immer wieder darüber auszufragen, was gestern Nacht passiert sei und wie es Cailan gehe, aber ich antwortete einfach nicht oder zuckte nur mit den Schultern. Ich war ein Arsch, und das wusste ich, aber ich hatte in diesem Moment einfach keine Lust, mit jemandem zu reden und mir die Meinungen anderer dazu anzuhören, ganz egal, wie diese ausfallen mochten. Ich wollte einfach nur noch hören, dass es Cailan wieder besser ging, dass er seine Augen geöffnet hatte, doch auch am Abend hatte ich diese eine Nachricht nicht erhalten. Den gesamten Tag hatte ich mich durch die Therapien geschleppt, und am Ende des Tages fühlte es sich an, als wäre ich umsonst aufgestanden. Vor allem die Kreativtherapie hatte mir den Rest gegeben. Unsere Aufgabe war es, ein Bild zu malen, das uns am meisten beschrieb, doch als ich auf den Tuschkasten starrte, pinselte ich mein gesamtes Bild nur mit einer einzigen Farbe an: Mit dem einzigen Grün, das der Kasten zur Verfügung stellte.

Nach dem Abendessen wurde ich wieder dazu verdonnert, die Cafeteria zu säubern, und die Erinnerungen, die ich damit verband, machten meine Verzweiflung nicht gerade wett.

Als ich schließlich in meinem Bett saß und an die kahle Wand starrte, hatte ich das Gefühl zu zerfallen. Immer wieder verfiel ich in eine Heulattacke, und als ich schließlich in mein Kissen kreischte, kam Lucy in mein Zimmer. In einer anderen Lebensphase wäre mir das sicherlich peinlich gewesen, wenn mich jemand so gesehen hätte, aber in diesem Moment war es mir egal. Nichts zählte mehr oder war von Belang.

Schnell kam sie auf mich zu und setzte sich zu mir aufs Bett. Ihre Hand legte sie sanft auf meine Schulter, und mit kreisenden Berührungen fuhr sie beruhigend über meine Arme. »Das wird schon wieder.«

Ich hasste diese Worte so sehr. Das konnte man sagen, wenn man in einer Klausur eine Fünf geschrieben hatte oder wenn man einen flüchtigen Streit mit jemandem darüber führte, welcher Promi wohl den Oscar verliehen bekäme. Aber man konnte das, verdammt noch mal, nicht sagen, wenn man depressive Gedanken hatte oder wenn ein Mensch, den man liebte, im Sterben lag. Wenn man diese Worte in solchen Situationen zu sagen hatte, sollte man lieber schweigen. Ich wusste, dass Lucy mir nichts Böses wollte, ganz im Gegenteil. Ich glaubte zu wissen, dass sie einfach nicht wusste, was sie sagen könnte, um mich zu beruhigen, weil es nichts gab, dass das hätte bewirken können.

Ich schüttelte schniefend den Kopf. »Er liegt im künstlichen Koma. Vielleicht wacht er nicht mehr auf.« Ich sagte das so monoton, als würde mein Herz nicht bei diesen Worten in tausend Teile zerbersten.

Sie hielt hörbar die Luft an, und auch ihre Berührung setzte für eine halbe Sekunde aus. Lucy schwieg, und ich fand, das sei die beste Entscheidung gewesen, die sie hätte treffen können.

Mit verschleiertem Blick starrte ich ihr ins Gesicht. »Was mache ich, wenn er nicht mehr aufwacht? Ich kann mit dem Gedanken nicht leben.«

»Beruhig dich. Wenn du dich zusammenreißt, kannst du schneller nach Hause, und dich erinnert nicht mehr alles an ihn.«

Sie lag falsch. Ich würde mich trotzdem mit jedem Atemzug an ihn erinnern. Und was wäre, wenn mein Zuhause mittlerweile nicht aus vier Wänden und einer Haustür bestand, sondern auf zwei Beinen ging und zwei honigbraune Augen hatte? Wenn mein Zuhause verschwand, wohin sollte ich dann heimkehren?

Sie verstand überhaupt nichts. Cailan hätte mich verstanden, er hätte mich in die Arme genommen und sicherlich etwas gesagt, was mich hoffen ließ. Sie hingegen tat so, als wäre sein Leben nichts und als könnte ich ihn einfach so vergessen. Als wäre er längst tot.

Ich schüttelte verbittert den Kopf. »Ich möchte allein sein«, sagte ich eiskalt, und sie erhob sich in der nächsten Sekunde.

»In Ordnung. Wenn was ist, ich bin da.«

Ich nickte bloß und war froh, als sich die Tür hinter ihr schloss. Lucy war ein toller Mensch, keine Frage, aber sie verstand mich nur bedingt.

Als ich weiter über ihre Worte nachdachte, fiel mir ein, dass mir meine Mutter einen Brief geschrieben hatte, auf den ich nicht geantwortet hatte. Damals waren mir nicht die richtigen Worte eingefallen. Nun hingegen hatte ich das Gefühl, die Sätze wären in meinem Gehirn eingespeichert und warteten nur darauf, aufgeschrieben zu werden. Ich holte meine Schreibutensilien heraus, setzte mich an den Schreibtisch und fing, ohne wirklich nachzudenken, an zu schreiben.

Hallo, Mama,

es tut mir leid, dass ich erst jetzt antworte, aber ich brauchte Zeit, um mir über einiges klar zu werden.

Ich habe mich falsch verhalten. Nur weil ich Probleme damit hatte zu vertrauen, habe ich dich in dem Glauben gelassen, ich hätte dich nicht mehr lieb, anstatt mich dir zu offenbaren und zu erklären, was wirklich in mir vorging, wenn du mich umarmt hast oder wenn wir gestritten haben. Bitte verzeih mir!

Bitte glaub nicht, dass ich deine Nähe nicht bräuchte. Ich brauche sie sehr und kann dir gar nicht sagen, wie dankbar ich bin, dass du sie mir trotz meiner ständigen Zurückweisungen trotzdem gibst. Seit Gina tot ist, habe ich das Gefühl, dass auch in mir etwas gestorben ist, und ich habe meine Gefühle nicht unter Kontrolle. Man kann mich von jetzt auf gleich zur Weißglut bringen, man kann mich von jetzt auf gleich zum Weinen bringen oder beides gleichzeitig. Weil du der einzige Mensch warst, bei dem ich wusste, du würdest mich trotz allem niemals verurteilen oder verstoßen, habe ich mich frei gefühlt, meine Gefühle rauszulassen, auch wenn du ironischerweise genau die Person warst, die es am wenigsten verdient hatte, angeschrien zu werden. Ich hatte Angst Trauer zu zeigen und zuzugeben, dass ich verletzt bin. Deshalb war die Wut mein ständiger Begleiter, der, wann immer ich traurig war, zur Stelle war, damit niemand denken könnte, dass ich mit der Situation nicht klarkäme. Verstehst du, was ich meine? Ich bin nicht sicher, ob das Menschen verstehen können, die so etwas nie gespürt haben, aber ich bin sicher, dass du es versuchst – wie du immer versucht hast, Verständnis aufzubringen.

Ich habe einen Jungen kennengelernt – Cailan –, und er hat mir meine Augen geöffnet, in jeglicher Hinsicht. Ich wünschte, ich könnte ihn dir vorstellen. Ich hoffe, Gina passt auf ihn auf, und ich bin sicher, das tut sie.

Ich habe dich sehr lieb, Mama, und freue mich auf deine Umarmung, wenn wir uns wiedersehen.

Deine Faye

Mit Tränen in den Augen suchte ich einen der türkisen Umschläge, die ich immer für Ginas Briefe verwendete, heraus, schrieb unsere Adresse und den Namen meiner Mutter darauf und brachte es zum Briefkasten an der Eingangstür. Dort wurden alle Briefe gesammelt, die an unsere Eltern oder Freunde verschickt wurden. Kurz bevor ich ihn einwarf, überlegte ich noch einmal, ob ich ihr das alles wirklich sagen konnte, doch eine Stimme in mir sagte, dass es Zeit sei, mich meinen Ängsten zu stellen. Und im nächsten Moment ließ ich den Brief in den Kasten fallen.

Am nächsten Tag ging es mir noch schlechter. Ich hatte das Gefühl, innerlich zu zerbrechen, und genau deshalb suchte ich am Abend Harry auf. Ich wusste, dass er mich nicht sonderlich mochte, nachdem ich Cailan verlassen hatte, und ich hoffte inständig, dass es ihm somit relativ egal war, was mit mir passierte. Er sah ziemlich verwirrt aus, als er mich in der Tür erblickte, und ich zuckte nicht einmal mit der Wimper. »Ich brauche die Klinge«, sagte ich fordernd und hielt die Hand auf.

Er sah mich fassungslos an, und ich konnte mir genau denken, wie krank er die ganze Szene finden musste, doch es war mir egal. Als er begriff, dass ich das tatsächlich ernst meinte, zeigte er mir den Vogel. »Du bist nicht ganz dicht. Wie kommst du auf die Idee, ich würde es unterstützen, dass du dich verletzt?«

»Was tust du, wenn dein Selbsthass übermächtig wird?«, stellte ich eine Gegenfrage, und er sah noch verwirrter aus als vorher.

»Keine Ahnung, ich höre viel Musik«, antwortete er und sah mich fragend an.

»Und ich schneide mich. So sind wir alle unterschiedlich«, sagte ich und streckte die Hand noch weiter aus.

Er schüttelte den Kopf. »Aber mit meiner Art, mit den Dingen umzugehen, füge ich mir keinen Schaden zu. Cailan würde mich dafür hassen, wenn ich dir die Klinge gäbe.«

»Ich schneide mich, damit ich mich nicht umbringe, Harry«, sagte ich schließlich und hasste mich dafür, dass ich ihm diese intime Information über mich preisgegeben hatte.

Kurz schluckte er schwer und schaute mich für wenige Sekunden stumm an, dann stand er plötzlich auf, fasste unter das Bettlacken unterhalb des Kopfteiles und zog die Klinge heraus. Unsicher stand er vor mir und legte sie mir zögernd in die Hand. Dankend nickte ich ihm zu und wandte mich zum Gehen.

»Bitte lass es mich nicht bereuen«, rief mir Harry noch hinterher, doch ich antwortete nicht mehr.

Als ich die Tür meines Zimmers schloss, fühlte ich mich so wahnsinnig sicher, denn das kühle Metall in meiner Handfläche signalisierte mir, dass ich jederzeit meinem Selbsthass entfliehen konnte, dass ich jederzeit diesem Schmerz entgehen konnte. Ich legte mich aufs Bett, ohne das Licht anzuschalten, und starrte an die Decke. Die Klinge hielt ich gegen meine Brust gedrückt, doch ich ließ sie nicht meinen Arm berühren. Ich wollte mich verletzen, doch immer wieder sah ich Cailans besorgtes Gesicht vor Augen. Und dann fing ich an zu weinen. In der Dunkelheit flüsterte ich immer wieder: »Ich liebe dich immer noch.« Und dann weinte ich noch mehr, weil ich wusste, dass ich den Zeitpunkt verpasst hatte, mit ihm zusammen zu sein. Ich hatte meine Zeit damit verschwendet, mich von ihm fernzuhalten, obwohl wir beide uns wollten, und ich hatte darauf gewartet, dass sich alles von selber entwickelte, egal wie. Doch zu warten, war ein wahnsinniger Fehler. Das, was ich tat, war nicht richtig. Es war nicht richtig, mir Schmerzen zuzufügen, obwohl mir die meisten Schmerzen andere Leute angetan hatten. Ich bezahlte für die Fehler anderer; für diejenigen, die mich hierhergebracht hatten. Ich versteckte mich und vertuschte ihre Taten aus Scham. Ich hatte gedacht, ich müsste mich für das schämen, was mir Menschen angetan hatten. Ich hatte gedacht, ich müsste mich schämen, weil ich in deren Augen so wenig wert war und weil ich zu schwach war, mich zu wehren, ohne auch nur eine Sekunde darüber nachzudenken, dass diese Menschen schwach waren und nicht ich. Ich hatte nur Schwäche bewiesen, indem ich ihnen die Macht gegeben hatte, sich stark zu fühlen. Ich war nicht schwach. Ich war eine Kämpferin; und egal, wie sehr mich diese Depressionen noch in die Tiefe zerren würden, ich würde so lange dagegen ankämpfen, bis ich am höchsten Punkt stehen würde.

Als ich schließlich eine gefühlte halbe Stunde nur geweint hatte, schob ich die Klinge in die Schublade zwischen den Umschlägen, zog mir ein Blatt Papier aus dem Stapel und setzte mich mit einem Stift bewaffnet an den Schreibtisch.

Liebe Gina,

wenn ich eines gelernt habe, dann das: Es geht nicht darum, die unfassbarste Geschichte zu erzählen, die größten Abenteuer zu erleben oder an jedem Ort auf dieser Welt gewesen zu sein. Was zählt, ist, mit wem man zusammen ist. Und wenn man mit der richtigen Person zusammen ist, dann sind die kleins-

ten und scheinbar unbedeutendsten Momente, in denen man echtes Lächeln austauscht, die allerschönsten.

Weißt du, nur als Beispiel: Alle streben nach Geld und Macht und wollen am besten alle hintergehen, um sich möglichst viel Geld in die Taschen zu stopfen, aber eines Tages, wenn man auf dem Sterbebett liegt und keiner da ist, der deine Hand hält, wird man bemerken, dass Geld eben nicht alles ist, sondern Liebe. Und Liebe kann nichts auf dieser Welt ersetzen.

Ich kann dir gar nicht beschreiben, wie sehr ich Cailan nach dieser recht kurzen Zeit liebe. Ich habe das Gefühl, er habe mein Inneres wieder zusammengeflickt. Und jetzt ist er weg, und alles, was ich fühle, ist, wie sich die zusammengenähten Teile wieder voneinander lösen.

Ich hätte ihn nie gehen lassen dürfen. Bei dir hatte ich nie eine wirkliche Wahl, bei ihm schon.

168 Stunden waren vergangen, dass ich seine Stimme zum letzten Mal hörte. 168 Stunden quälte ich mich bereits durch jedes Gespräch, durch jede Therapie, durch jede Mahlzeit. 168 Stunden hatte ich das Gefühl, innerlich zu sterben. 168 Stunden voller Schmerz.

Nach dem Frühstück schlenderte ich in mein Zimmer und wusste nicht, ob ich wirklich in der Lage war, zum Gruppentreffen zu gehen. Ich hatte nicht geschlafen, fühlte mich, als würde ich gleich zerbrechen, und auch meine Beine machten, was sie wollten. Vielleicht hätte ich mich einfach krank stellen sollen. Immerhin hätte man mir das bei meiner Gesichtsfarbe sofort abgenommen, dass ich den ganzen Tag im Bett bleiben musste.

Seufzend setzte ich mich auf die Bettdecke, und als ich etwas aus den Augenwinkeln auf meinem Kissen liegen sah, stockte mir der Atem. Ich wandte den Blick dem Gegenstand neben mir zu und riss meine Augen auf vor Überraschung. Es war ein Buch. Ich nahm es in die Hand und strich mit den Fingern über den Buchrücken, als wäre es das Wertvollste dieser Welt. Es war das Märchen über Rotkäppchen, und augenblicklich musste ich lächeln. Meine Mutter hatte sich wohl daran erinnert, wie sehr ich dieses Märchen geliebt hatte, und es mir zugeschickt. Ob sie es abgeschickt hatte, nachdem sie meinen Brief bekommen hatte, oder schon zuvor? Sofort war ich den Tränen nah und zog das Buch an die Brust. Es war nicht dasjenige, das meine Mutter verkauft hatte, doch immerhin spiegelte es meine Kindheit wider, die ich so sehr geliebt hatte.

»Wusstest du, dass die Geschichte, richtig interpretiert, richtig erschreckend ist?«, erklang eine Stimme hinter mir. Mein Körper wurde stocksteif, all meine Gedanken waren von einem auf den anderen Moment wie weggefegt, und mein Atem setzte aus. Langsam drehte ich mich um und schaute in honigbraune Augen, die von den Tränen schimmerten. War das ein Traum? Stumm schaute er mich an und breitete dann zögernd die Arme aus. Ich sprang auf und rannte Cailan in die Arme. Er drückte mich fest an sich und küsste mich immer und immer wieder auf die Stirn. Ich krallte mich in sein Oberteil und schluchzte an seiner Brust.

»Ich liebe dich so sehr!« In diesem Moment fiel jegliche Anspannung, jegliche Trauer von mir ab, und an dessen Stelle konnte ich einzig und allein das pure Glück empfinden. Nichts auf dieser Welt hätte dieses Gefühl zunichtemachen können.

Abermals küsste er mich auf die Stirn und strich mir liebevoll über den Rücken. »Ich liebe dich auch so sehr.«

»Meine Liebe ist stärker als die Angst davor, verletzt zu werden«, murmelte ich und griff um seine Taille. Als er vor Schmerz die Luft ausblies, ließ ich ihn sofort los und taumelte mehrere Schritte nach hinten. »Habe ich dir wehgetan?«

Cailan lächelte mich mit seinem bezaubernden Lächeln an und kam auf mich zu. »Alles ist gut, mein Rücken ist nur noch sehr empfindlich.« Er zog mich an seinen Körper und drückte seine Lippen gegen meine Stirn. »Ich will keine Sekunde mehr von dir getrennt sein.«

Minutenlang standen wir so mitten in meinem Zimmer, dann löste er sich von mir, um mich anzuschauen. »Meine Tante hat mir erzählt, dass du bei mir im Krankenhaus warst. Das war sehr leichtsinnig von dir.« Er schaute streng, doch in seinen Augen spiegelte sich seine Faszination.

»Ich musste sehen, wie es dir geht. Seit wann bist du wach?«, flüsterte ich ihm zu.

»Seit Dienstag. Sie wollten mich die Nächte noch unter Beobachtung halten, aber meine Wunde ist so weit verheilt, dass ich wieder herkommen durfte. Ich sollte wohl erwähnen, dass ich den Ärzten da ziemlich auf den Sack gegangen bin mit meiner ständigen Bitte, mich zu entlassen. Und meinen Onkel habe ich dazu genötigt, mir das Märchen zu besorgen. Ich weiß beim besten Willen nicht, wie ich darauf kam, aber mitten in der Nacht bin ich aufgewacht und habe an dieses Buch gedacht und daran, wie sehr du gestrahlt hast, als du davon erzählt hast.« Die Worte sprudelten nur so aus ihm heraus, und ich musste beinah lachen, weil er seine Gedanken so euphorisch und verwirrt zugleich aussprach.

»Du bist der Beste! Danke für das Buch! Damit hast du mir eine wahnsinnige Freude bereitet, aber es hätte durchaus gereicht, wenn du nur dich mitgebracht hättest. Das war mehr, als ich mir je hätte wünschen können«, sagte ich schließlich, als er seinen Monolog beendet hatte, und fügte sofort eine Frage hintendran: »Wirst du dauerhafte Schäden davontragen?«

Er schüttelte den Kopf, und ich atmete erleichtert aus. »Nein, aber ich muss meinen Rücken schonen und sollte mir Ruhe gönnen. Ich habe ganz schön was abbekommen.«

»Ich kann dir gar nicht sagen, wie leid es mir tut«, flüsterte ich und strich ihm über seinen Arm.

Bestürzt schaute er in meine Augen, nahm mein Gesicht in seine Hände und zwang mich somit, ihn anzusehen. »Faye, nichts davon ist deine Schuld. Mir geht's gut, ich bin froh, dass die Kugel nicht dich getroffen hat, sondern mich, und das meine ich genau so, wie ich es sage.«

»Du hast dein Leben für mich riskiert«, flüsterte ich und griff mit den Händen in sein Oberteil aus Furcht, er könnte mir in jedem Moment wieder entgleiten.

Er zuckte mit den Schultern, als wäre es das Normalste dieser Welt gewesen. »Ich hatte keine Wahl.«

»Man hat immer eine Wahl«, erwiderte ich mit Nachdruck, und er strich mir in demselben Moment über die Wange, während er langsam den Kopf schüttelte.

»Nicht, wenn man jemanden liebt.«

Meine Augen füllten sich mit Tränen. Er war viel zu gut für diese Welt.

»... nach all dem, was ich dir angetan habe.«

Er schüttelte traurig den Kopf. »Ich habe dich immer verstanden. Ich habe immer verstanden, warum du so handelst. Ich will und wollte es nur nie akzeptieren.«

Im nächsten Moment spürte ich seine Lippen auf meinen, und meine Gedanken setzten vollkommen aus. Die Schmetterlinge in meinem Bauch feierten eine Hausparty, und mein Kopf setzte aus, als hätte ich von einer auf die andere Sekunde einen Schalter umgelegt.

Als er sich von mir löste, liefen ihm Tränen über das Gesicht, die ich mit meinem Zeigefinger auffing. »Was ist, wenn ich hier nie wieder rauskomme? Was wird dann aus uns?« Ich konnte seinen Schmerz spüren und wusste ganz genau, was in diesem Moment in ihm vorging. Ich war mir nicht sicher, ob er die gleichen Gedanken hatte wie ich damals, als meine Schwester gestorben war, dazu waren die Bedingungen und Erfahrungen einfach nicht ähnlich genug, aber in einem Punkt konnte ich mir ganz sicher sein: Er litt mehr, als sein Herz ertragen konnte.

»Deine Depression lügt dich an, dir wird es besser gehen«, sagte ich und küsste ihm die Träne von der Nasenspitze. So, wie sie uns alle anlog und manipulierte.

»Ich habe niemanden mehr, Faye«, flüsterte er, doch ich schüttelte energisch den Kopf.

»Doch, du hast mich. Ich lass dich nicht los, ich gebe dich nicht auf.« Und ich glaubte, nie etwas so ernst gemeint zu haben wie das. Ich hatte gedacht, dass Opfer zu bringen bedeute, sich gegen die Liebe zu stellen, damit man nicht verletzt wurde. Ich dachte, nur dadurch würde man glücklich werden. Aber ich lag falsch. Der einzig richtige Weg, um glücklich sein zu können, war, sich seinen Ängsten zu stellen und aus seiner Komfortzone auszubrechen, damit man der Liebe eine Chance geben konnte.

KAPITEL 28

Die nächsten Tage vergingen wie im Flug, und kurz vor Weihnachten kam Frau Benett dann auf eine glorreiche Idee: »Lasst uns ein Gruppenbild machen!«

Würde ich nicht auf Fotos aussehen, als würde ich gerade gefoltert und von Scheinwerfern geblendet werden, hätte ich diese Idee durchaus toll gefunden. Aber sobald ich das Bild auf meinem Ausweis vor Augen hatte, auf dem ich schaute, als hätte man mir kurz zuvor eine reingeschlagen, wurde mir ganz anders.

Mein Freund musste mich halb zu den anderen, die sich bereits vor einer der kahlen Wände aufgestellt hatten, zerren, und selbst als wir uns positioniert hatten, war ich noch kurz davor zu fliehen, bis ich mich schließlich doch seufzend ergab. Cailan legte den Arm um meine Taille und zog mich an sich heran. »Du bist wunderschön«, flüsterte er mir ins Ohr, als ich mein Oberteil zu richten versuchte. Lächelnd schaute ich ihm in die Augen, und in dem Moment betätigte Frau Benett den Auslöser.

Wir zeichneten Unmengen von Bildern, machten Fotos von unseren komischsten Gesichtsausdrücken inklusive Frau Benetts Duckface und hingen dann alles an die weißen, steril wirkenden Wände. Anschließend kramten wir unsere Werke aus der Kreativtherapie heraus und schmückten die gesamte Station damit. Selbst Frau Graves half uns dabei und schoss mehrere Fotos von uns, die sie dann im Büro ausdruckte.

An Weihnachten bis Neujahr durften wir alle nach Hause zu unseren Familien, und wir hatten die Genehmigung von Cailans Tante und Onkel, dass er mit zu mir durfte. Ich war aufgeregt, ängstlich und glücklich zugleich, wenn ich daran dachte, dass ich nun für ein paar Tage in meinen eigenen vier Wände sein würde – und das nicht allein.

Als meine Mutter uns abholte, schlug mir das Herz bis zum Hals. Cailan, der mit unseren Koffern neben mir stand, legte mir zur Beruhigung eine Hand sanft auf den Rücken, als hätte er gespürt, wie aufgeregt ich war. Ich erblickte das Gesicht meiner Mutter und sah sofort, dass auch sie nicht recht wusste, wie sie reagieren sollte. Sie blieb unsicher und mit Tränen in den Augen vor mir stehen, und dann tat ich instinktiv etwas, was ich seit Jahren nicht mehr geschafft hatte: Ich ging auf sie zu und umarmte sie. Ich umarmte sie so innig und fest, dass ich kaum noch Luft bekam, doch ich fühlte mich wohl. Ich fühlte mich frei und hoffte inständig, dass sie spürte, wie sehr ich sie liebte.

Ich wusste nicht, wer mehr weinen musste von uns beiden, aber als wir uns ins Auto setzten, nachdem meine Mutter Cailan ausgiebig begrüßt hatte, und Cailan neben mir meine Hand nahm und mich aufmunternd ansah, wusste ich, dass zu weinen nicht immer etwas Trauriges an sich hatte. Manchmal passierte es aus purer Erleichterung oder Freude, und genau das hatte uns in diesem Augenblick so berührt.

Die nächsten Tage verliefen ungewohnt friedlich und harmonisch. Wir schmückten alle zusammen den Tannenbaum und halfen meiner Mutter bei den Vorbereitungen des Weihnachtsessens. Meine Mutter schien Cailan sehr gern zu haben, und ich freute mich über diese Tatsache. Immer wieder sagte sie ihm, dass er ein wahnsinnig lieber Kerl sei und wie froh sie sei, dass ich ihn hätte.

Ein Tag vor Heiligabend beschlossen Cailan und ich, nach dem Abendessen nach draußen zu gehen, da es zuvor in Mengen geschneit hatte. Wenn eines das Kind in mir wecken konnte, dann war es Schnee. Gemeinsam stapften wir über den weißen Boden und freuten uns über das quietschende Geräusch, das wir bei jedem Schritt hinterließen, bis ich nicht mehr widerstehen konnte, mich bückte und ihm eine volle Ladung Schnee ins Gesicht warf. Zunächst war er verblüfft und schaute bloß blöd aus der Wäsche, doch dann bildete sich auf seinem Gesicht ein schelmisches Lächeln, und ich entfernte mich von ihm, während er sich melodramatisch langsam bückte und nach dem Schnee griff. Als er sich schnell wieder aufrichtete, lief ich lachend los. Es war ähnlich wie im Wasser extrem anstrengend, sich schnell zu bewegen, wenn der Schnee einige Zentimeter tief war, doch ich schaffte es trotzdem, wenigstens wenige Sekunden vor ihm wegzulaufen, bis er mich eingeholt hatte. Mit einem Satz warf er mich um und fiel mit mir zu Boden. Bevor er mich erreichte, streckte er seine Arme aus, um sich zu stützen und nicht vollends auf mir zu landen. Dann drückte er mir eiskalten Schnee ins Gesicht, ließ aber schnell wieder von mir ab, als ich vor Lachen kaum noch Luft bekam. Er dachte nicht daran, sich zu erheben, stattdessen fuhr er mit seinen eiskalten Händen meine Wange entlang, und dann erhoben sich seine Mundwinkel. Ich hatte schon viele Lächeln gesehen. Viele falsche, viele ehrliche, viele verschmitzte, viele glückliche, viele traurige, viele inklusive Zähne-Zeigen und viele mit geschlossenem Mund. Ich hatte Tausende Lächeln in meinem Leben gesehen, aber ich schwor bei allem, was mir noch etwas bedeutete: Seines war das schönste von allen.

Als er mir schließlich aufhalf und wir an einer kleinen Brücke vorbeikamen, führte er mich wortlos zu ihr. Die Sonne, die gerade unterging, ließ den Schnee auf dem Geländer funkeln und erstrahlen. Ich stellte mich auf die erste Sprosse der Brücke, und kurz darauf schlang Cailan die Arme um meine Hüfte, sodass wir eng umschlungen den Sonnenuntergang betrachten konnten. Als mir die Sonnenstrahlen schließlich mitten ins Gesicht schienen, stülpte er mir plötzlich einen Kopfhörer ins Ohr, und als ich mich zu Cailan umsah, entdeckte ich den zweiten in seinem Ohr. Meine Augen füllten sich mit Tränen, als die Zeilen von *Walking on Cars* in mein Ohr drangen, und ich schloss instinktiv lächelnd die Augen. *»Don't mind me, don't mind me I was just thinking of you, I feel alive inside, oh finally I feel alive inside."*

Nach einer weiteren Schneeballschlacht lagen wir in meinem Bett und kuschelten uns unter die warme Decke. Die Stehlampe erhellte in einem dämmrigen Licht den Raum und schuf damit eine gemütliche Atmosphäre, sodass ich mich augenblicklich wie im siebten Himmel fühlte. Dies war einer dieser Momente, die ich aus unzähligen Büchern kannte. Ein kalter Wintertag, eingekuschelt mit jemandem, den man liebte, am besten noch mit einem heißen Kakao in der Hand und vielen Kerzen, die den Duft von Mandeln und Lebkuchen verbreiteten. Ich fühlte mich unfassbar wohl und kuschelte mich noch enger an Cailan heran, der sich in demselben Moment aufsetzte und auf mich hinabsah. Verwirrt schaute ich ihm ins Gesicht und richtete mich auch auf, sodass wir voreinander saßen und uns musterten. Ohne zu zögern, öffnete er entschlossen den Reißverschluss meiner Strickjacke und veranlasste mein Herz dazu, wie wild zu pochen. Kurz hielt er inne, dann streifte er sie mir sanft über die Schultern, während ich hörbar schluckte. Kommentarlos blickte er auf meinen Arm, der von Narben übersät war, und legte den Kopf schief. Dann strich er ohne Vorwarnung mit seinen Lippen über meine Haut, ohne mich aus den Augen zu lassen, während ich den Atem anhielt. Er küsste jede einzelne Narbe, und ein Teil von mir fragte sich, wie ich das zulassen konnte, obwohl ich doch sonst nicht einmal genug vertraute, um irgendjemandem meine Narben zu zeigen. Der andere und weitaus größere Teil verspürte aber nur eines: pure Liebe. Als er sich von meiner vernarbten Haut löste und sich wieder aufrichtete, leuchteten seine Augen beinah golden auf. Noch immer wortlos strich er mir eine Strähne hinter das Ohr und wanderte sanft mit seinen Fingern meine Wange entlang zu meinen Lippen. Dort hielt er inne und strich zärtlich mit der Fingerkuppe seines Daumens über meine Unterlippe, sodass ich augenblicklich erschauderte. Ich war diesem Menschen so sehr verfallen, dass die Furcht vor den Folgen dieser Nähe wie der Rauch einer Fackel in der Luft verflog.

Es war nicht das erste Mal, dass ich darüber nachdachte, wie es wäre, ihm noch näher zu sein, doch in diesem Moment, als er mich ansah, als wäre ich das Kostbarste dieser Welt, war dieses Bedürfnis übermächtig. Die Liebe war wie eine Sucht. Wenn man angefangen hatte, sie zu spüren, wollte man immer mehr. Langsam zog ich ihn an mich heran und küsste ihn. Aus dem sanften Kuss wurde schnell etwas Leidenschaftliches. Ich zog ihm den Pullover über den Kopf, und mein Oberteil folgte direkt danach. Er packte mich und zog mich dicht an sich, sodass unsere Oberkörper nur noch mein BH trennte, und strich mit seinen großen Händen sanft über meinen Rücken bis zu meinem Nacken und intensivierte seinen Kuss damit noch mehr. Cailan bedeckte mein gesamtes Gesicht mit Küssen, und als er schließlich kurz innehielt, blickte er mit seinen honigbraunen Augen direkt in meine. »Vertraust du mir?«, flüsterte er, als er einen Träger meines BHs herunterzog.

»Ja.« Und das tat ich wirklich.

Ich lag auf seinem nackten Oberkörper und genoss seine Finger, die auf meinem Rückgrat hinauf- und hinunterfuhren. Dies war mit Abstand die schönste Nacht meines gesamten Lebens, und ich konnte mich gut daran gewöhnen.

»Irgendwann werden wir zwei aufwachen, und es wird alles wieder in Ordnung sein. Das Leben wird wieder lebenswert sein. Vielleicht nicht morgen, vielleicht nicht in einem Monat, aber irgendwann. Ich verspreche es!«, flüsterte ich ihm schließlich zu, und als Antwort gab er mir einen zärtlichen Kuss auf die Lippen. Ich wusste, dass er seit dem Tod seiner Mutter noch immer von seinen Depressionen zerfressen wurde, viel mehr als ich, aber ich würde nicht aufhören, ihm Mut zuzusprechen, bis er genug Hoffnung hätte, um ohne meine Worte auszukommen.

Ich hätte jetzt sagen können, dass alles perfekt gewesen wäre, schließlich hatte ich Cailan, aber das war es bei Weitem nicht. Wir hatten viele Momente, in denen wir lachten, doch wir hatten uns seither jeden Tag in den Schlaf geweint. Es lag noch ein weiter Weg vor uns, dessen waren wir uns beide bewusst, und es würde vermutlich auch nicht immer einfach werden, aber wir hatten uns. Wir würden uns gegenseitig beistehen und früher oder später öfter unser Lachen teilen als unsere Tränen. Dies war kein Happy End, das aus einem Märchen entsprungen war, dies war die Realität. Es war unser persönliches Happy End.

Am nächsten Morgen rief meine Mutter zu uns hoch, dass sie mich gern sprechen würde. Ich warf mir einen Morgenmantel über, gab Cailan einen Kuss und sagte ihm, ich sei gleich wieder da, bevor ich die Treppen hinunterstieg.

Ich fand sie schließlich in der Küche und setzte mich ihr stumm gegenüber an den Tisch. Erst dann blickte sie von ihrem Buch auf, schob es beiseite und setzte ihre Brille ab. »Deine Büchersucht hast du definitiv von mir«, sagte sie und lächelte vorsichtig.

Kurz schielte ich auf den Buchrücken und erhaschte den Namen *Ein ganzes halbes Jahr* von *Jojo Moyes*. Ich hatte das Buch bereits gelesen, und so sah ich darin Potenzial, das Gespräch aufzulockern, um das Negative, das sicherlich noch kommen würde, hinauszuzögern. »Wie findest du es bisher?«

Sie schaute mir tief in die Augen, ihre Lippen hatte sie zusammengepresst, und ihre Stirn war in Falten gelegt. Dann seufzte sie einmal laut und legte ihre Hände ineinander gefaltet auf dem Tisch ab. »Es geht um ein Mädchen, das sehr stark ist«, begann sie, und bevor ich sie unterbrechen konnte, um ihr zu sagen, dass ich den Inhalt bereits kannte, sprach sie weiter. »Das Mädchen hat viele Dinge versteckt. Ganz tief in ihrem Inneren für kaum jemanden sichtbar.«

Stirnrunzelnd sah ich sie an und fragte mich, seit wann sie so tiefgründig über eine Geschichte sprach, so betont, als würde sie jedes Wort spüren. Doch meine Mutter ließ mir keine Zeit zu kommentieren.

»Das Mädchen hat oft gesagt, dass es ihr gut ginge und dass man sich nicht um sie sorgen müsse. Sie hat öfter gelächelt, als es natürlich ist, und öfter gesagt, dass alles in Ordnung wäre, als es authentisch gewirkt hätte.«

Das war definitiv nicht die Geschichte des Buches, sondern vielmehr das Leben meiner Schwester vor ihrem Tod. Alles in mir spannte sich an.

»Das Mädchen hat sich für jeden stark gemacht, nur nicht für sich selbst. Sie hat sich immer in ihrem Zimmer eingeschlossen und bitterlich geweint, wann immer sie geglaubt hat, sie wäre allein, und niemand würde ihre Schluchzer hören.«

Tränen stiegen mir in die Augen, als Ginas Gesicht in meinem Kopf auftauchte.

»Sie hat sich aufgegeben und wollte dieses Leben nicht mehr führen, nicht für eine Sekunde mehr. Das Mädchen wollte sterben, aber sie hat sich nie umgebracht.«

Ich hielt den Atem an. Sie hatte sich nie umgebracht? Und dann blitzte etwas in meinem Herzen auf: Sie sprach überhaupt nicht von meiner Schwester. Sie sprach von mir.

Meine Mutter sah so aus, als hätte sie erkannt, dass ich verstanden hatte, worüber sie sprach, und führte ihren Monolog fort, ohne mich zu Wort kommen zu lassen. »Sie hat so oft gelogen und eine Fassade aufgelegt. Sie hat so getan, als würde es ihr langsam wieder besser gehen an Tagen, an denen sie am liebsten aus dem Fenster gesprungen wäre. Und weißt du, warum sie gelogen hat? Weißt du, warum sie sich nie umgebracht hat?«

Ich biss mir auf die Unterlippe und starrte die Träne an, die meiner Mutter über die Wange lief wie ein Regentropfen, der in Zickzackmustern über die Autofenster huschte. »Meinetwegen. Sie hat das alles für mich getan.«

Mit geweiteten Augen starrte ich sie an, unfähig, etwas zu sagen, geschweige denn etwas zu denken. Nach wenigen Sekunden der Stille stand ich auf und kam auf sie zu, während sie sich ebenso erhob. Ich schlang die Arme um ihren Körper und drückte sie fest an mich. »Ich habe dich lieb, Mama.« Und dann weinte ich, weil ich diese Worte viel zu lang nicht mehr ausgesprochen hatte.

Am Tag der Abreise zurück zur Klinik saß ich an meinem Schreibtisch und starrte nach draußen. Ich war mir sicher, dass Akzeptanz wichtig war, damit es mir besser gehen konnte. Ich war mir sicher, dass es Tage geben würde, an denen ich lachen würde und glücklich wäre, und es würde Tage geben, an denen ich das Gefühl haben würde, unterzugehen. Beides war okay, ich musste nur daran denken, wieder an die Oberfläche zu schwimmen, um Luft zu holen. Irgendwann würde das Wasser so flach werden, dass ich mich nicht einmal bemühen musste, den Kopf heraus zu strecken, um zu atmen. Es könnte ab und zu mal wieder ansteigen, sodass ich mich ein bisschen würde anstrengen müssen, aber ich war sicher, wenn ich die Einstellung hatte, dass mich nichts in die Tiefe drücken konnte, dann würde ich früher oder später in der Lage sein, mich auf der Oberfläche treiben zu lassen.

Dann nahm ich den Stift in die Hand und fing an zu schreiben. Ich schrieb auf, was mein Herz in diesem Moment aussprach, und ich hatte das Gefühl, all die Worte, die meine Hand auf das Papier brachte, habe meine Seele höchstpersönlich für diesen einen Moment erschaffen.

Als ich den Stift ablegte und auf das Blatt hinabsah, wusste ich, dass der Augenblick gekommen war, in dem ich das, was ich zu sagen hatte, laut aussprach. Es war der einzig richtige Weg, vollends zurück ins Leben zu finden.

Ich drehte mich auf meinen Stuhl um und musterte Cailan, der geduldig und still auf meinem Bett saß; und in dem Moment, als ich sein Gesicht erblickte, merkte ich, dass er mich schon vorher beobachtet hatte. Wir lächelten gleichzeitig.

»Wie geht es dir?«, fragte er vorsichtig und richtete sich zögernd vom Bett auf. Langsam kniete er sich vor mich und schaute mich besorgt an. »Du hast an Gina geschrieben.« Er wusste mittlerweile, dass ich das nur tat, wenn ich wirklich mit meinen Gedanken überfordert war oder wenn ich Dinge loswerden musste, die ich nicht mit ihm besprechen konnte. Das kam nur noch selten vor, und genau deshalb glaubte ich auch zu wissen, dass dies der Grund sei, weshalb er nun so besorgt um mich war. Liebevoll strich ich ihm dunkle Strähnen aus dem Gesicht und küsste ihn auf die Stirn.

»Ich muss dich um einen Gefallen bitten«, flüsterte ich ihm zu und erkannte sofort in seinen Augen, dass er Angst vor meiner Bitte hatte. Vielleicht dachte er, ich würde nach einer Klinge fragen, deshalb schüttelte ich schnell den Kopf. »Geh mit mir zum Friedhof.« Niemals hätte ich gedacht, dass diese Worte über meine Lippen kommen würden. Niemals hätte ich gedacht, dass ich in der Lage sein würde, jemanden mit mir zum Grab meiner Schwester zu nehmen. Doch ich wusste genau, dass Cailan die Person war, die es verdient hatte, all meine Seiten, all meine Geheimnisse und all meine Gefühle zu kennen. Er hatte verdient, dass ich ihm vertraute.

Erst überrascht, dann stirnrunzelnd starrte er mich an. »Du musst dich meinetwegen nicht quälen, und du musst mir auch nichts beweisen, Baby.« Er sprach diese Worte so sanft und einfühlsam aus, dass mein Herz wie wild pochte. Ob mein Körper irgendwann weniger heftig auf ihn reagieren würde?

»Ich tue das für mich«, entgegnete ich, richtete mich auf und reichte ihm die Hand, um ihm zu signalisieren, dass er sich aufrichten sollte. Er nahm sie in seine und stellte sich vor mich, ohne sich auch nur im mindesten an mir hochzuziehen. Dann nahm er mein Gesicht in seine Hände und drückte seine Stirn an meine.

»Bist du dir sicher?«, fragte er.

»Ich bin bereit«, antwortete ich und neigte mich zu ihm, damit er mich küsste. Nachdem er mir einen zärtlichen Kuss gegeben hatte, nahm ich seine Hand, und gemeinsam verließen wir das Haus.

Auf dem Weg zum Friedhof streichelte Cailan mir immer und immer wieder beruhigend über den Handrücken und schaute mich beinah bei jedem zehnten Schritt prüfend an. Ich wusste, dass er fürchtete, dass ich in Tränen ausbräche, doch der Brief, der in meiner Jackentasche ruhte, beruhigte mich zutiefst.

Als wir schließlich auf dem Boden des Friedhofes standen, wurde mir schon etwas mulmiger zumute, doch diesmal nicht, weil ich daran gedacht hätte, dass meine Schwester hier vergraben worden war, sondern weil Friedhöfe generell und schon immer eine solche Wirkung auf mich gehabt hatten. Cailan neben mir schien ebenfalls etwas nervöser zu werden, doch ich zog ihn einfach schnurstracks zu dem Grabstein, vor dem ich mich jahrelang gefürchtet hatte. Ich war erst einmal hier gewesen, und zwar auf Ginas Beerdigung. Danach hatte ich mich nie wieder hierhin getraut, und trotzdem war mir der Weg zum Grab so vertraut, als wäre ich ihn jeden Tag gegangen. Dann blieb ich stehen und atmete einmal tief ein und aus, um dann den Blick auf die eingravierten Buchstaben zu richten. Ich hätte mich belogen, hätte ich gesagt, dass mein Herz sich nicht verknotet und dass ich keine Übelkeit verspürt hätte, doch ich wusste genau, dass sich dieses Gefühl niemals ändern würde, und das war auch in Ordnung so. Ich war mir im Klaren, dass daran nichts verwerflich oder schwach war. Es war menschlich.

Langsam holte den Brief aus der Jacke und faltete ihn allmählich auf. Ich zitterte am ganzen Leib und war mir absolut sicher, dass das nicht an der Kälte der Jahreszeit lag.

»Möchtest du für einen Moment allein sein? Soll ich eine Runde gehen?«, fragte Cailan schließlich unsicher, und ich schüttelte den Kopf. Er war so wahnsinnig taktvoll, doch ich wollte nichts lieber, als Cailan in diesem Moment dabeizuhaben.

»Nein, ich vertraue dir.«

Ich musste nicht hochschauen, um zu sehen, dass er lächelte. Ich wusste, dass ihn keine Worte glücklicher machen konnten als diese.

Als ich den Brief mit zitternden Händen vor meine Augen hielt, atmete ich einmal tief durch. Dann fing ich an zu lesen.

»Liebste Gina,

dies wird der letzte Brief sein, den ich dir schreibe. Nicht, weil ich dich vergessen würde oder weil ich dir nicht mehr gern von meinen Gefühlen erzählen wollte. Ich werde dich niemals vergessen.

Aber ich muss anfangen zu akzeptieren, dass du nicht mehr da bist. Ich weiß nicht, ob du an einem friedlichen Ort bist, ob es dir gut geht oder ob du überhaupt noch etwas fühlen kannst, aber ich wünsche es mir mehr als alles andere, dass du deinen Frieden gefunden hast, wo immer du auch bist. Du bist befreit von jeglicher Schuld, ich bin nicht mehr wütend auf dich. Ich weiß nicht, ob ich je darüber hinwegkommen kann, dass du dir das Leben genommen hast, aber ich werde versuchen zu akzeptieren, dass du das als einzigen Ausweg gesehen hast. Ich wünschte, du hättest mit mir über deine Gedanken gesprochen. Ich wünschte, ich hätte es gewusst, um dir helfen zu können. Zu akzeptieren, dass du diesen Weg gewählt hast, obwohl wir einen anderen gefunden hätten, ist wahnsinnig schwer, Gina.

Ich wünschte, du wärest nicht in dem Glauben gestorben, du wärest allein. Denn das warst du nicht.

Irgendwann werden wir wieder zueinanderfinden, und wenn es so weit ist, werde ich dir davon erzählen, dass das Leben gar nicht so übel ist, wenn man ihm eine zweite Chance gibt.« Dann drückte ich den Brief an meine Brust und hauchte: »In ewiger Liebe, Faye.«

Als ich den Zettel sinken ließ, umfasste Cailans Hand meine freie und strich sanft über meinen Handrücken. Augenblicklich durchströmte mich Wärme; wie ein wohliges Lagerfeuer breitete es sich in meinem gesamten Körper aus, und als ich aufsah und in die vertrauten honigbraunen Augen sah, entstand ein Lächeln auf meinem Gesicht, das echter nicht hätte sein können.

Ende

DANKSAGUNG

Unglaublich, dass mein Traum in Erfüllung gegangen ist. Ich glaube, es gibt nicht genügend Worte, um meine Dankbarkeit zu beschreiben. Aber ich werde es versuchen.

Ich möchte mich bei meinen wundervollen Herzensmenschen bedanken, die mich bei der Veröffentlichung begleitet und unterstützt haben:

Vielen lieben Dank an meine Lektorin Christiane Lober, die meine Geschichte auf ein ganz neues Level gehoben hat.

Ich danke meiner langjährigen Therapeutin, die mich mit ihrer Authentizität und Menschlichkeit zurück ins Leben geholt hat. Sie war die perfekte Vorlage für eine herzensgute Frau Dr. Henderson.

Ein Dank geht auch an meine Freundinnen Vicky, Janne und Kimi, die mich bei jeder Frage und bei jedem Zweifel unterstützt und bestärkt haben. Ihr seid toll und die besten Pädagogen, die man sich für seine Kinder wünschen könnte.

Ich bin dankbar für meine Addu, die immer ein offenes Ohr für mich hatte und mir bei meinen schäbigen Versuchen, einen vernünftigen Klappentext zu verfassen, tatkräftig unter die Arme gegriffen hat. Du bist etwas ganz Besonderes und ich bin froh, dich zu haben. Mein *Froggy*.

Ich glaube ja immer noch, dass es Schicksal war, dass ich dich getroffen habe, Julian. Du bist mein Cailan. Danke, dass du mit einer solchen Euphorie an meinem Traum festgehalten hast und mich unterstützt hast, wo du nur konntest. Ach und Beeb? Ich liebe dich mehr.

Es gibt keine Menschen auf dieser Erde, die mich besser kennen, als meine Mama, mein Papa und meine Schwester Sarina. Ihr habt alle Seiten an mir gesehen; ihr habt meine Höhen und Tiefen kennengelernt. Keiner von euch hat mich auch nur eine Sekunde lang aufgegeben. Danke, dass ihr mit mir diesen Weg gegangen seid und hinter mir steht, was immer ich auch tue. Meine Liebe zu euch ist unendlich. Ich hoffe, das wisst ihr.

Zum Schluss danke ich dir, lieber Leser, dass du meinem Buch eine Chance gegeben hast. Du bist wunderbar, vergiss das niemals. Niemand auf der Welt hat das Recht dazu, dir wehzutun.

An meine depressiven Leser:

Vielleicht ist es Zeit für dich, ein neues Kapitel in deinem Leben aufzuschlagen. Denn das vorherige, das sehr unschön war, war nicht das Ende – es war der Anfang. Köpfchen hoch!

Seelsorge: http://www.telefonseelsorge.de/ (kostenlose Anrufe unter 0800/111 0 111 und 0800/111 0 222) – *Gib deinem Schmerz eine Stimme.*

Larissa Braun, 1995 geboren, lebt in Hannover. Neben der Faszination für Worte, die sich bereits im Kindesalter bei ihr bemerkbar gemacht hat, verbringt sie gern und viel Zeit mit ihren beiden Katzen. Wenn sie nicht gerade liest oder mit ihren Freunden unterwegs ist, teilt sie ihre Erfahrungen und Tipps über verschiedene Themen im Internet mit.
Werde Teil ihrer Welt:
www.youtube.com/c/Kaici
www.instagram.com/kaici
www.instagram.com/kaici.bookstagram
www.twitter.com/kaici95